송·명 신유학약론

《中國國家社會科學基金》资助
이 도서는 중화학술번역사업(19WZXB023)에 선정돼
중국국가사회과학기금(The National Social Science Fund of China)의
지원을 받아 번역 출판되었습니다.

송·명 신유학약론

宋明新儒學略論

펑다원 馮達文
지음

지성녀 池聖女
김홍매 金紅梅
이은주 李恩珠
옮김

역락

목차

방법론 문제

논의를 시작하기 위해 이 지점에서는 방법론에 대한 문제를 이야기하려고 한다. 다들 잘 알고 있겠지만 어떤 분야의 연구든 기존 연구를 넘어서거나 새로운 단계로 진입하기 위해 가장 핵심적인 것이 연구 방법이다. 이 책에서도 새로운 점이 있기를 바라는 마음으로 나는 기존의 방법론을 그대로 답습하지 않았다. 예컨대 송명 유학을 논의할 때 중국의 주류 방법론인 '정주리학(程朱理學)', '육왕심학(陸王心學)', 장재(張載)에서 왕부지(王夫之)로 이어진 '기학(氣學)'이라는 삼분법을 따르지 않았다. 또 대만의 머우쭝싼(牟宗三, 모종삼)이 제시한 '호굉(胡宏)·유종주(劉宗周) 계열', '육구연(陸九淵)·왕수인(王守仁) 계열', '정이(程頤)·주희(朱熹) 계열'이라는 삼분법도 따르지 않았다. 그렇다고 이 책에서 새로운 방법론을 제시한 것은 아니다. 다만 이전의 몇몇 방법들을 차용하여 논의할 주제를 설명하고자 한다.

이전의 연구 방법으로는 이 책과는 관점이 다르지만 '한학(漢學)'과 '송학(宋學)'의 논쟁도 있다. 저자와 친분이 있는 천샤오밍(陳少明, 진소명)의 『한송학술과 현대사상[漢宋學術與現代思想]』에서 이 연구 방법으로 본격적으로 논의했으므로[1] 이 책에서는 생략하고 넘어갈 것이다. 이 책에서 관심을 가진 방법론은 한학-송학 논쟁과 무관하지는 않아도 훨씬 현대적 의미를 가지고 있다. 위잉스(余英時, 여영시)의 「역사학으로 전통을 보다-『사학과 전통』 서언[從史學看傳統-『史學與傳統』序言]」에서[2] 여러 방법에 대해 분류한 적이 있으므로 여기에서는 위잉스의 분류로 논의를 시작해볼 것이다.

위잉스는 인문학의 연구 방법을 철학, 사회과학, 역사학이라는 세 가지 영역으로 나누어 분류했다. 철학적 방법은 직관적이고 선험적이다("직관과 선험 관념에 따라 문화 정신을 총괄한다"). 사회과학적 방법의 특징은 경험적이다(대량의 경험적 사실 중에서 "일반 보편 원리를 찾아낸다"). 역사학적 방법에 대해 위잉스는 경험적 범주에 속하는지를 명확하게 밝히지는 않았고, "일반 보편 원리를 찾아내는 것"을 목표로 삼는 사회과학적 연구 방법에 비해 역사학적 연구가 훨씬 더 특정한 전통이 있다고 지적했을 뿐이다. 위잉스의 분류에서 흥미로운 점은 '시간 의식'에 대한 설명이다. 위잉스는 "만약 사회과학적 관점을 '몰시간성(atemporal)'이라고 한다면, 철학적 관점은 '초시간성(supratemporal)'이라고 할 수 있을 것이다. 역사학적 관점은 특히 시간성에 주목하며 이는 상술한 두 관점의 부족한 점을 보완할 수 있다."라고 했다.

역사학적 측면에서 중국 역사의 인물과 사조를 살펴 시간성에 주목하는 것이 위잉스의 일관된 입장이었다. 그리고 이런 입장을 바탕으로 위잉스는 최근 몇 년간 철학적 측면을 바탕으로 현대 신유학의 문화 전통을 연

---

1   陳少明, 『漢宋學術與現代思想』, 廣東人民出版社, 1995.

2   余英時, 『史學與傳統』, 臺灣: 時報文化出版事業有限公司, 1982 참조.

구하는 학자들과 격렬하게 논쟁했다.[3] 이 책에서는 이 논쟁에 개입할 생각도 없고 위잉스의 관점에 모두 동의하는 것도 아니지만, 위잉스가 '시간성'에 주목한 것은 철학적 방법으로 문제를 논의하는 사람들에게 시사하는 바가 많다.[4]

사상 문화 연구라는 영역에서 시간성을 인정한다는 것은 문헌 자료를 제작 시점의 역사적 기록이나 징표로 삼는다는 뜻이다. 이것이 특정 시대의 기록 또는 징표라면 이 자료의 가치는 그 시대로 규정되거나 한정될 것

---

3   余英時, 「錢穆與新儒家」, 『錢穆與中國文化』, 上海遠東出版社, 1995.

4   전통사상문화의 연구방법론 문제에 대해 탕쥔이(唐君毅, 당군의) 선생도 나름의 독특한 분류를 한 적이 있다. 탕진위 선생은 인간의 학문 연구 태도(과정)를 세 가지로 구분했다. 하나가 "철학가가 중심이 되는 태도"로, 선진 시대 유가와 묵가 등의 제자, 후대의 육구연이 그 예이다. 다른 하나는 "종교적 신앙과 역사 고증을 겸한 태도"로 한대 이후의 학자들이 그런 예이며 여기에 '한학'과 '송학'이 들어간다. 또 다른 하나가 "순수 역사학자를 표방하는 태도"로 지금의 수많은 학자들이 그러하다. 탕쥔이는 각기 다른 세 가지의 태도가 가진 장점과 결점을 분석하면서 특히 "순수 역사학자의 태도"에서는 취할 것이 없다고 했다. 그는 "철학사를 철학으로 보는 태도"를 직접 만들었다. 탕진위는 "우리가 지금 이른바 철학사를 철학으로 보는 태도는 모두 우리의 인의예지의 마음에 바탕을 둔 것으로 이를 통해 옛 현인의 학문을 논하는 것이다. (중략) 우리가 지금 이 인의예지의 마음으로 옛 사람들의 말을 보고 이를 논의한다면 정지(情志)와 이지(理智)가 모두 구비되어 남다르게 깨닫고 이해할 수 있을 것이다. 지금 만약 이렇게 깨닫고 이해한 것을 우리 마음에 모아서 각각 그 온당한 자리에 있게 된다면 여러 역사 시대의 현철(賢哲)이 말한 각기 다른 의리(義理)가 모두 진실되고 공허하지 않을 것이며 완연히 알게 될 것이다. 만약 우리가 이 마음에서 서로 예를 다하여 함께 행하고 그에 위배되지 않는다면 하나의 의리 세계에 융합될 수 있을 것이다. 이것이 철학적 의리가 역사의 시대 속에서 펴지는 것이며 이를 통해 모든 특정한 역사 세대를 초월한 항구적이고 보편적인 철학적 의의를 볼 수 있을 것이다."라고 했다.(唐君毅, 「原性篇」, 『中國哲學原論』, 臺灣: 學生書局, 1984, 7~8쪽) 탕쥔이는 확실히 철학과 역사학적 방법(태도)의 장점을 모두 취하려고 한 것 같다. 다만 철학적 방법이 우선이었다. 그런데 이 방법은 신앙을 우선하고 있으므로 '시간'과 경험을 정말 적용했는지는 여전히 문제라고 할 수 있다. 탕쥔이의 방법은 '존덕성(尊德性)'을 우선하고 '도문학(道問學)'을 뒤에 둔 육구연과 왕수인의 설에 가깝다. 여기에서는 상세하게 참조할 수 있도록 대강의 내용을 기록하였다.

이다. 곧 시간이 흐르면서 이 자료의 수많은 함의는 부분적이거나 전체적으로 도태되거나 수정될 것이다. 그러므로 역사적 방법에서 강조한 시간의 기본 특징은 발전과 변화를 인정하고 수용하는 것이라고 할 수 있다. 이렇게 역사적 방법이 문헌 자료를 그 시대의 기록과 징표로 삼는다면 그 문헌 자료를 통해 얻게 되는 것은 일차적으로 객관적인 지식이다. 그러므로 역사학적 연구 방법은 지식론적 특징을 가지고 있다. 역사학적 연구 방법에서는 고거(考據)를 중시하여 단어의 원래 의미가 역사적으로 어떻게 변화하는지를 중요하게 생각한다.

역사학적 연구 방법이 중요한 이유는 다른 영역의 연구 방법이 가진 단점들을 보완하기 때문이다. 철학 분야에서는 신앙에 대해 편협하게 고수하는 태도를 가진 나머지 가끔 사료를 지나치게 자의적이고 독단적으로 해석하는 경우가 있다. 예를 들어 공자와 맹자는 가끔 '천(天)' 또는 '명(命)'을 말했지만, 공자와 맹자에게 이 단어는 외재적 세계가 도덕적 주체를 규정한다는 뜻이었고 이 둘은 별개의 것이었다.

> 도가 행해지려고 하는 것도 명이고, 도가 없어지려고 하는 것도 명이다.[5]
> 천하에 도가 있으면 나아가고 도가 없으면 숨는다.[6]
> 도가 행해지지 않으면 뗏목을 타고 바다로 나간다.[7]

---

5 『論語』「憲問」.
6 『論語』「泰伯」.
7 『論語』「公冶長」.

송·명 신유학약론

공자의 이 말을 보면 '도(道)'와 '천(天)' 또는 '명(命)'이 분리되어 있음을 알 수 있다. '도'는 인도(人道)이며 인간의 가치 지향과 도덕적 선택이다. 그런데 인간의 '도'는 '천' 또는 '명'에 따라 행해지거나 행해지지 않는다. 천명은 인간의 실행 영역 밖에 있으며 인간이 선택하고 바꿀 수 있는 것이 아니다.

성공 여부는 하늘에 달려있으니 군주가 저들을 어찌하시겠습니까? 힘써 선을 행할 뿐입니다.[8]
군자는 이것을 법도에 따라 나아가며 천명을 기다릴 따름이다.[9]

위의 글을 보면 맹자도 마찬가지이다. 맹자는 인간이 '천' 또는 '명'에 대해 항거할 수 없으며, 인간이 할 수 있는 최선은 자신의 도덕 수양에 힘쓰는 방법밖에 없다고 보았다. 맹자 역시 공자와 마찬가지로 천명을 객관적이고 맹목적이며 필연적인 것으로 보았다. 인간이 할 수 있는 영역 밖에 있다고 규정한 것이다. 곧 공자와 맹자 모두 '인도'와 '천명'을 별개의 것으로 인식한 것이다.

자기의 마음을 다하는 자는 본성을 알 수 있다. 자신의 본성을 알면 천명을 알 수 있다. 자기의 마음을 보존하여 본성을 기르는 것은 하늘을 섬기는 것이다. 요절과 장수에 의심하지 않고 수양하여 천명

---

8   『孟子』「梁惠王下」.
9   『孟子』「盡心 上」.

을 기다리는 것은 명을 세우는 것이다.[10]

이 구절을 보면 마치 맹자가 '심(心)'과 '성(性)'을 인간 영역의 밖에 있는 '천명(天命)'과 연결시켰다고 생각하겠지만 그렇지 않다. 맹자의 이 구절은 경지를 말한 것이지 실존을 말한 것이 아니다. 경지로 말할 때 "자신의 마음을 다한다"는 것은 인심이 양지(良知)라고 규정한 것이다. "마음을 다한다"는 것은 양지를 자각할 수 있다는 뜻이다. "자기의 본성을 안다"는 것은 양지가 자신의 노력과 행동이 인간의 보편적 본성을 체현하였다고 스스로 인정했다는 뜻이다. 그러므로 "본성을 안다"는 것은 양지를 자기가 증명한다는 뜻이 된다. 양지를 자신이 자각할 수 있고 증명할 수 있다면 절대적인 것이 되고 '천명'이 된다. "천명을 안다"는 것은 절대성, 곧 양지가 초월 지성의 범주에 속하는 리(理)로 설명할 수 없는 성격을 갖고 있다는 뜻이다. 예를 들어 어떤 사람이 양심에 따라 일을 할 때 마음이 편안하고 만족스러워한다. 왜 그런 것일까? 이 사람은 자기가 인간이라면 이러해야 한다고 생각했거나 자기가 한 일이 마땅히 해야 할 일이라고 생각했기 때문이다.(곧 양지가 인간의 보편적 본성이라는 것을 인정한 것이다.) 그렇다면 누군가 인간이라면 이렇게 해야 한다고 알려준 것일까? 그렇지 않다. 양심은 각자가 스스로 인정한 것이지 이유가 필요하거나 다른 사람이 규정해 주는 것이 아니다. 그저 자신이 그렇게 생각하는 것인데, 이것이 '천명'이다. 맹자의 논리에서 '인'(인심)과 '천'은 분명히 관련이 있지만 이때 '천'은 양지 주체가 생각하는 내면의 최고 경지일 뿐이다. 이 '천'은 '내' 마음의 최고 경

---

10   『孟子』「盡心 上」.

송·명 신유학약론

지이자 신앙이기 때문에 '내' 마음이 결정한다. 그러므로 상대적인 것이 아니라 절대적인 것이다. 그런데 보편적이지는 않아서 외재적 세계의 공통 원리인 '리'로 전환되어 실존적인 '천'(천지만물)이 되는 것은 아니다. 또 '나'라는 차원에서 추구하기 때문에 외재적인 실존계의 허락도, 외재의 실존계로의 전환도 신경 쓸 필요가 없으므로 자족적이다. 그래서 "요절과 장수는 같은 것"이 된다. 그런데 일단 실존계와 관계를 맺게 되면 '내'가 믿는 대상이 실존계에 위치하게 되고 실존계의 규정을 받아들여야 한다. 그래서 "천명을 따르게" 된다. "천명을 따른다"는 것은 '인도'와 '천명'이 별개의 것임을 보여주고 있다.

공자와 맹자에게 '인도'와 '천명'은 별개의 것이고 배치된 것이다. 이것이 역사적으로 볼 때 일반적인 견해일 것이다. 또 '인도'와 '천명'이 별개로 있고 배치되어 있는 것도 특정한 역사 시대에 규정된 것이다. 특정한 역사 시대에 표현된 특수성은 이런 뜻이다. 역사의 발전이 통상적인 발전의 양상과 달라지면서 통상적인 상황에서 형성된 가치판단을 준수하지 않게 되면 통상적인 상황에서 형성된 가치판단의 기준으로 볼 때 통상적인 상황을 따르지 않는 역사의 발전이 바로 '명'이 된다. 이 '명'은 외재적 근거가 있는 가치판단의 강화를 상실했기에 '인도'와 '천명'은 팽팽한 긴장 관계에 놓이게 되었다.

공자와 맹자에게 '인도'는 '천명'과 연결된 관념이 아니며 역사학적 관점에서도 이 점은 확실하다. 그런데 철학가들은 직관적으로 유학의 '인도'와 '천명'이 이전부터 이어져 있다고 인식했다. 저명한 학자 탕쥔이(湯君毅, 탕군의) 선생의 견해는 다음과 같다.

공자 이전에 천명(天命)과 인성(人性)은 상-하, 내-외로 대응하는 개념이었다. 그런데 공자가 사람들에게 도(道)에 뜻을 두고 덕을 닦으며, 인을 바탕으로 학문을 하고 형이하학적인 일을 통해 형이상학적인 것에 통하라고 말한 뒤로 천명과 인성은 더 이상 대응 관계에 놓이지 않았다. 이 둘은 학문과 교육으로 통하게 되었고 말과 이치로는 통하지 않게 되었다. 학문과 교육으로 통하려면 문장과 예악밖에는 방법이 없으므로 공자의 학문을 들을 수 있게 되었다. 말과 이치로는 통하지 않는다는 것은 천명과 인성 또는 천도와 성이라는 대응 관계를 통하게 할 필요가 없으므로 방법을 전해들을 말이 없어도 된다는 뜻이다. 하지만 이런 학문을 남긴 것은 곧 성과 천도라는 대응 관계를 통하게 했음을 의미한다.[11]

이것은 자공(子貢)의 "선생님의 학문은 들을 수가 있었으나 선생님께서 성과 천도에 대해 하신 말씀은 들을 수가 없었다."에 대한 탕쥔이 선생의 해석이다. 자공의 말의 원래 의미는 공자는 '성(性)', '천도' 및 둘 사이의 상호 관계에 대해 말하지 않았다는 것이었다. 공자는 왜 이 문제에 대해 말하지 않았을까. 역사적 관점에서 보면, 당시 사상가들이 외재적 사회 문제를 다룰 때는 내재적 인성에 대한 반성으로 들어가지는 않았다. '천도'의 경우 『논어』에 따르면 공자에게 '천도'는 말하기 어려운 것이므로 사람들이 해야 하고 관심을 가져야 할 것은 열심히 공부하여 자신의 도덕을 수양하는 것이었다. 공자는 '성'과 '천도'의 관계에 대해서도 말하지 않았다. 그래서 자공은 "선생님의 학문은 들을 수가 있었으나 선생님께서 성과 천도에 대

---

11   唐君毅, 앞의 책, 14쪽.

해 하신 말씀은 들을 수가 없었다". 탕쥔이 선생이 이 구절에 대해 공자가 "이런 학문을 남긴 것은 곧 성과 천도라는 대응 관계를 통하게 했음을 의미한다"고 파악한 것은 실로 무리한 해석이다.

이 점에 대한 머우쫑싼(牟宗三, 모종삼)의 견해는 다음과 같다.

> 공자는 비록 천(天)이 하나의 '형이상의 실체'(Metaphysical reality)라고 말하지는 않았지만 "하늘이 무엇을 말했던가? 사계절은 운행하고 만물은 생성할 뿐이다. 하늘이 무엇을 말했던가?"라고 한 것은 실로 이 의미를 함축한 것이다. "하늘의 명은 심원하여 그치지 않는다."라는 이 구절을 공자가 읽지 않았다고 하기도 어렵고 또 이 구절이 그의 생각과 부합하지 않았다고 하기도 어렵다. 이전 성인과 이후의 성인의 심정과 분위기가 서로 상통했음을 알 수 있다.
>
> (중략)
>
> 공자가 '인을 실천하여 천을 알게 된다(踐仁知天)'고 한 말을 보면 마치 '인'과 '천' 사이에 간극이 있어서 '인'이 곧 '천'일 필요가 없고 공자도 '인'과 '천'을 합일시키거나 하나가 된다고 하지 않은 것처럼 보인다. 그러나 (1) 인심(仁心)의 감통은 원칙상 그 한계를 정할 수 없기 때문에 절대 보편성으로의 전개를 포함하고 있으며, (2) '인을 실천하여 천을 알게 된다'는 말에서 '인'과 '천'이 반드시 내용적으로 동질성이 있어야 인을 실천하여 천을 알게 되고 마음을 깨달을 수 있으며 합치될 수도 있다. 이러한 두 가지 이유로 볼 때 '인'과 '천'은 표면적으로는 거리가 있는 것처럼 보이지만 사실상 전혀 떨어져 있지 않으므로 마침내 합하여 하나가 될 수 있는 것이다.[12]

---

12   牟宗三, 『心體與性體』 1, 臺灣: 正中書局, 1968, 22쪽. [역자 주] 머우쫑싼의 『심체와 성체』 번역은 김기주가 번역한 『심체와 성체』(소명출판, 2012. 7책)의 번역문을 참조하되 필요

이것은 공자의 '인(仁)'과 '천'이 사상적으로 이어진다는 논의이다. 또 맹자의 '인'과 '천'이 사상적으로 이어진다고 하였다.

> 인(仁)과 심(心), 성(性)이 이런 관계라면 맹자에게 심성과 천의 관계는 공자에게 인과 천이 가지는 관계와 같다. 맹자는 도덕실천이라는 측면에서 "본심이 성이다."라고 했고 "본심을 다 실현하면 본성을 알 수 있고 천도를 알 수 있다."라고만 했을 뿐 심성과 천이 하나라고 명시하지는 않았다. 그러나 "만물이 나에게 갖추어져 있다. 자신을 돌이켜 보았을 때 진실했음을 확인했다면 이보다 더 큰 즐거움은 없을 것이다."라고 한 것을 보면 맹자의 말은 심(心)이 무한한 전개를 함축하고 있음을, "만물을 생성하면서 하나도 빠뜨리지 않는" 절대 보편성을 갖추고 있음을 말한다. 그러므로 '심'은 본래 '천'과 합일하여 하나가 될 수 있는 것이다. 자기의 본심을 다하면 성(性)을 알게 된다는 것은 심과 성의 내용적 의미가 완전히 같고 결국 본심이 바로 성이라는 뜻이다. (중략) 마찬가지로 자신의 본성을 알 때 '천'을 알 수 있다면, 성의 내용적 의미에서 반드시 천과 같은 점이 있어야 우리는 비로소 성을 알 수 있는 것으로 천을 알 수 있게 된다. 맹자는 심성과 천이 약간의 거리 또는 차이점이 있는 것처럼 표현하고 있어서 본심이 성이지만 심성이 반드시 천인 것은 아니라고 말하는 듯하다. 그러나 이 약간의 거리는 심의 절대 보편성, 그리고 성이나 심성의 내용적 의미가 천과 같은 점이 있기 때문에 사라질 수 있다.[13]

이 단락에서 머우쭝싼 선생은 다음의 두 가지 측면을 바탕으로 공자

에 따라 수정하였다.

13 위의 책, 26~27쪽.

와 맹자에게 '천명'과 '인도'가 이어지는 것이라고 보았다. 하나는 공자는 '인을 실천하여 천을 아는 것'을 중시했고 맹자는 '자기의 본심을 다하여 성을 알게 되면 천을 아는 것이다'를 중시했는데, 이것은 반드시 '인도'(인(仁), 심성)와 '천'(천도)이 '내용적 의의'에서 같은 점이 있어야만 성립할 수 있다는 것이다. 문제는 역사 인물인 공자와 맹자의 말에 대해 '믿은' 다음에 '해석'하는 방식으로 이들을 신봉했다는 것이다. 꼭 이렇게 읽을 수밖에 없는 것일까. 또 언제나 인간의 주관적인 가치 관념(인도)이 실존적 의의가 있는 '천'과 확실하게 내용적 의의에서 공통점이 있어야만 인간의 가치 추구에 객관적인 의의가 있다고 말할 수 있을까.

또 다른 하나는 공자와 맹자는 천명을 신앙적인 가치로 추구하여 절대적이고 무한한 의미를 담았다는 것이다. 그런데 이때 절대적이고 무한하다는 것은 '심령'의 경계가 초월적이라는 의미이다. '심령'이 '천명'과 대응되지 않고 천명에 한정되지 않음으로써 자유를 얻지만 그렇다고 이것을 실존계에서 자유를 얻은 것이라고 볼 수 없다. 머우쭝싼 선생은 "인심(仁心)이 감응하여 통하면 원론적으로는 한계를 명확하게 정할 수 없으므로 절대적인 보편성으로 나아간다"고 했다. 이것은 심령의 수준에서 절대 무한성을 추구하기 때문에 실존계에서도 절대 무한성으로 전개한다는 것인데, 논리적이라고 보기는 어렵다.

요컨대 필자는 역사학적 방법 또는 역사적으로 공자와 맹자에 주목했다. 이것은 공자와 맹자 또 이들의 유학을 부정하려는 것이 결코 아니다. 나의 의도는 어떤 사조든 역사 속에서 형성되고 발전했다는 점을 설명하려는 것이다. 어떤 개인이 절대적으로 완전하다고도, 또 어떤 사조가 단번에 완성되었다고 볼 수는 없을 것이다. 이 책에서 역사학적인 관점을 채택하게 된 것은 역사 발전 과정에서 각각의 인물과 사조가 가지는 장점과 한계, 둘 사이의 관련과 차이를 살펴보는 데 유용한 방법이기 때문이었다.

또 나는 역사학적 관점에서 역사 발전 과정에서 등장한 각 인물과 사조를 살펴보려고 했다. 이것은 신앙을 부정하려는 것이 아니다. 오히려 나는 신앙을 중요하게 봐야 한다고 생각한다. 신앙이 사라져서 사회가 쇠퇴하기 때문만이 아니다. 역사적으로 봤을 때 인류의 정신문화 형성에 결정적인 영향을 미치는 요인은 외재적 세계의 객관 지식이 아니라 그 안에 있는 사상과 신앙이다.[14] 이 책에서 나는 역사학적 관점에서 각 인물과 사조를 살펴보았다. 지금 시대의 지평에서 새롭게 신앙을 고찰하고 선택하려고 했기 때문이다. 역사학적 방법이 철학적 방법에 비해 더 좋다거나 언제나 더 많은 객관 지식을 제공해서가 아니다. 어떤 사회든 신앙을 새롭게 선택할 때 사람들은 역사학적 방법과 지식론의 사유방식을 더 강조하게 되는데, 이를 통해서만 신앙이라는 측면에서 현대 사회를 운영하고 개인의 마음을 구성할 때 더 나은 것을 선택할 수 있기 때문이다. 이 책에서 전통 유학, 특히 신유학을 중점적으로 논의한 이유는 유학에 대한 기존 관념을 극복하고 더 많은 선택지가 있다는 사실을 알리고 싶어서였다.

---

14 이 점은 『논어』와 불교 경전 및 신약 구약 성서를 읽어보면 쉽게 알 수 있다. 이런 문헌에서 제시하고 있는 것은 '객관 지식'이 아니라 사상과 신앙이다. 바로 이런 문헌의 전파를 통해 세계 역사에서 가장 위대한 인물이 만들어질 수 있었다. 따라서 나는 '학술'에 관심을 더 쏟고 '사상'을 경시하는 오늘날의 경향에 대해 지금은 판단을 유보하고자 한다.

1장

선진(先秦) 시대 원시 유학

앞서 언급했듯이 공자와 맹자는 '명(命)'이라는 단어를 외재해 있는 상황이 주체로서의 사람을 어떤 범위 안에 넣는다는 의미로 썼다. '명'은 인도(人道)와 사람의 덕성을 관통하는 개념이 아니다. 이렇게 천명과 인도가 분리되고 배치되었기 때문에 공자와 맹자는 천도를 바탕으로 인도를 구축하거나 인간의 덕성을 키우는 학문을 만들어내지 못했다. 유학을 처음 만든 공자와 맹자는 무엇에서 인도를 도출하고 덕성을 기르는 학문을 만들어낸 것일까?

'정(情)'에 기반한 '인학(仁學)'

공자와 맹자는 '정'에서 자신들이 주장하는 '인도'를 도출했고 나아가 덕을 이루는 학문을 만들어냈다. 공자와 맹자의 '인도'를 '인학(仁學)'이라고 부를 수 있다면, 공자와 맹자의 '인학'에서 기본 개념인 효(孝), 인(仁), 예(禮), 인정(仁政), 도(道) 등도 모두 세속의 일상적 감정에서 비롯되었다고 할수 있다. 먼저 '효'에 대해 살펴보자. 『논어』 「양화(陽貨)」에서는 이렇게 말했다.

재아(宰我)가 물었다. "삼년상은 너무 깁니다. 군자가 삼 년이나 예를 행하지 않으면 예법이 무너질 것이고, 삼 년이나 음악을 하지 않으면 음악이 무너질 것입니다. (일 년이면) 묵은 곡식도 없어지고 햇곡식이 나오고, 부싯돌도 바꿔야 하니 일 년으로도 충분할 것입니다."

공자께서 말씀하셨다. "(상중에) 쌀밥을 먹고 비단옷을 입는 게 편안하더냐?"

재아가 대답하였다. "편안합니다."

"네가 편안하다면 그렇게 하여라. 군자가 상을 당하면 맛있는 음식도 달지 않고 음악도 즐겁지 않고 거처도 편하지 않은 법인데, 네가 편하다면 그렇게 하여라."

재아가 나가자 공자께서 말씀하셨다. "재아에게는 인(仁)이 없다. 자식이 태어나면 삼 년이 지나야 부모의 품을 벗어나게 된다. 그래서 통상 삼년상을 치르는 것이다. 재아는 삼 년 동안 부모의 사랑을 받지 않았단 말이냐?"

부모가 돌아가신 뒤 자식이 삼년상을 지내는 것이 '효'이다. 이 '효'는 "자식이 태어나면 삼 년이 지나야 부모의 품을 벗어나게 된다"에서 만들어진 가족애에 호소하고 있다.

이번에는 '인(仁)'을 살펴보자. 맹자는 "측은지심이 인(仁)"이라고[1] 했다. 측은지심은 "다른 사람에게 차마 하지 못하는 마음(不忍人之心)"이다. 맹자는 이렇게 말했다.

사람에게는 모두 타인에게 차마 하지 못하는 마음이 있다. (중략)

1   『孟子』「告子上」.

사람에게는 모두 차마 하지 못하는 마음이 있다고 하는 것은 지금 누구라도 우물에 빠질 것 같은 어린아이를 보면 깜짝 놀라고 측은한 마음이 들게 되는데, 이런 마음이 드는 것은 어린아이의 부모와 친분을 쌓고 싶어서도 아니고, 마을 사람들이나 친구에게 칭찬을 듣고 싶어서도 아니며, 비난을 피하고 싶어서도 아니다.[2]

우물에 빠진 아이를 구하는 것이 아이 부모와 친분을 쌓기 위한 것이거나 "마을 사람이나 친구들에게 칭찬을 듣고 싶어서"였다면, 이것은 인간관계의 실리성에서 나온 이성적 사고로 볼 수 있다. 이것을 '인'이라고 한다면 이때 '인'은 이성에서 생겨난 마음에 따른 것이다. 그런데 맹자는 달랐다. 맹자가 "다른 사람에게 차마 하지 못하는 마음"이라고 했을 때에는 같은 인간에 대한 동정심에 호소한 것이다. 맹자는 "타인에게 차마 하지 못하는 마음"으로 '인'을 드러냈다. 감정이 있는 마음을 '인'의 근본으로 삼은 것이다.

이제 '예'를 살펴보자. '예'는 사회의 외적 규범으로 사람과 사람, 가족과 가족, 개인과 사회의 이익과 관련되어 있다. 서로 다른 이해 관계를 어떻게 조율할 것인가를 두고 현대사회에서는 이성적 사고를 통해 일정한 사회 규범을 도출해낸다. '삼년상'은 고대 예법 중 하나이다. 위에 인용한 재아와 공자의 대화에서 재아는 "군자가 삼 년이나 예를 행하지 않으면 예법이 무너질 것이고, 삼 년이나 음악을 하지 않으면 음악이 무너질 것입니다."라고 했다. 재아가 말한 '예'와 '악'은 상례 외의 정사(政事)를 말한 것이다. 재아는 삼년상을 지내게 되면 그 밖의 정사에 지장을 줄 수 있다고 생

---

2   『孟子』「公孫丑上」.

각했다. 그는 예법이 현실 사회의 이해 관계 위에 만들어져야 한다고 보았다. 재아의 주장은 사회의 공리적 관점에서 '예'를 논한 것이다. 공자는 여기에 반대하여 현실에서 사람들이 느낄 감정으로 '효'와 '예'를 논했다. 맹자도 마찬가지였다. 맹자는 장례를 논하면서 이렇게 말했다.

> 아주 먼 옛날에는 부모를 매장하지 않았습니다. 부모가 돌아가시면 시신을 들어 골짜기에 버렸습니다. 나중에 그곳을 지나는데 승냥이와 이리가 시신을 먹고 파리와 등에가 시신을 빨아먹었습니다. 이를 본 아들은 땀이 흥건해지고 곁눈질로 볼 뿐 똑바로 쳐다보지 못합니다. 땀이 흥건해진 것은 남의 시선 때문이 아니라 마음의 감정이 밖으로 드러난 것입니다. 그는 집에 돌아와서 들것에 흙을 담아 시신을 덮었습니다. 시신을 덮는 것이 옳다면 효자와 어진 사람이 부모의 시신을 덮는 것에도 반드시 도리가 있는 것입니다."[3]

그래서 맹자는 가족이 죽었을 때에는 천장(天葬)에서 관에 넣고 매장하는 예장(禮葬)으로 바꾸어야 한다고 생각했다. 이것은 "땀이 흥건해지고 곁눈질로 볼 뿐 똑바로 쳐다보지 못하는" 수치심에서 나온 주장이었다. 『예기(禮記)』「삼년문(三年問)」에서는 맹자의 주장에서 한 걸음 더 나아가 이렇게 말했다.

> (부모의 장례를) 삼년상으로 한 것은 무엇 때문인가? 인정에 맞춰 형식을 만든 것이다. (중략) 천지간에서 혈기가 있는 생물은 반드시 지

---

3   『孟子』「滕文公上」.

각이 있다. 지각이 있다면 자신의 무리를 사랑할 것이다. (중략) 그런데 혈기 있는 것 중에서는 사람이 가장 지각 있는 존재이다. 그래서 사람들은 부모에 대해 죽을 때까지 끝없이 마음을 쏟는 것이다. 어리석고 비루하며 음란하고 사악한 자들에게서 예가 나온다면 어떠할까? 아침에 죽은 이를 저녁에 잊어버리고 그러고도 방종할 것이다. 이들은 금수만도 못한 자들인데, 저들과 함께 모여 살면 어찌 혼란해지지 않겠는가?"[4]

이 글에서 "혈기가 있는 생물은 반드시 지각이 있다"에서 '지각(知)'은 지성이 아니라 대부분 감정을 말한다. "지각이 있다면 자신의 무리를 사랑할 것이다"는 사람에게는 짐승의 수준을 넘어 사람만이 가지고 있는 동족에 대한 동정심이 있다는 뜻이다. 사람은 동족에 대한 동정심이 있으므로 "인정에 맞춰 형식을 만들" 수 있다. '문(文)'은 본래 '문리(文理, 사물의 이치를 깨달아 아는 힘-역자)'라는 뜻으로 '예의'를 가리킨다. 이른 시기의 유가(儒家)들은 '예'는 '정'에 맞추어 만들어진다고 생각했다.[5]

다음으로 '정치(政)'를 살펴보자. '정치'는 서로 다른 이해관계를 조정하는 주요 수단이다. 한비(韓非)는 이 점을 잘 알고 있었기 때문에 '법(法)', '술(術)', '세(勢)'로 '정치'를 논했다. 하지만 공자와 맹자는 '정치'를 논할 때에

---

4   『禮記』「三年問」.
5   위잉스(餘英時)는 「명교(名敎)의 사상과 위진(魏晉)시기 선비 풍격의 변화(名敎思想與魏晉士風
     的演變)」이라는 글에서 한 장절을 할애하여 위진남북조(魏晉南北朝) 시기의 "정에 의거하여
     예법을 제정하는(緣情制禮)" 방법을 소개하고 자신의 견해를 피력하였다. 위잉스는 이런
     풍속을 위진 시기 자연과 명교, 감정과 예법이 격렬한 충돌로부터 합일되는 방향으로 나
     아가는 징표로 보았다. 하지만 사실 이것은 공자와 맹자가 창시한 초기 유교의 기본 논리와
     방향이었다. 이 글은 『선비와 중국문화(士與中國文化)』(상해인민출판사, 1987년)에 실려 있다.

도 외적 사회의 이해 관계를 논하지 않았다. 이들에게 '리(理)'라는 관념이 없다는 것은 그들이 외재적 사물의 이치에 대해 고려하지 않았다는 뜻이다.[6] 이들은 '숫자(數)' 개념도 없었다. 그들이 사물의 양적 차이를 인식하지 못했다는 뜻이다.[7] 또 이들은 '세(勢, 상황)' 개념도 없었다. 여러 사물의 양적 차이로 발전의 방향에 차이가 생긴다는 것을 고려하지 못했다는 뜻이다.[8] 공자와 맹자는 사람의 주관성, 특히 인간의 감정이라는 측면에서 정치를 논했다. 『논어』「위정(爲政)」편에는 다음과 같은 내용이 나온다.

어떤 사람이 공자에게 말했다. "선생님께서는 어찌하여 정치를 하지 않으십니까?"

공자께서 말씀하셨다. "『서경(書經)』에서 '효성스럽구나. 효성스러워야만 형제에게 우애가 있고 나아가 정치를 한다'고 했다. 이 또한 정치이니 어찌 정치하는 행위만을 하겠느냐."[9]

---

6 『莊子』에서는 이미 "리(理)"라는 개념을 사용하고 있으나 분명하게 "만물을 완성하는 규범(成物之文)"으로 "이치(理)"를 설명한 것은 『한비자(韓非子)』「해로(解老)」편이다.

7 공자와 같은 시기에 살았던 손무(孫武)는 이렇게 말했다. "병법은 첫 번째가 면적(度)이고 두 번째가 자원의 양(量)이며 세 번째가 군사의 숫자(數)이고 네 번째가 실력의 차이(稱)이며 다섯 번째가 승부(勝)이다. 쌍방이 처한 지리적 위치에 따라 자원의 양이 결정되고, 자원의 양에 따라 투입할 수 있는 병력이 결정되며, 투입할 수 있는 병력에 따라 쌍방의 실력의 차이가 정해지고, 쌍방 병력의 차이에 따라 승부가 정해진다."(『손자(孫子)』「형편(形篇)」) 손무는 여기에서 벌써 사물의 수량간의 관계에 대해 언급하고 있으며 수량 관계는 실력의 차이(稱)와 승부(勝)에 결정적 의미가 있다고 주장하였다.

8 『孫子』「勢篇」에서는 또 이렇게 말했다. "그러므로 잘 싸우는 자는 형세에 의지하고 사람을 책망하지 않기 때문에 사람을 선택하여 형세에 맡기게 할 수 있다." "형세에 의지한다"는 것은 역량의 대비 관계에 의해 형성된 형세를 중시한다는 말이며, "사람을 책망하지 않는다"는 것은 주관적인 동기, 노력을 근거로 일을 판단하지 않는다는 뜻이다.

9 『論語』「爲政」.

이것은 부모와 자식, 형제간의 혈육의 정과 이 혈육의 정에서 나온 '효', '우애'의 관념으로 '정치'를 논한 것이다. 이것이 '덕정(德政)'이다.[10] 맹자는 이렇게 말했다.

> 사람에게는 모두 타인에게 차마 하지 못하는 마음이 있다. 선왕들은 타인에게 차마 하지 못하는 마음이 있어 타인에게 차마 하지 못하는 정치를 하였다. 타인에게 차마 하지 못하는 마음으로 타인에게 차마 하지 못하는 정치를 한다면 천하를 다스리는 것은 손바닥 위에 놓고 움직이는 것처럼 쉬울 것이다.[11]

"차마 하지 못하는 마음"은 동족에 대한 동정심이다. "차마 하지 못하는 마음으로" "차마 하지 못하는 정치를 하는" 것이 '인정(仁政)'인데, 이 또한 감정으로 정치를 논한 것이다.[12]

---

10   『論語』「爲政」.

11   『孟子』「公孫丑上」.

12   『論語』「顏淵」에 다음과 같은 기술이 있다. "자공(子貢)이 정치에 대해 물으니, 공자께서 말씀하셨다. '양식을 풍족하게 하고 군대를 충실하게 갖추고, 백성이 나라를 믿게 하는 것이다.'" 공자 역시 이곳에서 "양식"과 "군대" 등이 "정치를 하는" 객관적인 외재 조건임을 이야기하고 있다. 하지만 자공이 어쩔 수 없이 두 가지를 버려야 한다면 무엇을 버려야 하냐고 묻자 공자는 "군대를 버리고", "양식을 버리고" "믿음"을 남겨야 한다고 대답한다. 이는 여전히 주관적인 것을 첫 자리에 놓은 것이다. 맹자의 "어진 정치(仁政)" 학설은 "백성을 먹고 살게 해주는 것(制民之産)" 것을 논한다. "생업이 없으면서도 항심(恒心)을 가질 수 있는 사람은 선비밖에 없습니다. 일반 백성은 생업이 없으면 항심이 없을 수밖에 없습니다. (중략) 그러므로 어진 임금은 백성의 생업을 마련해주어 위로는 부모를 섬길 수 있게, 아래로는 처자식을 먹여 살릴 수 있게 하고, 풍년에는 일 년 내내 배부르게, 흉년이라도 굶주려서 죽는 것은 면하게 해줍니다. 그런 다음에야 백성들을 가르쳐서 선(善)으로 인도하기에 백성들은 쉽게 따르게 됩니다."(『맹자』「양혜왕 상」) 맹자의 주장은 '생업'이 '항심'을 가지기 위한 수단이 되는 것이다. 이것은 정치를 현실적으로 만들고 공리적으로 만든

마지막으로 '도(道)'를 살펴보자. '도'가 외재하는 사물과의 상호작용과 '숫자', '세'와 관련되어 있다면 이것은 필연성의 범주에 속한다. 그런데 만약 '효'와 '인' 및 이로 인해 생겨난 '예', '정치'와만 관련된다면 이것은 당연성의 범주에 속한다. 공자와 맹자에게 '효', '인', '예', '정치'는 모두 사람의 주관적 감정에 호소한 것이므로 '도'도 '인도(人道)'이며 주관적 인식으로 결정되는 '도'이다. 곧 사람들이 마음속으로 마땅히 이러해야 한다고 생각하는 '도'이다. 공자의 제자 유자(有子)는 이렇게 말했다.

사람됨이 효성스럽고 우애가 있는데도 윗사람에게 대들기 좋아하는 사람은 드물다. 윗사람에게 대들기를 좋아하지 않는데도 반란을 일으키기 좋아하는 사람은 아직 없었다. 군자는 근본에 힘쓰니 근본이 서면 도가 생긴다. 그러니 효성과 우애는 인의 근본이다.[13]

이 구절은 효성과 우애가 있다면 '도'에 부합하고 '도'는 여기에서 확립된다는 뜻이다. 맹자는 다음과 같이 직설적으로 말했다.

요(堯), 순(舜)의 도(道)는 효도와 우애일 뿐이다.[14]

것이라 사회 인식의 관점에서 보면 진보했다고 할 수 있다. 하지만 동족에 대한 동정심을 바탕으로 정치를 논한다면 사람은 목적이지 수단이 될 수 없다. 이런 주장에는 확실히 이상적인 색채가 짙게 나타나 있다. 따라서 객관 현실을 초월한 정도로 맹자의 설은 퇴보한 것이다. 대체로 공자와 맹자는 정치를 논할 때 감정에 치중했고 현실을 초월한 의의에 치중했다.

13   『論語』「學而」.
14   『孟子』「告子下」.

인(仁)은 '사람'이라는 뜻이다. 이 둘을 합하여 말하면 도(道)이다.[15]

효와 우애를 '도'로, '인'(人, 仁)을 '도'로 본 것은 둘다 인간의 마음에서 가져온 것으로, 마땅히 그래야 할 목표지점으로 '도'를 논한 것이다. 인간의 '도'는 외재적이고 객관적이며 필연성을 가진 것에 호소할 필요가 없다. 그래서 공자와 맹자는 거듭 이렇게 말했다.

> 도가 행해지는 것도 명(命)이고, 행해지지 않는 것도 명이다.[16]
> 돈독하게 믿으면서 배우기를 좋아하며, 죽음으로 지키면서 도를 잘 행해야 한다. 위험한 나라에는 들어가지 않고 혼란스러운 나라에는 머물지 않는다. 천하에 도가 있으면 나와서 벼슬하고 도가 없으면 은거한다. 나라에 도가 있는데 빈천하면 부끄러운 일이고 나라에 도가 없는데 부귀하면 부끄러운 일이다.[17]
> 공업을 이루는 일은 하늘에 달려있습니다. 임금께서 저들을 어찌하시겠습니까? 힘써 선을 행할 뿐입니다.[18]

이 글에서 '인'/'인도'와 '천'/'천명'은 별개의 것이자 배치되는 것이다. 공자와 맹자가 '천', '천명'이 보여주는 객관적이고 필연적인 성격으로 '도'를 설명할 생각이 없었음을 보여주는 대목이다. 공자는 '천도'에 대해 말한 적이 거의 없다. 자공(子貢)은 "스승님의 학문과 문화에 대한 말씀을 들을

---

15 『孟子』「盡心下」.

16 『論語』「憲問」.

17 『論語』「泰伯」.

18 『孟子』「梁惠王下」.

수 있었지만 인간의 본성과 천도에 대해 말씀하시는 것은 들은 적이 없다"고 했다.[19] 공자와 맹자에게 '인도'와 '천명'은 서로 통하는 것이 아니었다.[20] 공자와 맹자는 '천'과 '천명'이 표상하는 외재적이고 객관적이며 필연적인 성격이 아니라 인간의 주관적이고 주관적 감정으로 '도'를 도출해낸 것이다.[21]

'명(命)'을 배제함으로써 올라간 인간의 가치

공자와 맹자는 자기가 생각한 '인도(人道)'를 '천', '천명'이 아닌, 인간의 주관적 감정에 호소했다. 이 점은 철학 또는 사상의 발전사에서 어떤 의의를 가질까? 머우쫑싼 선생은 "선생님께서 인간의 본성과 천도에 대해 말씀하시는 것은 들은 적이 없다"는 자공(子貢)의 말을 이렇게 해석했다.

(공자에게) 성(性)과 천도(天道)는 스스로 있는 것이고 잠재적으로 존재하는 것이며 객관적이고 실체이며 가장 근원적인 존재이다. 반면

---

19   『論語』「公冶長」.

20   맹자는 「盡心上」에서 "자기 마음을 다하는 자는 자기의 본성을 알게 되고, 자기의 본성을 알게 되면 하늘을 알게 된다"고 했다. 이 말은 하늘과 사람을 연결시키는 것처럼 보인다. 하지만 사실 맹자는 '하늘'을 어떤 경지로 말하는 것이지 실존적 의미의 하늘을 말한 것이 아니다. 이 점은 뒤에서 자세히 논할 것이다.

21   쉬푸관(徐復觀, 서복관)은 「공자와 플라톤(孔子與柏拉圖)」에서 이렇게 말했다. "공자의 가장 큰 책무는 형이상학적인 '이데아(理型)'나 '이념(理念)'을 만드는 것이 아니라 감정의 세계에서 자신의 책임을 다하는 것이었다." 이 말은 매우 타당하다. 공자와 맹자의 '도'는 모두 추상적이지도, 이념적이지도 않다. 徐復觀, 『徐復觀雜文』, 臺灣: 時報文化出版公司, 1980.

에 인(仁), 지(智), 성(聖)은 높이 솟아 돌출된 것과 같아서 스스로 주체가 되어 만든 생명이자 덕성이라 애초부터 직접적으로 그것을 객관적이고 실체가 있으며 스스로 있고 잠재적으로 있는 존재로 규정할수 없다. 따라서 이것은 마치 스스로 일어나 스스로 창조해야 할 보다 높은 차원의 가치 같다.[22]

객관성과 실체가 없는 존재라는 측면(객관적이고 필연적이라는 측면)에서 보면, 공자와 맹자가 창시한 '인학(仁學, 즉 人道)'은 확실히 "스스로 일어나 스스로 창조해야 할 보다 높은 차원의 가치"를 보여준다. 머우쭝싼 선생의 이런 평가는 의심할 여지없이 타당하다. 하지만 '성과 천도'가 공자의 사상에서 이미 "잠재적으로 존재했고" 공자가 "본성과 천도를 말하지 않아도 본성과 천도는 이미 그 안에 있었다"[23]는 말은 사상사의 역사적 자취와 잘 맞지 않는다.

사상사에서는 은상(殷商) 시기에 '천명'(지고무상한 신의 절대적인 명령)만 중시할 뿐 '인도(人道)'는 중시하지 않았다. 서주(西周) 시기에 와서 '경덕(敬德)'을 중시하기 시작했는데, '경덕'을 '천명'에 부응하도록 하기 위해서였다. 이렇게 되면서 '인도(人道)'와 '인덕(人德)'이 '천명'의 제약을 받게 되었으므로 이것을 "높이 솟아 돌출된 것과 같아서 스스로 주체가 되어 만들었고", "스스로 일어나 스스로 창조해야 할 보다 높은 차원의 가치"라고 볼 수는 없다.

춘추(春秋) 시기에 이르면 최고 신의 절대 명령으로서의 '천명'의 위상

22　牟中三, 앞의 책, 220쪽.

23　위의 책, 220쪽.

이 근본적으로 흔들리기 시작하고, 인도와 인덕의 독립적 가치가 중시되기 시작했다. 공자와 맹자가 창시한 '인학(仁學)'이 사상사에서 가지는 독특한 의미도 '천명'에 복종하지 않고 인간의 주관적 측면을 극대화하여 고안되었다는 점에 있다. 실제 역사로 볼 때 사상사의 어떤 단계에서 공자와 맹자의 천도관(天道觀)이 인도관(人道觀)에 잠재적으로 포함되어 있었다고 보는 것은 적절하지 않다. 차라리 공자와 맹자가 '천명'을 배제함으로써 '인도'의 독자적 가치를 획득할 수 있었다는 것을 논증하는 것이 공자와 맹자의 '인학'에서 구현한 창조성을 더 잘 드러내는 방법이 될 것이다.[24]

공자와 맹자의 '인학(仁學)'이 철학 또는 사상사에서 가지는 가치는, 외재하는 '천명'을 배제하고 인간에게 내재하는 주관적 측면을 충분히 긍정한 점에 있다. 또 인간에게 내재한 주관적 측면을 인간이 타인에 대해 가지는 감정으로 명확하게 지적하고 인간이 타인에 대해 가지는 감정에서 인간이라는 종이 가진 본성을 도출했다. 이렇게 인간이 타인에 대해 느끼는 감정으로 인도관(人道觀)을 확립하는 단계에서 공자와 맹자는 자신들이 만들어낸 원시 유학에 원초적인 질박함과 함께 쉽게 받아들일 수 있는 친근감도 불어넣었다.

공자와 맹자의 유학에 원초적인 질박함이 있다고 하는 이유는 직접적으로 감정에 호소하기 때문이다. 곧 이들의 유학은 이성으로 선별된 것도, 개념틀로 가공된 것도 아니다. 이성으로 선별되는 과정을 거쳤다면 원초적이라고 할 수 없고 개념틀의 가공을 거쳤다면 변형되었다고 할 수 있다.

---

24 이 점에 대한 자세한 설명은 馮達文, 『中國哲學的探索與困惑』 '殷商-魏晉'의 제2장 「孔孟儒學旨趣」, 中山大學出版社, 1989 참조.

인류의 인지 초기 단계에 있었기 때문인지 공자와 맹자는 이성을 중시하지 않았다. 『논어』에 수록된 공자의 여러 발언에는 논증이 전혀 없다. 맹자는 이렇게 말했다.

> 사람이 배우지 않고도 할 수 있는 것은 양능(良能)이고, 생각하지 않고도 알 수 있는 것은 양지(良知)이다. 어린아이라도 누구나 자기 부모를 사랑할 줄 알며 누구나 장성해서는 자기 형을 공경한다. 부모를 사랑하는 것이 '인(仁)'이고 연장자를 공경하는 것이 '의(義)'이다.[25]

또 이렇게 말했다.

> 측은지심(惻隱之心)을 사람마다 다 가지고 있고, 수오지심(羞惡之心)을 사람마다 다 가지고 있다. 공경지심(恭敬之心)을 사람마다 다 가지고 있고 시비지심(是非之心)을 사람마다 다 가지고 있다. 측은지심은 인(仁)이고, 수오지심은 의(義)고, 공경지심은 예(禮)이고, 시비지심은 지(智)이다. 인, 의, 예, 지는 외부로부터 나에게 녹아 들어온 것이 아니라 내가 본래부터 가지고 있던 것인데 생각하지 않고 있었을 뿐이다.[26]

부모를 사랑하고 형을 존경하는 것이 '정(情)'이며 측은지심, 수오지심, 공경지심도 모두 '정'이다. '정'은 가장 본연의 것이다. '시비지심'도 맹자에게는 '이성에서 생겨난 마음(智識心)'이 아니라 부모를 사랑하고 형을 공

25 『孟子』「盡心上」.

26 『孟子』「告子上」.

경하는 '양능(良能)', '양지(良知)'일 뿐이다. '양능'과 '양지'는 "배우지 않고도 할 수 있는 것"이며 "생각하지 않고도 알 수 있는 것", 즉 원래 가지고 있는 것이다. 공자와 맹자는 인간의 주관에 자연적이고 본연의 '정'이 있다는 점을 강조하고 지성을 배제했는데 바로 이런 점에서 원시유학은 원초적인 질박함을 갖게 되었다.

유학이 원초적이고 질박했기 때문에 일상생활에서 가지는 감정에 더 가깝게 다가섰고 세속 사회에서도 쉽게 받아들여졌다. 고대 중국 사회에서 왕조가 교체되어도 가치와 신념으로서의 유교는 오래 유지된 것도 이 때문이었다. 사회가 유학을 관리하여 의식의 형태가 되면서 유학은 변질되고 도구화되었는데, 이것은 분명히 유학의 타락이었다. 그러나 한편으로 유학은 정치를 변화시켰고 정치에 '인륜(人倫)'이라는 색채를 띠게 했다. 유학과 정권이 결합하면서 중국 고대 사회 체제가 '윤리-정치' 시스템으로 나타났는데, 이것은 서구, 특히 근대 이후 서구의 '경제-정치' 시스템과 차이가 있다. 서구의 시스템은 사회구조를 공리적이고 운영할 수 있는 것, 비인간적으로 만들었지만, 고대 중국의 시스템은 계급을 분화하면서도 사람들 사이에 진심과 온정을 남겨 놓았다.[27]

27　중국 고대 사회는 '예'와 '악'으로 '정치'를 논했다. 『예기(禮記)』「악기(樂記)」에서는 이렇게 말했다. "음악은 정을 바꿀 수 없다. 예라는 것은 이치를 바꿀 수 없다. 음악은 같은 것을 통솔하고 예는 다른 것을 분별한다. 예악의 설은 사람의 감정을 주관하는 것이다." 또 이런 말도 나온다. "하늘은 높고 땅은 낮으며, 만물이 성품을 달리해서 예의 제도가 행해진다. 음양의 기가 흘러서 쉬지 않고 합하고 화하여 음악이 흥기하였다. 봄에 심고 여름에 자라는 것은 인(仁)이다. 가을에 거두고 겨울에 저장하는 것은 의(義)이다. 인(仁)은 악(樂)에 가깝고 의(義)는 예(禮)에 가깝다. (중략) 그러므로 성인은 음악을 만들어서 하늘에 응하고 예를 만들어서 땅에 따랐다. 예악이 밝게 갖추어져서 천지가 생성하고 기르는 공을 이룬다." 이것은 "예로 다른 것을 분별하는" 상황에서 화락하게 지내는 '정'을 강조한 것이다.

송·명 신유학약론

그런데 바로 여기에 문제가 있다. 공자와 맹자의 '인학(仁學)'은 주관적 이념이자 이론적 주장이었다. 만약 이렇게 개인의 주관적 감정에만 호소하고 객관적이고 필연적인 근거가 없다면, 단지 자연스럽게 나오는 감정에만 의지하고 이성으로 틀을 만드는 과정이 없다면 이것을 믿을 수 있을까? 또 이것을 보편적 기준이라고 할 수 있을까? 또는 각 개인의 주관적 감정이 모두 선한 것인가를 물을 수 있을 것이다. 모두 선한 것은 아니라면 몇몇 사람들의 선한 감정으로 도출한 인도(人道)와 덕정(德政)이 어떻게 보편적인 타당성을 획득할 수 있을 것인가?

실제로 공자와 맹자 이후 유가의 대표 인물 중 하나인 순황(荀況, 기원전 313~기원전 238 사이에 활동)은 인간의 주관적 감정이 선하다는 것에 의문을 가졌다. 순자는 이렇게 말했다.

> 사람의 본성은 태어날 때부터 이익을 좋아한다. 이것을 따르기 때문에 다투고 빼앗는 마음이 생겨나 사양하는 마음은 사라진다. 사람은 나면서부터 질투하고 미워한다. 이것을 따르기 때문에 남을 해치는 마음이 생겨나 충성과 믿음이 없어진다. 사람은 나면서부터 귀와 눈에 욕망이 있어 음악과 여색을 좋아하는데 이것을 따르기 때문에 음란함이 생겨나 예의와 문채가 없어진다.[28]

"태어날 때부터 좋아한다"는 것은 천성적으로 가지고 있다는 뜻이다. "이익을 좋아하고", "음악과 여색을 좋아하는" 것에서 "좋아하는 것"은 '감정'의 영역이다. '감정'이 좋아하는 것은 '이익'이고 "음악과 여색"인데,

---

28   『荀子』「性惡」.

이러한 '감정'은 결코 '선'한 것이 아니다. 사람이 천성적으로 가지고 있는 '감정'이 선한 것이 아니라면 "이것을 따른" 결과가 반드시 선덕(善德)과 선정(善政)일 수만은 없다. 순자의 제자 한비(韓非, 기원전 약 280~기원전 233)는 더욱 날카롭게 다음과 같이 지적했다.

> 사람이 어렸을 때 부모의 양육이 소홀하면 자식은 자라서 부모를 원망하게 된다. 자식이 장성한 뒤에 부모를 제대로 봉양하지 못하면 부모는 자식을 책망할 것이다. 부모와 자식은 가장 친밀한 사이인데도 책망하거나 원망하는 것은 서로 상대를 위한 일이라고 생각했지 자신을 위한 일이라고 생각하지 않았기 때문이다.[29]

한비는 부자 관계도 이익으로 좌우된다고 생각한다. "부모와 자식은 가장 친밀한 사이"이지만 이들의 감정이 반드시 선한 것은 아니다. 그러니 사회의 다른 관계에서 선한 마음이 없다는 것은 말할 필요도 없다.

인간이 주관적 감정으로 '부모를 사랑하는' '인'이 믿을 것이 못 된다면 '인'을 '도'로 삼는 것에 보편적이고 유효한 객관적 근거가 없다는 것도 자명하다. 그래서 공자와 맹자 이후에는 어떻게 주관에서 벗어나 객관으로 나아갈 것인가, 어떻게 감정에서 벗어나 이성을 동원할 것인가, 또는 주관적 감정으로 인정한 신념과 주장을 어떻게 밖의 규범으로, 도구가 아닌 대상으로, 감정이 아닌 이성으로 만들어 보편적 기준으로 제시하여 보편적인 유효성을 확보할 것인가 같은 문제들이 유학 발전의 핵심 주제가 되었다. 선진(先秦) 시기에 이 주제에서 방향성을 제시한 사람이 『순자(荀子)』,

---

29　『韓非子』「外儲說左上」.

『대학(大學)』,『중용(中庸)』,『역전(易傳)』의 저자들이었다.

천도(天道)와 인덕(人德)을 연결한 최초의 탐구

『순자(荀子)』는 대부분은 순황의 저작이다. 선진 시기의 유학은『순자』 때 '천도(天道)'와 '인도(人道)'를 연결시켜 '천도'에서 '인도' 이야기를 하기 시작했다.『순자』「천론(天論)」에서는 "천도에는 일정한 법칙이 있는데, 요 (堯) 임금이 (현군이라고) 존재하게 하는 것도 아니고 걸(桀) 임금이 (폭군이어 서) 없어지게 한 것도 아니다. 다스리는 도로 응하면 길하고 어지러운 도로 응하면 흉하게 된다."[30]고 했다. 이 구절에서 말한 '일정한 법칙'이 '도'이 다. "요임금이 존재하게 하는 것도 아니고, 걸임금이 없어지게 한 것도 아 니다"라는 것은 도의 객관성을 말한다. 사람은 다스리는 도로 응해야 한다 는 것은 인도가 반드시 객관적이고 외재해 있는 천도에 따라야 한다는 뜻 이다.

『순자』와 마찬가지로 전국시대 말엽과 진한 교체기에 만들어진『대 학』,『중용』,『역전』에서도 '천도'와 '인도'를 연결시키려고 하였다. 예를 들어「단전(彖傳)」'건괘(乾卦)'에 "위대하다, 건이 '크게 형통함'이여, 만물 (64괘)이 여기에서 비롯되니 곧 하늘에 속한다." (중략) "건의 도가 변하여 화함에 이르고 각자의 천성과 천명을 바르게 함으로써 태화를 이루어 보 존하니 바르게 하면 이롭다. 만물에서 으뜸으로 나오니 모든 나라가 다 평

---

30   『荀子』「天論」.

안하다."[31]고 하였다. 이는 음양(陰陽, 乾坤)의 변화를 가지고 인간 사회에서 지켜야 할 도덕과 질서를 설명한 것이며, '천도'에 따라 '인도'를 논한 것이다. 이런 논리는 공자와 맹자에게서는 찾아볼 수 없었다.

그런데 짚고 넘어가야 할 부분은 『순자』 및 『대학』과 『중용』 및 『역전』에서 '천도'에 대한 부분, 또 '천도'와 '인도'의 연결에 대한 부분에서 차이를 보인다는 점이다. 이런 차이는 주로 이렇게 표현된다. 『순자』와 『대학』의 경우, 특히 『순자』에서는 주로 '천도'가 외재적이고 객관적인 법칙이며 인간 행위에 규범이 된다는 점을 강조한다. 반면 『중용』과 『역전』의 경우, 특히 『역전』에서는 '천도'를 궁극적인 본원이며 사람과 만물을 생육하는 점에서 가치를 두고 여기에서 나온 신앙의 의의를 더 중시한다.[32]

순자는 주로 '천도(天道, 天命)'가 외재적이고 객관적인 법칙이며 규범적 의의가 있다는 점을 강조했다. 위의 인용문에서 "요임금이 존재하게 하는 것도 아니고, 걸임금이 없어지게 한 것도 아니다."라는 것은 '천도'가 외재적이고 객관적인 법칙으로, 인간에 대해서도 냉혹하다는 뜻이다. "다스리는 도로 응하면 길하고 어지러운 도로 응하면 흉하게 된다."는 것은 '천도'가 인간의 행위에 규범이 된다는 뜻이다. 순자는 "모든 제왕들이 바꾸지 않기에, 도의 조리(條理)가 된다."[33]라고 했다. 이것은 인간의 행위규범으로서의 불변성을 강조해서 말한 것이다.

---

31 『周易』「象傳」 '乾卦'.

32 펑여우란(馮友蘭) 선생은 "『중용』은 대부분 맹자의 학문이고 『대학』은 대부분 순자(荀子)의 학문"이라고 했는데 매우 타당하다. 馮友蘭(a),「秦漢之際之儒家」,『中國哲學史』, 中華書局, 1994(2책) 참조.

33 『荀子』「天論」.

'천도'는 외재적이고 객관적이다. 인간 세상의 선악과 치란에 대해 동정심이 없으므로 인간 사회에서 필요한 덕성은 천도에서 나올 수 없다. 그래서 순자는 천도를 언급할 때 덕성이 아니라 이성을 강조했다. 순자의 관점에서 천도는 불변성을 가지고 있다. 즉 자연 현상과 자연 만물은 주기적으로 생겨나고 소멸하며 이는 반복적으로 일어난다. 그래서 인간은 천도를 인지하고 파악할 수 있다. 따라서 순자는 "아는 것이 인간의 본성이며 그 대상은 사물의 이치이다."[34]라고 했다. 사물의 이치와 천도는 알 수 있으므로 사용할 수 있다. 그래서 순자는 다시 "천명(하늘을 낳은 것)을 통제하여 활용한다."는 설을 내놓았던 것이다.

> 하늘이 위대하게 여기고 그것을 사모하는 것과 사물을 길러 통제하는 것 중에서 어느 쪽이 낫겠는가? 하늘을 추종하여 그것을 기리는 것과 하늘을 낳은 것을 통제하여 이용하는 것 중 어느 쪽이 낫겠는가? 계절을 바라보며 그것을 기다리는 것과 계절에 대응하여 그것을 활용하는 것 중 어느 쪽이 낫겠는가? 사물을 그대로 방치하고 그것이 불어나기를 바라는 것과 능력을 다해 그것을 변화시키는 것 중 어느 쪽이 낫겠는가? 사물을 사모하여 그대로 방치하는 것과 사물을 통제하여 잃지 않도록 하는 것 중 어느 쪽이 낫겠는가? 사물이 자연적으로 만들어지기를 바라는 것과 사물을 성장하도록 하는 것 중 어느 쪽이 낫겠는가? 그러므로 사람을 버리고 하늘을 사모하게 되면 만물의 본래 모습을 잃어버리게 되는 것이다.[35]

---

34 『荀子』「解蔽」.

35 『荀子』「天論」.

순자가 여기에서 말한 "사물을 길러 통제하는 것", "하늘을 낳은 것을 통제하여 이용하는 것", "계절에 대응하여 그것을 활용하는 것"은 모두 천도와 사물의 이치를 이해하고 지배한다는 뜻이다. 하늘과 사람, 객관과 주관 관계에서 순자는 이 둘의 차이를 인정했고[36] 그 뒤에 인간의 이성으로 소통하는 토대 위에서 객체에 대한 주체의 지배와 점유를 실현하고자 했다.

순자는 인간의 덕성이 아니라 인간의 이성을 통해 천과 인, 천도와 인도를 연결하려고 했다. 그렇다면 인간의 덕성과 인간 사회의 여러 예법과 규범은 어디에서 나온 것일까? 순자는 그것이 인위적이라고 생각했다. 앞에서 언급했듯이 순자는 "인간의 본성은 악하고, 선행은 인위적인 것"이라고[37] 주장했다. "인간의 본성은 악하다."라고 한 것은 인간의 원래 본성은 이익을 좇고 손해를 피하는 것이므로 그대로 놔두면 필연적으로 사회에 해가 될 것이므로 악하다는 뜻이다. "선행은 인위적인 것"이라는 말에서 '인위(僞)'라는 글자의 첫 번째 뜻은 '하다(爲)'이다. '선'의 덕성은 사람이 하는 것이고 후천적인 것이다. 후천적이므로 타고난 상태가 아니고 무엇인가를 덧댄 것이다. 그래서 '하다'는 '인위적인 것'이 된다. 순자는 '인위'를 매우 중시하여 다음과 같이 말했다.

그러므로 옛날의 성인은 사람의 본성이 악하여 치우치고 험악해서 바르지 않고 거스르고 어지러워 다스려지지 않았으므로 군주의 권위를 내세워 군림하였고 예를 밝혀 교화하였으며 올바른 법을 일으

---

36 『荀子』「天論」편에서는 "하늘과 사람의 차이를 확실하게 알아야 덕이 극치에 이른 사람 (至人)이라고 할 수 있다."라고 하였다.

37 『荀子』「性惡」.

송·명 신유학약론

켜 다스리고 형벌을 무겁게 해서 금지하여 천하가 모두 다스려지는 상태로 가게 하고 선에 부합하게 만들었다. 이것이 성왕의 다스림이고 예의의 교화이다.[38]

이 글에서 순자는 인간의 덕성과 사회의 예법 및 규범을 명확하게 파악한 뒤 이것을 사람 사이의 이해 관계를 조정하는 도구로 보았다. 순자는 "사람들이 모두 갖고 있고", "차마 하지 못하는 마음"이 아니라 이해 상충이라는 측면에서 설명하면서 도구로서의 본질도 지적했는데 정말 탁월한 견해이다. 인간의 덕성의 기원을 순자는 이해 관계의 조정이라는 측면에서 이해했다. 곧 공리성과 규범성의 도덕적 측면으로만 살핀 것이다. 반면에 공자와 맹자는 당위적 측면에서의 도덕 또는 신앙의 대상으로서의 도덕을 논의했다. 이 점이 순자가 공자와 맹자와 가장 다른 지점이다.

『대학(大學)』에서는 본격적으로 '천도'를 언급한 대목이 거의 없다. 그럼에도 『대학』을 『순자』와 비슷하다고 한 것은 『대학』 역시 전면적으로 '천도(天道)'에 대해 언급한 경우가 거의 없다. 그럼에도 『대학』과 『순자』가 비슷하다고 하는 것은 『대학』 역시 지식론적 사유방식이기 때문이다. 『대학』에서는 이렇게 말했다.

대학의 도는 밝은 덕을 밝히는 데(明明德) 있고, 백성을 가까이하는 데(親民)에 있으며, 지극한 선에 머무는 데(止于至善) 있다. 머무를 곳을 안 뒤에 정할 수 있고, 정하고 난 뒤에 고요할 수 있고, 고요한 뒤에야 편안할 수 있고, 편안한 뒤에야 생각할 수 있고, 생각한 뒤에야 얻

---

38   『荀子』「性惡」.

을 수 있다. 사물에는 근본과 말단이 있고 일에는 시작과 끝이 있으니, 해야 할 일의 선후(先後)를 알면 도(道)에 가까워질 것이다. 옛날에 밝은 덕을 천하에 밝혀 보고자 했던 사람들은 먼저 자기 나라부터 잘 다스렸고, 자기 나라를 잘 다스리고자 했던 사람들은 먼저 자기 집안부터 잘 단속하였으며, 자기 집안을 잘 단속하고자 했던 사람들은 먼저 자신의 몸을 수양하였고, 자신의 몸을 수양하고자 했던 사람들은 먼저 자신의 마음을 바르게 하였으며, 자신의 마음을 바르게 하고자 했던 사람들은 먼저 자신의 생각을 진실되게 가졌고, 자신의 생각을 진실되게 가지고자 했던 사람들은 먼저 자신의 앎을 극대화했는데, 자신의 앎을 극대화하는 방법은 사물의 이치를 구명함에 있다.

"밝은 덕을 밝히고", "백성을 가까이 하며", "지극한 선에 머무는 것", 이 세 가지가 『대학』에서 말한 '삼강(三綱)'이다. 사물의 이치를 구명하는 것(格物), 앎을 극대화하는 것(致知), 생각을 진실되게 가지는 것(誠意), 마음을 바르게 하는 것(正心), 몸을 닦는 것(修身), 집안을 잘 단속하는 것(齊家), 자기 나라를 잘 다스리는 것(治國), 천하를 태평하게 하는 것(平天下)이 『대학』에서 말한 '팔조목(八條目)'이다. '삼강'과 '팔조목' 중에서 "사물의 이치를 구명하여 앎을 극대화하는 것"이 가장 중요한 출발점으로 인식되었다. "사물의 이치를 구명하여 앎을 극대화하는 것"이란 무엇일까? 『대학』에서 이 구절의 '전(傳)'이 전하지 않아 확실하게 알 수 없지만 아마도 "사물에는 근본과 말단이 있고 일에는 시작과 끝이 있으니, 해야 할 일의 선후를 알면 도에 가깝다고 할 수 있다."는 구절의 의미는 "앎의 극대화"일 것이다. 그렇다면 "근본과 말단"은 무엇일까? 『대학』에서는 이렇게 말했다.

천자에서부터 일반 백성에 이르기까지 모두 자신의 수양을 근본으로 삼아야 한다. 근본이 어지러운데 말단이 다스려지는 일은 없으며, 후해야 할 곳에 박하고 박하게 할 곳에 후하게 하는 일도 없었다. 이것이 근본을 아는 것이고 이것이 앎의 극치이다.[39]

이 설에 따르면 사물과 사건의 근본과 말단, 시작과 끝은 외재적이고 객관적 법칙이며 앎의 대상이 된다. "선후를 아는 것"은 이 법칙을 안다는 것이고 "그러면 도에 가까워진다"는 이 법칙을 알게 되면 도를 파악한다는 뜻이다. 『대학』에서는 '도'를 '앎'을 통해 얻는 것으로 본다. 이것이 공자 및 맹자와 확연히 다른 점이며 지식론적 사유방식이라는 점도 확실하다.

주희는 『대학』의 '격물치지'를 논하는 항목에서 문제가 있다고 생각해서 정이(程頤)의 설을 종합하여 보주(補註)를 달았다. 그런데 주희의 보주는 주희의 사상을 드러낸 것이라 이것을 『대학』을 연구하는 근거로 삼을 수는 없다. 『대학』은 『예기』에서 나왔는데, 『예기』의 「학기(學記)」편에서도 '대학의 도'를 언급한 대목이 있다.

군자가 만약 백성을 교화하여 아름다운 풍속을 이루려 한다면 반드시 배움을 통해야 할까? 옥은 다듬지 않으면 그릇이 되지 못하고 사람은 배우지 않으면 도를 알지 못한다. 그래서 옛날에 왕이 된 자들은 나라를 세우고 백성을 다스릴 때 교학(敎學)을 우선했다. 『서경』의 「열명(兌命)」에서는 "처음과 끝을 생각하고 언제나 배움에 힘쓴다"고 했으니 이를 두고 말하는 것이리라. 비록 좋은 음식이 있다 해

---

39 송대 유학자 차옥봉(車玉峰)과 왕백(王柏)은 이 단락을 '격물치지'의 '전(傳)'이라고 보았다. 『魯齋集』 권2 참조(馮友蘭(a), 앞의 책, 445쪽 협주 재인용).

도 먹어야 맛을 알 수 있고 지극한 도가 있어도 배워야 좋다는 것을 알 수 있다. 그래서 배운 다음에야 부족함을 알고 가르친 다음에야 어려움을 알 수 있다. 부족함을 알아야 스스로 돌이켜 보게 되고 어려움을 알아야 스스로 노력하게 된다. (중략) 이것이 대학의 도이다.

이 글에서는 '배움'과 '도'를 대척점에 두고 '도'는 외재적이고 객관적인 존재이며 '도'를 인간과 연결시키려면 반드시 배움을 통해야 한다고 했다. 『대학』이나 『예기』에서의 '대학의 도'는 사실상 지식을 빌림으로써 덕성을 열어 안으로는 성인이 되기를 바라는 것이다. 그리고 안으로 성인이 되어야 몸을 수양하고 집안을 단순하며 나라를 다스리고 천하를 편안하게 하는 과정을 통해 밖으로 왕이 될 수 있는 것이다. 이것은 순자처럼 지식론적 사유방식이다.

『순자』와 『대학』의 사유방식은 정이와 주자 학파에게 수용되었다. 『중용』과 『역전』의 사유방식은 『순자』와 『대학』과는 다르다. 『중용』은 이렇게 시작한다.

천명이 '성(性)'이고, 성을 따르는 것이 도이며, 도를 닦는 것이 '가르침(敎)'이다.

"천명이 성"이라는 구절에 대해 한대(漢代)의 정원(鄭元)은 "천명은 하늘이 사람에게 명한 것으로 '성명(性命)'이라고 한다."라고[40] 주를 달았다. 곧 하늘이 사람에게 부여한 것으로, 사람의 본성을 이룬다는 뜻이다. '천'은

---

40   『禮記正義』 권52, 「中庸」.

외재적이고 객관적인 실체이고 '성'은 내재적이고 본질적인 규정이다. 이 설에 따르면 외재적이고 객관적인 실체가 인간의 내재적이고 본질적인 규정을 명하여 정한다는 뜻이다. 하늘은 이를 통해 인간과 완전하게 연결된다. "성을 따르는 것이 도"라는 구절에서 '따른다(率)'는 '따라다닌다(循)'는 뜻으로, 성의 뒤를 따라다니면 '도'를 이루게 된다. 그런데 이것은 '인위'가 있은 뒤에 인간의 '도'가 있게 되었다는 순자의 설과 다르다. 지식론을 배척한 것이다. "도를 닦는 것이 '가르침'이다."의 구절에 대해 정원은 "'닦는 다(修)'는 '다스린다(治)'이다. 다스려서 확산시키면 사람들이 널리 퍼져나가 따라 하는데 이것이 '가르침(敎)'이다"라고 주를 달았다.[41] 이 맥락에서 '가르침'이란 본래 있던 것을 확충하여 널리 퍼지게 하는 것이다. 이 '가르침'에는 '격물치지'의 의미는 없다. 이렇게 봤을 때 『중용』은 『순자』 및 『대학』과는 다르다.

그렇다면 '천(天)'은 무엇일까? '천'이 인간에게 부여한 '성(性)'은 또 무엇일까? 『중용』에서는 이렇게 설명했다.

> '정성(誠)'은 하늘의 도이고, 정성스럽게 하는 것은 사람의 도이다. 천지의 도는 한마디로 말할 수 있다. (천지의 도로 생겨난) 물의 성질이 단일하여 만물의 생성이 무궁하여 헤아릴 길이 없다.
>
> '정성'으로 밝아지는 것이 성(性)이고, 밝아짐으로 정성스러워지는 것이 '가르침'이다. 정성스러우면 밝아지고 밝아지면 정성스러워진다. 오직 천하의 지극한 정성으로만 자신의 성(性)을 완성할 수 있다. 자신의 성을 완성할 수 있으면 인간의 성도 완성할 수 있고, 인간의

---

41   『禮記正義』 권52, 「中庸」.

성을 완성할 수 있다면 사물의 성도 완성할 수 있다. 사물의 성을 완성할 수 있다면 천지의 화육(化育)을 도울 수 있다. 천지의 화육을 도울 수 있다면 천지와 함께 나란히 설 수 있다.

"'정성'은 하늘의 도"라는 구절의 경우 『중용』에서는 '천(천도)'를 '선'으로 설명하는 듯하다. 그런데 '천도'가 '선'한 이유를 만물을 끊임없이 낳고 기르는 천지의 능력으로 나타낸 것 같다. 이때 '선'은 도적 의미의 '선'이 아니라 본연의 의미에서의 '선'이다. "정성스럽게 하는 것은 사람의 도이다." 구절에서 인간의 도를 '정성스럽게'하는 것은 도덕적 의미에서의 '선'이다. 곧 『중용』의 이 구절에 따르면 인간의 도와 천도는 연결되어 있기는 하지만, 도덕적 의미에서의 인간의 '선'은 하늘이 규정한 것이 아니다. 인간이 낳고 기르며 자신과 사물을 만들어내는 하늘의 능력을 숭배하고 인정한 뒤에 이끌어낸 것이다. 하늘이 사람을 낳고 길러주므로 사람은 하늘을 따라야 한다. 지극한 정성을 '성'으로 삼아 "천지의 화육을 도울 수 있고", "천지와 함께 나란히 설 수 있는" 것을 최고의 가치로 추구했기 때문에 인간의 덕행을 이루게 된 것이다. 『중용』에서는 천명이 인간의 덕을 규정했다고 주장했다기보다는 인간이 자각하여 '성'을 인정했다는 점을 더 강조한 것이다.

자주 언급되는 『중용』의 다른 단락을 보자.

『시경』에서 말하기를 "하늘의 명(命)이 심원(深遠)하여 그침이 없다"고 하였다. 이는 하늘이 하늘이 되는 이유를 말한 것이다. "드러나지 않겠는가? 문왕의 순수하신 덕이!"라고 하였는데 이는 문왕을 '문(文)'이라고 부르게 된 이유가 끝없는 순수함에 있다는 것을 말한 것이다.

'하늘의 명'에 대해 정원은 "명은 도와 같다. 하늘의 도는 아름답다. 움직이면 멈춤이 없고 행하면 그침이 없다."고 해석했다. "명은 도와 같다"는 '하늘의 명'이 '천도'라는 것이다. 객관적이고 외재적이어서 인간이 바꿀 수 없기 때문에 '명(命)'이라고 할 수 있다. 이렇게 해석하면 '명'에는 '규정한다'는 의미가 없다. "하늘이 하늘이 되는 이유"는 "움직이면 멈춤이 없고 행하면 그침이 없기" 때문이다. 그래서 사람이 사람이 되고 사물이 사물이 되는, 끊임없이 낳고 기르는 역할을 하게 되는데, '심원하다(穆)'는 하늘의 이런 역할에 대한 존경을 나타낸 것이다. '존경'을 통해 '문왕'의 '순수한 덕'을 이루어냈고 그 결과 '인간의 덕'과 '천도'를 연결시켰다. 이 연결은 사람이 이 둘을 같다고 보았기 때문에 만들어졌다.

인간의 도(道)와 덕(德)은 순자의 설처럼 인간의 인지로 나온 것이 아니다. 그렇지만 순수하게 주관적 정감으로 생겨난 것도 아니다. 『중용』은 분명히 지식론을 배척했지만, 공자와 맹자 등 원시유학자들과 다른 점이 있다. 또 『중용』은 인간의 덕에 객관적이고 외재적인 근거가 있다는 점을 인정했으나 객관적이고 외재적인 세계가 인간의 덕을 규정하고 규범을 제시한다고 강조하지는 않았다. 곧 『중용』은 공자와 맹자의 학설과는 다르지만, 그러면서도 인간의 덕을 인간이라는 주체의 당위적 판단에 호소하고 있기 때문에 인간의 덕이 성립되려면 여전히 주관적인 선험성이 필요하다. 『중용』에서 "정성스러우면 밝아지고 밝아지면 정성스러워진다."고 한 것이 이런 주관적 선험성이다. 『중용』에서 '정성(誠)'과 '성(性)', '밝음(明)'과 '가르침(敎)'은 주관과 객관으로 대응된다. '정성을 통해 밝아진다'와 '밝음을 통해 정성스럽게 된다'는 마치 별개의 것 같지만,[42] "정성스러우면 밝아지고, 밝으면 정성스러워진다"는 '정성'의 밖에 따로 '밝음'이 있고 '밝음' 밖에 따로 '정성'이 있다는 말이 아니다. 따라서 '밝음'과 '정성'의 문제는 지식과 대상의 문제가 아니다. 『중용』에서는 하늘과 인간의 연결을 말하면서도 '격물치지'를 말하지 않았는데 이것은 『순자』 및 『대학』과는 다른 점이다.

『역전』은 『중용』과 비슷하지만, 『역전』은 '하늘'에 우주생성론적 의미를 훨씬 더 직접적으로 부여하고 있다. 『역전』「계사 상(繫辭上)」에서는 이렇게 말했다.

> 그러므로 역(易)에는 태극(太極)이 있다. 이것이 양의(兩儀)를 낳고 양의가 사상(四象)을 낳으며 사상이 팔괘(八卦)를 낳고 팔괘가 길흉(吉凶)을 정하며 길흉이 대업(大業)을 낳는다.

"역에는 태극이 있다" 구절에 진대(晉代) 한강백(韓康伯)은 "유(有)는 반드시 무(無)에서 비롯되므로 태극이 양의를 낳는 것이다. '태극'은 호칭이 없는 것에 대한 호칭이고 이름 붙일 수 없는 것에 이름을 붙인 것으로, 유

---

42 탕쥔이(唐君毅)는 "『중용』을 통해 맹자를 보면 맹자는 사람을 가르칠 때 직접 본심(本心)을 분별하여 바로 진실됨으로 돌아가라고 하면서 스스로 발견하는 것보다 더 큰 기쁨은 없다고 했다. 즉 바로 성경(聖境)에 들어가서 배우는 자가 스스로 정성스럽고 밝아져야 한다는 뜻이다. 순자는 마음속의 리(理)를 덕에 합치시켜 성(性)을 변화시켜 인위(人爲)를 행하게 하는 것을 중시했다. 그래서 성심(誠心)에 힘써 인(仁)을 지키고 의(義)를 행하면 작은 것에도 정성이 있게 되고 이를 밝혀 정성스러워진다는 가르침을 준 것이다." 이렇게 보면 "밝음을 통해 정성스러워진다"는 지식론적 사유방식인데 이 또한 가능한 해석이다. 唐君毅, 앞의 책, 64쪽.

(有)의 극치를 가져와 태극으로 비유한 것이다."라고 주를 달았다. 이 주는 '태극'을 '무(無)'로 해석했는데, 도교적 색채가 짙음에도 불구하고 '태극'을 만물의 본원으로 삼는다는 사유방식은 한대(漢代) 사람들의 관념을 반영한 것이다. 당대(唐代) 공영달(孔穎達)은 소(疏)에서 "태극은 하늘과 땅이 분화되기 이전에 원기(元氣)가 하나로 엉겨있던 상태를 말한다. 즉 태초(太初)이고 태일(太一)이다."라고 했다. 그는 '태극'을 분화 이전의 혼돈 상태의 '원기'라고 했는데 원기가 만물의 본원이라고 본 것이다. '태극'이 '본원'이라면 태극이 낳은 '양의'는 '음양'이 되고, '양의'가 낳은 '사상'은 사시(四時, 사계절)가 되며 '사상'이 낳은 '팔괘'는 하늘, 땅, 바람, 우레, 물, 불, 산, 못이 된다. 그런 다음에 길흉의 변화와 복잡하고 다양한 만물에 있게 된 것이다. 『역전』의 이 구절은 완정한 우주생성의 도식을 보여준 것이었다.[43]

『역전』에서는 또 이렇게 말했다.

> 천지가 조화되어 만물이 생겨나고, 남녀가 교합하여 만물이 태어난다.[44]
> 만물을 요동시키는 것으로 가장 빠른 것이 우레이고, 만들을 흔드는 것으로 가장 빠른 것이 바람이다. 만물을 마르게 하는 것으로 불

---

43 『易傳』의 이 구절은 송대 이후에는 '화괘(畵卦)'의 점괘를 얻어내는 과정(揲蓍)을 말한 것으로 인식되었다. 주희는 "이 숫자는 성인이 역(易)을 만들 때의 자연적인 과정이다. (중략) '화괘'에서 점괘를 얻어내는 과정에 대해서는 서문에서 이미 다 말했다."고 했다. 대진(戴震) 역시 "'의(儀)', '상(象)', '괘(卦)'라고 한 것은 모두 역(易)의 제작에 근거해 말한 것이지, '음양'을 기화하여 '양의', '사상'을 얻었다는 것이 아니다"라고 했다. 그런데 이것이 양한 시대 기본 관념을 나타낸다고 할 수는 없다. 양한 사람들은 우주의 생성을 이야기했으므로 생성론으로 이 구절을 해석하는 것이 더 타당하다.

44 『易傳』「系辭下」.

이 최고이고, 만물을 기쁘게 하는 것으로는 못이 최고이다. 만물을 적시는 것으로 물이 최고이고, 만물을 끝내고 시작하게 하는 것으로 간(艮)이 가장 성대하다. 그러므로 물과 불이 서로 따르고, 우레와 바람이 서로 거스르지 않으며, 산과 못이 기운을 통한 뒤에야 변화를 만들어내어 만물을 이룰 수 있다.[45]

'천지'는 음양의 '양의'이다. 천지와 물과 불, 우레와 바람, 산과 못이 합쳐져 '팔괘'를 이룬다. '팔괘'의 여러 작용을 거쳐 "그런 다음에야 변화를 만들어내고 만물을 이룰 수 있다."

외재적이고 객관적인 세계는 끊임없이 만물을 생성하는 세계이다. 그렇다면 이 우주 세계에서 변화하여 태어난 인간은 이 세계와 어떤 관계를 맺는 것일까? 『역전』 「서괘(序卦)」에서는 이렇게 단언한다.

천지가 생겨난 뒤에야 만물이 생겼다. 만물이 생겨난 뒤에야 남녀가 있게 되었다. 남녀가 있게 된 뒤에 부부가 있게 되었다. 부부가 있게 된 뒤에야 부모와 자식이 있게 되었다. 부모와 자식이 있게 된 뒤에야 군주와 신하가 있게 되었다. 군주와 신하가 있게 된 뒤에야 위와 아래가 있게 되었다. 위와 아래가 있게 된 뒤에야 예의가 시행되게 되었다.

우주 만물의 자연적인 생성에서 사회 시스템으로 확장해 나간다. 사회 시스템은 이를 통해 '천도'와 연결되어 자연성과 객관성을 얻게 되었고 이를 통해 절대적 의의를 갖게 되었다.

---

45 『易傳』「系辭下」.

『역전』「계사상」에서는 또 이렇게 말했다.

> 한번 음이 되었다 한번 양이 되었다 하는 것을 '도'라고 한다. 그것
> 을 잘 잇는 것이 '선(善)'이고 그것을 이루는 것이 '성(性)'이다. 어진
> 자는 어질다고 보고 지혜로운 자는 지혜롭다고 본다. 백성들은 매일
> 사용하면서 알지 못하므로 군자의 길을 걷는 이가 드문 것이다. 인
> (仁)으로 드러내고 작용을 감추어 만물을 고취하면서도 성인과 더불
> 어 근심하지 않으니 성대한 덕과 위대한 사업이 지극하도다. 풍부하
> 게 가지는 것이 '대업(大業)'이고 날마다 새로워지는 것이 '성덕(盛德)'
> 이며 쉬지 않고 생성하는 것이 '역(易)'이다.

"한번 음이 되었다 한번 양이 되었다 하는 것을 '도'라고 한다"는 '음양'
을 교합하고 변화시키는 객관적 규칙인 '도'의 외재성을 말한다. "그것을
잘 잇는 것이 '선'이다" 구절에 대해 공영달은 "'도'는 만물을 소통시키는
것이고, '선'은 순리에 따라 만물을 기르는 것이므로 도를 계승하려면 선
행을 해야 한다"고 해석했다. 도에는 만물을 소통하는 능력이 있고 사람에
게는 순리에 따라 만물을 기르는 능력이 있다. '선'은 사람이 만물을 기르
는 능력에서 나오지만, 도 자체에는 선함도, 선하지 않음도 없다. '도'에는
'선'이라고 규정할 수 있는 것이 없기 때문에 어진 사람은 어질다고 보고
지혜로운 사람은 지혜롭다고 본다. 또 만물을 고취하면서도 성인과 더불
어 근심하지 않는다는 설이 있게 된 것이다. 공영달은 소(疏)에서 "이 도를
이룰 수 있는 것이 인간의 본성이라면 성품이 어진 사람은 이 도를 '인(仁)'
으로 만들 것이고 성품이 지혜로운 사람은 이 도를 '지(知)'로 만들 것이다.
(중략) '인'과 '지' 모두 도에 바탕을 두어 '인'과 '지'로 만들어진 것이다."라

고 했다. 공영달의 해석은 '성(性)'은 각자 도에 바탕을 두고 있어서 자신이 생각하는 것을 이룰 수 있다는 것이다. 그런데 '도'가 반드시 '선'이 되지는 않기 때문에 "도를 바탕에 두어" 이룬 것에는 사람마다 본성에 따라 차이가 있다. 모든 사람들이 다 도에 바탕을 두고 도를 이을 수 있어야 자신을 만들어낼 수 있고 그래야 '선'이 될 수 있다. 이것은 하늘과 인간이 이어져 있다는 뜻이다. 그런데 사람들마다 도에 바탕을 두고 도를 잇는 능력이 다르므로 그들이 이룬 '성(性)'도 다를 것이다. 그렇다면 하늘과 사람이 이어지더라도 특정한 방향성은 없다는 뜻이다. 이렇게 봤을 때 하늘과 인간의 관계 설정에서 『역전』의 관점은 『중용』과 동일하다.

요컨대 『중용』 및 『역전』과 『순자』 및 『대학』은 공자와 맹자의 인학(仁學)에서 인도(人道)가 주관을 넘어 객관을 지향하게 하고 외재적이고 객관적인 '천도'를 통해 보편성과 유효성을 갖게 하려고 노력했다는 공통점이 있다. 다만 『중용』과 『역전』은 규범적 의미, 곧 변하지 않고 획일적인 객관적 법칙이라는 측면에서 하늘과 천도를 이해한 것이 아니라 만물의 소통과 낳고 기른다는 의미에서 하늘과 천도를 이해했는데, 이런 점에서 『순자』 및 『대학』과 차이가 있다. 하늘과 천도가 인간에게 외재적이고 획일적으로 규정하는 관계가 아니라 내재하여 낳고 기르는 관계로 보았기 때문에 인간에게 하늘은 냉정하고 비인간적인 것이 아니라 사람들을 성취하게 하고 사람으로 만들어주는 존재가 되었다. 이렇게 되어 하늘은 '선'으로 인식되었다. 인간은 하늘과 천도를 통해 자신을 만들어내고 '성(性)'을 갖게 된다. 이 '성'은 '선'하므로 하늘과 인간, 천도와 인도는 이성을 빌리거나 외재적인 방식을 통하지 않고 덕성(德性)으로 인한 내재적인 방식을 통해 연결되었다. 『역전』 「설괘(說卦)」에서 "리(理)를 궁구하고 성(性)을 다하여 명(命)에 이른다."라고 한 것은 지식론을 초월한 내재적인 연결임을 알려준다. 나아가 하늘이 인간을 낳고 기르는 과정은 한번으로 완성되는 것이 아니라 끊임없이 새롭게 하여 영원히 끝이 없는 것이다. 그러므로 인간의 성에서 선함은 순자가 이해한 것처럼 고정된 것이 아니라 역동적인 것이며 인간이 만들어가는 세상의 발전과 변화에 따라 부단히 양적 질적으로 강화되는 것이 되었다.

『중용』과 『역전』의 이런 사유방식은 송대의 주돈이(周敦頤)와 장재(張載) 학파가 계승하였다.

2장

본원론(本源論)에서 파생한 성덕론(成德論)

사람들은 송명 유학을 '송명리학(宋明理學)'이라고 말하는 경향이 있다. 본 장에서 서술하게 될 주돈이(周敦頤, 1017~1073)와 장재(張載, 1020~1077)의 학설은 '리'에 대해 거의 언급하지 않았기 때문에 사실 리학의 범주에 넣기 어려운 측면이 있다. 하지만 이 두 사람은 북송오자(北宋五子)[1] 중에서 연배가 높은 편일 뿐만 아니라 또 확실하게 송명 신유학을 개창한 사람이다. 또 주돈이와 장재는 심성(心性)을 중시하고 '리(理)'에 대해서는 그다지 논하지 않아 후대의 리학(理學)과는 차이를 보이기 때문에 나름의 독특한 가치를 가진다. 이 점을 고려하여 이 책의 제목을 '송명리학'으로 달지 않았고 '송명 신유학'을 간략하게 논하면서 주돈이와 장재로 시작하는 방식을 선택했다.[2]

주돈이와 장재의 학문은 모두 『역전(易傳)』이 우주생성론의 입장에서

---

1   '북송오자'는 북송의 주돈이, 소옹(邵雍, 1011~1077), 장재(張載), 정호(程顥, 1032~1085), 정이(程頤, 1033~1107)를 가리킨다.

2   첸무(錢穆, 전목)는 『중국근삼백년학술사(中國近三百年學術史)』에서 송학에 대해 논의할 때는 당대의 한유(韓愈)에서 시작해야 한다고 하면서 한유가 송학의 시작점이라고 하였다. 하지만 그러면서도 한유의 논의가 성글다는 점은 인정하였다. 필자는 한유가 송학의 시작점이라는 관점에 동의하지만 이 책에서는 리학에 주안점을 두고 있고, 또 첸무의 말처럼 한유의 학술 논의는 성근 것이 사실이기 때문에 한유에 대해서는 논의하지 않았다.

유학의 가치 추구에 보편적인 유효성이 있다고 인정한 점을 계승했다. 흥미로운 점은 북송오자 중에서 소옹(邵雍, 1011~1077)은 다섯 사람 중에서 가장 연장자였는데, 그 또한 『역(易)』 연구가 특기였다는 것이다. 송초 신유학의 시작과 『역』의 관계가 매우 크다는 것을 알 수 있는 대목이다. 어째서 이런 현상이 나타난 것일까? 나는 다음과 같은 점에 그 원인이 있다고 생각한다. 유학과 대등한 세력을 확보하고 있었던 불교와 도교는 모두 나름의 형이상학적인 구상이 있었다. 유학은 이들에 견제하기 위해서 반드시 자기만의 형이상학이 있어야 했다. 그런데 진한 교체기에 유가 경전의 여러 저작이라고 지목된 것 중에서 가장 형이상학적 의미가 있었던 것은 단연 『역(易)』이었다. 그래서 『역』이 가장 먼저 주목을 받아 널리 알려진 것은 매우 자연스러운 일이었다. 주돈이와 장재, 소옹의 학문은 모두 『역』에서 비롯되었지만 이들 사이에는 차이도 있었다. 주돈이와 장재는 의리(義理)에, 소옹은 상수(象數)에 각각 주안점을 두었다. 주돈이와 장재가 『역』의 우주생성론을 계승한 것은 내면의 심성을 수양하는 것으로 돌아가 내성학(內聖學)을 확실히 증명하려고 했기 때문이다. 소옹이 『역』의 수(數)를 재구축하려고 한 것은 외재적인 세계를 파악하여 외왕학(外王學)을 이루려는 의도에서였다. 이 책은 의리를 주축으로 하고 주로 심성을 논할 예정이므로 소옹에 대해 상세하게 언급하지는 않을 것이다.[3]

---

3   정호(程顥) 형제는 이렇게 말했다. "유자라면 인간의 일에 대해서만 말해야 하며 유수(有數)에 대해 말해서는 안 된다. 다만 부득이한 경우에 처해 이것을 명(命)으로 돌리는 것은 괜찮다."(『외서(外書)』 권제(卷第) 5, 『二程集』, 中華書局, 1981, 375쪽) 여기에서 말한 '인간의 일'은 인간이 이룰 수 있는 것이며, 그 속에 내재하는 세계의 도덕에 대한 함양은 인간의 노력으로 완전히 이룰 수 있기 때문에 유자가 "말하는 것이 합당하다"고 한 것이다. '유수'는 외재 세계가 변화하는 술수(術數)이고 외재 세계의 변화는 늘 인간의 지적 능력으로 알

이제 주돈이와 장재의 사상을 각각 논의하도록 한다.

주돈이(周敦頤):
'무극(無極)'과 '성체(誠體)'

주돈이는 『역전(易傳)』을 계승하여 나름의 우주생성론을 만들어냈는데 이는 그가 쓴 「태극도설(太極圖說)」에서 가장 뚜렷하게 드러난다. 「태극도설」에서 그는 이렇게 말했다.

> 무극이면서 태극이다. 태극이 움직여 양(陽)을 낳고 움직임이 극에 달하면 고요해지며 고요하게 되면 음(陰)이 생겨난다. 고요함이 극에 달하면 다시 움직인다. 한 번 움직이고 한 번 고요함이 서로의 근원이 되고 음과 양으로 나누어지면서 양의(兩儀)가 세워진다. 양이 변하고 음이 합하여 수(水), 화(火), 목(木), 금(金), 토(土)가 생긴다. 이 다섯 기(氣)가 차례로 배치되어 사계절이 운행된다. 오행은 음과 양이며, 음과 양은 합하여 태극이 된다. 태극은 본래 무극이다. 오행의 생성은 각기 그 성질을 온전히 한 것이다. 무극의 참됨과 이(二, 음양)와 오(五, 오행)의 정기는 잘 결합하여 응결된다. "건도(乾道)는 남자를 만들고 곤도(坤道)는 여자를 만드니" 두 기가 교감하여 만물을 길러낸다. 만물은 생겨나서 끝없이 변화한다. 인간만이 빼어난 것을 얻어

수 있는 것이 아니며 인간의 힘으로 할 수 있는 것이 아니다. 인간이 할 수 없는 성격의 것인 이상 더 말할 필요가 없으므로 "명으로 돌리는 것은 괜찮은 것이다". 정호와 정이의 입장에서 볼 때 소옹의 학문은 술수학(術數學, 象數學)이지 진정한 유학은 아니다.

가장 영특하다. 형태가 생긴 다음에 정신이 지각을 발하여 오성(五性)이 그에 감응하여 움직임으로써 선악이 분별되고 만사(萬事)가 생겨난다. [성인의 도는 인의(仁義)와 중정(中正)일 뿐이다.] 고요함을 주로 하여 [욕심이 없기 때문에 고요하다] 인간의 최대치를 세운다. 그래서 "성인은 천지와 덕을 함께 하고 일월과 밝음을 함께 하며 사계절과 순서를 함께 하고 귀신과 길흉을 함께 한다". 군자는 그것을 닦아 길하게 되고 소인은 그것을 거슬러서 흉하게 된다. 그래서 "하늘을 세우는 도는 음과 양이고 땅을 세우는 도는 부드러움과 강함이며 사람을 세우는 도는 인과 의이다"라고 하는 것이다. 또 "처음에서 시작되어 끝으로 돌아가니 그래서 사생(死生)의 설을 알 수 있다"고 하였다. 위대하여라 『역』이여, 이것이 그 지극함이다.

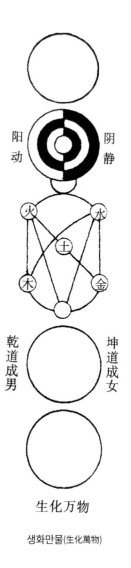

생화만물(生化萬物)

주돈이의 「태극도설」에서 '무극'과 '태극'은 무엇을 말하는 것일까? 여기에 대해 그동안 여러 설이 분분했지만,[4] 송대 주희 설의 영향력이 가장 컸다. 주희는 '무극'을 논

---

4   黃宗羲, 『宋元學案』「濂溪學案 下」참조.

송·명 신유학약론

하면서 이렇게 말했다.

> 하늘이 만물을 화육하는 일은 소리도 없고 냄새도 없으니 실로 조
> 화의 추뉴(樞紐)이며 품회(品滙)의 바탕이다. 그래서 "무극이태극(무극
> 이자 태극)"이라고 한 것이다. 태극의 밖에 또 다른 무극이 있는 것은
> 아니다.[5]
> 무극을 말하지 않으면 태극은 하나의 물건과 같아서 만물을 화육
> 하는 근본이 되기에 부족하다. 태극을 말하지 않으면 무극은 공허하
> 게 전락하여 만물을 화육하는 근본이 될 수 없다.[6]

이것은 곧 '무극'이 실체가 있는 사물이 아니라 특정한 상황을 묘사하
는 단어이며, '태극'이 소리도 없고 냄새도 없고 형태도, 상태도 없으므로
그 어떤 것과도 다르지만, 그러면서도 모든 것의 근본이 되는 상태라는 뜻
이다. 주희는 '태극'이 '리(理)'를 말한다고 했다.

> 무극이란 형태가 없는 것이고 태극이란 리가 있는 것이다. 주돈이
> 선생은 학자들이 태극이 별개의 어떤 것이라고 착각할까 봐 '무극'이
> 라는 두 글자를 적시하여 이를 밝힌 것이다.[7]
> 물음: "태극은 천지가 생겨나기 전에 있었던 혼연일체의 상태를
> 가리키는 것이 아니라 천지 만물의 리를 총체적으로 말한 것입니
> 까?"

---

5   朱熹 解附, 『周敦頤集』권1, 「太極圖說」, 中華書局, 1990.
6   黃宗羲, 『宋元學案』「濂溪學案 下」, '附朱陸太極圖說辯'.
7   위의 글.

답변: "태극은 그저 천지 만물의 리일 뿐이다. 천지로 말한다면 천지에는 태극이 있다. 만물로 말한다면 만물에는 각각 태극이 있다."[8]

주희의 해설을 거쳐 '태극'은 만물의 '리'가 되었다. 그것은 만물을 구성하는 '본원'이 아니라 만물 각각의 '공통된 상[共相]' 또는 '소이연(所以然)'을(만물의 보편성(共相) 또는 당위성(所以然)을) 가리키는 것뿐이다. 머우쭝싼은 주돈이의 "무극이면서 태극이다"라는 설에 대해 이렇게 해석했다.

나는 "무극이태극"은 태극 자체를 이해하는 문제라고 생각한다. 태극과 무극은 본래 같은 말이다. 태극에 무극이라는 용어를 첨가하여 형용한다고 해서 안 될 것은 없다. 태극은 있는 것에서 말한 것이고 무극은 없는 것에서 말한 것이다. 또 태극은 도체에 대한 긍정적 언표이고 무극은 도체에 대한 부정적 언표라고 할 수 있다. 태극은 실체를 나타내는 용어이고 무극은 상태를 나타내는 용어이다. 도체는 아무 소리도 없고 냄새도 없으며 형태도 없고 모양도 없으며 특정 장소에 놓여 있지 않고 특정한 형체로 고정되지도 않는다. 도체는 아무 것도 없는 것처럼 '적연부동(寂然不動)'하면서 감응하여 통하는 '적(寂)'과 '감(感)'이 하나인 성체(誠體) 자신이다. 이것이 지극한 리이다. 그래서 '무극이태극'이라고 한 것이다. 이것은 무극과 태극을 나누어 말한 것이 아니다.[9]

'무극'과 '태극'의 관련이라는 맥락에서 보면 머우쭝싼의 해석과 주희

---

8   『朱子語類』 권1, 中華書局, 1986, 1쪽.

9   牟宗三, 앞의 책, 385쪽.

의 설에는 차이가 전혀 없다. 다만 '태극'을 객관적이고 외재하는 리로 본 주희와는 달리, 머우쭝싼은 '태극'을 '성체(誠體)'라고 했는데, 이것은 '태극'을 주관화하고 내재화한 것이라[10] 우주의 본원이라는 의미는 더 퇴색되었다.

주돈이의 '무극'과 '태극', 또 이 둘의 관계를 해석할 때 주희와 머우쭝싼은 주돈이의 원래의 취지를 그대로 따르지 않았다. 주돈이의 '무극'과 '태극' 개념은 우주의 본원이라는 맥락이고, 주돈이의 「태극도설」은 우주 생성의 도식이었다. 이 점을 이해하지 않으면 주돈이가 후대의 정이 및 주희와 어떤 점에서 다른지 알 수 없다. 주돈이가 보여준 우주생성의 도식은 무극 ⇄ 태극 ⇄ 음양 ⇄ 오행 ⇄ 만물이다.

주돈이의 「태극도설」을 이렇게 바라보는 데에는 몇 가지 이유가 있다.

첫째, 주돈이의 「태극도설」은 『역전』을 해석한 것이다. 「태극도설」 도식 자체가 「계사(繫辭) 상(上)」의 "역(易)에는 태극(太極)이 있다. 이것이 양의(兩儀)를 낳고 양의가 사상(四象)을 낳으며 사상이 팔괘(八卦)를 낳았다."에서 제시한 우주생성설을 바탕에 둔 것이다. 주돈이의 해석에서 『역전』과 다른 점은 다음 몇 가지로 정리할 수 있다.

먼저 주돈이는 '태극' 앞에 '무극'을 두었다. 그렇다고 해도 주돈이의 학문이 『역전』을 계승한 것은 사실이다. 한대 이후 『주역』은 유가의 경전이기도 했지만 동시에 끊임없이 도가적 색채가 가미되어 도가의 경전이

10　머우쭝싼은 주돈이의 『통서(通書)』 「성상(誠上) 제일(第一)」을 "성과 천도는 모두 하나의 성체이다. 성과 천도는 형식적인 측면에서 객관적으로 말한 것이며 '성(誠)'은 그 내용을 주관적으로 말한 것이다"라고 해석했다. 이것은 곧 '성체'를 주관화함으로써 '태극'을 주관화한 것이다.(牟宗三, 앞의 책, 324쪽 참조)

되었다. '무극'은 원래 『노자』 「이십팔장(二十八章)」에서 나온 말이다. 노자의 설은 "밝고 명확함이 무엇인지 알고 어둡고 아득함을 지켜 나가면 천하의 모범이 된다. 천하의 모범이 되면 영구불변하는 덕에 어긋남 없이 무극으로 돌아가게 된다."였다. 한대 도사(道士) 위백양(魏伯陽)은 도가적으로 『주역』을 해석하여 『주역참동계(周易參同契)』를 지었는데, 이 책에서 "몸속에서 거칠 것이 없이 오가니, 몸과 마음이 모두 진기(眞氣)에 잠긴다."[11]라고 했다. 그 이후 '무극'과 '태극'은 도교 저작에서 늘 나오게 되었다. 청대 주이존(朱彝尊)은 「태극도수수고(太極圖授受考)」에서 이렇게 말했다.

> 한대 이후 여러 유자들이 '역'을 말하면서도 '태극도'에 대해서는 아무도 언급하지 않았다. 오직 도가에서만 『상방대동진원묘경(上方大洞眞元妙經)』이 있는데 태극(太極)과 삼(三), 오(五)를 해설한 책이다 당개원 연간에 당 현종이 여기에 서문을 썼다. 동촉(東蜀) 지방의 위기(衛琪, 원나라 때 도사)가 주를 단 『옥청무극동선경(玉淸無極洞仙經)』에는 무극과 태극 등 여러 그림이 들어있었다.[12]

주이존은 당대의 도교 경전에 '태극도(太極圖)'와 '무극도(無極圖)'가 있다고 했고, 송대 초기 도사 진단(陳摶)은 '선천태극도(先天太極圖)'와 '무극도(無極圖)'를 제자에게 물려 주었고, 명말 황종염(黃宗炎)은 「태극도설변(太極圖說辨)」에서 주돈이의 '태극도'가 진단의 '무극도'에 바탕을 두었다고 했다. 그렇지만 "주돈이는 그것을 다시 '태극도설'로 만들었으며" 순서도 재

---

11 『周易參同契』 권하, 「關鍵三寶章」.

12 『曝書亭集』 권58.

송·명 신유학약론

배치했다. 황종염은 이렇게 말했다.

> 방사의 비결에 따르면 거역하면 단(丹)이 된다.[13] 주돈이는 이것을
> 순응하면 인간을 만들어낸다고 보았다. 태허(太虛)에는 유(有)가 없으
> 며 '유'는 반드시 '무(無)'를 바탕으로 한다. 이것이 최상의 ○이다. 이
> 것으로 정신을 단련하면 다시 텅 비게 되고 다시 '무극'으로 귀결된
> 다. 그래서 무극이면서 태극이라고 한 것이다.[14]

곧 주돈이는 진단의 '무극도' 중 아래에서 위로 올라가는 연단의 순서
("거역하면 단이 된다"는 것)를 바꿔 위에서 아래로 내려가는 생성의 순서를
만들었다("순응하면 인간을 만들어낸다"는 것). 주돈이는 '태극' 앞에 '무극'을
두었는데, '무극'이 '태극'보다 앞서는 존재의 궁극적 본원이라고 생각한
것이다. 이런 해석에 근거가 전혀 없는 것은 아니다. 주희와 머우쭝싼은 자
신의 이론 체계로 주돈이의 「태극도설」을 해석했기 때문에 주돈이의 원래
취지와 잘 맞지 않았던 것이다.[15]

다음으로 『역전』에서는 '양의(兩儀)' 다음에 '사상(四象)', '팔괘(八卦)'가

---

13 [역자 주] "순응하면 사람이 되고, 거역하면 단이 된다(順則成人 逆則成丹)"는 논법이다. 이
    때 '순응'과 '거역'은 자연의 법칙에 대해 순응하고 거역하는 것이다. 이 논리에 따르면 자
    연적 법칙으로는 인간의 수명이 정해져 있으므로 불로장생을 누리려면 이 자연의 법칙에
    거역해야 한다.

14 『昭代叢書』 초고, 「圖學辨惑」. (朱伯崑, 『理學哲學史』 中, 北京大學出版社, 1988, 95쪽에서 재인용.)

15 주보쿤(朱伯崑, 주백곤)은 수많은 자료를 인용하여 주희가 주돈이의 '태극도'와 「태극도설」
    을 모두 바꿨다고 설명했다. 「태극도설」의 첫 구절은 "무극에서 태극이 되었다"나 "무극
    에서 태극이 생겨났다"여야 한다는 것이다. 상세한 내용은 朱伯崑, 앞의 책, 제6장 제3절
    참조.

있다고 본 반면, 주돈이의 「태극도설」에서는 '음양' 다음에 '오행'(사시), 만물이 있다고 보았다. 이런 차이도 근거가 있다. 한대 동중서(董仲舒)가 제시한 우주 변화의 순서는 다음과 같다.

천지의 기는 합치면 하나가 되고, 나뉘면 음양이 되며, 다시 나뉘면 사시가 되고 나열하면 오행이 된다.[16]

『황제내경(黃帝內經)』에서는 이렇게 말했다.

오운(五運)과 음양은 천지의 도이고 만물의 기강이며 변화의 부모이고 살생의 시작이며 신명의 장소이니 어찌 통하지 않겠는가.[17]

사시와 음양은 만물의 근본이다. 그래서 성인은 봄과 여름에 '양'을 기르고 가을과 겨울에 '음'을 길러서 그 근본을 따랐다. 그래서 만물과 생장의 문에서 함께 부침한 것이다.[18]

'오운(五運)'은 오행이다. 『황제내경』에서도 음양, 사시, 오행으로 우주 생성을 논했다. 정현(鄭玄)은 오행으로 『주역』에 있는 상(象)과 수(數)를 해석하였고 이를 통해 오행을 『주역』에서 만든 우주생성의 틀에 편입시켰으며 오행의 생극(生克) 관계를 빌려 우주 변화의 질서와 점치는 법의 규칙을

---

16 『春秋繁露』「五行相生」.
17 『內經』「素問」'天元紀大論'.
18 『內經』「素問」'四氣調神元論'.

설명하였다.[19] 주돈이는 '사상-팔괘' 설을 '오행-만물' 설로 대체했는데, 이를 통해 "역에는 태극이 있다"는 『역전』설의 우주생성론적 성격을 유지하면서도 추상적이고 신비한 상수학(象數學)의 성격을 제거하고 실체가 있고 구체적인 모습으로 만들었다.

둘째, 주돈이처럼 진단의 설을 채택한 송대 초기 역학가들은 모두 '태극'을 '본원'이라고 생각했다. 남송의 주진(朱震)은 이렇게 말했다.

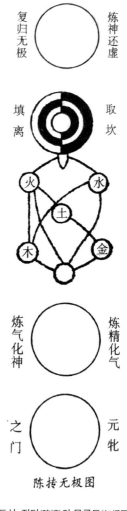

도식, 진단(陳搏)의 무극도(無極圖)

진단은 '선천도(先天圖)'를 종방(種放)에게 전했고, 종방은 목수(穆脩)에게 전했다. 목수는 이지재(李之才)에게 전하여 이지재는 소옹(邵雍)에게 전했다. 종방은 '하도(河圖)'와 '낙서(洛書)'를 이개(李漑)에게 전했고 이개는 허견(許堅)에게 전했다. 허견은 범악창(范諤昌)에게 전했고 범악창은 유목(劉牧)에게 전했다. 목수는 '태극도'를 주돈이에게 전했고 주돈이는 정호(程顥)와 정이(程頤)에게 전했다. 이때 장재(張載)는 정호와 정이, 소옹 사이에 따로 강학을 하고 있었

---

19   朱伯崑, 앞의 책, 제3장 제3절 「鄭玄易學中的五行說」.

다. 그래서 소옹은 『황극경세서(皇極經世書)』를 저술했고 유목은 '천지 (天地) 55수(數)'를 말했으며 주돈이는 『통서(通書)』를 쓰고 정이는 『역 전(易傳)』을 저술하고 장재는 「태화편(太和篇)」과 「참양편(參兩篇)」을 썼다.[20]

주진은 송초 역학이 모두 진단에게서 온 것이라고 했다. 『역』을 연구한 저명한 학자 유목은 이렇게 말했다.

태극은 하나의 기운이다. 천지가 나누어지기 전에는 원기가 혼연 하여 한 덩어리였다. 이 하나의 기운이 나뉜 것을 '양의'라고 한다. 어 째서 천지라고 하지 않고 양의라고 하는가? 두 개의 선으로 두 개의 기운이 처음 나뉘었으니 천지는 형상으로 드러난 것이다. 맨처음에 짝(儀)을 이루는 두 개의 체(體)로 나뉘었으므로 '양의'라고 한다.[21]

유목은 상수학자였지만 '태극'이 본원의 기운이고 이 기운이 나뉘어서 천지가 생기고 만물에 이른다고 지적했다. 소옹도 마찬가지였다.

천지의 시작을 만든 것이 태극이다.[22]

태극이 나뉘고 나서 '양의'가 세워졌다. 양이 위로 음과 교합하고 음이 아래로 양과 교합하여 '사상'이 생겨났다. 양이 음과 교합하고

---

20 『宋史』 권435 「朱震傳」.

21 『易數鈎隱圖』. 朱伯崑, 『理學哲學史』 中, 北京大學出版社, 1988, 37~38쪽에서 재인용.

22 『皇極經世書』 권8 상, 「觀物外篇下」.

송·명 신유학약론

음이 양과 교합하여 하늘의 '사상'을 낳았다. 강함이 부드러움과 교합하고 부드러움이 강함과 교합하여 땅의 '사상'이 생겨났다. 이를 통해 '팔괘'가 만들어졌다. 팔괘가 서로 교차한 뒤에 만물이 생겨났다.[23]

소옹도 '태극'이 "천지의 시작을 만든" 본원이며 태극에서 '음양'이, 음양에서 '사상'(태음, 소음, 태양, 소양)이, 사상에서 '팔괘'가 나왔고, 팔괘가 서로 교차하여 만물이 생겨났다고 했다. 소옹도 '무극'을 언급했다는 점도 주목해야 한다.

'무극' 이전에는 음 안에 양이 있었고, '상(象)'이 생겨난 뒤에 음에서 분리되어 나왔다. 음은 양의 어머니이고 양은 음의 아버지이다. 그러므로 어머니가 장남을 잉태하여 '복(復)'이 되었고 아버지는 장녀를 낳아 '구(姤)'가 되었다. 그래서 양은 '복'에서 시작하고 음은 '구'에서 시작한다.[24]

"무극 이전"은 '무극'이다. '무극'이란 무엇인가? 명대 황기(黃畿)는 "그래서 '유극(有極, 끝이 있는 것)'은 새로 만들어서 있게 되었다고 하고, '무극(無極, 끝이 없는 것)'은 예전으로 돌아가서 없어졌다고 한다"고 주석을 달았다. 황기는 '유'와 '무', 새로 만든 것과 예전으로 돌아가는 것을 대응시켜 만물이 근원으로 돌아가는 것을 '무극'으로 본 것이다. 황기는 또 "'무극

---

23 『皇極經世書』권7 상, 「先天象數第二」.

24 『皇極經世書』권7 상, 「先天象數第二」.

이전'은 본뜰 상(象)이 없어서 완전히 음에 합쳐졌지만 그 안에 양의 근원을 품고 있으므로 음이 양의 어머니가 되며 장남을 배(腹)에 품고 있는 것이다. 그래서 양은 복(復)에서 시작한다."고 했다.[25] 양이 음 안에서 나누어지기 전이므로 "완전히 음에 합쳐졌고", "본뜰 상이 없는" 상태를 '무극'이라고 했다. 만물이 분화되기 전이 '무극'이고 만물이 죽은 뒤에 다시 '무극'으로 돌아가므로 '무극'은 당연히 본원적인 존재인 것이다.

진단을 계승한 송대 역학가들은 대부분 '태극', 나아가 '무극'을 본원으로 보았고 우주 생성이라는 측면에서 '무극'과 '태극', '음양'('양의'), '오행'(또는 '사상', '팔괘'), '만물' 간의 관계를 논의했다. 주돈이도 예외는 아니었다.

셋째, 주돈이의 「태극도설」과 「역통(易通)」의 본문을 보면 주돈이가 외부세계의 우주생성론을 먼저 구상한 뒤 우주생성론을 빌어 인간이라는 주체의 덕성론을 전개했음을 알 수 있다.

주돈이가 도가(도교)의 영향을 받았다고 하는 것에 신경쓰지 않는다면 '무극이면서 태극'이라고 하는 것은 "도가 하나를 낳았다(道生一)",[26] "유는 무에서 생겨났다."[27] 같은 노자의 설을 변용한 것이라고 말할 수 있을 것이다.[28] 그중에서 '무극', '무', '도'는 우주가 '생기기(有)' 전의 존재 상황이고,

---

25 『皇極經世書』 권7 상, 「先天象數第二」, 황기의 주석.

26 『老子』 43장.

27 『老子』 40장.

28 육구연(陸九淵)은 "주자는 주염계(周濂溪, 주돈이)가 태극도를 목백장(牧伯長)에게서 전수받았고 목백장은 진희이(陳希夷)에게서 전수받았다고 했는데 분명히 고찰을 거쳤을 것이다. 진희이의 학문은 노자의 학문이다. '무극'이라는 두 글자는 『노자』 「지기웅(知其雄)」 장에서 나온 것이며 우리 성인의 책에는 없다. 『노자』의 첫장에서는 '무명(無名)은 천지의 시작

‘태극’, ‘하나(一)’, ‘유’는 우주가 ‘생겼지만’ 아직 분화되지 않은 존재 상태이거나 아니면 유목의 말처럼 "원기가 혼연하여 한 덩어리"인 존재 상태이다. 그런데 어떤 존재 상태이든 이것은 시공간에 있는 것이 아니어서 경험하고 지각하는 대상이 될 수 없다. 경험과 지각으로 파악할 수 있는 범위가 아니기 때문에 지식론적 측면에서 이 둘의 차이는 아무 의미가 없다. 노자와 주돈이가 ‘태극’, ‘하나’, ‘유’의 존재 상태 이전에 다시 ‘무극’, ‘무’, ‘도’라는 존재 상태를 설정한 것은 한편으로 보면 이렇게 해야 우주의 궁극적 기원을 탐구해낼 수 있기 때문이다. 다른 한편으로 더 중요한 부분은 궁극적 본원의 초경험성[超驗性]을 강화하기 위해 ‘무극이면서 태극’을 만든 것이다.

"태극이 움직여 양(陽)을 낳고 움직임이 극에 달하면 고요해지며 고요하게 되면 음(陰)이 생겨난다. 고요함이 극에 달하면 다시 움직인다. 한 번 움직이고 한 번 고요함이 서로의 근원이 되고 음과 양으로 나누어지면서 양의(兩儀)가 세워진다."는 것은 ‘태극’이 어떻게 음양이라는 ‘양의’로 나뉘는지를 논의한 것이다. 주돈이는 음양이라는 양의가 움직임과 고요함을 바탕으로 나뉘었다고 보았다. 문제는 이 움직임과 고요함이 ‘태극’에 본래부터 있었는지 아니면 나중에 생겨났는지 하는 점이다. 주희는 "태극에는 움직임과 고요함이 있으니 이것은 천명이 퍼져나간 것이다. ‘한번 음이 되었다 한번 양이 되었다 하는 것을 도’라고 한다가 이것을 말한 것이다"라

───────────

이고 유명(有名)은 만물의 어머니이다’라고 했는데 결국 같은 말이고 이것이 노자의 핵심 주장이었다. ‘무극이면서 태극’이라는 것은 바로 이런 뜻이다."라고 했다. 이 견해는 타당하다.(『육상산전집(陸象山全集)』 권2 「주원회에게 보내는 편지[與朱元晦書]」 참조)

고 해석하였다.[29] 이 해석에 따르면 주희는 움직임과 고요함이 태극에 본래부터 존재했던 것으로 본 것 같다. 주희의 이 해석은 일리가 있지만 사리를 완전히 꿰뚫은 것은 아니다. 앞에서 언급했듯이 주돈이는 '무극'을 궁극적 본원으로 생각했다. '무극'이란 '무'이므로 동정론(動靜論)으로 논의할 수 없다. 경험적 차원의 '동'과 '정'을 초월한다는 측면에서 보면 그것은 사실 절대적인 '정'이다. 궁극적 본원인 '무극'을 절대적인 '정'으로 인식했기 때문에 여기에 맞춰 덕성의 수양이라는 측면에서 "'정'의 차원에서는 감각할 수 없고 '동'의 차원에서는 감각할 수 있다"는[30] 본체인 '성(誠)'의 기본 특징과 수양 공부라는 측면에서 '정'을 중심으로 하고 또 '무욕(無欲)'으로 '정'을 구한다는 기본 요건이 만들어졌다. '무극'의 '정'에 궁극적인 의의가 있다는 전제에서 '태극'의 동과 정을 논할 수 있는 것이다. '태극'은 '하나'이며 '하나'는 분화하기 이전이다. 그러므로 '태극'에 '동'과 '정'의 가능성과 방향성이 있다고는 할 수 있지만 주희가 해석한 것처럼 한번 음이 되었다 한번 양이 되었다 하는 '도'가 '태극'이라고 할 수는 없다. '태극'에 '동'과 '정'의 가능성과 방향성만 있다면 경험과 지각의 대상이 될 수 없다. 이것이 실현되어 음과 양이라는 양의의 구별이 있어야 경험과 지각의 대상이 된다. 이 점에 대해 주돈이는 『통서』에서 이렇게 해석했다.

> 움직이는 것에는 고요함이 없고 고요한 것에는 움직임이 없는 것이 물(物)이다. 움직이되 움직임이 없고 고요하되 고요함이 없는 것이

---

29 『周敦頤集』권1 3쪽, 「太極圖說朱熹解附」.

30 『周敦頤集』권2 14쪽, 「通書」 '誠下第二'.

송·명 신유학약론

신(神)이다. 움직이되 움직임이 없고 고요하되 고요함이 없는 것은 움직이지도 않고 고요하지도 않은 것이 아니다. 물이라면 통하지 못하지만 신은 만물을 오묘하게 한다.[31]

음양을 '동'과 '정'으로 논의한 것이다. 그래서 "움직이는 것에는 고요함이 없고 고요한 것에는 움직임이 없는" 것은 음양과 이를 통해 만들어진 만물에 해당하고, "움직이지만 움직임이 없고 고요하지만 고요함이 없다"는 것은 움직임과 고요함을 가지고는 있지만 실현되기 이전이므로 '태극'을 말한다. '태극'은 움직임과 고요함을 가지고 있지만 아직 실현되지 않아서 자취를 찾을 수 없다. 또 경험으로 파악할 수 없으므로 '신'인 것이다.

이어 "양이 변하고 음이 합하여 수, 화, 목, 금, 토가 생긴다. 다섯 가지 기운이 차례로 배치되어 사계절이 운행된다. 오행은 음과 양이며, 음과 양은 합하여 태극이 된다. 태극은 본래 무극이다. 오행은 생겨날 때 각기 그 성질을 하나씩 가진 것이다. 무극의 진(眞)과 이(二)와 오(五)의 정기는 잘 결합하여 응결된다. '건도(乾道)는 남자를 만들고 곤도(坤道)는 여자를 만드니' 두 기운이 교감하여 만물을 길러낸다. 만물은 생겨나서 끝없이 변화한다."가 나온다. 이것은 음양에서 오행, 사시, 만물로 생성하는 과정을 서술한 것인데, 이 부분에서 두 가지를 주목해야 한다.

첫째, 이 단락에서 '무극'을 두 차례 언급했다는 점이다. "태극은 본래 무극이다"로 볼 때 주돈이는 '무극'이 '태극' 이전에 존재하는 궁극적 본원이라는 점을 인정했다. 또 "무극의 참됨(眞)"으로 볼 때 주돈이는 '무극'이

---

31   『周敦頤集』권2, 26쪽, 「通書」, '動靜第十六'.

'태극', '음양', '오행', '만물'보다 훨씬 근본적 참됨이 있다고 생각했다. 주돈이는 '무극'이 상황을 서술하는 단어가 아니라 실체를 나타내는 단어라고 명시한 것이다.

둘째, 이 단락에서는 만물의 '생성'을 논하면서 동시에 만물의 '성(性)'을 논했다. "오행은 음과 양이며, 음과 양은 합하여 태극이 된다. 태극은 본래 무극이다."라는 구절은 『통서(通書)』「리성명 제22(理性命第二十二)」에서 "두 기운(二氣, 음양)과 오행이 만물을 생성한다. 오행으로 나뉘지만 결국 두 기운이 실질이고 두 기운의 근원은 결국 하나(태극)이다. 만 가지로 나뉜 것은 하나로 귀결되고 하나의 실질이 만 가지로 나뉜다."는 만물의 '생성'을 논의한 것이다. 만물은 본원적으로 같으므로 "하나로 귀결되기" 때문에 "만 가지로 나뉘어도 하나로 귀결된다." 그런데 '성(性)'도 "하나로 귀결된다"는 점에서 '생성'과 같고, 본원에서 나와 본원에 의해 정해지는 것일까? 주희는 "오행은 각기 하나의 성질을 가지고 생겨난다."를 "각기 하나의 성질을 가지고 생겨나기 때문에 혼연일체인 태극의 전체가 개별 사물에 구비되지 않음이 없으며 성은 없는 곳이 없다는 것 또한 알 수 있다." 라고 해석했다.[32] 주희가 만물의 '성'이 '태극'에 의해 통일적으로 부여되었다고 한 것은 자신의 체계에 맞추기 위해 이렇게 말한 것이다. 실제로 주돈이의 「태극도설」에서는 '오행'만 논의했을 뿐 만물도, '태극'도 언급하지 않았다. 오히려 주보쿤(朱伯崑, 주백곤)의 설명이 주돈이의 원래 취지에 더 부합한다. 주보쿤은 "'오행은 각기 하나의 성질을 가지고 생겨난다.'는 것

---

32   『周敦頤集』권1, 4쪽, 「太極圖說朱熹解附」.

송·명 신유학약론

이 다섯 기운이 생겨난 뒤에 각기 자기 특성을 갖춘다는 말"이라고[33] 했다. 이미 자기의 특성을 갖췄기 때문에 본원과 다르며 이로부터 만물이 자신을 이룰 수 있게 되었다는 것이다. 위에서 인용한 「통서(通書)」 「리성명 제22(理性命第二十二)」에서 주돈이는 만물의 생성을 논한 다음에 만물의 성(性)을 논의하면서 "하나에서 나온 만물은 각각 올바르며 크고 작음에 일정한 분수가 있다."고 했다. 머우쫑싼은 이 구절을 "이것은 각기 다른 물을 말한 것으로, 하나인 성체(誠體)와 태극을 말한 것이 아니다"라고 했고, "'하나에서 나온 만물은 각각 올바르다'는 것은 하나에서 나뉘어 이룬 만물의 개체는 모두 나뉘어 각자 자기 성명(性命)을 올바르게 할 수 있었다. '하나에서 나온 만물'은 각각의 개체라는 뜻이며 각각 모두 올바름을 얻었으므로 '크고 작음에 일정한 분수가 있다'고 한 것이다."라고[34] 했다. 주돈이의 이 구절에 대해 머우쫑싼도 만물 각 개체의 성명이 분원에서 통일적으로 부여된 것이 아니라고 해석했다. 이렇게 볼 수 있다면 주돈이는 만물에 각기 자기 '생성'의 구체적 상황에서 자기를 이루고 자기 본성을 부여받았다고 본 것이다.

이어 인간과 인간의 성(性)을 논의하였다. 주돈이는 "인간만이 빼어난 것을 얻어 가장 영특하다. 형태가 생긴 다음에 정신이 지각을 발하여 오성(五性)이 그에 감응하여 움직임으로써 선악이 분별되고 만사(萬事)가 생겨난다."고 했다. 인간이 "빼어난 것을 얻어 가장 영특하다"는 것은 인간에게는 독특한 '형태(形)'가 있고 독특한 '정신(神)'과 '성(性)'이 있다는 말이다.

---

33 朱伯崑, 앞의 책, 100쪽.

34 牟宗三, 앞의 책, 354쪽.

이 '정신'은 '체(體)'로 볼 때, 덕성(德性)이나 이성을 말한다고 단언할 수 없다. 그 쓸모로 본다면 이성이라고 할 수는 있겠지만 이 '성'은 '체'로 보면 선악으로 논할 수 없다. 이것이 물에 감응하여 움직여야 선악의 구분이 생겨난다. 따라서 주돈이도 본원이 인간의 덕성을 부여한다고 보지는 않은 것이다. 이러한 해석은 주돈이의 논리와 부합한다. 이 점에서 주돈이(와 장재)는 후대의 정주리학(程朱理學)과 다른 특징을 갖게 되었다.

주돈이의 논리에서 이 주장이 합리적이라고 보는 것은 다음과 같은 이유에서이다. 본원은 모든 것을 생성할 수 있는 능력과 특성이 있지만, 그 자체가 무엇을 규정하거나 확정할 수 있는 것은 아니다. 주돈이는 '무극-태극'으로 본원을 나타냈는데, 본원이 본원이 될 수 있었던 특성을 확인하려고 했기 때문이다. 그런데 본원이 무엇인가를 규정하거나 확정하지 않는다면, 본원은 만물과 인류를 규정하거나 확정할 수 없다. 주돈이는 '물'을 "움직이지만 고요함이 없고 고요하지만 움직임이 없다"고 했고, '신'을 "움직이지만 움직임이 없고 고요하지만 고요함이 없다"고 했다. '무극-태극'과 '물', '신'을 따로 구별했다는 것은 본원이 물에게 부여하지 않는다는 뜻이다. 주돈이는 본원이 만물을 만드는 과정에서 인간이 "빼어남을 얻어 가장 영특한 것"을 순수한 우연이고 인간의 행운일 뿐 본원이 필연적으로 부여한 것이 아니라고 보았다. 주돈이는 「양심정설(養心亭說)」에서 이렇게 말했다.

나는 마음을 기름(養心)은 (욕심을) 적게 하여 (욕심이) 남아있는 데에 그칠 뿐만 아니라 (욕심을) 적게 하여 (욕심이) 없음에 이르러야 한다고 생각한다. 욕심이 없으면 정성(誠)이 확립되고 밝음이 통한다. 정성의 확립은 현인(賢人)이고 밝음의 통합은 성인(聖人)이다. 이는 성인과 현인이 천성에서 나온 것이 아니라 반드시 마음을 길러서 이른다는 뜻이다. 마음을 기르는 선함이 이처럼 위대하니 그 사람에게 달려있을 뿐이다.[35]

"성인과 현인이 천성에서 나온 것이 아니다"라는 것은 인간의 '성'이 결코 본원이 인간을 만드는 과정에서 인간에게 부여한 것이 아니라는 점을 강조한 것이다. 주돈이가 「태극도설」에서 "무극의 참됨과 이(二, 음양)와 오(五, 오행)의 정기는 잘 결합하여 응결된다."고 한 구절에 대해 주희는 "'참됨'은 리(理)로 말한 것으로 망령됨이 없다는 뜻이다. '정기'는 기(氣)로 말한 것으로 둘로 나뉘지 않는다는 것이다."라고[36] 해석하였다. 주희의 설에 따르면 기는 형태를 만들고 리는 성을 만든다. 이것을 "잘 결합하여 응결된다"고 한 것이다. 만물에 이미 '무극의 참됨'이 있다면, 즉 '리'로 '성'이 만들어진다면 어떻게 부여하는 것이 아니라고 할 수 있겠는가? 사실상 이것은 틀린 해석이다. 주돈이가 말한 '무극의 참됨'은 도가에서 말한 것처럼 '무극'을 '근본적 참됨'으로 본 것이다. '무극-태극'이 만물을 화육하는 과정은 '근본적 참됨'을 잃어버리는 과정이다. 만물은 자기를 버려야만 '근본적 참됨'을 회복할 수 있다. 그렇다면 "무극의 참됨과 이(二, 음양)와 오(五, 오행)의 정기는 잘 결합하여 응결된다."는 것은 만물의 생성 과정에서 본원이 부여한 어떤 규정된 것을 얻는다는 뜻이 아니라, 만물은 그 속에 이미 자신에 대한 부정을 가지고 있으며 바로 그렇기 때문에 자신의 근본적

---

35 『周敦頤集』권3, 50쪽.

36 『周敦頤集』권1, 5쪽, 「太極圖說朱熹解附」.

참됨을 찾아서 회복할 수 있다는 뜻이다. 주돈이는 '무극의 참됨'이 만물과 만물의 개별적 특성을 버린 뒤에야 드러나는 것이라고 생각했기 때문에 공부론(工夫論)에서 '정'을 위주로 해야 하며 '무욕'으로만 '정'한 상태에 이를 수 있으며,[37] '무사(無思)'와[38] '적연부동(寂然不動)'을[39] 강조해야 하며 이렇게 해야 덕을 이룰 수 있다고 생각했다. 주돈이는 '무극의 참됨'이 만물의 '성'을 부여하지 않는다고 했다. 주돈이가 '무극'을 '근본적 참됨'이라고 본 것은 오히려 만물의 타락과 근본적 참됨의 상실을 확인하려는 데에 초점이 있었다.

본원이 인간의 덕성을 부여하지 않는다는 점이 주돈이(와 장재)가 정주 리학과 다른 점이라고 하는 것은 다음과 같은 이유에서이다. 주돈이는 인간의 덕성은 본원이 부여한 것이 아니라, 인간이라는 주체가 인식(體認)하고 기르는 것(養)에서 만들어진다고 생각했다. 그런 점에서 이 덕성은 더 초월적이고 창조적인 성격을 갖게 되었다. 주돈이는 우주 생성론을 통해

---

37 주돈이는 「태극도설」에서 "성인은 중정 인의를 정함으로써 '정'을 위주로 하였다"고 했다. 또 『통서』의 「성학 제20(聖學第二十)」에서 "'성인은 배워서 될 수 있습니까?'라고 묻자, '배울 수 있다.'고 답했다. '요점이 있습니까?'라고 묻자, '있다.'고 답했다. '그것에 대해 듣고 싶습니다.'라고 하자 '마음을 전일하게 하는 것이 요체이다. 마음을 전일하게 하는 것은 사욕(私欲)이 없는 것이다. 사욕이 없어지면 (마음이) 고요할 때 텅 비게 되고 움직일 때는 곧게 된다. 고요할 때 텅 비게 되면 밝아지고 밝아지면 통하게 되며, 움직일 때 곧으면 고르게 되고 고르면 넓어진다. 밝고 통하고 고르고 넓어지면 (성인에) 가까워질 것이다.'라고 하였다."고 했다. 여기에서는 '사욕이 없는 것'과 '고요함'을 강조했다.

38 『通書』「思第九」에는 "생각이 없는 것이 근본이고 생각이 통하는 것이 용(用)이다. 저쪽에서 기미가 싹트고 이쪽에서 성(誠)이 움직인다. 생각이 없어도 모든 곳에 통달한 사람이 성인(聖人)이다"라고 했다.

39 『通書』「聖第四」에서는 "고요하여 움직이지 않는 것이 성(誠)이고, 감응하여 마침내 통하는 것이 신(神)이며, 움직이지만 아직 유와 무의 사이에서 드러나지 않은 것이 기미(幾)이다"라고 했다.

자신이 존숭한 유가의 덕성이 보편적이고 유효하다는 점을 확인했지만, 본원이 확정하고 부여한다고 인식해서가 아니라 본원이 무한하게 생육하는 능력이 있다는 것을 경모한 결과였다. 우주의 본원과 음양, 오행이 쉬지 않고 주기적으로 교합하고 변화해야만 만물을 만들고 기를 수 있고 그래야만 인간이 "빼어남을 얻어 가장 영특해질" 수 있다. 그러니 우주란 얼마나 위대한가. 우주와 그 본원이 끊임없이 만들어내는 '정신(精神)'을 인간은 경건하게 본받아야 하지 않을까? 주돈이는 인간의 '태어남(生)'을 통해 인간의 '덕'을 논하면서 "성인이 중정(中正)과 인의(仁義)를 정하였으니 성인의 도는 인의와 중정일 뿐이다. 고요함을 주로 하고 욕심이 없기 때문에 정에 이르는 것이다. 이는 인간의 최대치를 세운 것이다."고 했다. '인간의 최대치(人極)'는 인간의 '덕'인데 무엇으로 세우는 것일까? 주돈이는 『역전』의 "성인은 천지와 덕을 함께 하고 일월과 밝음을 함께 하며 사계절과 순서를 함께 하고 귀신과 길흉을 함께 한다."는 구절을 인용했다. 『역전』의 이 구절은 인간의 '덕'이 천지 우주가 끊임없이 만들어내는 위대한 능력에 대해 경모하고 본받는 과정에서 인간이 이루어낸 것임을 보여준 것이다. 주돈이는 『역전』의 사유방식에 동의했기 때문에 이 글을 인용했다. 주돈이는 『통서』「순화 제11(順化第十一)」에서 이렇게 말했다.

하늘은 양(陽)으로 만물을 낳고 음(陰)으로 만물을 이룬다. 낳는 것은 인(仁)이고 이루는 것은 의(義)이다.

"하늘은 양으로 만물을 낳고 음으로 만물을 이룬다"는 것은 천지와 음양의 변화 능력을 말한 것이다. 주돈이는 천지 음양의 변화가 '생성'하는 곳에서 '인'을 강조했고, 천지 변화가 이루어진 곳에서 '의'를 강조했는데, 인간의 덕성을 천지 음양의 생성과 양육 능력의 인식과 대응시켰다.

주돈이는 본원이 규정한 지점이 아니라 본원이 화육하는 능력을 경모하는 부분에서 인간의 성덕론(成德論)을 도출했는데 이 점은 '성(誠)'의 강조에서 가장 잘 드러났다. 주돈이는 "성(誠)은 성인(聖人)의 근본"이라고[40] 했고, 황종희(黃宗羲)도 "주자(周子, 주돈이)의 학문에서 성(誠)이 근본"이라고[41] 했다. 이렇게 볼 때 성덕(成德)의 측면에서 주돈이가 추구했던 최고의 경지는 '성'이었다. 그렇다면 '성'은 어떻게 확립할까? 주돈이는 이렇게 말했다.

"위대하여라, 건원(乾元)이여, 만물은 이로 인해 비롯된다"고 했으니 성(誠)의 근원이다. "건도(乾道)가 변화하여 각기 성명(性命)을 바르게 한다"라고 했으니 이렇게 해서 성이 확립된다.[42]

"위대하여라 건원(乾元)이여, 만물은 이를 통해 비롯된다"는 것은 만물이 양기의 작용으로 생겨나기 시작한다는 것이다. "건도가 변화하여 각기 성명(性命)을 바르게 한다"는 것은 만물이 천도의 변화를 통해 자기의 본성과 운명을 이룬다는 뜻이다.[43] 주돈이는 본원이 만물을 낳고 이루게 하

---

40 『周敦頤集』권2, 「通書」, '誠上第一'. 12쪽.

41 『宋元學案』권13 「濂溪學案」하.

42 『周敦頤集』권2, 「通書」, '誠上第一', 12쪽.

43 朱伯崑은 『易學哲學史』 中에서 이렇게 지적하였다. 「단전(彖傳)」의 "위대하여라 건원(乾元)이여 ……"와 "지극하여라 곤원(坤元)이여 ……" 두 단락에 대해 "이에 대해서는 두 가지 해석이 있다. 하나는 점치는 법이라는 점을 고려하여 건과 곤 두 괘의 상으로 해석하는 것이다. 다른 하나는 작가의 세계관을 표현했다는 것이다. 이 두 가지를 다 고려하지 않고 한 측면에서 보면 완전하지 못하다"고 했다. 이 책에서는 의리를 중시하므로 세계관의 사

송·명 신유학약론

는 것을 인간이 인식해야 인덕의 '성(誠)'이 생길 수 있다고 보았다. 주돈이는 만물과 인간을 만들고 이루는(誠) 본원의 판단이 이성적 판단이 아니라 당위적 판단이라고 보았다. 이성적으로 판단하면 천지 우주는 만물과 인간을 (의도적으로) 생성하지도 않을 뿐더러, 설령 생성한다고 해도 (폭풍이나 지진처럼) 죽이고 훼손하기도 한다. 우주의 본원이 만물과 인간에 작용하는 것(또는 능력)을 생성으로 귀결시키는 것은 인간이 농업사회에서 자기의 가치 지향으로 선택하고 인정한 것이다. '성'이 자신의 가치 지향에 따라 도출한 당위적인 판단이기 때문에 이것이 나타내는 것은 '참됨(眞)'이 아니라 '선(善)'("(도를) 잇는 것이 선이다"의 '선')이 될 것이며 또는 '선'을 '참됨'("무극의 참됨"의 '참됨')으로 삼게 될 것이다. 그렇다면 어떻게 해야 '성(誠)'이 된다고 할 수 있을까? 주돈이는 이렇게 말한다.

성(誠)은 오상(五常)의 근본이자 모든 덕행의 원천이다. '정'의 차원에서는 감각할 수 없고 '동'의 차원에서는 감각할 수 있으니 지극히 본원적이면서도 드러나고 통하는 것이다. (중략) 그러므로 성실(誠)하면 문제가 없게 된다.[44]

성(誠)은 작위(作爲)가 없고, 기미(幾)는 선도 될 수 있고 악도 될 수 있다.[45]

유를 따를 것이다. 주백곤의 자세한 주장에 대해서는 이 책 상책 96~100쪽 참조.

44 『周敦頤集』권2, 「通書」, '誠下第二', 14쪽.

45 『周敦頤集』권2, 「通書」, '誠幾德第三', 15쪽.

고요하여 움직이지 않는 것이 성(誠)이고, 감응하여 마침내 통하는 것이 신(神)이다. 움직이지만 아직 유와 무의 사이에서 드러나지 않는 것이 기미(幾)이다. '성'은 순정하기 때문에 밝고, '신'은 감응하기 때문에 오묘하며 '기미'는 은미해서 잘 보이지 않는다. 정성스럽고(誠) 신묘하며(神) 기미를 잘 포착하는(幾) 사람을 성인(聖人)이라고 한다.[46]

주돈이는 '문제가 없음', '정 차원에서 감각할 수 없음', '작위가 없음', '고요하여 움직이지 않는 것'을 '성(誠)'이라고 했다. 그는 또 '성'에 '오상의 근본과 모든 덕행의 원천'으로서 의의가 있다고 생각했다. 이렇게 볼 때 '성'은 인덕(人德)이며 인간 사이의 이해 관계에 대한 규범적 도덕이 아니라, '무극-태극'이라는 본원의 위대한 능력을 존숭하는 신앙적 도덕이다.[47] 주돈이는 '성'을 최고의 덕행으로 보았고 '문제가 없음', '작위가 없음' 등을 '성'이라고 했다. 이것은 주돈이가 본원에 만물의 본성과 인간의 덕성을 부여하는 성격이 있다는 것을 강조하지 않았다는 뜻이다. 이것이 왜 중요한지, 또 이를 바탕으로 한 주돈이의 성덕론의 장점과 취약점이 무엇인지 확인하는 작업은, 장재(張載)의 사상을 소개한 뒤에 다시 구체적으로 분석

---

46 『周敦頤集』권2, 「通書」, '聖第四', 16~17쪽.

47 머우쫑싼은 "'건도의 변화'는 성체(誠體)가 퍼져나간 것에 불과하다"고 했다. 牟宗三, 앞의 책, 325쪽 참조. 이것은 객관적이고 외재하는 세계의 생육과 퍼져나감을 주관화한 것이며, 인간이라는 주체가 가지게 된 덕성에 객관적이고 절대적인 의의를 부여한 것이다. 그런데 이것은 『역전』과 주돈이의 원래 취지에 맞는 해석이 아니다. 더 이상한 점은 머우쫑싼이 다시 '리'로 '성체(誠體)'를 해석하면서 "성체가 리이다"라는 오류를 저지르고 있다는 점이다. 위의 책, 350쪽 참조. 중국철학사에서 '리'는 지금까지 일정한 법칙으로 이해되었고 사물 사이의 관계에 관련된, 규범적인 범주의 문제였다. 그런데 '성(誠)'이 덕이 되는 것은 규범적 의미가 아니라 경지로서의 의미만 가지고 있다. 머우쫑싼의 식견으로 이런 식의 오류를 저질러서는 안 되었다.

송·명 신유학약론

해볼 것이다.

장재(張載):
'태허즉기(太虛卽氣)'와 '민포물여(民胞物與)'

장재도 주돈이처럼 『역전』을 계승하여 우주생성을 중시했으며 우주생성을 통해 인간의 성덕(成德)을 논의했지만, 이 둘도 다른 점이 있었다. 장재는 주돈이와 달리 '무극'을 강조하지 않고 '태극'을 기로 보았다. 장재는 『역설(易說)』「설괘(說卦)」에서 이렇게 말했다.

> 하나의 사물에 있는 두 형체(一物兩體)가 기이다. 하나이므로 신(神)이고(둘이 존재하므로 헤아릴 수 없다), 둘이기 때문에 변하니(하나를 향해 가는 것이다) 이것이 하늘의 이치가 참여하는 것이다. 둘이 서지 않으면 하나를 볼 수 없다. 하나를 볼 수 없면 둘의 작용이 그치게 된다. 두 형체는 허와 실이고, 움직임과 고요함이고, 모임과 흩어짐이고 맑음과 탁함이니 실체는 하나일 뿐이다. 둘이면서 하나인 것이 태극이다.[48]

주돈이는 "태극이 움직여 양을 낳고 움직임이 극에 달하면 고요해지며 고요하게 되면 음이 생겨난다."고 했다. 이렇게 보면 음과 양 두 기운은 '태

---

48   章錫深 點校, 『張載集』, 中華書局, 1978, 233쪽. 이하 장재의 글은 모두 이 책을 인용하였다.

극'의 움직임과 고요함에서 나온 것이지만 '태극' 자체가 기인지는 명확하지 않다. 그런데 장재는 '하나'가 '태극'이며 '기'라고 했고, '하나'인 '태극' 또는 '기'에 허와 실, 움직임과 고요함, 모임과 흩어짐, 맑음과 탁함이라는 '두 형체'가 있으므로 음과 양이라는 두 성분과 능력, 작용을 가진다고 했다. 장재는 실재하는 '기'를 본원이라고 여겼는데, 반박하기는 힘들 것이다.

『정몽(正蒙)』에서 장재는 '태극'이라는 단어를 거의 사용하지 않고 주로 '허공(虛空, 太虛)이 기(氣)'임을 논의하였다.

> 태허는 형체가 없는 것으로 기의 본체이고, 기가 모이고 흩어지는 것은 변화의 일시적인 모습일 뿐이다.

> 태허에는 기가 없을 수 없고, 기는 모여서 만물이 되지 않을 수 없으며, 만물은 흩어져 다시 태허가 되지 않을 수 없다. 이런 과정을 따라 나가고 들어오는 것은 모두 부득이해서이다.

> 허공이 기인 줄 알면 있음과 없음, 은미함과 드러남, 신(神)과 화(化), 성(性)과 명(命)이 하나이지 둘이 아님을 깨닫게 된다. 모임과 흩어짐, 나감과 들어옴, 형체 있는 것과 형체 없는 것의 보편적인 근원을 추론해보면 '역'의 이치에 밝은 자가 된다.

> 기가 태허에 모이고 태허에서 흩어지는 것은 마치 얼음으로 얼고 물로 녹는 것과 같다. 태허가 '기'임을 알면 '무'가 없음을 이해하게 된다.[49]

---

49 『張載集』, 『正蒙』「太和篇第一」, 7~8쪽. [역자 주] 『정몽』 번역은 장윤수가 번역한 『정몽』

송·명 신유학약론

장재는 명확하게 '기'가 만물의 본원임을 명시했다. 주목할 부분은 장재가 '허공(태허)이 기'라는 점을 반복해서 강조했다는 점이다. 이것은 불교와 노자의 본체론(本體論)을 염두에 둔 것이었다. 불교의 공종(空宗)에서도 "즉색시공(卽色是空)"이라고 했고 노자학(老子學, 장재는 자주 도교를 언급했다)에서도 "무가 근본이다"라고 했는데, 이 둘은 모두 경험 세계에 존재하는 객관성과 진실성을 부정하는 경향이 있었다. 주돈이가 말한 "무극이면서 태극"에 노자의 색채가 없다고는 할 수 없다. 반면 장재는 '무극'을 언급하지 않았고 『정몽』에서 '태극'을 언급한 부분도 한 대목밖에 없으며,[50] 또 "허공이 기"라고 명시했으므로 장재는 '본원'을 훨씬 실재적이고 객관적이며 외재적이고 자연스럽게 만들었다.

그런데 이상하게도 머우쭝싼은 주돈이의 '태극'을 '성체'로 해석해서 '태극'을 주관화했다. 또 머우쭝싼은 "태허는 형체가 없는 것으로 기의 본체"라는 장재의 구절을 "기는 태허라는 두루 통하는 신(神)이 형체이다."라고[51] 해석하면서, 장재가 "태허라는 신묘한 형체(太虛神體)"를 확인했다고 판단했다. 또 "허공즉기(虛空卽氣)" 구절의 '즉(卽)'을 '불리(不離)'로 이해하여 이 구절에 "태허라는 신묘한 형체는 기를 떠나지 않는다"는 의미와 '태허'를 '체', '기'를 '용'으로 보는 의미가 들어있다고 보았다.[52] 이것은 무리한 해석인데, 현대인이 옛 사람의 글을 새롭게 해석하면 안 된다는 말이 아

(책세상, 2002)의 번역문을 참조하되 필요에 따라 수정하였다.

50 『正蒙』「大易篇第十四」에 "하나의 사물이면서 두 형체가 태극을 말하는 것이로구나."라는 구절이 있다. 이 부분은 확실히 『역전』을 그대로 가져온 것이다. 『장재집』 48쪽 참조.

51 牟宗三, 앞의 책, 443~444쪽.

52 牟宗三, 앞의 책, 459쪽.

니라 해석을 할 때는 일정한 법칙을 따라야 한다는 뜻이다. 지식의 성립이라는 측면으로 볼 때 하나의 명제는 추상화를 거쳐 더 넓은 시공간에 넣어 고찰할 수 있고, 그렇게 하면 원래 명제에서 말했던 구체적인 사물이 더 확장된 시공간에서 더 많은 사물들과 관계를 맺으면서 새로운 의미를 가지게 될 것이고 이를 통해 원래 명제를 새롭게 해석할 수 있을 것이다. 그런데 이런 새로운 해석은 나중에 나온 것이므로 원래 명제에 있었던 것은 아니다. "태허즉기"에서 '즉'은 장재의 맥락에서는 '이다'라는 의미이므로 "태허라고 하는 것은 기이다"가 원래 의미로, 이 두 가지는 같다는 뜻이다. 머우쭝싼 선생이 "태허는 기와 분리할 수 없다"로 해석하여 '태허'와 '기'를 분리한 것은 원래 의미와 전혀 부합되지 않는다. 머우쭝싼 선생은 '태허'와 '기'를 나누어 실존하는 '기' 밖에 가장 높은 진재(眞在)를 설정했다. 장재가 부정하려던 불교와 논자의 본체론을 머우쭝싼 선생은 인정한 셈이 된 것이다. 그래서 머우쭝싼 선생은 "노자는 무(無)를 말했고, 석가는 공(空)을 말했는데 장재는 노자의 '무'와 불가의 '공'을 판단하는 기준으로 '허(虛)'를 제시했다. (중략) 허는 정해진 것은 없지만 의미를 드러내는 글자(表詮字)이지, '공'과 '무'처럼 의미를 숨기는 글자(遮詮字)가 아니다. '공'은 연기법(緣起法)의 자성(自性)을 가림으로써 드러나고 '무'는 조작과 유위(有爲)를 가림으로써 드러난다. 그런데 '허'는 오히려 거리낌이 없으면서 유유하고 여유 있게 최고의 경지를 보여준다. 그래서 장재는 두루 통하는 '신'으로 '허'를 설명하였다."라고[53] 했는데, 이것은 제대로 된 설명이라고 할 수 없다. 불교에서 '공'을 궁극적 근본으로, 노자가 '무'를 만물의 본원으로 볼

---

53 牟宗三, 앞의 책, 459쪽.

때 이 둘은 의미를 드러내는 단어(表詮字)이다. 반면 형태를 가진 물이 치우치고 통하지 않는 것과 대응시켜 쓴다면 '허'는 의미가 드러나지 않는 단어(遮詮字)가 된다. 머e우쭝싼 선생은 기의 밖에 '태허라는 신묘한 형체'를 설정하여 본체(本體, 性體)로 삼았는데 이것은 장재의 원래 취지와 맞지 않는다. 머우쭝싼 선생의 해석은 주돈이의 '태극'에 대한 그의 해석과 마찬가지로 '객관적'인 본원을 주관화하고 덕성화하게 될 뿐이다.

장재의 우주생성론은 외재적 자연세계의 객관성에서 나온 것이다. 이것은 '본원'을 '기'라고 단언한 점에서도 드러나고, 본원이 어떻게 만물을 낳고 변화시키는지를 설명할 때도 나온다. 장재는 이렇게 말했다.

> 기는 성대하게 허공에 가득 차 있어서 오르고 내리고 날아 퍼질 때 잠시도 머무르거나 멈춤이 없다. 이것이 『역』에서 말한 '인온(絪縕, 교감)'이고 『장자』가 말한 "생물이 숨기운을 서로 불어대는 것", 즉 아지랑이이다. 이는 허와 실, 움직임과 고요함의 기미이며, 음과 양, 굳셈과 부드러움의 시초이다. 떠서 올라가는 것은 맑은 양이고 가라앉아 내려오는 것은 탁한 음이다. 이것이 서로 감응하고(만나고)(통하고) 모여듦(흩어짐)(엉힘)으로써 바람이 되고 비가 되고 눈이 되고 서리가 된다. 만물을 변화시키고 산천을 이루며 찌꺼기로 만들었다가 태워 없애는 것, 이 모든 것이 (기의) 가르침이 아님이 없다.[54]

장재는 태허의 기가 영원히 끊임없이 낳고 낳는(生生) 상태에 있고 기의 모임과 흩어짐을 통해 천지만물이 태어나고 죽는다고 생각했다. "떠서 올

---

54   『張載集』, 『正蒙』 「太和篇第一」, 8쪽.

라가는 것은 맑은 양이고 가라앉아 내려오는 것은 탁한 음이다."라는 것은 천지의 생성을 말한다. 『정몽(正蒙)』「삼량편 제2(參兩篇第二)」의 "땅은 순수한 음이 가운데 엉겨 모인 것이고, 하늘은 떠오른 양이 밖에서 운행하며 도는 것이니, 이것이 천지의 일정한 형체이다." 구절도 음양과 청탁으로 천지를 나눈 것이다. 장재는 곧이어 이렇게 말했다.

> 항성(恒星)은 위치를 바꾸지 않고 하늘에 매여 있으면서 떠오른 양기와 함께 끊임없이 운행하며 돈다. 해와 달과 오성(五星)은 하늘과 반대로 운행하며 땅을 감싸고 있다. 땅은 기 속에 있어서 하늘을 따라 왼쪽으로 돌고, 땅에 매인 별들인 해와 달과 오성은 땅을 따라 왼쪽으로 돌지만 약간 느려서 오른쪽으로 도는 것처럼 보인다. 해와 달과 오성의 속도가 다른 것은 각기 성질이 달라서이다. 달은 음의 정기로 양과 반대여서 오른쪽으로 가장 빨리 돈다. 해는 양의 정기이나 질적으로 본래 음이므로 오른쪽으로 돌면서도 속도가 느리지만 하늘에 매어 있는 항성처럼 자리가 고정되어 움직이지 못하는 것은 아니다. (후략)

장재는 음양과 천지로 해와 달, 오성(五星)을 논했다. 천지와 해, 달, 오성 및 이들이 가진 기의 감통(感通)과 응결로 바람과 비와 눈과 서리가 생겨나고 산천을 이루며 만물이 변화한다. 동식물과 인류는 '만물의 변화'이다. 그래서 장재는 『정몽』「동물편 제5(動物篇第五)」에서 동식물과 인류의 생성을 이렇게 말했다.

> 동물은 하늘을 근본으로 하여 호흡으로 점차 모였다 흩어졌다 한

다. 식물은 땅을 근본으로 하여 음양의 오름과 내림으로 점차 모였다 흩어졌다 한다. 만물이 처음 생겨날 때에는 기가 날로 불어나서 자라고, 만물이 자라서 가득 차면 기는 날마다 근원으로 되돌아가서 흩어진다. 나아가는 것을 '신(神)'이라고 하는 것은 그것이 펴지기(伸) 때문이고, 되돌아가는 것을 '귀(鬼)'라고 하는 것은 그것이 돌아가기(歸) 때문이다.

사람에게 있어 살아있을 때 떠나지 않고 죽으면 흩어지는 기를 '혼(魂)'이라고 한다. 모여서 형체를 이루면서 죽더라도 흩어지지 않는 기를 '백(魄)'이라고 한다.

장재는 기와 그 음양이라는 '두 형체'의 모임과 흩어짐으로 동식물과 인류의 생사를 논했다. 장재가 본원에서 만물의 생장으로 가는 과정을 탐구하는 과정에서 구체적으로 설명한 부분이 모두 타당한 것은 아니지만, 자연의 생성과정을 최대한 객관적으로 서술하려고 했다는 점은 확실하다. 그렇다면 태허의 기는 어떻게 끊임없고 낳고 낳는 변화를 만들어내고 이를 통해 천지 만물을 생성할 수 있는 것일까? 장재는 기가 하나이지만 두 형체로 나뉘기 때문에 가능하다고 보았다. 장재는 이렇게 말했다.

하나의 사물에 있는 두 형체(一物兩體)가 기이다. 하나이므로 신(神)이고(둘이 존재하므로 헤아릴 수 없다), 둘이기 때문에 변하니(하나를 향해 가는 것이다) 이것이 하늘의 이치가 참여하는 것이다.[55]

---

55   『張載集』『正蒙』, 「參兩篇第二」, 10쪽.

장재는 또 이렇게 말했다.

> 기에는 음과 양이 있는데 음양의 운동에서 나타나는 점진적인 과
> 정이 화(化)이다. 음양의 기를 하나로 합한 상태에서 헤아릴 수 없는
> 것이 신(神)이다.[56]

> 조화가 만든 것에는 서로 닮은 것이 하나도 없으니 만물이 많기는
> 하지만 실상은 하나이다. 만물에 음과 양이 없는 것이 없으니 천지의
> 변화는 이 두 가지(음과 양)에서 비롯됨을 알 수 있다.[57]

"하나의 사물에 두 형체"라는 것은 "기에 음과 양이 있고", "음과 양이
없는 것이 없다"는 말이다. "하나이므로 '신'이고", "둘이 존재하므로 헤아
릴 수 없다."라는 것은 음과 양, 두 형체가 합일한 것이라 포착할 수 없다는
뜻이다. "둘이기 때문에 변한다", "하나를 향해 가는 것이다"라는 것은 "만
물이 음양의 운동에서 점진적으로 나타나고", "만물이 많기는 하지만 실상
은 하나이다"라는 뜻이다. 곧 만물의 궁극적인 귀착점이 태허라는 것이다.
여기에서 가장 주목할 부분이 '신'과 '화'에 대한 장재의 해석이다. 머우쭝
싼은 "흩어져 형상이 있는 것이 '기'이고, 두루 통해 형상이 없는 것이 '신'
이다."[58] 구절로 볼 때 장재가 "'신'은 기를 떠날 수 없지만 어쨌든 신은 신
이지 기가 아니다. 기는 기이고 신이 아니다. 신과 기는 분별하여 세워질

---

56 『張載集』, 『正蒙』 「神化篇第四」, 16쪽.
57 『張載集』, 『正蒙』 「太和篇第一」, 7~10쪽.
58 『張載集』, 『正蒙』 「太和篇第一」, 7~10쪽.

수 있다"고 보았다고 설명했다.[59] '신'을 기의 바깥에 독립적으로 존재하며 기의 체성(體性)을 이루는 일종의 도덕적 실체로 해석한 것인데, 근거가 전혀 없다. 장재의 논리에서 "흩어져 형상이 있다"와 "두루 통해 형상이 없다"는 기의 서로 다른 두 가지 존재 상태를 말한 것이다. 장재는 반복해서 말했다.

> 태허는 맑은데 맑으면 구애됨이 없고 구애됨이 없으니 신묘하다.
> 맑은 것을 반대로 하면 탁하게 되는데 탁하면 구애됨이 있고 구애됨
> 이 있으니 형상을 갖게 된다.
> 기가 맑으면 통하고 흐리면 막히며 맑음이 지극하면 신묘하다.[60]

장재는 기가 모여 형상을 만들면 어둡고 막힌다고 반복적으로 설명했다. '신'은 기가 모여 형태를 이루기 이전의 본연의 상태에서 갖고 있는 '두루 통하는' 성질이다. '두루 통함'으로써 무한하고 포착할 수 없는 생성과 변화를 이끌어내는 힘(化生力)이 생기는데, 이것이 "합한 상태에서 헤아릴 수 없는 것이 '신'이다"이며 "그래서 만물을 오묘하게 하는 것이 '신'이다"이다.[61] 장재에게 '신'은 기의 성질(性狀)이자 능력(性能)이다. 어쨌든 여전히 '기'인 것이다. 그래서 장재는 또다시 이렇게 말했다.

> '신'은 하늘의 덕이고, '화'는 하늘의 도이다. '덕'은 본체이고 '도'

---

59   牟宗三, 앞의 책, 442쪽.

60   『張載集』,『正蒙』「太和篇第一」, 9쪽.

61   『張載集』,『正蒙』「乾稱篇第十七」, 63~64쪽.

는 작용이다. 그러나 모두 기로 귀결될 뿐이다.[62]

'기'의 본성은 본래 허하고 신묘한 것이므로 신과 성(性)은 기가 본래 가지고 있던 것이니, 이것은 귀신이 사물을 체득함에 빠뜨리지 않는 까닭이다.[63]

장재는 '기'의 자연적 상태와 능력을 모두 '신'이라고 했다. 신에는 인격도, 도덕적 실체로서의 의미도 없다. 또 장재는 만물이 낳고 변화하는 것이 일정한 법칙을 따른다고 생각했다. 장재는 이렇게 말했다.

천지의 기는 모이고 흩어지고 배척하고 흡수하는 작용이 여러 양상으로 나타나지만, 그 이치는 순리적이고 망령되지 않다. (중략) 태허에는 기가 없을 수 없고, 기는 모여서 만물이 되지 않을 수 없으며, 만물은 흩어져서 다시 태허가 되지 않을 수 없다. 이런 과정을 따라 나가고 들어오는 것은 모두 부득이해서이다.[64]

"순리적이고 망령되지 않다", "하지 않을 수 없다", "부득이해서이다"는 모두 '화'의 법칙을 말한다. 이 법칙이 '도(道)', '천도(天道)'이다. 그래서 장재는 다시 이렇게 말했다.

---

62 『張載集』, 『正蒙』「神化篇第四」, 15쪽.

63 『張載集』, 『正蒙』「乾稱篇第十七」, 63~64쪽.

64 『張載集』, 『正蒙』「太和篇第一」, 9쪽.

기의 변화로 '도'라는 이름이 있게 된다.[65]

'화'는 천도이다.[66]

'도' 또는 '천도'는 기와 만물이 '어쩔 수 없이' 생겨나고 변화하는 곳에서 나오기 때문에 객관적이고 자연적인 성격을 갖게 된다. 이렇게 말했다.

"만물을 고취하면서도 성인과 더불어 근심하지 않는다"가 천도이다. 성인은 천도에 대해 잘 알지 못한다. 왜냐하면 천도의 무심한 신묘함은 유심(有心)한 인간이 도달할 수 없기 때문이다.[67]

세상 사람들은 도가 자연이라는 것은 알지만 자연을 본체로 한다는 것은 알지 못한다.[68]

장재는 "무심한 신묘함"을 '천도'라고 했는데 도가 객관적이라는 뜻이다. 도가 "자연을 본체로 한다"는 것은 '도'에 주체의 덕성이 없다는 뜻이다. "무극-태극"이라고 한 주돈이의 설에 비해 장재의 '기' 본원론은 본원에서 만물이 생장하고 변화하는 과정이 객관적이고 자연적이라는 점을 훨씬 강조했다. 그렇다면 장재는 어떻게 외재적이고 객관적인 자연 세계의 서술에서 인심과 인성의 탐구로 전환시켰고 어떻게 '기' 본원론에서 인간의 덕성론을 논의할 수 있었을까?

---

65   『張載集』, 『正蒙』 「太和篇第一」, 9쪽.

66   『張載集』, 『正蒙』 「神化篇第四」, 15쪽.

67   『張載集』, 『正蒙』 「天道篇第三」, 14~15쪽.

68   『張載集』, 『正蒙』 「天道篇第三」, 14~15쪽.

외재적 세계의 생성을 논의할 때 장재와 주돈이가 각론에서 차이가 있기는 했지만, 어떻게 인심, 인성, 인간의 덕성을 도출할 것인가에 대한 사유방식은 동일했다. 우주본원론-주생성론이라는 이론으로 구현된 것이다.

먼저 장재의 우주 본원-우주생성론이 '본원'의 특징을 어떻게 규정하는지를 살펴보겠다. 주돈이의 사상을 논의할 때 우주의 본원이 무엇이든 만들어내는 특성을 가지려면 그 자체에는 어떤 특징도 없어야 한다고 설명했다. 주돈이는 '본원'을 '무극-태극'으로 명명했는데, 이것은 본원에 규정하는 성격이 없음을 강조한 것이다. 그런데 이것은 본원의 실존성을 부정하는 불교와 노자로 흘러들 위험이 있었다. 그래서 장재는 '무극-태극'이 아니라 느낄 수 있는 기로 '본원'을 말했다. 그런데 '기'의 성질(體性)이나 상태(性狀)를 말할 때에는 장재도 규정하는 것이 없다는 점을 강조해야 했다. 규정하는 성격이 없다는 것은 '허'와 '무'가 될 수도 있었기 때문에 장재는 자주 이렇게 말했다.

허와 기가 합해져서 성(性)이라는 이름이 있게 된다.[69]

성(性)은 무(無)와 온전히 통하므로 기는 하나의 물(物)일 뿐이다.[70]

"허와 기가 합해져서 성이라는 이름이 있게 된다"는 구절에 대해 머우쭝싼은 "'형체'의 신묘한 덕인 태허는 개체에 대응하거나 천지만물 모두에 대응하여 그 형체가 됨을 말한 것인데, 이것을 '성(性)'이라고 한다."고 해

---

69 『張載集』, 『正蒙』 「太和篇第一」, 9쪽.

70 『張載集』, 『正蒙』 「乾稱篇第十七」, 64쪽.

석했다.[71] 머우쫑싼은 태허의 기 밖에 별도로 '신묘한 덕인 태허'를 설정했는데, 태허의 기의 성질로 말한다면 틀린 말이고 '성'을 개체에 대응시키면 맞는 말이라고 했다. 장재는 『정몽(正蒙)』 「성명 제6(誠明第六)」에서 이 점에 대해 이렇게 밝혔다.

> 하늘의 '성'은 도와 온전히 통하니, 기의 어둡고 밝음으로는 이것을 가릴 수 없다. 하늘의 '명'은 본성과 온전히 통하니, 길함과 흉함으로 이것을 해칠 수 없다. (중략) '성'은 기의 밖에서 통하고 '명'은 기의 안에서 운행하지만, 기에는 안팎이 없기에 형체를 빌려 말할 뿐이다.

'성'과 '기'의 나뉨은 "형체를 빌려 말한" 것이다. 기가 모여 형체를 이룬 사물로 말한다면 '성'은 그 밖으로 나가 "도와 온전히 통한다". 그런데 "기에는 안팎이 없"으므로 형체가 있든 없든 모두 하나의 기이다. 그래서 "도와 온전히 통하는" '성'이라도 어쨌든 기의 '성'인 것이다. "허와 기가 합해진" '허'는 태허의 기 상태이다. 이 '기'는 기가 모여 형체를 이룬 사물의 상태이다. 전자가 '천지의 성'이라면, 후자는 '기질의 성'이다. "성이 '무'와 온전히 통한다"고 할 때의 '성'은 '천지의 성'이고 "기는 하나의 물일 뿐이다", "기의 어둡고 밝음으로는 이것을 가릴 수 없다."의 '기'는 '기질의 성'이다. 장재는 말한다.

> 형체가 생긴 뒤에야 '기질의 성'이 있으니 잘 돌이키면 '천지의 성'이 그대로 보존된다. 그러므로 군자는 기질의 성을 '성'으로 여기지

---

71   牟宗三, 앞의 책, 489쪽.

않는다.[72]

'기질의 성'은 인간과 사물을 구체적으로 규정하므로 '성'이지만 치우치고 통하지 않으므로 "군자가 '성'으로 여기지 않는다". '천지의 성'은 어떤 것을 구체적으로 규정하지 않으므로 '허'하고 '무'하고 두루 통하여 막힘이 없기 때문에 군자가 인정한 것이다.

장재의 논리에 따르면 천지의 성은 우주 본원의 태허의 기가 되어 '허'하고 '무'하며 구체적이고 확정적으로 규정하는 성격이 없다. 그렇다면 만물과 인간을 생육할 때에도 아무것도 규정할 수 없게 된다. 곧 장재는 주돈이처럼 만물과 인간의 궁극적인 본원을 설정했지만, 만물과 인류가 본성이라는 측면에서 외재적이며 선험적으로 부여된 것이 있다는 뜻이 아니었다. 또 장재는 만물과 인간의 궁극적 본원을 설정했지만 만물과 인류의 현존재와 상태를 합리적으로 해석하기 위해 그렇게 한 것은 아니었다. 그렇다면 만물과 인간을 어떻게 설명해야 할까?

원기(元氣)를 논했던 사람들은 대부분 '우(偶)' 또는 '우(遇)'로 만물과 인간의 생성을 설명했다. 왕충(王充)이 대표적인 사람이었다. 왕충은 이렇게 말했다.

천지의 기가 합쳐져서 물이 우연히 저절로 생겨났다. 그래서 농사 지을 때 씨 뿌리고 김 매는 일을 하는 것이다. 열매를 맺는 것도 그렇지 않은 것도 우연히 자연적으로 생기는 일이다.[73]

---

72 『張載集』, 『正蒙』「誠明篇第六」, 23쪽.

73 『論衡』「物勢」.

모두 원기를 타고났는데도 어떤 것은 사람이 되고 어떤 것은 금수가 된다. 똑같은 사람인데도 누구는 귀하고 누구는 천하고 누구는 가난하고 누구는 부자이다. 부자 중에도 재산이 매우 많은 사람이 있고 가난한 사람 중에도 걸식하는 사람이 있다. 제후가 될 정도로 귀하게 되는 사람도 있지만 노복이 될 정도로 비천한 사람도 있다. 이것은 하늘이 내려주는 것에 좌우되는 것이 아니라 사물과 물이 성을 받은 정도에 좌우되는 것이다.[74]

만물과 인간의 상태와 상황의 차이를 '우연(偶)'으로 설명한 것이다. 왕충에게 만물과 인간을 화육하는 과정에서 원기에는 어떤 목적성도 없고 어떤 물이나 개체에 대해서도 따로 봐주는 것이 없다. 본원은 만물과 인간에게 객관적이고 자연적이며 냉정하기까지 하다. 장재도 기에서 생겨나 물과 인간이 되는 자연 상태와 사회 상황의 차이를 '우연(偶)' 또는 '만남(遇)'으로 설명했다.

본성은 무와 온전히 통하며 기는 한 가지 물일 뿐이다. 명(命)을 성에서 부여받는 점은 같지만, 만남에 따라 우연히 달라지는 것이다.

다른 사람은 한 번에 하는데 자기는 백 번을 해도 이르지 못하고, 다른 사람은 열 번에 하는데 자기는 천 번을 해도 이르지 못하는 것이 있다면 성이라고 말하기는 어렵지만 기라고는 말할 수 있다. 행한 것은 같지만 보응(報應)의 결과가 다르면 아직 명이라고 할 수는 없으

74   『論衡』「幸偶」.

나 만남이라고는 할 수 있다.[75]

"성은 무와 온전히 통한다"는 구절의 의미는 앞에서 이미 설명했다. 명을 성에서 부여받았다고 할 때 '성'은 '생(生)'을 말한다. 그러므로 이 구절의 의미는 '태어날' 때에 '명'이 이미 정해졌다는 뜻이다. 그런데 이것은 본원의 기로 규정된 것이 아니라 '만남'에 따라 '우연히', 곧 우연성이 결정한 것이다. 인간이 곱절을 노력해도 여전히 바뀌지 않는 것을 성과 결부시킬 수 없다. 이 '성'은 덕성이며 이 모든 것을 결정하는 것이 덕성의 닦음 여부가 아니라 타고난 기의 우연성이기 때문이다. 그래서 똑같은 행동을 해도 다른 결과가 나오는 것은 '명'이 좋지 못해서가 아니라 사실은 타고난 기가 달라서이다. 장재는 이 차이를 우연성으로 설명했다. 장재는 또 이렇게 말했다.

> 부귀와 빈천은 모두 명이다. 열심히 일하는 것은 마찬가지인데도 어떤 사람은 부귀하게 되고 어떤 사람은 평생 가난하여 굶주린다. 부귀한 자는 요행히 그렇게 된 것이다.[76]

"요행히 그렇게 되었다"는 것이 '우연'이다. 이 단락은 왕충과 마찬가지로 개체에게 각각 다른 우연적 요소를 강조했다.

요컨대 '우연'으로 나타나는 사물 간의 관계는 결코 필연적인 인과 관계가 아니다. 필연적인 인과 관계라면 결과인 사물의 존재와 발전은 원인

---

75 『張載集』,『正蒙』「乾稱篇第十七」, 64쪽.

76 『張載集』,「語錄 上」, 311쪽.

이 되는 사물이 사전에 규정한다. 장재는 본원과 만물 및 인간 관계를 우연으로 설명했는데, 이것은 장재가 만물과 인간의 성질을 본원이 규정한다고 보지 않았다는 뜻이다. 중국철학사에서 '명'은 필연으로 해석하기도 하고 우연으로 해석하기도 한다. 필연으로 해석한다면 이것은 본원이 만물을 선재적으로 규정하는 성격(先在給定性)이 있다고 본 것이다. 우연으로 해석한다면 이런 규정성을 강조할 수 없다. 장재는 앞의 인용문에서 '우연'으로 '명'을 해석했고, 여기에서도 만물과 인간의 성질을 본원이 선재적으로 규정한다고 보지 않았다. 그런데 부귀와 빈천, 요절과 장수 등의 상황과 인간의 기질이라는 면에서 본원의 규정성을 강조하지 않았을 뿐, 인간이 이것을 더하거나 덜어낼 수 없다고 봤다는 점에서 장재도 '명'을 인정하기는 했다. 반면에 인간의 덕성은 이와 다르다. 장재는 본원이 인간의 덕성을 선재적으로 규정하지 않았기 때문에 인간이 스스로 수양하는 것이 유효하다고 생각했다. 인간의 덕에는 실존성과 선재성(先在性)이 없다는 것을 강조한 것인데, 후천적인 주관적 깨달음에 바탕을 둔다는 점에서 장재와 주돈이는 우주 본원론과 생성론을 통해 덕을 이룬다는 공통된 사유 방식을 보여준 것이다.

장재는 인간의 덕에 실재성과 선재성이 있다고 생각하지 않았다. 특히 『역전』「계사(繫辭) 상」의 "한번 음이 되었다 한번 양이 되었다 하는 것을 '도'라고 한다. 그것을 잘 잇는 것이 '선(善)'이고 그것을 이루는 것이 '성(性)'이다."와 "만물을 고취하면서도 성인과 더불어 근심하지 않는다."는 두 구절의 해석에서 잘 나타나 있다. 앞의 구절에 대해 장재는 이렇게 해석했다.

한번 음이 되었다 한번 양이 되었다 하는 것이 도이고, 쉬지 않고 파악하며 중단하지 않는 것이 선이다. 선은 이것을 이어나간다는 말과 같다. 자신의 성(性)을 보아야 그것을 이룰 수 있으니 이것이 성인(聖人)이다.

도를 그침 없이 계속 잇는 것이 선(善)이고, 그것을 이루는 것을 성(性)이라고 한다. 인(仁)과 지(知)가 각각 성을 이루었다는 것은 인(仁)과 예(禮)로 성(性)을 이루고 계속 힘쓰는 것과 같아서 선을 이루어 성에 보존했다고 할 수 있다. 인(仁)과 지(知)로 본다는 것은 바로 『중용』의 "곡진하면 성실할 수 있다(曲能有誠)"는 것이다. 도를 보지 못하면 그 사람이 가진 인과 지는 결국 성에 있는 것이 아니다.[77]

뒤의 구절에 대해 장재는 이렇게 해석했다.

노자가 "천지가 어질지 않아 만물을 추구(芻狗)로 여긴다"고 한 말이 바로 이 뜻이다. 그런데 "성인이 어질지 않아 백성을 추구로 여긴다"고 한 말은 같은 맥락이 아니다. 성인이 어찌 어질지 않겠는가? 어질지 않음을 걱정하실 뿐이다. 천지가 어찌 어질게 하려고 하겠는가? 만물을 고취할 뿐이다. 성인은 어질기에 도를 널리 펼칠 수 있다.

하늘이 착한 사람만 만들 수 없으니 하늘에 뜻이 없기 때문이다. [만물을 고취하면서도 성인과 더불어 근심하지 않으니] 성인은 천하에 있어 모범이 됨은 선하지 않음이 없어서이다.[78]

장재가 보기에 "한번 음이 되었다 한번 양이 되었다 하는 것이 도이

---

77 『張載集』,『橫渠易說』「繫辭上」, 187쪽.

78 『張載集』,『橫渠易說』「繫辭上」, 188~189쪽.

고", "만물을 고취하면서도 성인과 더불어 근심하지 않는다"라는 구절은 우주 본원과 음양이라는 천지가 만물을 화육하는 것의 객관성과 자연성을 말한 것이다. 장재가 "천지가 어질지 않아 만물을 추구로 여긴다"고 한 노자의 설을 옳다고 여긴 이유는 객관성과 자연성을 인정해서였다. 본원이 만물과 인간을 생육하는 것은 객관적이고 자연적인 과정으로, 인과 불인, 지와 부지, 선과 불선의 문제가 아니라는 것이다. 그래서 인간의 선과 덕과 성은 실존적 의의로 말할 수 없고 애초에 있고 처음부터 그랬던 것이 아니다. 우주의 생육과 만물의 생성 요인의 문제에 대한 견해로 봤을 때 장재는 왕충과 큰 차이가 없다. 차이는 바로 다음의 문제에 있다. 왕충은(노자도 마찬가지) 만물을 화육하는 우주 본원의 무목적성과 객관성, 자연성을 통해 우주 본원이 만물과 인간에게 외재적이고 냉정하다는 결론을 얻어냈다. 반면 장재는(주돈이도 마찬가지) 우주 본원의 객관적이고 자연적인 생육 과정에서 만물, 특히 인간이 나고 자라므로 우주 본원이 인간에게 외재적이고 냉정한 것이 아니라 내재적이고 위아적(爲我的)이라고 본 것이다.[79] 인간은 우주 본원과 천지 음양의 끊임없고 낳고 낳는 능력을 계승하여 만물의 화육을 도와야 한다. 그래서 그것을 잘 계승하면서 중단하지 않는 것이 선이라고 한 것이며 선을 인간의 행위라고 본 것이다. 인간은 선행을 통해

---

79 장재는 『經學理窟』「氣質」에서 이렇게 말했다. "하늘은 본래 무심하지만 만물의 생성은 그 공을 하늘에 돌려야 하므로 '이것은 천지가 인한 것이다'라고 하였다.", "하늘은 본래 무심하다"라는 것은 천지 본원의 객관성과 자연성을 말한 것이다. 그런데 만물과 인간은 이로 인해 생성하므로 하늘은 인간에 대해서 외재적이 아니라 친근하고 공이 있는 것이다. 이런 중의적인 의미에서 사람은 '천지의 인'을 말할 수 있는 것이므로 이 '인'은 실존적으로 말한 것도 아니고 지식적으로 판단한 것도 아니다. 인간이 천지의 이런 공능을 취해 이를 인정했기 때문에 성립할 수 있는 것이다.

자신을 이루어 '성(性)'이 있게 되므로 '성'은 수양해서 얻은 것이다. 장재가 여러 차례 천지가 어찌 어질게 하려고 하겠느냐라든가, 하늘이 착한 사람만 만들 수 없으니 하늘에 뜻이 없기 때문이라고 말한 것은 인간의 선이라는 것은 본원이 선재적으로 부여하는 것이 아니라 인간이 수양을 통해 이룬 후천적인 성질이라는 것을 확인한 것이었다.

장재는 인간의 덕에 실존성과 선재성이 있지 않고 인간이 이룬 후천적인 수련을 거쳐서만 이룰 수 있다고 보았다. 이 점은 그가 지(知)의 추구와 덕을 이루는 것을 엄격하게 구분한 점에서도 드러난다. 장재는 이렇게 말했다.

> 마음을 크게 하면 천하의 사물들을 체득하게 된다. 사물을 체득하지 못하면 마음과 사물 사이에 거리가 있게 된다. 세상 사람들의 마음은 듣고 보는 편협한 상태에 머무르지만, 성인은 본성에 극진하여 보고 듣는 것에 마음이 매이지 않아 천하의 모든 것을 자기 문제처럼 바라본다. 『맹자』가 "마음을 극진히 하면 본성도 알고 하늘도 안다"고 한 것이 바로 이런 것이다. 하늘은 너무 커서 경계가 없다. 그러므로 경계가 있는 마음을 하늘의 마음과 합치시킬 수 없다. 보고 들어서 아는 것은 바깥 사물과 교류하여 알게 되는 것이지 덕성으로 아는 것이 아니다. 덕성으로 아는 것은 보고 듣는 것에서 나온 것이 아니다.[80]

보고 들어서 아는 것은 경험적 지식이고 경험적 지식은 사물과의 접촉을 통해야 하는데, 이것은 지식의 대상이 객관적이고 이미 그렇다는 것을

---

80   『張載集』, 『正蒙』 「大心篇第七」, 24쪽.

전제로 하기 때문이다. 그런데 덕성으로 아는 것, 즉 도덕적 판단은 외재하는 객관 세계에서 선재적으로 부여한 것이 아니기 때문에 보고 듣는 것에서 나오지 않는다. 이것은 외재하는 세계의 경험적 지식과 관련이 없으므로 이성으로 판단하는 것이 아니다.

장재는 덕성으로 아는 것은 실존 세계의 경험 지식으로 알 수 없고 주체의 마음으로 깨달아야 아는 것이라고 생각했다. 마음을 크게 하면 천하의 사물을 체득할 수 있다고 했을 때 '체득'이 주체의 마음으로 깨닫는 것이다. 장재는 이렇게 말했다.

> 하늘은 만물을 자기 안에 싣는데, 감응하며 본성을 이루는 것은 건곤과 음양 두 가지뿐이다. 하늘에는 안팎이 합하는 것도 없고 귀와 눈에 이끌리는 것도 없으니, 이것은 사람과는 다르다. 사람이 본성을 극진히 하고 하늘을 알아서 좁은 시각에 얽매이지 않는다면 거의 하늘에 가깝게 될 것이다.[81]

> 덕 있는 사람은 남을 포용하기만 할 뿐 남을 버리는 일이 없고, 남을 사랑하기는 해도 남을 따라가는 일이 없다. 하늘의 도가 바로 그러하다. 하늘은 곧은 것으로 만물을 기른다. 하늘을 대신하여 만물을 다스리는 자가 만물을 정성껏 이루어주면서도 그 곧음을 해치지 않으면 하늘의 도를 다하는 것이다.[82]

하늘의 이치로 자신을 체득하게 되면 분명히 만물 또한 체득할 수

---

81 『張載集』, 『正蒙』 「乾稱篇第十七」, 63~64쪽.

82 『張載集』, 『正蒙』 「至當篇第九」, 35쪽.

있다.[83]

　이 구절은 모두 인간의 덕성을 논의한 것이다. 한편으로 그는 여전히 천지 본연의 객관성과 자연성을 확인했는데, 그것은 감응 능력도 없고 도덕 지향과도 무관하다. 또 다른 한편으로 그는 또 인간의 덕성이 그냥 생긴 것이 아니라 인간이 "하늘을 대신하여 만물을 다스리고", "하늘의 이치로 스스로 체득하여" 이룬 것이라고 보았다. 장재는 하늘은 만물을 모두 기르고 모두 포용하고 모두 담아내므로, 인간이 하늘의 이치로 자기를 체득하고 선을 이어 성을 이루는 데 있어서도 만물에 대해 치우침이 없고 모두를 담아내야 한다고 생각했다. "만물을 체화한 것이 성"이고[84] "있고 없음과 비고 채움이 하나의 물에 통한 것이 성이다"라고 한 것이[85] 그런 뜻이다. 그래서 본성을 지극히 해야 하늘을 알 수 있다. 그런데 사람들은 기가 모여 형체가 만들어진 존재이므로 형질(기질지성)과 견문을 통한 지식이라는 한계가 있을 수밖에 없다. 하늘의 이치로 자신을 체득하려면 선을 이어 성을 이루면서 다시 이 한계를 돌파해야 한다. 그래서 장재는 이렇게 말했다.

　사람의 강함과 유함, 느림과 급함, 재주 있음과 재주 없음은 모두 기가 편향되어 그렇게 된 것이다. 하늘은 원래 조화를 이루어 치우침이 없으니 자신의 기를 길러 근본에 돌아가 치우침이 없으면 성을 극진히 하여 하늘처럼 된다. 성을 이루지 못하면 선과 악이 뒤섞이는

83　『張載集』, 『正蒙』 「大心篇第七」, 25쪽.
84　『張載集』, 『正蒙』 「乾稱篇第十七」, 63~64쪽.
85　『張載集』, 『正蒙』 「乾稱篇第十七」, 63~64쪽.

데, 힘써서 선을 이어나가면 선하게 된다. 이렇게 하여 악이 다 제거되면 선도 저절로 사라진다[이루게 된다]. 그래서 '선'이라고 하지 않고 '이룬 것이 성이다'라고 하는 것이다.[86]

자신을 없앤 뒤에야 크게 되고 본성을 크게 이룬 뒤에야 성스러워질 수 있다. 성스러운 하늘의 덕을 갖추어서 사람들이 알 수 없는 경지에 이른 상태를 신(神)이라고 한다. 그러므로 신은 성스러워서 알 수 없는 것이다.[87]

성을 이루지 못하면 선과 악이 뒤섞인다는 것은 성을 이루기 전의 사람은 형질에 치우쳐 막히는 측면도 있고 천도와 통하여 감응하는 측면도 있으므로 선악이 정해지지 않았거나 선할 수도, 악할 수도 있다는 뜻이다. 그런데 인간이 자아를 없애서 개별 형질의 한계를 돌파하여 자신의 기를 기르고 근본에 돌아가게 되면 부단히 초월해서 덕성을 이룰 수 있다. 장재가 남김없이 만물을 체득하는 것을 덕을 이룬 최고의 경지로 여긴 것을 보면 그도 주돈이처럼 신앙적 도덕에 더 관심을 가졌던 것이다.

장재는 「서명(西銘)」의 한 대목에서 이 점을 단적으로 서술하였는데 그 대목은 다음과 같다.

건은 아버지라고 하고 곤은 어머니라고 한다. 나는 여기에 형체를 가지고 그 안에 뒤섞여 있다. 하늘과 땅에 가득찬 것을 내 몸으로 삼고 하늘과 땅을 이끌고 가는 것을 내 본성으로 삼는다. 백성은 나의

---

86 『張載集』, 『正蒙』 「誠明篇第六」, 23쪽.
87 『張載集』, 17쪽, 『正蒙』 「神化篇第四」.

동포, 만물은 나와 함께 있는 것이다. 천자는 우리 부모의 장자이고 그의 신하는 장자의 가신(家臣)이다. 나이 많은 어른을 모실 때는 자기 어른을 모시듯하고, 약하고 외로운 사람을 돌볼 때는 자기 아이를 사랑하듯 한다. 성인은 천지와 덕을 같이 하는 사람이며, 현인은 보통 사람보다 덕이 뛰어난 사람이다. 천하의 노쇠한 이, 불구자, 형제 없는 사람, 자식 없는 사람, 홀아비, 과부 등은 모두 나의 형제들로, 곤경을 겪으면서도 하소연할 데 없는 불쌍한 사람들이다. "이에 보전하리라" 함은 자식이 부모를 존경하는 것이며, "즐거워하고 또한 근심하지 않는다" 함은 자식이 부모에게 지극히 효도함에서 비롯되는 것이다. 부모의 말씀에 순종하지 않는 것을 '패덕(悖德)'이라 하고, 어진 것을 해치는 것을 '적(賊)'이라 하며, 악을 행하는 것을 '부재(不才)'라 한다. 아버지의 모습을 따르려는 사람은 오직 아버지를 닮은 자식이 될 것이다. 변화를 알면 하늘의 사업을 잘 이룰 수 있고, 신(神)을 궁구하면 하늘의 뜻을 잘 이어받을 수 있다. 다른 사람이 보지 않는 곳에서도 부끄러운 행동을 하지 않는 사람은 부모를 욕되게 하지 않고, 본심을 지켜 본성을 키우는 사람은 게으르지 않다. (중략) 부귀와 은택은 장차 나의 삶을 두텁게 할 것이고 빈천과 걱정은 옥을 다듬듯 너를 이루게 할 것이다. 살아있을 동안 나는 하늘과 땅을 부모처럼 거역함 없이 섬기고, 죽게 되면 편안히 쉴 것이다.[88]

장재의 이 구절은 영향력이 매우 크지만 해석에는 차이가 있다. 정호와 정이의 제자인 양시(楊時)는 장재의 이 논의가 묵자의 '겸애(兼愛)'설에 가깝다고 보았다. 정이는 「양시가 서명을 논한 것에 대해 답하는 글(答楊時論西銘書)」에서 이렇게 말했다.

88 『張載集』, 62쪽, 『正蒙』 「乾稱篇第十七」.

송·명 신유학약론

장재의 주장은 실로 지나치니 『정몽(正蒙)』이 그러하다. 「서명」에서 리로 미루어 의(義)가 있게 되었다는 것은 이전 성인이 말하지 않은 것을 확충했다는 점에서 성선과 양기를 논의한 맹자와 같은 업적이 있다(이 두 가지 역시 이전 성인이 미처 표현하지 못했던 것이다). 어찌 묵자에 견주겠는가? 「서명」에서는 하나의 리가 나뉜다는 것을 명확히 했고 묵자는 근본이 둘이고 나뉨이 없다고 했다(어리고 늙음은 하나의 리이며, 사랑에 차이가 없음은 근본이 둘이라는 것이다). 나뉨의 문제는 사사로움이 이겨 인(仁)을 잃어버린다는 것이고, 분화가 없음의 문제는 두루 사랑하여 의가 없다는 것이다. 분화가 있되 하나의 리로 미루어가야 사사로움이 이기는 문제를 그치게 하니 이것이 인의 방법이다. 구별이 없고 두루 사랑하게 되면 아버지도 없는 극단에 이를 것이니 이것이 의를 해치는 것이다. 그대가 이것을 같이 보는 것은 지나치다.[89]

정이는 묵자의 '겸애'설로 「서명」을 해석하는 것에 반대하고 자신의 '리일분수(理一分殊)'설로 해석했다. 주희는 「서명」을 언급했을 때 이렇게 말했다.

「서명」은 내용 전체가 다 '리일분수(理一分殊)'이며 모든 구절이 다 '리일분수'이니, '하늘은 아버지이다' 첫 구절을 보자.

지금 사람들은 중간의 '리일분수' 구절만 말한다. 내가 보기에 "건은 아버지라고 하고 곤은 어머니라고 한다."에서 "살아있을 동안 나는 하늘과 땅을 부모처럼 거역함 없이 섬기고, 죽게 되면 편안히 쉴 것이다" 구절까지 전체가 '리일분수'이다. "하늘이 이렇다고 하고",

---

89   『二程集』, 「伊川先生文五」, 中華書局, 1981, 609쪽.

"땅이 이렇다고 한 것"이 '분수'인 것이다.[90]

주희도 '리일분수'로 「서명」을 해석하는 것에 매우 찬성했다. 사실 정호 및 정이와 주희의 해석이 정확한 것은 아니다. 다음 장에서 살펴보겠지만, 정호 및 정이와 주자가 말한 '리'는 도덕의 함양이라는 측면이며, 여기에 해당하는 것은 규범적인 도덕이지 초월적인 도덕이 아니다. 그들이 "사랑에는 차이가 있다"가 '분수'라고 강조한 것은 현실사회의 시스템에서 규범이 가지는 의의를 말한 것이다. 그런데 장재의 「서명」에서 말한 것은 현실사회의 시스템과 여기에 필요한 규범이 아니라 심령의 영역에서 최고의 경지였다.

장재의 '기' 바탕론은 천지간의 모든 인간과 사물은 기운이 모여서 형체를 이룬 것이므로 "선을 이어 성을 이룬다"는 최고 수준에 오르면 천지간의 모든 인간과 사물을 자기와 구분하지 않고 마치 자신의 가족처럼 보게 된다. "백성은 나의 동포, 만물은 나와 함께 있는 것", 이른바 "사물을 체득함에 빠뜨림이 없다", "천하의 모든 것을 자기 문제처럼 바라본다"고 한 것이 이런 뜻이다. 그런데 이것이 '인(仁)'이다. "하늘은 만물의 근간으로서 모든 만물에 관여하니, 이것은 마치 인이 만사의 근간으로 어떤 일에나 관여하는 것과 같다. 예의(禮) 3백 가지와 위의(威儀) 3천 가지 중에서 어느 하나라도 인을 근간으로 하지 않는 것이 없다. '넓은 하늘 밝으시어 그대와 함께 다니고, 넓은 하늘 훤하시어 그대와 함께 놀고 즐기네'라는 말

---

90   『朱子語類』 卷第 98, 中華書局, 1986, 2522쪽.

송·명 신유학약론

이 있으니, 어느 한 가지라도 천도를 근간으로 하지 않음이 없다"는[91] 뜻이다. '인'은 하늘이 "물을 체득함에 빠뜨림 없이 한다"를 따라하는 것에서 시작되며 덕을 이루려고 하는 사람은 "어디에서나 물을 체득하므로" 어떤 일이든 자기 일로 여겨야 하니, 이것이 '인'이고 '성(誠)'이다. "하늘을 그침이 없게 하는 도가 '성(誠)'이다. 어진 사람과 효자가 하늘을 섬기고 자신의 몸을 정성스럽게 하는 방법은 계속 어질고 효성스럽게 하는 것일 뿐이다. 그래서 군자를 정성스럽게 하는 것을 중시한다."[92] '성(誠)'은 하늘을 그침이 없게 하는 도를 잇는 것에서 나오며 덕을 이루려는 사람은 하늘을 섬기고 자신을 정성스럽게 하여 계속 어질고 효성스러워 성(誠)이 있게 되는데 이것이 '성(性)'이다. "성(性)은 만물의 한 가지 근원으로, 나만 가진 것이 아니다. 오직 덕 있는 사람만 그 도를 다할 수 있어서 남도 같이 서게 해주고, 반드시 두루 알게 하며, 골고루 다 같이 사랑하고, 혼자 덕을 이루지 않는다."[93] '인'은 만물과 인간을 끊임없이 낳는 천지 본원의 능력을 깨닫는 것에서 오므로 당연히 나만 가진 것이 아니며 나만 가지고 있다해도 그것으로 '성(性)'을 이룰 수 없다. 덕을 이루려는 사람은 "남도 같이 서게 해주고, 반드시 두루 알게 하며, 골고루 다 같이 사랑하고, 혼자 덕을 이루지 않아야" 성을 이룰 수 있다. 장재는 '인', '성(誠)', '성(性)'을 동일시하여 "물을 체득함에 빠뜨림이 없고", "사랑할 때는 반드시 두루 사랑한다"는 정신적 경지로 보았다. "장재는 예로 학문을 가르치는 것이 최선이라고 생각해서 배

---

91   『張載集』, 13쪽, 『正蒙』「天道篇第三」.

92   『張載集』, 21쪽, 『正蒙』「誠明篇第六」.

93   『張載集』, 21쪽, 『正蒙』「誠明篇第六」.

우는 사람에게 이를 먼저 지키게 하였다."고 한다.[94] 장재가 학문에서 "예교(禮敎)"를 중시했다는 점을 보면 사회 현실에서 규범적인 도덕을 중시했다고 볼 수 있을 것이며, 이 점에서 장재의 유가적 가치 지향을 볼 수 있다. 또 장재가 존심양성(存心養性)이라는 수양공부의 단계 설정과 덕을 이루는 초기 단계에서 규범의 중요성에 유의했다고도 할 수 있다. 사실 장재도 학문을 통해 "기질을 변화시키는"[95] 것을 중시했고 배우는 사람은 '예'를 준수하는 것을 가장 먼저 지키고 가장 나중에 버려야 할 하한선으로 삼아야 한다고 여겼다.[96] 그런데 장재는 규범적 도덕으로 만족하지 않고 물을 체득함에 빠뜨림이 없는 천지의 경지를 추구했다. 이런 경지는 묵자의 공리적 성격을 가진 겸애설과 비교할 필요가 없다. 장재는 이런 경지에서는 외물과 자아라는 피차의 구분이 아무 의미가 없다고 생각했기 때문에 차라리 주돈이처럼 도가의 지향에 훨씬 가까웠다고 볼 수 있을 것이다. 정이와 주희는 '분수'로 「서명」을 해석했는데, 이는 장재의 초월적 경지 추구를 규범

---

94 『張載集』, 336쪽, 『後錄上』「遺事」.

95 『張載集』, 『經學理窟』「氣質」에 이런 구절이 있다. "기질을 변화시키면", "기질이 악한 자를 능히 바꿀 수 있으니 지금 사람들이 대부분 기에 좌우되어 어진 사람이 될 수 없는 것은 학문을 모르기 때문이다. (중략) 그런데 학문으로 성(性)을 이루는 데에 이른다면 기가 우세하지 않게 된다. 맹자가 말한 '기운이 한결같으면 뜻을 움직인다'에서 움직인다는 것은 옮겨서 다르게 한다는 것과 같다. 만약 뜻을 한결같이 하여 능히 기를 움직일 수 있어서 학문을 하늘처럼 하는 데 이른다면 성을 이룰 수 있을 것이다." 이것은 수양의 단계성과 장기성을 확인한 것이다.

96 『張載集』, 『經學理窟』「禮樂」에 이런 구절이 있다. "예가 성을 가지게 된 것은 본래 성(性)에서 나왔기 때문이니 성을 가지고 근본으로 돌아가는 것이다. 성을 이루지 못했다면 반드시 예를 통해 잡아야 하니 예를 지킬 수 있다면 도에 어긋나지 않을 것이다." 이것은 "예를 지킴"을 성을 이루는 시작점으로 본 것이다.

송·명 신유학약론

적 도덕 추구로 낮춘 것이었다.[97]

---

97 이 점에서 명말 유종주(劉宗周)의 해석도 참고할 수 있다. 유종주는 "「정완(訂頑)」(「서명」)에서 말한 것은 의서에서 수족 마비를 '불인(不仁)'이라고 하는데 사람을 볼 때 자기만 있는 줄 알고 다른 사람이 있는 줄 모르는 것처럼 그 병도 그런 것이니 이 편의 내용은 인을 추구하는 학문이다. 어진 사람은 천지만물을 일체로 여기는데, 머리 하나에 두 다리를 가지고 온갖 형체에 결합하는 것과 같다. 처음에 부여될 때를 보면 내 체와 내 성(性)은 천지이고, 내 동포와 나와 함께 있는 것은 본디 부모가 같다. 군주와 가신은 집안을 건사할 책무가 있고, 성인과 현인은 덕에 부합하는 것을 선별하여 드러내니, 모두 나와 같은 체의 사람이다. 그렇다면 이때 만약 자신의 자리를 제대로 얻지 못한 사람이 있다면 그것이 한 사람의 고통에만 그칠 수 있겠는가? (중략) 여기에 이르면 군자는 진실로 천지만물을 통해 하나의 체를 만들 수 있으니 이것이 인을 구하는 궁극적인 법칙이다.(『명유학안(明儒學案)』권17 「횡거학안 상(橫渠學案上)」) 유종주는 「서명」의 "인을 추구하는 학문"과 "진실로 천지만물을 통해 하나의 체로 만드는 것"을 "인을 구하는 궁극적 법칙"이라고 여겼다. 그런데 천지만물을 통해 하나의 체로 만든다는 것이 무엇일까? 유종주의 해석은 "인자는 천지 만물을 하나의 체로 여기니, 이 구절을 반드시 제대로 깨우쳐야 한다. 이는 바로 인간이 천지 만물을 하나의 체로 여긴다는 것이지 인자가 천지 만물을 하나의 체로 여긴다는 것이 아니다. 만약 인간이 천지 만물과 다른 체라면 인자의 뜻을 빌려 천지 만물과 합하여 이와 일체로 여긴 것이니 이는 본질을 짚었다고 할 수 없을 것이다. (……) 학자가 만약 여기에서 믿음을 가지고 제대로 깨우칠 수 있다면 천지만물은 원래 간극이 없을 것이다. 즉 자기의 사사로움과 이기심의 견해를 포용하고자 한다면 스스로 자신을 하늘과 끊어내게 되어 그것을 얻을 수 없을 것이다. 극치로 끌어올릴 필요도 없고 견줄 필요도 없이 자연스럽게 가족을 사랑하고 백성에게 인을 베풀며, 백성에게 인을 베풀고 물을 사랑하면 의, 리, 지, 신이 모두 올 것이다. 이것이 성학(性學)이 되는 것이다."[『명유학안(明儒學案)』권62 「즙산학안(蕺山學案)」] 유종주는 여기에서 '인간'과 '인자'를 구분했다. '인간'은 천지와 아직 나눠지지 않은 자연이라는 본연의 존재를 말하고, '인자'는 천지와 분리되어 나란히 서 있는 역할을 담당하는 사람이다. 유종주는 '사람'이 되어야지 '인자'가 되어서는 안 된다고 생각했고 그가 강조하는 것도 자기와 천지 만물의 일체성이었다. 이로부터 유종주의 「서명」에 대한 해석이 훨씬 장재의 원래 내용에 부합하며 정희와 주희가 "리이분수"로 설명한 것은 취할 바가 못 됨을 알 수 있다.

신앙적 도덕의 타당성과 결함

주돈이와 장재는 우주 본원론-우주생성론을 통해 덕을 이룰 수 있다는 성덕론(成德論)을 열었는데 이들의 사유논리는 대체로 앞에 제시했던 내용이었다. 그렇다면 이런 논리를 어떻게 평가할 수 있을까?

먼저 주돈이와 장재에게 '천도'는 '인덕'과 통한다. '천도'는 우주 만물의 본원이자 생성 과정을 보여주는 것이며 인간은 천도의 객관성과 자연성, 맹목성을 의심할 수 없다. '인덕'은 '천도'를 깨달음으로써 나오는 것이므로 인간이 마주하는 '천도'는 사람마다 차이가 없다. 그래서 인간과 인간의 덕도 이를 통해 감응하고 통한다. 장재가 "천지는 만물을 낳으니 타고난 것이 달라도 잠시라도 (하늘과) 감응하지 않음이 없으므로 성(性)이 천도(天道)이다"라고[98] 했고, "감응하는 것은 성의 신(神)이고, 성은 감응하는 체이다"라고[99] 하면서 '감'을 말했다. 장재는 또 "하늘의 '성'은 도와 온전히 통하고", "하늘의 '명'은 본성과 온전히 통한다."라고 하였는데, 이때 '통한다'의 의미는 개체가 공통된 본원과 감응하고 통한다는 것이다. 이를 통해 인간은 모두 공통된 덕성을 가질 수 있다. 공자 및 맹자의 덕의 가르침은 여기에 와서는 이미 천도와 통하여 공통적이고 유효한 성격을 갖는 것으로 인식되었다.

다음으로 주돈이와 장재에게 인덕은 천도(본원)와 통하여 공통적이고 유효한 성격을 얻었지만 천도(본원) 자체의 성질(性狀, 體性)로 정해주지 않

---

98   『張載集』, 63쪽, 『正蒙』「乾稱篇第十七」.

99   『張載集』, 63쪽, 『正蒙』「乾稱篇第十七」.

았으므로 인간은 덕이 생기고 자랄 때 이것이 선한지를 이성이 아니라 자신이 선택하고 인정한 당위에 입각해서 판단했다. 이것은 당위적 판단이므로 인간이 주체적이라는 뜻이다. 주돈이는 "성현은 타고난 성으로 만들어지는 것이 아니라 반드시 마음을 수양해야 이루어질 수 있다. 마음 수양의 선함이 이렇게 대단한 것이니 그 사람에게 달려있는 문제이다."라고 했고,[100] 장재는 "성을 이루지 못하면 선과 악이 뒤섞이는데, 힘써서 선을 이어나가면 선하게 된다."라고 했다. 이 두 사람은 모두 주체가 스스로 수양하는 행위가 덕을 이루는 결정적인 요인이라고 보았다. 인덕이 객관적이고 외재하는 존재에 기대있다는 것을 확인했으면서도 다시 인간이라는 주체가 선택하고 함양하는 주체성을 매우 중시했다는 점에서 주돈이와 장재는 후대 학파와 전혀 다른 특징을 보였다.[101]

셋째, 주돈이와 장재는 본원이 인간의 본성에 선재적으로 부여하는 성격보다는 각 개인이 선택하고 수양하는 주체성을 강조했다. 그래서 주돈이와 장재의 성덕론은 훨씬 활발하고 창조적이며, 그들이 제시한 심령도 훨씬 초월적이고 자유롭다. 장재는 "남(物)을 유익하게 하는 것을 정성스럽게 하면 하늘이 만물을 낳는 것과 같아서 날마다 진보하고 날마다 불어나게 된다. 자신을 유익하게 하는 것을 정성스럽게 하면 냇물이 흐르는 것과

---

100 『周敦頤集』 권3, 50쪽, 「養心亭說」.

101 머우쭝싼은 송명 유가를 세 계통으로 나눴는데 가장 높게 본 계열이 오봉(五峰, 胡宏) 즙산(蕺山, 劉宗周) 계통이었다. 이 계통에 대해 "주돈이와 장재에서 시작하여 정호에 이르러 완성된 원교의 본보기(一本)를 계승하여 나온 것이다. 이 계통에서는 『중용』과 『역전』을 위주로 하였고 객관적으로 성체를 말했다. 또 『논어』와 『맹자』를 위주로 하여 주관적으로 심체를 말했다."고 했다.(牟宗三, 앞의 책, 49쪽) 여기에서 주돈이와 장재가 객관적인 면도 말하고 주관적인 면도 말했으므로 가장 원만하다고 본 것을 확인할 수 있다.

같아서 날마다 더하고 날마다 얻는 것이 있다"고[102] 했다. 이것은 덕을 이루는 측면에서 개인의 부단한 창조성을 보여준 것이다. 정호는 "시는 흥기시킬 수 있다. 나는 주돈이를 다시 만나 음풍농월을 하고 돌아왔는데 '나는 증점과 함께 하겠다'의 마음이 있었다."고 했다.[103] 정호가 이런 마음이 들게 되었던 것은 주돈이의 시에 나타난 소탈하고 초월적이며 자유로운 마음 때문이었다. 주돈이의 <석당교에서 저녁에 낚시하다(石塘橋晚釣)> 시는 다음과 같다.

> 나는 시냇가에서 낚시하며
> 돌아갔으면, 돌아갔으면 한다.
> 낚싯배에서 곤히 잠드니
> 영욕과는 상관없는 삶.
> 어찌 벼슬이 중요하리오,
> 늙어서도 관직에 얽매이는데.[104]

<산방에서 묵다[宿山房]> 시는 다음과 같다.

> 세상이 싫어 고요를 즐기려 해도
> 녹봉이 낮아 산을 살 수 없네.
> 진경을 배회하며 떠날 수 없어

---

102   『張載集』, 66쪽, 『正蒙』「乾稱篇第十七」.
103   『周敦頤集』 권3, 75쪽.
104   『周敦頤集』 권3, 61쪽.

산방에서 잠시 잠이 든다.[105]

　주돈이의 이 시를 읽으면 "나는 증점과 함께 하겠다"는 마음이 들 것이다. 이것은 자유로운 경지이다. 외재적이고 선재적으로 부여하는 성격을 강조하는 철학이라면 도덕은 규범성을 갖게 될 것이다. 그런데 주돈이와 장재는 만물과 인간의 본성에 본원이 선재적으로 부여한다는 점을 강조하지 않았기에 이들이 제시한 경지는 활발하고 자유로울 수 있었다. 이것이 주돈이와 장재의 성덕론이 가진 특징이자 장점이다.

　그런데 이들의 성덕론에는 문제가 있다. 첫째, 주돈이와 장재가 생각한 본원의 성질(체성)에는 정해진 것이 없다. 이 본원은 '있지만' 실제로는 '없다'.[106] 그렇다면 이것이 불교와 노자와 어떻게 다를까? 나중에 육구연(陸九淵) 형제들은 「태극도설」이 주돈이의 저작이 아니라고 의심했다.[107] 주희는 "무극이면서 태극인 것은 형태는 없지만 리는 있음을 말한 것일 뿐이다."

105　『周敦頤集』 권3, 66쪽.

106　주돈이는 본원을 '무극'이라고 했고, 장재는 "기의 성은 본래 비어있지만 신묘하다"고 했다.

107　육구연은 「주원회에게 보내는 편지(與朱元晦書)」에서 이렇게 말했다. "사산(梭山, 육구소(陸九韶)) 형이 말한 「태극도서」는 통서(通書)와는 다르니 주자(周子, 주돈이)가 쓴 것이 아닌 듯합니다. 그렇지 않다면 혹시 그의 학문이 성숙하지 못했을 때 지은 것일 겁니다. 그렇지 않다면 다른 사람의 글을 전한 것인데 후대 사람들이 이를 가려내지 못했을 것입니다. 『통서(通書)』 「리성명(理性命)」 장에서는 중(中)만 말했을 뿐입니다. 음양과 오행이 만물을 화육하니 오행으로 나뉘었지만 실제는 음양 두 가지이며, 이 둘의 근본은 하나이니 이것을 '하나', '중'이라고 하는데 '태극'입니다. 그 위에 '무극' 두 글자를 더한 적이 없습니다. 「동정(動靜)」 장에서는 오행, 음양, 태극을 말했지만 역시 '무극'에 대한 내용은 없습니다. 설령 「태극도설」이 그가 전한 것이거나 젊었을 때 쓴 것이라고 해도 『통서』를 썼을 때 '무극'을 말하지 않았으니 그때 이미 그 설이 잘못되었음을 알았기 때문일 것입니다. 이 점은 가볍게 여겨서는 안 됩니다"(『육상산집(陸象山集)』 권2).

라고 억지로 해석했는데 이것은 주돈이가 불교와 노자를 인정했다는 문제를 애써 가리려고 한 것이다. 정호와 정이는 "태허가 기"라는 장재의 설이 "다소 지나치다"라고 보았으며, 『정씨유서(程氏遺書)』에는 "다시 태허를 언급하자 선생은 '태허란 없다.'라고 하시고 허공을 가리키며 '모두 리인데 어떻게 허라고 하겠느냐? 세상에 리보다 더 실체인 것은 없다'라고 하셨다"고 정이의 말을 기록했다.[108] 정이는 규정하거나 실재하는 리를 본체라고 하면서 '허'가 '기'라는 장재의 설을 부정했는데, 이 또한 불교 및 노자와 명확하게 구별하기 위해서였다. 정이와 주희, 육구연은 주돈이와 장재를 비판하고 반대했다. 이 두 사람의 우주 본원론-생성론이 불교와 노자의 영향을 깊게 받았기 때문이다.

둘째, 주돈이와 장재가 본 본원은 성질(체성)에 정해진 것이 없으므로 본원이 만물과 인간을 화육할 때 파생된 생물에 대해서도 부여하는 능력이 없다. 그렇다면 본원 일원론으로 어떻게 만물과 인간이 형질과 성질에서 무한하게 다양하다는 점을 해석할 수 있을까? 장재의 설을 따른다면 타고난 기의 우연성으로 만물이 형질적으로 다양하다는 점을 설명할 수 있고, 깨달음과 수양의 차이로 사람들이 이룬 성(性)의 차이를 해석할 수 있다. 그런데 이렇게 되면 물과 인간이 차이가 나는 요인이 반드시 본원 때문이 아니게 된다. 만약 만물, 특히 인간의 덕성의 형성 요인이 본원의 생육과 필연적인 관련이 없다면 인간이 이룬 덕의 객관적인 근거는 무엇이고 어떻게 이것이 타당하다고 말할 수 있을까?

셋째, 주돈이와 장재가 생각한 본원은 정해진 것이 없고 만물과 인간에

---

108   『朱子語類』제94, 2365쪽.

송·명 신유학약론

게 공통적으로 규정할 수 없다. 그렇다면 만물, 특히 인간이 어떻게 특정한 규정성만 인정하거나 특정한 가치만으로 자신의 덕성을 이루게 할 수 있을까? 앞에서 언급했듯이 주돈이와 장재가 제시한 '정성(誠)'과 '어짊(仁)', '선함(善)' 같은 덕성은 실제 있어서 말한 것도, 이성적 판단도 아니었다. 이 것은 인간이 주관적으로 선택한 것이고 내적 심령으로 감응하고 통하여 이룬 것이며 당위적인 판단이었다. 인간이 스스로 선택하고 감응하고 통한다면 다른 사람들은(선천적으로 우연히 타고난 차이와 후천적으로 노력해서 성취한 차이로) 다른 선택과 감통을 하게 될 것이며 그렇게 되면 이룬 덕성도 다를 것이다. 주돈이는 "열 가구가 사는 작은 마을이라도 사람들마다 성의를 다해 가르치려 한다면 역부족일 것이다. 하물며 넓은 천하와 수많은 백성들은 어떻겠는가?"라고[109] 했다. 이 말은 모든 사람들이 특정한 가치만 인정하게 하는 것이 어렵다는 뜻일 것이다. 장재는 이렇게 말했다.

하늘은 무심하고 마음은 사람에게만 있다. 한 사람의 사사로운 견해는 한계가 있으므로 여러 사람들의 마음을 통일해야 이것이 의리이며, 이것을 합한 것이 하늘이 된다.

천도는 볼 수 없고 오직 백성을 통해 알 수 있다. 사람들이 기뻐하는 것은 하늘도 반드시 기뻐할 것이고 미워하는 것은 하늘도 반드시 미워할 것이다. 이는 인심이 지극히 공정하고 여럿이기 때문이다. 백성은 비록 매우 어리석고 무지하여 자신을 사사롭게 할 줄만 알고 어두워 밝지 못하지만, 일에 막힘이 없는 곳에서 저절로 공명함이 드

109　『周敦頤集』,「通書」'治第十二', 23쪽.

러난다. 여러 사람들이 지향하는 것은 반드시 리이니, 리에는 천도가
있다. 따라서 하늘을 알고자 한다면 사람을 통해 알 수 있다.[110]

"하늘은 무심하고 마음은 사람에게만 있다."는 장재의 말은 천지 본원
에 정해진 것이 없고 인심과 인성을 부여한 것이 없다는 뜻이다. 그렇다면
공공의 '의리'는 어디에서 오는 것일까? 장재는 "여러 사람들의 마음을 통
일하고", "여러 사람들이 지향하는 것"에서 찾았다. 그런데 어떻게 해야 여
러 사람의 마음을 통일시킬 수 있을까? 장재는 "자신을 사사롭게 할 줄만
알고 어두워 밝지 못하지만 일에 막힘이 없는 곳에서 저절로 공명함이 드
러난다."고 했다. 그러나 매우 어리석고 무지한 사람까지 포함한 모든 사
람에게 막힘이 없는 일은 어떤 일일까? 답은 "일이 없는 것"이다. "일이 없
어야" 모든 사람들에게 막힘이 없다. 그런데 "일이 없음"에서 이끌어낸 '의
리'는 이미 유가에서 지향하는 의리가 아니다. 인심이 인정하는 것에 호소
했던 주돈이와 장재의 성덕론에는 여전히 광범위한 구속력이 없었고 여전
히 진정한 의미에서 공통적이지도, 유효하지도 못했다.

유가의 가치지향에는 객관적이고 필연적인 의미를 담아서 이성적 틀
을 가지게 해야만 이것이 공통적이고 유효할 수 있다. 그래서 정호·정이와
주희의 리학(理學)과 이들의 주지론(主知論)이 생겨난 것이다.

---

110   『張載集』, 『經學理窟』 「詩書」, 256~257쪽.

3장

주지론(主知論)으로 구축한 성덕론(成德論)

정주학의 '정주'는 정이(程頤, 1033~1107)와 주희(朱熹, 1130~1200)이다. 그런데 정이는 그의 형 정호(程顥, 1032~1085)와 함께 말해야 한다. 정호에 대해 중국 학계에서는 대부분 육구연(陸九淵) 및 왕수인(王守仁)과 연결시켜 송명심학(宋明心學)의 개척자로 본다. 한편 대만의 머우쭝싼 선생은 정호가 주돈이 및 장재 계통이며 이들보다 훨씬 원교(圓教, 최고의 가르침)의 본보기가 된다고 했다.[1] 만약 그렇다면 정호가 위로는 주돈이와 장재보다, 아래로는 정이와 주희보다 나으므로 송대에는 오봉(五峰) 호굉(胡宏)만 그와 견줄 수 있을 것이다.

이 책에서는 위의 두 견해를 참고하되 이와는 다르게 정호를 평가할 것이다. 사실 정호의 사상은 주돈이 및 장재와 같은 점도 있고 다른 점도 있으며, 후대의 육구연 및 왕수인과 무관하다고 할 수도 없다.[2] 나의 입장이 머우쭝싼 선생과 다른 점은 다음과 같다. 머우쭝싼은 정호가 '리'의 객관적 자연성(머우쭝싼은 도체와(道體)와 성체(性體)라고 했다)을 논했고 특히 '심(心)'이 주관적으로 선택한(당위적 판단) 측면을 중시하였기 때문에 '원교'로 보았

---

1   牟宗三, 앞의 책, 제1책 제2장과 제2책 제3장.

2   이 점에 대한 펑여우란(馮友蘭)의 논의는 탁월하다. 馮友蘭(b), 「陸·王心學的興起」, 『中國哲學史新編』, 北京: 人民出版社, 1988.

다. 그런데 이런 견해보다는 차라리 특히 '심'이 주관적으로 선택한다는 점에서 위로는 주돈이와 장재를 계승하고 아래로는 육구연과 왕수인을 이끌었고, '리'의 객관성과 자연성이 공통적이고 필연적이라고 생각했다는 점에서는 정이 및 주희와 가깝기 때문에 상당히 일관되지 않는 성격을 가지고 있는 것처럼 보인다고 하는 것이 나을 것이다. 정이 및 주희와의 관련성으로 볼 때 이 글에서 정호를 이들과 함께 논의해도 무방할 것이다.

본체론은 전통적으로 정이와 주희는 '리' 본체론, 육구연과 왕수인은 '심' 본체론으로 구분한다. 하지만 사실 '심' 본체론에서 '심'은 육구연과 왕수인에게는 '지(志)'라는 의미이고 진헌장(陳獻章)에게는 '정(情)'의 의미여서 차이가 있다. 그런데 '심' 본체론으로 뭉뚱그리게 되면 이 둘의 차이를 나타내기 어렵기 때문에 이 책에서는 육구연과 왕수인의 성덕론을 '주지론(主志論)'이라고 하고, 진헌장의 경지론(境界論)을 '주정론(主情論)'이라고 했다. 육구연 및 왕수인, 진헌장의 학설과는 달리 정이와 주희의 '리' 본체론은 심리학적 시야에서 확실히 '지'에 편중되어 있으므로 이들의 성덕론을 '주지론(主知論)'이라고 했다. '지(知)'와 '지(志, 意)', '정(情)'이라는 상이한 지향성에서 도출된 도덕 이념과 추구하는 경지가 어떻게 다르고 어떤 가치를 지니는가를 이제 하나씩 논의해볼 것이다. 먼저 정호·정이 형제와 주희를 살펴보자.

정호(程顥): '필연'으로 논의한 '리'와 '리' 본체론

정호는 "내 학문은 가르침을 받기는 했지만 '천리(天理)' 두 글자는 내가

송·명 신유학약론

체득한 것이다."[3]라고 했다. 이것은 '천리'가 자기가 만든 말이라는 것이 아니라 지금까지 '천리'를 이렇게 중시하고 본체로 승격시켜 절대적인 지위에 둔 사람이 없었다는 뜻이다. '천리'를 본체로 보고 이전에 유행했던 우주 본원과 우주 생성론을 '리' 본체론으로 대체한 사람이 정호와 정이 형제였다.

'리'라는 단어는 이미 선진 시기 문헌에 나오는데,[4] 첫 번째 '리'의 용례는 처음부터 객관적이고 자연적인 세계의 존재 상태를 묘사하기 위한 것이었고, 두 번째 '리'의 용례는 '리'와 '도'를 같이 논하면서 도는 본원이고 초월적인 의미를 가진 것으로(『노자』와 『장자』에서), 리는 매우 명확하게 경험 세계에서 어떤 물이 어떤 물이 되는 구체적인 근거나 '소이연(이유)'을 말하는 '성물지문(成物之文, 사물의 현상은 규칙이 있는 것)'이라는 의미로 쓴 것이다. 리는 물이 그 자체가 되는 특정한 근거라는 의미였고 경험적 대상인 외재하는 세계의 객관성과 필연성을 파악하기 위해 사용되었다.

외재하고 객관적인 세계에서 각종 사물은 고유의 필연성을 따라 발생하고 발전하고 변화하며 이 과정에서 어떤 질서가 있음을 보여준다. 사물에게 질서는 규범적인 의미가 있으므로 '리'는 규범성을 나타낸다. 진한 시기에 사람들은 '예'를 '리'라고 했는데 이것은 리의 규범적 의미를 확연하게 보여준 것이었다. 『예기(禮記)』의 「악기(樂記)」에서는 이렇게 말했다.

음악은 천지의 조화이고 예의는 천지의 질서이다. 조화롭기 때문

---

3   『外書』 12권, 北京: 中華書局, 1981, 424쪽.

4   『莊子』「秋水」편과 「則陽」편. 『韓非子』「解老」편.

에 만물이 변화하고 질서가 있기 때문에 만물에 분별이 있다. 음악은 하늘로 만들어지고 예의는 땅으로 만들어진다. 예의를 잘못 만들면 혼란해지고 음악을 잘못 만들면 난폭하게 된다. 천지의 도리가 밝아야 예의와 음악을 만들 수 있다.

악은 감정의 변할 수 없는 부분이고, 예는 리의 바꿀 수 없는 부분이다.

예의는 천지의 질서로, 객관적이고 외재적이며 동시에 개별 사물에 대해 당위성과 규범성을 가지고 있다. 예가 리의 바꿀 수 없는 부분이라는 것은 리의 기본 특징이 규범성이라는 뜻이다. 리가 선진 시기와 진한 시기에 경험적 대상인 외재하는 객관 세계의 필연성이자 관련 사물과 행위의 규범성으로 쓰였다는 것은 확실하다. 송대 초기 주돈이와 장재에게 '리'는 여전히 이런 의미였다. 주돈이의 『통서』에서는 세 곳에서 '리'를 언급했다. 「성여덕(誠與德)」에서는 이렇게 말했다.

『二程集』, 덕(德): 사랑은 인(仁)이고 마땅함은 의(義), 다스리는 것은 예(禮), 통함은 지(智), 고수함은 신(信)이다.

이것은 '리'를 '예'로 본 것이다. 「예악(禮樂)」에서는 이렇게 말했다.

예의는 다스림이고 음악은 조화이다. 음양을 다스린 뒤에 조화롭게 되어 임금은 임금답게, 신하는 신하답게, 부모는 부모답게, 자식은 자식답게, 형은 형답게, 동생은 동생답게, 남편은 남편답게, 아내

는 아내답게 만물이 각기 마땅하게 된 뒤에야 조화롭게 된다. 그래서
예의가 우선이고 음악이 다음이다.

다시 '예의'가 '리'임을 강조했다. "만물이 각기 마땅하게 된다"에서 '만
물'은 임금과 신하, 부모와 자식, 형과 동생, 남편과 아내를 포함하며, 마땅
하게 된다는 것은 임금은 임금답게, 신하는 신하답게 각자의 규범을 따르
는 것이다. 주돈이에게 '리'는 외재하는 규범으로 경험의 범주에 속했다.
경험을 초월하는 층위는 '무극', '태극', '성'의 범주로 파악했다.
　　주돈이에 비해 장재는 '리'를 훨씬 많이 언급했다. 『정몽』「태화편」에
서 이렇게 말했다.

　　　　천지의 기는 모이고 흩어지고 배척하고 흡수하는 작용이 여러 양
　　　　상으로 나타나지만, 그 이치는 순리적이고 망령되지 않다.

『정몽』「삼량편」에서는 이렇게 말했다.

　　　　음양의 정화는 차례로 숨어있으면서 안정된 상태가 되므로 해와
　　　　달의 형태는 변하지 않는다. 음양의 기는 순환하며 번갈아 이르고 완
　　　　전히 모였다가 흩어지며 하나씩 올라갔다가 내려오며 서로 교감한
　　　　다. 같이 있거나 서로를 제어하여 합하려고 해도 할 수 없다. 이것은
　　　　어디에서나 굽혔다가 펴지고 쉼없이 운행하니 누가 그렇게 만든 것
　　　　이 아니다. 이것을 '성명의 리'라고 하지 않는다면 뭐라고 하겠는가?

『정몽』「동물편(動物篇)」에서는 이렇게 말했다.

사물에는 고립된 이치가 없으니, 같고 다르고 굽히고 펴고 시작하고 끝나는 것으로 밝혀내지 못하면 사물이라도 참된 사물이 아니다. 일은 처음과 끝이 있어야 이루어지니, 같고 다르고 있고 없는 것이 서로 감응하지 않으면 이루어질 수 없다. 이루어지지 않으면 사물이라 해도 참된 사물이 아니다. 그러므로 하나같이 굽히고 펴고 서로 감응하여 이로움이 생겨난다.

장재의 논리에서 '리'는 여전히 객관적이고 외재적이며 경험으로 파악할 수 있는 사물의 변화에 담긴 필연적인 법칙이다. 그런데 정호의 경우 "자신이 체득한" '천리'가 경험적인 일과 사물에 있는 객관적이고 필연적인 부분을 파악하는 법칙이라는 점에서 이전 사람들과 다르지 않다. 정호는 이렇게 말했다.

천지 만물의 이치는 홀로 있지 않고 반드시 상대가 있다. 모두 자연스럽게 그렇게 된 것이지 인위적으로 안배한 것이 아니다.[5]

만물은 모두 이치가 있으니 순리를 따르는 것은 쉽고 거스르는 것은 어렵다. 각기 자신의 이치를 따르면 되는데 어찌 자기의 기력을 낭비하겠는가?[6]

모든 만물은 상대가 있는데 한번 음이 되고 한번 양이 되며 한번 선하고 한번 악하니, 양이 자라면 음이 줄어들고 선이 늘어나면 악이

---

5   『二程集』, 『遺書』 제11권, 北京: 中華書局, 1981, 121쪽.

6   『二程集』, 『遺書』 제11권, 北京: 中華書局, 1981, 123쪽.

줄어든다. 이 이치를 멀리 확장할 수 있는가? 사람은 이것을 알아야 할 뿐이다.[7]

만물에 모두 이치가 있다고 할 때 '리'는 경험 세계에 편재(遍在)한 리를 말한다. 자연스럽게 그렇게 된 것이지 인위적으로 안배한 것이 아니라는 것은 리가 객관적이고 자연적이라는 것을 말하며, 홀로 있지 않고 반드시 상대가 있다는 것은 음양의 증감, 곧 대립과 통일의 방식으로 리의 필연을 구현한다는 뜻이다. 리가 담고 있는 것에 대한 정호의 설명은 이전 사람들과 완전히 동일하다.

정호가 이전 사람들과 다른 점은 무엇일까? 주돈이와 장재까지도 사람들은 '리'를 최고의 지위로 승격시켜 절대적인 의미를 갖게 하지 못했다. 최고의 지위이며 절대적인 의미를 갖던 것은 '무극'과 '태극', '기', '도' 같은 것이었고 이것으로 본원의 개념을 파악했던 것이다.[8] 이와는 달리 정호는 '본원'에 궁극의 의미를 담지 않고 '리'와 '천리' 또는 '리'와 동등한 의미로 사용된 '도'를 최고로 여겼다. 정호는 이렇게 말했다.

---

7   『二程集』, 『遺書』 제11권, 北京: 中華書局, 1981, 123쪽.

8   두 가지 유의할 부분이 있다. 하나는 '도'의 개념으로, 객관적이고 필연적인 성격인 규범의 의미로 사용되는 경우가 있었는데 이런 용례는 『한비자』에서 볼 수 있다. 또 다른 하나는 장재도 가끔 '천리'에 절대적 의미를 부여했다는 점이다. "덕이 기를 이기지 못하면 성과 명이 기를 따라가고, 덕이 기를 이기면 성과 명이 덕을 따라간다. 이치를 궁구하고 본성을 다하면 하늘의 덕을 본성으로 삼고 하늘의 이치를 명으로 삼게 된다."(『정몽』 「성명편(誠明篇)」) 여기에서 '리'와 '성', '명'을 병칭한 것이 그러하다. 하지만 나는 장재의 이런 논리가 정호, 정이 형제에게서 왔다고 생각한다. 특히 '이치를 궁구하고 본성을 다한다'에는 지식론의 색채가 있어서 깨달음을 강조한 장재의 논리와는 잘 맞지 않으므로 정이의 주장이 섞여 들어갔을 것이다.

하늘이 만물을 화육하는 일은 소리도 없고 냄새도 없으니 체로는 '역(易)'이라고 하고 이치로는 '도(道)'라고 하며 용도로는 '신(神)'이라 하고, 인간에게 명하는 것으로는 '성(性)'이라 하며, 본성을 따르면 '도(道)'라고 하고 도를 수양하면 '교(敎)'라고 한다. (중략) 형이상(形而上)이 '도(道)'이고 '형이하(形而下)'가 '기(器)'이니 이렇게 말해야 한다. '기'도 도이고 '도'도 기인데 도만 있다면 현재와 미래, 자신과 타인에 매이지 않을 것이다.[9]

「계사(繫辭)」에서 "형이상을 도라고 하고, 형이하를 기라고 한다."고 했다. (중략) 또 "한번 양이 되고 한번 음이 되는 것이 도이다"라고 했다. 음양은 형이하인데 도라고 한 것은 위아래가 가장 분명하게 구분되기 때문이다. 원래 이것만 도이니 사람은 묵묵한 상태에서 알아야 한다.[10]

정호는 "이치로는 '도(道)'라고 한다"고 했는데 '리'가 '도'라는 뜻이다.[11] 정호에게는 '리' 또는 '도'만 형이상의 요인이자 절대적 의미를 가진 것이고, 음양의 기는 형이하이며 궁극의 의미가 없었다. 정호가 "내 학문은 가르침을 받기는 했다"고 했을 때 그 의미는 정호와 정이 형제가 주돈이에게

---

9   『二程集』, 『遺書』 권1, 제4쪽. 이 단락의 인용문을 『二程集』에서는 "二先生語"라고 했다. 천라이(陳來, 진래)는 『宋明理學』에서 정호의 말로 보았다. (陳來, 『宋明理學』, 遼寧教育出版社, 1991, 81쪽 참조.) 머우쭝싼도 '二先生語'가 주로 정호의 발언이라고 생각했다. (牟宗三, 앞의 책의 제2책, 제3부 제1장 참조.) 이 책에서도 일단 이 설을 따른다.

10   『二程集』, 『遺書』 11권, 118쪽.

11   정호가 말하기를 "'사람의 마음은 위태롭다'는 사람의 욕심을 가리킨 것이다", "'도는 심오하여 알기 어렵다'는 하늘의 리이다."라고 하였다.(『遺書』 11권, 『二程集』, 126쪽) 이는 '도심'을 '천리'로 본 것인데 이는 '도'를 '리'로 본 것이다.

송·명 신유학약론

서 배웠다는 말이다. "'천리(天理)' 두 글자는 내가 체득한 것이다."는 이들이 주돈이의 '무극-태극' 설을 받아들이지 않았고 장재의 '태허즉기(太虛即氣)'론도 인정하지 않았다는 뜻이다.[12] 정호는 본원론을 배척했다. 이 점이 정호와 정이, 주희의 핵심 주장이었다. 그들이 '본원'의 궁극적 의미를 배척하고 '리'나 '천리'를 최고의 지위에 승격시켰을 때 그들도 사실상 경험적 사물에 존재하는 객관적이고 필연적인 논리 법칙과 이런 법칙이 같은 부류의 개체에 선험적인 규범성을 가진다는 점에 절대적 의미를 부여했던 것이다. 정호가 처음으로 '리'나 '천리'를 최고 지위로 승격시켰으므로 이 책에서 정호를 정이와 주희 계열에 넣어서 논의해도 무방할 것이다.

정호가 경험적 사물의 객관적이고 필연적인 논리 법칙 및 그것이 모든 사물에 대한 규범에 절대적인 의미를 부여하여 정이와 주희가 주지론(主知論)을 전개하는 길을 열어주었지만, 정호 자신이 주지론을 확립한 것도, 지식론을 완성한 것도 아니었다. 정호의 사상은 원숙하지도 못했고 내적인 모순도 있었다. 이것은 그의 '성리(性理)' 논의와 공부론과 경지론의 불협화음에서도 잘 나타난다.

'성리'의 경우, 앞에서 언급했듯이 정호의 '리'는 객관적이고 외재적이며 필연적인 범주였는데 '리'를 본체로 승격시킨 것은 이것이 가진 절대성을 확인하는 데에 있었다. 또 앞서 '리'가 객관적이고 필연적이며 모든 개

---

12   정호는 "'형이상을 도라고 하고 형이하를 기라고 한다.'고 했는데, 만약 청허일대(淸虛一大)를 천도라고 한다면 기는 도가 아니다."라고 했다.(『遺書』 11권, 『二程集』, 118쪽) '청허일대'는 정호가 장재의 '기' 본체론을 개괄한 것인데, 장재에게 '기'는 실존하는 것이었지만 성질은 '청허'하였으므로 여기에는 정해진 것이 없고 만물에 부여하는 것도 없었기 때문에 정호는 이 설을 취하지 않았다.

별 사물에게 선재적으로 규정하고 규범이 되는 의미가 있다고 했다. 정호는 '성'이 '리' 또는 '도'라고 생각했고 고자(告子)의 '생지위성(生之謂性: 타고난 것이 성이다)'설에 동의한 것도 이런 맥락이었다. 정호는 이렇게 말했다.

> 도는 성(性)이다, 도 밖에서 성을 찾고, 성 밖에서 도를 찾는 것은 맞지 않다.[13]

> 고자는 "타고난 것이 성이다"라고 했는데, 맞는 말이다. 천지가 만들어낸 물을 '성'이라고 해야 한다. 모두 성이라고 해도 되지만 그 안에서 소의 성과 말의 성은 구별해야 한다. (중략) "천명을 '성'이라고 하며, 솔성(率性, 성을 따르는 것)을 '도'라고 한다"는 것은 하늘에서 떨어지는 것이 아래로 향하고 만물이 형태를 이루어 각기 성명을 바르게 하는 것이 성이라는 것이다. 성을 따르고 잃지 않는 것이 도이다. 이 또한 인간과 사물 모두로 말한 것이다. 성을 따르면 말은 말의 성이 되어 소의 본성을 가지지 않으며 소는 소의 성이 되어서 말의 본성을 가지지 않게 된다. 이것이 성을 따르는 것이다.[14]

'성'은 모든 개별 사물의 성질이나 규정된 성격을 말한다. 모든 개별 사물은 태어날 때 객관적이고 필연적인 성격을 따르는데 이것이 '리'이다. 그 규정성은 객관적이고 필연적인 성격에 따라 부여되는 것인데 이것이 '도가 성이다' 또는 '타고난 것이 성이다'이다. 그런데 '성'이 '리'에서 나왔다는 것은 객관적이고 필연적인 성격에서 선재적으로 부여했다는 것인데 이

---

13 『二程集』, 『遺書』 1권, 1쪽.

14 『二程集』, 『遺書』 권2 상, 29~30쪽.

송·명 신유학약론

렇게 부여된 '성'이 반드시 '선'한 것은 아니다. 이 점을 정호는 분명하게 인식해서 이렇게 말했다.

> 일에는 선이 있고 악이 있는데 모두 천리이다. 천리의 물에는 미도 있고 추도 있는데 이렇게 물이 다른 것이 물의 상황(情)이다.[15]

> '타고난 것이 성이다'에서 '성'은 '기'이고 '기'는 '성'이며 타고나는 것이다. 인간이 태어나 기를 받을 때 '리'에는 선과 악이 있는데 성 안에 이 두 가지가 나란히 생겨난 것은 아니다. 어려서부터 선하고 어려서부터 악한 것은 기를 받은 것이 그런 것이다. 선은 확실히 성 이지만 악도 성이라고 할 수 있다.[16]

첫 번째 인용문의 내용은 '천' 또는 '천리'에 객관적이고 필연적인 성격이 있다는 뜻이다. 이런 판단은 외재하는 세계의 존재 상황을 객관적으로 묘사한 것이며 이성으로 판단한 것이다.[17] 그런데 위의 인용문처럼 만약 '리'가 객관적이고 필연적인 성격만 뜻한다면 '리'에서 부여받은 '성'에는 선도 있고 악도 있다. 따라서 유가의 성덕론이 공통적이고 유효하다는 것을 입증하기 위해 '리' 본체론의 확립이 객관적이고 필연적인 근거를 마련

---

15 『二程集』,『遺書』 권2 상, 17쪽.

16 『二程集』,『遺書』 권1, 10쪽.

17 정호는 "소를 부리고 말을 타는 것은 모두 그 본성에 따라 그렇게 한 것이다. 어찌해서 소를 타고 말을 부리지 않을까? 리가 그렇게 할 수 없기 때문이다.(『遺書』 11권, 『二程集』, 127쪽) 여기에서 '리'도 객관적이고 필연적인 성격을 말한다. '리'로 소의 본성을 부릴 수 있게, 말을 본성을 탈 수 있게 정한 것인데, 이러한 서술은 이성적인 것이며 그 안에 주체의 가치 지향은 없다.

해준다고 볼 수 없다. 반드시 '리'가 객관적이고 필연적이며 동시에 '선'하다고 설정해서 '리'에서 부여받은 '성'이 반드시 '선'하게 되어야만 유가의 성덕론이 객관적이고 공통적이며 필연적이라고 할 수 있게 된다. 이것이 정호, 특히 정이와 주희 계통의 '리' 본체론 또는 주지론에서 가장 중요한 부분이다. 위의 인용문에 이어 정호는 이렇게 말했다.

> 성현이 하늘의 덕을 논한 것은 하늘의 덕 자체가 타고난 것이고 완전하며 자족적인 것이어서 더럽혀지거나 손상됨이 없다면 바로 행하면 되고, 약간 더럽혀지고 손상되었다면 조심스럽게 고쳐서 원래 모습으로 회복시켜야 한다. 원상회복을 시킬 수 있다면 그 자체의 본질이 원래 완전하고 자족한 물이라는 뜻이다.[18]

그 전의 인용문에 대해 정호는 다시 이렇게 말했다.

> "타고난 것이 성이다", "사람이 태어날 때 조용하다" 이상은 말할 수 없다. 이것을 성이라고 말한다면 이미 성이 아니게 된다. 사람이 성을 말할 때 "이어나가는 것이 선이다"라고만 하는데 맹자가 말한 인간의 본성이 선하다는 것이 이런 뜻이다. "이어나가는 것이 선이다"라는 것은 물이 낮은 곳으로 흐르는 것과 같다. 모든 물은 흘러서 바다로 가서 결국 오염된 것은 없게 되는데 이것이 어찌 인력으로 하는 것이겠는가? 멀리 흘러가지 못하면 점차 탁해지고 물이 나와서 멀리 가면 탁한 부분이 있다. 많이 탁한 것과 적게 탁한 것이 있을 뿐이다. 청탁이 다르지만 탁하다고 물이 아닌 것은 아니다. 이러하

---

18   『二程集』, 『遺書』 권1, 1쪽.

송·명 신유학약론

니 사람은 맑게 하는 노력을 더해야 한다. 그래서 빠르고 과단성 있게 하면 빨리 맑아지고 느리고 나태하면 더디게 맑아지지만 맑게 된다고 해도 처음 나올 때의 물 상태이지 탁함을 맑음으로 바꾸는 것도 아니고 탁함을 덜어내 한 구석에 놓는 것도 아니다. 물의 맑음은 성의 선함을 말하는 것이다.[19]

이 두 인용문에서 '하늘의 덕'이 선한 성이고, 선한 성이 그 자체가 원래 타고난 것이고 완전하며 자족적인 까닭은 '도'가 부여한 것이기 때문이다. '성'은 '선'이고 '도'도 '선'이다. 두 번째 단락의 첫 대목은 아직 형태를 이루는 '성'을 부여받지 못했다는 말인데 이 성이 천리이며 공공의 것이다. 아직 개별적인 형태를 부여받지 못했기 때문에 '성'이라고 할 수 없을 것이다. "이것을 성이라고 말하게 되면"이라는 것은 개별적인 형태를 부여받았다는 뜻이다. 형태를 부여받으면 사사로운 형체의 기질이 생겨 순수한 '천리'와 달라진다. 그래서 "이미 성이 아니게 되는" 것이다. 그러므로 '성'은 원래 순수한 '천리'이고 본래 선한데 이것은 물이 원래 맑은 것과 같다. 성이 악하게 되는 것은 사사로운 형질 때문에 생기는 것인데 이것은 물이 흐르다가 탁한 부분이 생기는 것과 같다. 이것도 '천리'를 '선'이라고 본 것이다.

'리'는 원래 객관적이고 필연적인 성격을 가지는데 또 여기에 '선'이라는 도덕적 함의가 있다. '선'의 덕은 이를 통해 객관적이고 공통적이며 필연적인 의의를 갖게 된다. 이것은 정호가 먼저 확인한 것이고 이후에 정이와 주희가 반복해서 설명한 것이다.

---

19   『二程集』, 『遺書』 권1, 10~11쪽.

여기까지는 정호의 '리' 학문에서 문제가 없다. 그렇다면 정호의 사상에 내적인 모순이 있다고 말하는 이유는 무엇일까?

먼저 정호는 '리'가 '선'이고 '성'이 '리'이다라고 확정할 때 '선'을 모든 개체에 선재적으로 부여하여 모든 개체의 본질을 규정하게 했지만, 이 '선'의 '성'은 모든 개체의 주관적인 심지(心智)로 말한 것이었고 여전히 그저 객관적으로 존재했으며 주체의 자각적인 의식을 만들지는 못했다. 반드시 '마음'의 '인지'를 통해 선택하고 인정해야 덕성으로 나올 수 있다. 이것이 공부론(功夫論)이다. 덕을 이루는 '공부'는 반드시 지식론에 기반해야 한다. 하지만 정호는 이런 방향의 공부론을 선택하지 않았다. 정호는 이렇게 말했다.

> "이치를 궁구하고 본성을 다하여 명(命)에 이른다"고 했으니 이 세 가지는 일시에 합쳐지는 것이 원래 순서가 있는 것이 아니며 이치를 궁구하는 것을 지식으로 볼 수 없다. 만약 궁구하여 이치를 얻으면 성명(性命)도 얻을 수 있을 것이다.[20]

> 천리를 말하는 사람은 이 도리 외에 달리 궁구해야 하는 것이 있는가? 요임금이 존재하게 하는 것도 아니고, 걸임금이 없어지게 한 것도 아니다. 사람의 경우 잘 나간다고 덧붙여준 것도 아니고 빈궁하다고 덜어낸 것도 아니니 이렇게 볼 때 천리의 생성에 있고 없고 더하고 덜함이 있다고 하겠는가? 이것이 변화할 때에는 원래 조금의 덜함도 없이 모든 리가 갖춰있는 것이다.[21]

---

20 『二程集』, 『遺書』 권2 상, 15쪽.

21 『遺書』 권2 상, 31쪽. 『遺書』에서는 정호의 말이라고 명시하지 않았으나 머우쭝싼은 정호

송·명 신유학약론

첫 번째 인용문에서는 '이치를 궁구한다'는 것을 강조하면서도 인지능력으로 해석하는 것에 반대했다. 두 번째 인용문에서는 그 필요성마저 부정했다. 정호는 지식론이 아니라 '깨달음'에 더 관심을 가졌다. 정호는 이렇게 말했다.

> 배우는 사람은 이 마음을 완전히 깨달아야 하니 학문을 다하지 않았더라도 사물에 대해 응하지 않을 수 없다. 자기 분수에 따라 응할 뿐이라 딱 맞지는 않아도 멀어지지는 않을 것이다.[22]

> 배우는 사람은 먼저 인을 알아야 한다. 인은 물과 혼연일체가 되니, 의와 예, 지, 신이 모두 인이다. 이 이치를 알면 정성스럽게 공경하며 보존할 뿐 단속하거나 애써 구할 필요가 없다. 마음이 해이해지면 방비를 해야겠지만 해이해지지 않는데 방비할 필요가 있겠는가? 리를 얻지 못하면 애써 구해야 하겠지만 오래 보존하여 스스로 밝아지면 어찌 애써 구할 필요가 있겠는가? 이 도는 사물과 짝을 이루지 않고 커서 이름을 붙일 수 없으니 천지의 용(用)이 모두 나의 용이 된다. 맹자는 "만물이 모두 나에게 있다"고 했으니 자신을 돌이켜 정성스럽게 하면 큰 즐거움이 될 것이다. 만약 자신을 돌이켜 정성스럽게 하지 않는다면 나와 물이 상대가 되어 나로 외물을 맞추려고 해도 끝내 못할 것이니 어찌 즐겁겠는가? 「정완(訂頑)」의 내용은 이 깨달음을 모두 말한 것이다. (중략) 이 이치는 지극히 간략하지만 지키지 못하는 것을 걱정해야 한다. 이것을 깨달아 즐겁게 되면 지키지 못 할까

의 말로 보았다. 이 책에서는 머우쫑싼의 견해를 따랐다.

22　『遺書』권2 상, 14쪽.

봐 걱정할 필요가 없다.[23]

첫 번째 인용문의 첫 대목과 장재의 「정완」에서 말한 '체(體)'는 깨닫는
다는 뜻이다. 깨달음은 주체가 자기의 이념을 대상에게 부여한 뒤 이를 통
해 '주객합일'을 구현하는 심리 활동이다. 여기에서 주체와 주체의 이념은
자족적이며 대상은 실존하는 것이 아니다. 주체와 주체의 이념이 자족적
이기 때문에 밖에서 애써 구할 필요가 없고 원래 있는 마음을 방비하고 단
속할 또 다른 마음을 따로 둘 필요가 없다. 대상이 실제로 존재하지 않기
때문에 마음과 대응 관계를 가지지도 않는다. 장재의 논리에서 그가 제시
한 선의 덕은 실존적인 의미가 없으며 그저 주관적인 깨달음일 뿐이므로
당연히 지식론을 배제했다. 반면 정호의 논리에서 사람의 선한 덕은 리가
성에 부여한 것이며 객관적으로 존재하므로 애써 구하지 않으면 얻을 수
없고 방비하고 단속하지 않으면 지킬 수 없다. 그래서 정호의 사상에는 모
순이 생기게 되는 것이다.

정호의 사상에 내적 모순이 생기는 또 다른 이유는 정호가 '리'에 절대
적 의의를 부여하기는 했지만, '리'라는 것은 어쨌든 경험적 사물을 파악하
는 객관적이고 필연적인 것이다. 인간에게 리가 선험적으로 부여한 '성'의
'덕'도 경험으로 알 수 있는 것이며 공공의 규범적 도덕이라고 할 수 있다.
그런데 정호는 규범적 도덕을 마음으로 지향할 생각이 없었다. 정호는 이
렇게 말했다.

---

23   『二程集』,『遺書』권2 상, 16~17쪽.

인은 천지만물을 일체로 보아 자신이 아닌 것이 없다. 자신을 안다면 어디든 이르지 못하겠는가? 자기에게 없다면 자기가 관여할 수 없을 것이다. (중략) 인의 지극함은 말하기 어려우므로 "자기가 서고 싶으면 남을 서게 하고, 자기가 도달하고 싶으면 남을 도달하게 하니, 이렇게 가까운 것으로 비유한다면 인을 실천하는 방법이라고 할 수 있다."고 할 뿐이다. 이렇게 인을 보고자 한다면 인의 본체를 얻을 수 있을 것이다.[24]

인이 천지만물을 일체로 본다는 정호의 논법은 마음을 크게 하면 천하의 사물을 깨달을 수 있다고 한 장재의 설과 일치한다. 둘다 공공 관계의 규범적 도덕이 아니라 개인의 신앙적 도덕 문제이다. 공공 관계에서의 규범적 도덕은 인간 관계의 이해 관계 및 이것을 조절하기 위한 운용규칙이기 때문에 이성으로 확인할 수 있다. '분수(分殊)'가 이런 도덕의 기본 특징이다. 반면 개인의 신앙적 도덕은 현실의 이해관계와 운용규칙, 도구로서의 인간의 이성을 초월하기 때문에 만물과의 '일체'를 더욱 강조한다. 정호는 장재의 생각에 동의하여 천지만물과 일체를 이룬다고 했는데 추구하는 경지로 볼 때 신앙적 도덕에 훨씬 가깝다.

천지 만물을 일체로 보면 자아가 없어야 한다(無我). 장재는 "자아가 없어진 다음에 크게 된다"고 했는데 크게 된다는 것은 마음이 커진다는 것이며 자아가 없어야만 마음을 크게 할 수 있으므로 모든 사물을 빠뜨리지 않고 깨달을 수 있다. 정호는 이렇게 말했다.

---

24 『二程集』,『遺書』권2 상, 15쪽.

천지의 상(常)은 마음이 만물에 두루 미쳐서 무심하고, 성인의 상은 정이 만사에 순응하여 무정하다. 그래서 군자가 배울 때에는 확연하고 크게 공평하여 사물이 오면 순응하는 것이 가장 좋다. (중략) 만약 외부의 유혹을 없애는 것에 구애된다면 한 곳을 없애도 다른 곳에서 생겨날 것이다.

사람의 정(情)에는 각기 가려지는 곳이 있기에 도에 이르지 못하니 대개 문제는 사사롭고 작은 지혜를 쓰기 때문이다. 사사롭게 굴면 모든 일에 응하여 행할 수 없고 작은 지혜를 쓰면 밝게 깨달을 수 없어서 자연스럽게 하지 못한다. 지금 외물을 싫어하는 마음으로 외물이 없기를 바란다면 이것은 마치 거울을 뒤집어 놓고 비추려는 것과 같다. (중략) 바깥을 그르다고 하고 안을 바르다고 하는 것보다는 안과 밖을 둘다 잊는 것이 낫다. 이 둘을 잊으면 맑고 무사할 것이니 무사하면 정해지고 정하면 밝아지고 밝으면 물에 응함에 무슨 어려움이 있겠는가?[25]

'무심'과 '무정', '확연하고 크게 공평함' 모두 '자아가 없음'을 말한다. 주목할 부분은 정호의 이 글은 장재의 질문에 답하여 쓴 것이라는 점이다. 장재의 원문은 알 수 없다. 정호의 글에서 처음 두 구절은 "가르침에 따르면 정해진 본성을 멈추게 하지 못하는 것은 외물로 어려움을 겪기 때문입니다."인데, 마음이 외물에 흔들리기 때문에 '정성(定性)'이[26] 쉽지 않음을 탄식하는 듯하다.

---

25 『二程集』, 「答橫渠張子厚先生書」, 460~461쪽.

26 주희는 '정성(定性)'의 '성(性)'을 '심(心)'으로 보았다. 『朱子語類』 권95, 244쪽.

이 문제는 몇 가지로 해결할 수 있다. 하나는 외물을 하늘이 버린 것으로 보고 자기 마음으로 외물을 초월하여 직접 '천도'를 깨달아 '천도'의 외물이 없는 부분에서 맑음을 얻는 것이다. 이런 방법은 사실 장재의 '기' 본체론에서 나온 것이다. 장재는 "만물의 형태와 색깔은 신묘한 작용의 잡다함일 뿐이고 본성과 천도라고 하는 것은 『역』일 따름이다. 마음이 만 가지로 나뉘는 것은 외물에 감응하는 것이 다르기 때문이다. 하늘은 너무 커서 경계가 없으나 그것이 감응하는 것은 음과 양의 교감을 통해서일 뿐이다. 만물의 감응에서 (음양이) 서로 오고 가지만 그 추세가 드러나지 않는 것은 기의 신묘한 작용이 만물을 하나로 관통하기 때문이다."라고 했다.[27] 장재는 만물의 여러 차이는 마음이 외물과 감응하는 것에 차이가 있기 때문이고 궁극적인 본원의 입장에서 신묘한 작용이 만물을 하나로 관통하며, 만물을 하나로 관통하는 궁극적 본원을 깨달아야 마음이 저절로 평정된다고 보았다.

또 다른 하나는 마음이 외물에 흔들리지만 마음에는 이지(理智)가 있으므로 판단하고 선택할 수 있다는 것이다. 그 다음에 의지로 정확하게 선택하여 지켜나가면 부정확한 요인에 대해서는 배척할 수 있으므로 이를 통해 마음이 안정될 수 있다. 이런 논리는 사실 정호의 '리' 본체론에서 나온 것이다. 정호의 동생 정이가 말한 '주일무적(主一無適)'이[28] 이런 맥락이다. 그런데 정호는 이 두 가지 길을 선택하지 않고 왕필(王弼)의 설로 말했다. 하소(何劭)의 『왕필전(王弼傳)』에서는 이렇게 말했다.

---

27 『張載集』, 『正蒙』「太和篇」, 10쪽.
28 『二程集』, 『遺書』 권15, 143쪽. 다음 절을 참조.

하안(何晏)은 성인에게는 희로애락이 없다고 생각했는데 매우 정치한 논의이며, 종회(鍾會) 등이 이 설을 계승하였다. 이와는 달리 왕필은 성인이 보통 사람보다 뛰어난 점은 신명(神明)이고 보통 사람들과 같은 점은 오정(五情)이 있는 것이라고 생각했다. 신명이 뛰어나므로 충(沖)을 깨달아 무에 통할 수 있고, 오정이 같으므로 희로애락으로 물에 응한다. 그러니 성인의 정은 물에 응하되 물로 어려움을 겪지 않는다. 물로 어려움을 겪지 않는다고 해서 물에 응하지 않는다고 말한다면 잘못이다.[29]

외물에 흔들리는 문제를 해결하는 방식에서 정호의 논리가 왕필의 주장과 매우 가깝다는 사실을 알 수 있다. 장재는 만물의 형태와 색을 잡다한 것으로 여겼고 본원으로 돌아가서 만물과 거리를 두고 심령에서 초월성을 유지하게 해야 한다고 했지만, 만물에 다가가서 살필 수 있는 성질과 사랑받는 마음이 있다는 것을 배척하지 않았다. 장재는 "노자는 '천지가 어질지 않아 만물을 추구로 여긴다'고 했는데 이것이 이런 뜻이다. 그런데 '천지가 어질지 않고 백성을 추구로 여긴다'고 한다면 이와는 다른 뜻이다. 성인이 어찌 어질지 않겠는가? 어질지 않을까 걱정할 뿐이다."라고[30] 했는데 이것을 말한 것이다. 그런데 정호는 달랐다. 정호와 왕필은 '무아(無我)'와 '무심(無心)'을 빌려 만물을 인정하고 이를 통해 물과 물, 마음과 물 사이의 거리와 대립을 해소하려고 했다. 마음과 물의 간극과 대립이 해소되면 물은 마음 밖에 있는 것이 아니므로 마음이 자유롭게 된다. 정호는 제약이 없

29   『魏志』「鍾會傳」, 주해 참조.

30   『橫渠易說』「繫辭上」, 『張載集』, 188~199쪽.

고 한정이 없는 도가적 색채의 자유를 좋게 본 것 같다.[31]

이렇게 정호는 한편으로는 경험적 세계가 가진 객관적이고 필연적인 '리'를 파악하여 본체를 확인한 뒤 '리' 본체론을 개창하였고, 다른 한편으로 주돈이와 장재, 나아가 도가의 여러 주장을 인정하면서 초월적인 심령의 경지를 추구했다. 그러니 그의 가르침이 원만하지 못한 것도 의심할 여지가 없다.

정이(程頤): 주(主)·객(客) 구분과 '치지재격물(致知在格物)'설

정호가 '리'를 객관적이고 필연적으로 보면서도 '지(知)'가 파악하는 것이 아니라 '마음'으로 리를 체현하는 것을 강조하여 원숙하지 못했다면, '리' 본체론에서 정이의 이론은 일관성이 있다. 정이도 '리'를 경험 세계의 보편적이고 필연적인 법칙이라고 보았다. 정이는 이렇게 말했다.

> 한번 음이 되었다 한번 양이 되는 것은 도이지만 도가 음양인 것은 아니다. 그래서 한번 양이 되고 한번 음이 되는 것이 도라는 것은 한

---

31 천라이는 정이와 주희와는 다른 정호의 특징을 이렇게 설명했다. "정호는 동생 정이보다 내향적인 체험을 중시했고 외재적인 지식을 경시했다. (중략) 정호가 제시한 방향과 정주(程朱) 리학(理学)의 차이는 현대철학에서 이해하는 심학과 리학의 차이가 아니라 정호 사상이 정주 '리학'과 완전히 다른 경지를 지향했다고 해야 할 것이다. (陳來, 앞의 책, 91쪽 참조.) 이 설은 취할 만하다.

번 닫혔다가 한번 열리는 것을 변화라고 하는 것과 같다.[32]

음양을 떠나면 도가 없기 때문에 음이 되고 양이 되는 것이 도이다. 음양은 기이다. 기는 형이하의 것이고 도는 형이상의 것이다.[33]

'도'는 '리'이다. 정이는 음과 양이 '되도록 하는 것'이 '도'이고 '리'라고 했으며 '도'나 '리'에 필연 법칙이라는 함의를 부각시켰다. 음양이 형이하의 것이라는 것은 경험으로 파악할 수 있는 세계에 속한다는 뜻이다. 정이도 '도' 또는 '리'가 객관적이고 자연적인 필연 법칙이라는 것을 확인했던 것이다. 정이는 이렇게 말했다.

"도는 어짊(仁)과 어질지 못함(不仁)이 있을 뿐이다."라고 했으니 자연의 이치도 이와 같다. 도는 어디든 짝이 있어서 음이 있으면 양이 있고 선이 있으면 악이 있으며 옳음이 있으면 그름이 있다. 하나로 존재하는 것도 셋으로 존재하는 것도 없다.[34]

리에는 성쇠가 있고 증감이 있고 차서 유익함이 있고 비어서 손해됨이 있다. 순응하면 길하고 거스르면 흉하다. 군자는 때에 맞는 것을 중시하니 이것이 하늘을 섬기는 방법이다.[35]

---

32 『二程集』, 『遺書』 권3, 67쪽.

33 『二程集』, 『遺書』 권15, 162쪽.

34 『二程集』, 『遺書』 권15, 153쪽.

35 『二程集』, 『粹言』 권1, 1175쪽.

송·명 신유학약론

짝을 이루지 않는 도가 없다는 말은 짝을 이루지 않는 물이 없다는 뜻이다. 모든 물은 짝이 있어야 발생하고 발전하고 변화한다. 이것은 객관적이고 자연의 이치도 이와 같은 것이다. 짝을 이루지 않는 도가 없다는 것은 짝을 이루지 않는 물이 없는 객관적이고 자연적인 존재 상태를 말한다. 정이는 이어 이렇게 말했다.

> 음이 있으면 양이 있고 양이 있으면 음이 있다. 하나가 있으면 둘이 있고 하나둘이 있으면 두셋이 있으며, 셋이 있다면 무궁하게 늘어날 것이다. 노자도 "셋은 만물을 낳는다"고 했다. 이렇게 낳고 낳는 것이 역이며 리도 자연히 그러하다. "하늘의 명이 깊고 멀어 그침이 없다"고 했으니 이치가 저절로 이어지는 것이지 인간이 하는 것이 아니라는 뜻이다. 사람이 하는 것이라면 모든 일을 안배한다고 해도 반드시 쉴 때가 있을 것이다. 무위(無爲)이기 때문에 쉬지 않는 것이다.[36]

이 인용문에서 두 가지 측면을 유의해야 한다. 하나는 정이가 『역전』의 "낳고 낳는 것이 역이다"라는 구절을 자연의 이치가 이렇다고 해석한 것이다. 그런데 『역전』의 이 구절은 우주 본원론의 논리이기 때문에 낳고 낳는다고만 했지 어떻게 낳는지를 말하지 않았고 규정하는 의미도 없으므로 '낳는다'는 활기가 있게 되었다. '리도 자연히 그러하다'는 어떻게 낳는지를 말한 것으로 규정한 것이라 활발하고 자유롭다고 말할 수 없다. 다른 하나는 정이가 『시경』의 <유천지명(維天之命)>의 구절을 이치가 저절로 이어

---

36   『二程集』,『遺書』권18, 225~226쪽.

지는 것이지 인간이 하는 것이 아니라고 해석했다는 점이다. 그런데 이 구절의 원래 의미는 주문왕(周文王)이 하늘의 명령에 공손했다는 것이다. 이 시에서는 객관적이고 외재적인 '천'과 '명'의 절대성을 인정하면서 동시에 깊고 먼 천명을 통해 인간의 덕성이 가진 주체성을 보여주었다. 그래서 머우쭝싼이 이 시를 천도와 성명이 통하여 하나의 근원이 된 것으로 인식했고 이 시와 <증민(烝民)> 시를 유가의 지혜를 일깨우는 가장 근원적인 원천이라고 한 것이다.[37] 그런데 정이는 이 시를 위의 인용문처럼 해석하면서 인간의 주체성을 배제하고 '리'가 처음부터 끝까지 관철되는 법칙으로서의 객관성과 자연성만 강조했다.

정이는 정호보다 훨씬 '리'가 외재하는 세계를 파악하는 객관적이고 필연적인 것이라는 점을 강조했다. 정이도 '리'를 본체라고 본 것이다. 정이는 만물에 대해 객관적이고 필연적인 법칙인 '리'만 보편적이고 절대적이라고 생각했다. 그래서 '리'는 형이상학적이고 본체가 되지만, 만물의 본원인 기는 형이상이지도, 궁극적이지도 않은 것이다. 정이는 이렇게 말했다.

> 사물이 흩어지면 기는 소멸하여 본원의 리로 돌아갈 수 없다. 천
> 지 사이는 용광로와 같아서 생물도 모두 녹여 없애는데 이미 흩어진
> 기를 어떻게 다시 되돌리겠는가? 조화에서 저절로 기를 만드는 것이
> 다.[38]

기를 되돌려 다시 기를 펼치는 것에 바탕을 둔다면 만물은 천지의

---

37   牟宗三, 앞의 책, 36쪽.
38   『二程集』, 『遺書』 권15, 163쪽.

변화와 다른 모습일 것이다. 천지의 변화는 자연이 끊임없이 낳는 것인데 어찌 이미 죽은 형체를 가지고 기를 되돌려 조화를 만들겠는가? (중략) 기는 자연스럽게 생기는 것이다. 인간의 기는 진원(眞元)에서 생겨난다. 하늘의 기도 자연이 끝없이 낳고 낳는 것이다. 바닷물이 양이 성하면 마르고 음이 성하면 생겨나지만 이 또한 이미 마른 기로 물을 만드는 것이 아닌 것과 같은 이치이다. 자연스럽게 생겨나고 오가면서 구부러지고 펴지는 것은 리일 뿐이다. 성하면 쇠해지고 낮이 있으면 밤이 있고 가면 온다. 천지 사이는 용광로와 같으니 어떤 물인들 녹이지 못하겠는가?[39]

위의 인용문은 외재하는 세계의 발생 상황에 대해 객관적으로 서술한 것이다. 정이가 장재와 다른 점은 장재는 기가 모이면 물이 되고 물이 흩어지면 기로 돌아가므로 기가 절대적이고 무한한 본원이라고 생각한 반면, 정이는 물와 기 모두 생성과 소멸이 있지만 생성하고 소멸하는 것의 근원인 '리'만 생성과 소멸이 없으므로 '리'가 절대적이고 무한한 본체가 된다고 생각했다는 것이다. '기' 본체론을 반대하고 '리' 본체론을 주장했다는 점에서 정이는 형 정호와 견해가 같았다.

앞에서 언급했듯이 장재의 '기' 본체론에서는 본원인 '기'에 만물을 규정하는 속성이 없었지만, '리' 본체론에서 리는 물과 물 사이의 객관적이고 보편적이며 필연적인 것을 나타내므로 본체로 승격되었다는 것은 각 개별 사물이 리가 선험적으로 부여하는 본성에서 벗어났을 수 없다는 뜻이었다. 정이는 이렇게 말했다.

---

39   『二程集』, 『遺書』 권15, 148쪽.

리로 말하면 '천'이고 타고 난 것으로 말하면 '성'이며 사람에게 있는 것으로 말하면 '심'이다.[40]

'성'이 '리'이니 리는 요순이나 일반 사람이나 모두 같다. 타고난 기에는 청탁이 있으니 맑은 기를 타고나면 지혜로운 사람이 되고 탁한 기를 타고나면 어리석은 사람이 된다.[41]

이것은 인간과 만물이 '성'을 부여받는다는 점을 강조한 것이다. '리'를 필연적으로 보는 것은 형식으로 말한 것이다. 내용으로는 '리'를 '선'이라고 설정해야 '리'가 부여한 '성'도 '선'이라고 할 수 있다. 이 점에서 정호나 정이의 견해는 같았다. 정이는 이렇게 말했다.

성은 리이며 리라고 하는 것은 성이다. 천하의 이치는 저절로 만들어지는데 선하지 않은 것이 없다. 희로애락이 발하지 않았는데 어찌 선하지 않겠는가? 희로애락이 발하면서 절도에 맞으면 무엇을 하든 선할 것이다.[42]

"타고나는 것을 성이라고 한다"는 타고난 것을 말한 것이다. "천명을 성이라고 한다"는 성의 이치를 말한 것이다. 지금 사람들은 천성이 부드럽고 느리고 강하고 급하다고 하며 천부적이라고 하는데 모두 태어날 때 이런 것이며, 이것이 타고난 것을 말한 것이다. 성의 이치는 선하지 않음이 없다. 그래서 '천'은 자연의 이치라고 하는 것이

---

40   『二程集』,『遺書』권22 상, 296~297쪽.

41   『二程集』,『遺書』권18, 204쪽.

42   『二程集』,『遺書』권22 상, 292쪽.

송·명 신유학약론

다.[43]

> 인, 의, 예, 지, 신 다섯 가지가 성이다. 인은 전체이고 나머지 넷은
> 두 팔과 두 다리이다. 인은 본체(體)이고 의는 마땅한 것(宜), 예는 구
> 별하는 것(別), 지는 아는 것(知), 신은 성실한 것(實)이다.[44]

이 인용문은 그 안에 있는 특정한 인, 의, 예, 지, 신이 '선'이며 '선'이
'리'라는 것이다. '리'가 '선'한 이상 '리'는 텅빈 형식이 아니라 구체적인
내용이 있는 실제이다. 정이는 장재가 '태허'를 만물의 본원으로 말하는 것
에 불만이 있어서 "모두 리인데 어떻게 허라고 하겠느냐? 세상에 리보다
더 실체인 것은 없다"고 한 것이다.[45] 이것은 '리'가 '선'하므로 실체가 있다
는 뜻이다. 다른 한편으로 '선'이 '리'인 이상 '선'을 인간의 당위적인 선택
과 수용에 호소할 필요가 없이 인간과 만물이 반드시 준수해야 하는 필연
적인 것이 된다. '선'한 '리'가 '성'이라면 '선'은 '덕'과 덕을 이루는 '성'이
되며 이 모두가 실존하므로 모든 개체에 선재적인 규범이 된다.

이 부분까지 정호와 정이의 관점은 사실상 같지만, 정의는 많은 문제를
훨씬 더 명확하게 설명했다. 그렇다면 정이가 형과 다른 견해를 가지게 된
지점이 어디일까? '지(知)' 중심의 공부론과 '경(敬)' 중심의 성덕론에서였다.

'지' 중심의 공부론에서 정이는 정호처럼 '리'가 '선'이며 '성'이 '리'라
고 확인했을 때 '선'이 개체에 선재적으로 부여되어 개체의 본질을 규정한

---

43   『二程集』, 『遺書』 권24, 313쪽.

44   『二程集』, 『遺書』 권2 상, 14쪽.

45   『二程集』, 『遺書』 권3, 66쪽.

다고 생각했다. 그런데 '성'의 '선'은 실존하기는 하지만 개체가 확인하지 못했으므로 개체의 덕행을 이뤘다고 할 수 없었다. 반드시 인지를 통해 외재하고 객관적으로 있는 것을 자각하고 인정하는 과정을 거쳐야 했다. 정호는 이 과정을 뛰어넘어 지식을 버리고 곧바로 성인의 덕을 이룬다는 것을 증명하려고 했는데 그 결과 그의 사상 체계에서 내재적인 모순이 생겨나게 되었다. 반면 정이는 덕을 이루려면 반드시 먼저 앎에 이르러야(致知) 한다는 것을 인정했다. 정이의 제자는 이렇게 기록했다.

> 문: "무엇을 배워야 깨달음에 이를 수 있습니까?"
>
> 답: "먼저 앎에 이르러야 한다. 앎에 이르러야 하루를 생각할 때 그만큼 밝아지며 오래된 다음에 깨닫게 된다."[46]
>
> 문: "충성과 믿음으로 덕을 진전시키는 일은 노력하면 되겠지만 앎에 이르는 것은 너무 어렵습니다."
>
> 답: "자네는 정성스럽고 공경하는 것은 노력하면 할 수 있다고 생각해서 그렇게 말하는 것이다. 그런데 애초에 알아야 행할 수 있다. (중략) 앎에 이르지 못했으면서 정성을 다하려는 것은 단계를 뛰어넘는 것이다. 배우는 사람은 당연히 노력해야 하지만 앎에 이르지 못했는데 어떻게 행할 수 있겠는가? 행하려고 노력한들 어찌 오래 지속하겠는가? 이치를 밝혀 이해해야만 자연스럽게 순리대로 하는 것을 즐기게 된다."[47]

덕이 이루어지면 실천해야 한다. 어떻게 해야 실천할 수 있을까? 정이

---

46 『二程集』, 『遺書』 권18, 186쪽.

47 『二程集』, 『遺書』 권3, 187~188쪽.

송·명 신유학약론

는 실천하려면 깨달아야 하고 깨달으려면 앎에 이르러야 한다고 생각했다. 그래서 앎에 이르는 것이 전제가 되는 것이다. 이것은 지식이 덕을 이루는 공부의 기초라는 뜻이다. 정이는 성덕론에서 지가 먼저이고 행동이 그 다음이라고 했는데, '지' 본체론에서는 타당한 말이다. '리' 본체론에서 '리'와 '성'은 객관적이고 실존하는 것이다. 객관적이고 실존하는 법칙이므로 인간이라는 주체를 외재적으로 규정하고 한정짓는다. 인간이라는 주체가 무엇인가를 이루려면 반드시 무엇을 성취해야 하는가를 아는 것이 우선되어야 한다. 이루려고 하는 것이 하나가 아니라면 '지식'을 통해 선택해야 한다. 정이가 "앎에 이르면 알게 되고 알면 선택할 수 있다"고 한 것이 이 말이다.[48] '앎에 이르는 것'이 성덕론에서 매우 중요하게 된 것이다.[49]

　그래서 정이는 "덕에 입문하는 것으로는 『대학』만한 것이 없다"며 『대학』을 매우 중시했다.[50] 그는 『대학』의 "치지는 격물에 있다(致知在格物)"라는 명제를 빌려 지식론을 이끌어냈고 자신의 '주지론(主知論)'을 만들어냈다.

48　『二程集』, 『遺書』 권15, 143쪽.

49　정이는 「안자가 무슨 학문을 좋아했는가를 논함(顏子所好何學論)」에서 "배움의 도는 마음을 바르게 하고 본성을 기르는 것일 뿐이다. 마음이 바르면 정성스러워지니 성인이 된다. 군자는 배움에 있어서 반드시 마음에 분명하고 길러야 할 것을 안 다음에 힘써 행하여 이르려고 해야 하니 이것이 분명한 것에서 정성스러워지는 것(自明而誠)이다."(『文集』 8권, 『二程集』, 577쪽) 여기에서 "마음이 바르면 정성스러워지니 성인이 된다"가 덕을 이루는 것이다. 덕을 이루려면 먼저 '배움'을 통해 '마음에 분명하고 길러야 할 것을 안 다음'에야 '힘써 행하게' 된다. 곧 앎과 선택이 우선하는 것이다. 주목할 점은 정이는 여기에서 '정성을 통해 분명해진다(誠而明)'고 하지 않고 '분명해져야 정성스러워진다(明而誠)'고 했는데 이는 지식이라는 방법만이 믿을 수 있는 방법이라는 뜻이다.

50　『二程集』, 『遺書』 권22 상, 227쪽.

"치지는 격물에 있다"는 무슨 뜻일까? 고본(古本)『대학』에는 이 부분에 대한 명확한 해석이 없다.『대학』에서 '학(學)'과 '지(知)'를 언급한 단락은 "물에는 본말이 있고 일에는 시작과 끝이 있으니 선후를 알면 도에 가까울 것이다."이다. '본말'이 무엇일까?『대학』에서는 "천자에서 백성에 이르기까지 모두 자기 몸을 수양하는 것이 근본이다. 근본이 어지러운데 말단이 다스릴 수는 없다. 후하게 할 곳을 박하게 하고 박하게 할 곳을 후하게 하는 일은 있을 수 없다."고 했다.『대학』에서 '지'의 대상은 사물의 본말(本末)과 시종(始終), 선후(先後)인데, '본', '시', '선'이라는 것은 인간의 '수신(修身)'을 가리키며 '수신' 해야 '제가(齊家)', '치국(治國)', '평천하(平天下)'할 수 있기 때문에 '제', '치', '평'은 '말', '종', '후'가 될 뿐이다. 고본『대학』의 이 부분에서 '치지'의 해석을 보면 알아야 할 대상이 매우 명확한 것은 아니다.

정이는『대학』의 '격물치지'를 이렇게 해석했다.

> 『대학』에서는 "물에는 본말이 있고 일에는 시작과 끝이 있으니 선후를 알면 도에 가까울 것이다."라고 했다. 인간의 학문에서는 본말과 시종을 아는 것이 가장 중요하다. 치지는 격물에 있으니 '본'이고 '시'이다. 천하와 국가를 다스리는 것은 '말'이고 '종'이다. (중략) '격'은 궁구하는 것이고 '물'은 이치이니 '이치를 궁구한다'는 말이다. 이치를 궁구해야 (앎에) 이르게 되고 궁구하지 못하면 이를 수 없다.[51]

'격물'에서 '격'은 이른다는 뜻이고 '물'은 만나는 일이 모두 물이

---

51   『二程集』,『遺書』권25, 316쪽.

니, 궁구하여 사물의 이치에 도달하려고 하는 것이다.[52]

정이가 이렇게 해석해서 확정한 것은 다음의 내용이다. 첫째, '치지(致知)'의 대상은 외재적이고 객관적이며 외재적이고 객관적이어야 '궁구'해서 이를 수 있고 '궁구'해서 대상에게 이르러 대상을 파악할 수 있다는 것이다. 둘째, '치지'의 목적은 사물의 이치에 완전하게 도달하는 것이다. '치지'는 이치를 궁구하는 것인데 이것은 한편으로는 정이가 인지를 형이하의 구체적인 물에 국한시키지 않았다는 뜻이며, 다른 한편으로는 형이상의 '리'가 객관 사물을 파악하는 보편적이고 필연적인 것이지 대상에 초연하거나 초연함을 통해 한데 혼연하게 되기를 바라지 않았다는 것이다. '리'는 사물을 본체와 형상, 원인과 결과, 조건과 근거, 내재와 외재 등으로 분류하므로 규정하고 한정한다고 보아야 할 것이다. 그런데 인지의 특성은 분석적이다.[53] 따라서 '치지'와 '궁리'는 대응된다. '리' 본체론에서도 여기에 대응되는 지식론이 필요하므로 정이의 견해는 타당하다.

그렇다면 격물궁리는 어디에서 시작해야 할까? 정이는 반드시 구체적인 사물에서 시작해야 한다고 보았다. 『정씨유서』에서는 이렇게 설명했다.

혹문: "격물을 하려면 모든 사물로 해야 합니까? 아니면 한 사물로 하

---

52   『二程集』,『遺書』권4, 372쪽.

53   왕필(王弼)은 『노자지략(老子指略)』에서 "명(名)에는 구분이 있고 칭(稱)에는 유래가 있으니 구분이 있다는 것은 겸하지 않는다는 것이고 유래가 있다는 것은 다함이 없다는 것이다. 겸하지 않으면 진상과 크게 차이가 있고 다함이 없으면 이름을 붙일 수 없다. 이것은 풀어서 밝힌 것이다."(樓宇烈,『王弼集校釋』, 中華書局, 1980, 196쪽) 왕필의 이 말은 개념을 인지하는 방식의 분석적 성격을 명확하게 지적한 것이다.

면 모든 이치를 다 알 수 있습니까?"

답: "어떻게 곧바로 다 알겠는가? 한 사물만 하는데도 여러 이치를 알 수 있다는 말은 안자(顔子)라도 감히 말하지 못할 것이다. 반드시 오늘 하나의 사물을 탐구하고 내일 또 하나를 해서 점차 쌓이게 된 다음에 자연히 여러 도리를 다 알게 될 것이다."[54]

문: "격물은 외물이고 성에서 분리된 물입니까?"

답: "상관없다. 눈앞의 모든 사물에는 모두 이치가 있다. 불이 뜨겁고 물이 차가운 것처럼 군신과 부자 간에도 모두 이치가 있다."

문: "하나만 탐구해서 하나만 보더라도 이치에 얻는 것이 있습니까?"

답: "두루 구해야 한다. 안자(顔子)도 하나를 들으면 열을 아는 수준이었지만 그 다음에 이치에 통달한 뒤에는 무수히 많은 것도 모두 알게 되었다."[55]

하나씩 하나씩 탐구하면서 두루 구해야 한다는 것은 경험론의 전형적인 인지 방식이다. 정이는 '성의 나뉨(性分)'이 모든 물에 해당된다고 보았는데 '성의 나뉨'은 경험의 대상이다. 이것은 정이가 '선'한 '성'이 객관적이고 실존한다는 것을 인정한 것이다.

정이는 외재적이고 객관적인 사물과 그것을 만드는 리를 파악하기 위해서는 인간까지 포함한 '성의 나뉨'을 이해하고 하나씩 하나씩 탐구해서 '널리 구해야 하는', 곧 경험론의 방식으로 가야 한다고 주장했다. 그런데

54　『二程集』,『遺書』권18, 188쪽.

55　『二程集』,『遺書』권19, 247쪽.

그는 경험 세계를 총체적으로 파악해야 할 필요성이나 가능성을 부정하지는 않았다. "모두 알게 되었다(貫通)"를 추구한다는 것은 그가 총체적으로 파악해야 할 필요성과 가능성을 긍정했다는 뜻이다. 그렇다면 어떻게 해야 모두 알 수 있을까? 이 점에 대해 정의는 명확하게 설명하지 않았다. 그가 많이 논한 것은 다음의 두 측면이었다.

첫째, 경험 지식을 많이 습득해야 한다는 것이다. 그는 반복적으로 이렇게 말했다.

지금 사람들이 앎에 이르려면 반드시 물을 탐구해야 한다. 물은 사물만을 물이라고 하지 않으니 자신의 몸에서 만물의 이치에 이르기까지 이치를 많이 알수록 점차 자연스럽게 환하게 깨닫게 될 것이다.[56]

사람은 이치에 밝으려면 하나의 물만 밝혀서는 쓸모가 없고 반드시 여러 이치를 안 다음에야 확연하게 스스로 깨닫게 된다.[57]

이것은 경험 지식의 축적이 환하게 깨닫거나 환하게 다 알게 되는 전제가 된다는 뜻이다. 정이가 말한 것은 사실 경험 지식의 귀납 문제였다.[58] 귀

---

56 『二程集』, 『遺書』 권17, 180쪽.

57 『二程集』, 『遺書』 권17, 175쪽.

58 머우쫑싼은 정이와 주희의 '리'가 형이상적이고 초월적인 '존재의 리'라고 인정했다. 이 '리'는 경험으로 귀납한 것이 아니다. 그는 '형체의 리'와 달리 '형이상적이고 초월적인 존재의 리'는 여러 개가 아닌 단일한 존재이며, 절대적인 보편성을 띠고 있어서 상대적인 보편성을 띤 유개념(類槪念)과 다르다고 했다. 그 자체는 흔적도 없고 복잡한 내용이 없으므로 기술하거나 분류하는 귀납 방식을 전개할 수 없다. 이 이치를 체득한다고 해도 경험지

납의 전제는 많은 경험의 축적이다. 많이 축적해야 귀납해서 얻은 결론을 믿을 수 있다. 귀납의 방법은 다른 개체에서 공통점을 추출하는 방식이다. 그래서 펑여우란(馮友蘭, 풍유란)이 일반과 특수, 보편과 특수의 관계로 정주(程朱)의 리학(理學)을 말한 것도 일리가 있다.[59]

　둘째, 축적된 경험 지식으로 유추를 한다는 것이다. 정이는 이렇게 말했다.

식을 대표하는 것이 아니다. 흔적이 없고 모양이 없고 복잡한 내용이 없기 때문에 경험할 수 없으므로 이 리를 체득하여 실제로 있고 곧바로 하나의 본체론으로 실존하는 자신을 인정하더라도 보편화와는 무관하다. 하나의 일을 통해 이치를 깨닫는다는 것은 이런 것이며 다시 하나의 일을 통해 깨닫는다는 것도 이런 것이므로 서로 다른 이치가 아니다. 그러므로 이 리를 체득하는 것은 필연적으로 인정하는 것이며 그 자신 역시 필연적인 것으로(형이상학적이고 필연적인 것), 개연성 여부를 논할 수가 없다. 그렇다면 이 리는 귀납을 통해 얻어진 것이 아니며 또한 귀납을 통해 보편화된 리가 아니라는 것 역시 자명하다.(牟宗三, 앞의 책, 1101쪽) 머우쫑싼의 이 말은 검토가 필요하다. 첫째, 정이와 주자가 말한 리는 비록 형이상적이고 초월적인 의미가 있지만 경험을 배척하지는 않는다. 정이와 주자는 경험의 성격을 띤 리에 형이상적이고 절대적인 의의를 부여했기에 우리는 정이와 주자의 '리'가 경험적이고 상대적이면서도 동시에 형이상학적이고 절대적이라는 이 양자의 모순을 해결하지 못했다고 말할 수는 있다. 하지만 그것이 근본적으로 경험적 성격을 갖고 있지 않다고 말할 수 없다. 만약 경험적 성격이 없다면 외재적 규범으로서의 의미를 갖지 못한다. 정이와 주자는 '리'의 규범성을 가장 중시했는데 이는 간과할 수 없다. 다른 하나는 머우쫑싼은 정이와 주자가 '리가 유일하다'라고 주장한 것이 만물이 공통적으로 명확한 내용을 지닌 리의 제약을 받는 것을 인정한 것이라고 하였는데 이 역시 정확하지 않다. 정이와 주자가 만물이 모두 '리'의 지배를 받는다고 말한 것은 형식적인 면에서 말한 것이며, 이는 만물이 모두 객관적이고 필연적인 것의 지배를 받는다는 뜻이었다. 이것이 '리가 하나이다'라는 것이다. 하지만 객관적이고 필연적인 것은 무엇인가? 사람과 사물에 따라 다 다른데 이것이 바로 '분수(分殊, 차이)'이며 '많음(多)'이다. 정이와 주자는 실제로 '분수'와 '많음'을 매우 중시하였다. '분수'와 '많음'을 승인해야 '규범'이 필요하다. 머우쫑싼은 모든 사물에서 체득한 리가 모두 같다고 하였는데 설마 군주의 리와 신하의 리, 부친의 리와 자식의 리도 같겠는가?

59　馮友蘭, 앞의 책, 제5책, 제49장, 제52장, 제54장.

격물로 궁리를 할 때 천하의 모든 사람을 다 하는 것이 아니라 하나의 일을 끝까지 탐구하면 다른 것은 유추할 수 있다. 효(孝)라면 효도를 하게 하는 것이 무엇인지 같은 것이다. 궁리를 할 때 하나의 사안에서 끝까지 탐구할 수 없다면 다른 일을 탐구한다. 때로는 쉬운 일을 먼저 해보고 때로는 어려운 일을 먼저 해보면 사람마다 깊이의 차이는 있겠지만 천 갈래 만 갈래 길이 모두 수도로 향해서 하나의 길만 쭉 가도 도달할 수 있는 것과 같다.[60]

또한 『이천선생어록(伊川先生語錄)』에서는 이렇게 말했다.

형중(亨仲)이 "어떻게 하는 것이 가까이 생각하는 것(近思)입니까?" 하고 묻자 "비슷한 것으로 미루어나가는 것이다"[61]고 대답했다.

이것은 '유추'를 말한 것이다. 여기에서는 '효'를 예로 들었다. '효'란 무엇인가? 정이는 '효'를 알기 위해 모든 효행을 다 알 필요가 없고 그중 한둘만 알면 미루어 효를 알 수 있다고 했다. 이것이 '유추'이다. '유'는 공통점이며, '유추'는 경험지식의 연역이다. 정이는 유추로 '가까이 생각하는 것'을 말했는데 '생각'을 지식론에 포함시킨 것이었다.

물론 정이가 지식론을 중시하고 그것을 공부론의 토대로 삼았다고 할 때 그 말이 그가 완정한 인지 체계로 발전시켰다는 뜻은 아니다. 사실 어떻게 인지하느냐는 문제에서 그의 논법은 모호하고 심지어 선진 시기 묵자와 순자의 '정명(正名)'론이 이보다 더 체계적이고 명확하다. 그럼에도 정이

---

60 『二程集』, 『遺書』 권15, 157쪽.

61 『二程集』, 『遺書』 권22 상, 283쪽.

의 리학이 주지론이라고 하는 것은 한편으로는 다른 학파에 비해 그와 주희가 지식론을 더 중시했기 때문이며, 다른 한편으로는 이들의 사상체계에서 형이상의 본체인 '리'로 경험 세계의 객관성과 보편성, 필연성을 말할때 반드시 경험 세계에 대응하는 '지'가 필요했고 '지'를 통해 객관적이고 보편적이며 필연적인 '리'를 추출하고 파악했기 때문이다. 정이의 주지론은 '리' 본체론에서 나온 것이며 '지'가 중심이 되어야만 이론 체계에 일관성이 있게 된다. 그런데 '지'는 경험적 사물을 대상으로 삼고 경험 사물이 나뉠 수 있다는 것(개별성과 보편성, 원인과 결과, 필연과 우연 등)을 전제로 한다. 또 추상화되고 형식화된 뒤에 형식으로서의 '리'가 선험적인 규범이 되어 정태적이고 변하지 않는 특성을 가지는 것으로 인식된다.[62] 정이의 주지론에서는 경험 세계의 객관적이고 보편적이며 필연적인 성격을 '리'라고 했으며 여기에서 형이상과 절대성을 부여하여 '리' 본체론을 만들었다.

다음으로 정이의 '경(敬)' 위주의 성덕론에서 정이는 "함양할 때는 반드시 경(敬)으로 하고 학문의 진전은 치지(致知)에 있다."고[63] 했다. 덕성의 함양과 이성의 배움을 확연하게 나누어 '함양'과 '경으로 하는 것'을 공부론에 넣었고 '학문의 진전'과 '치지'는 공부론에 넣지 않았으며 경지론과는 더 무관하게 보았다. 실제로 정이는 '앎에 이르려면' 경으로 해야 한다고 했다. 정이는 이렇게 말했다.

62　牟宗三은 "존재할 뿐 활동하지 않는다"는 '리' 본체론을 기준으로 정이와 주희를 『역전(易傳)』과 『중용』을 계승하여 "존재하고 활동한다"는 이론을 이끌어낸 주돈이 및 장재와 구분했는데 매우 타당한 견해이다. 牟宗三, 앞의 책, '綜論' 참조.

63　『二程集』, 『遺書』 권18, 188쪽.

　　　　　　　　　　　　　　　　　　　　　　　　송·명 신유학약론

도에 입문하려면 경(敬)만한 것이 없으니, 앎에 이르렀는데 공경하지 않는 사람은 없다. 지금 사람들은 정해지지 않은 마음을 위주로 하여 마치 막을 수 없는 도적처럼 마음을 본다. 이것은 일 때문에 마음이 힘든 게 아니라 마음 때문에 일이 힘들어진 것이다. 세상에 적게 얻어도 되는 물이 없다는 것을 알면 싫어할 수가 없는 법이다.[64]

이 인용문의 마지막 문장의 의미는 명확하지 않다. 다만 '앎에 이르려면' '경으로 해야 한다'는 의미는 선명하다. 왜 '경으로 해야' 하는가? '앎에 이르는 것'은 물의 이치를 구하기 위해서이기 때문이다. 외재하는 물의 이치를 구하려면 내재하는 마음으로 공경하고 삼가며 집중하는 태도를 가져야 한다. 만약 "정해지지 않은 마음을 위주로 해서 막을 수 없는 도적처럼 마음을 본다"면 사물의 이치를 알 수 없게 된다. 정이는 "하나에 집중하고 경으로 마음을 바르게 한다"고 했는데[65] 이 '경' 역시 '마음'이 외재적이고 객관적인 리와 마주하는 상황에서 주체가 자신을 내재적으로 한정짓는 것이다.

다른 한편으로 정이는 '함양'도 '치지'와 무관하지 않다고 했다. 정이는 이렇게 말했다.

격물을 하려면 함양을 축적해야 한다. 마치 처음 시를 배울 때 처음에는 잘하지 못하지만 오래 하면 조금씩 정밀해지는 것과 같다. 사람은 그대로이지만 견식이 달라지는 것이다.[66]

64   『二程集』, 『遺書』 권3, 66쪽.

65   『二程集』, 『遺書』 권15, 143쪽.

66   『二程集』, 『遺書』 권15, 164쪽.

처음 시를 배우는 사람은 처음에는 잘하지 못하지만 오래 하면 '축적된 함양'으로 수확이 있게 되는데 이 '축적된 함양'이 지식의 축적이다. 지식을 많이 쌓으면 마음에 분별과 판단력이 생겨 깨달을 수 있다. 격물을 하려면 함양을 축적해야 한다는 말은 '함양의 축적'에 '격물'이 필요하다는 뜻이다.

정이는 공부론에 '미발(未發)'과 '이발(已發)'의 구분이 있다고 하였다. 『유서(遺書)』 권18에는 이런 기록이 있다.

> 계명(季明)의 문: "선생님은 희로애락의 발하지 않은 상태를 '중(中)'이라고 하셨는데, '중'의 의미에서 무슨 뜻입니까?"
>
> 답: "희로애락을 발하지 않으면 '중'이다."
>
> 문: "중에는 형체가 없는 것이 없는데 도의 제목을 말씀하신 것인가요?"
>
> 답: "아니다. 중에 무슨 형체가 있느냐? 그러나 '중'이라고 한 이상 형체가 있을 것이다."
>
> 문: "중인 상태에서는 귀로 들을 수 없고 눈으로 볼 수 없습니까?"
>
> 답: "귀로 들리지 않고 눈으로 보이지 않지만 보고 듣는 이치를 비로소 얻을 수 있다."
>
> (중략)
>
> 문: "중인 상태에서 희로애락이 발하지 않음을 보았을 때는 고요할 때 일반적인 기상이 있는 것과 일에 접했을 때와는 어떻게 다릅니까?"
>
> 답: "잘 보면 그렇지 않으니 희로애락이 발했을 때 보아라. 현명한 사람은 고요할 때 어떻게 말하느냐?"

문: "어떤 물이든 다 그럴 것이라고 할 것입니다. 스스로 지각하는 곳이 있으니까요."

답: "지각이 있다면 움직인 것이니 어찌 고요하다고 말하겠느냐? 사람들은 '천지의 마음을 본 것을 되돌린다'고 하는데 이것은 지극히 고요해도 천지의 마음을 볼 수 있다는 것이 아니다. '복(復)' 괘 아래 하나의 획이 움직임이니 어찌 고요하다고 말하겠느냐? 옛 유자들은 모두 고요하게 천지의 마음을 본다고 하였으나 나만 움직이면서 천지의 마음을 본다고 하는 것이다."

(중략)

혹문:"선생님은 희노애락이 발하기 전을 '동'이라고 하십니까? '정'이라고 하십니까?"

답: "정이라고 해도 된다. 그러나 정에서 물이 처음 얻으니 이것이 어려운 부분이다. 배우는 사람들은 먼저 '경'을 이해해도 좋다. 공경할 수 있다면 저절로 알게 될 것이다."

문: "공경하려면 어떻게 해야 합니까?"

답: "하나에 집중하는 것(主一)이 최선이다."

(중략)

문: "공경할 때 보고 듣는 것이 있어도 어떤 것이든 지나치고 머무는 것이 없습니까?"

답: "도는 예가 아니면 보지 말고 듣지 말라고 하지 않았느냐? '물(勿)'은 금지사이니 '불(弗)'도 적절하지 않다."[67]

"희로애락이 발하지 않은 것은 '중'이라고 하고, 발하되 절도가 있는 것

---

67   『二程集』, 201~202쪽.

을 '화(和)'라고 한다"는 『중용』에 나오는 구절이다. '미발'과 '이발'의 구분은 형이상 및 초경험과 형이하 및 경험의 구분이다. 『중용』에서 '미발'의 '중'이 무엇인지는 확실하게 말하지 않았지만, '이발'에서 '절도'에 맞아야한다고 했을 때 '절'은 규범이라는 뜻이므로 이발의 '화'는 확정적인 의미가 있다. 정이는 『중용』의 이 구절을 다음의 몇 가지로 이해했다. 첫째, 발하지 않은 '중'은 텅 비고 불확정적인 것이 아니며 이 '중'은 '리'이다. "귀로 들리지 않고 눈으로 보이지 않지만 보고 듣는 이치를 비로소 얻을 수있다.", "정에서 물이 처음 얻는다"가 이런 뜻이다. 둘째, 발하지 않은 '정'은 경험적으로 사물의 이치를 깨닫는 것인데 이것은 매우 어려워서 '이발'하고 '움직임'을 통하는 것이 가장 나으므로 경험적으로 파악하는 것이 더낫다. "잘 보면" 운운한 구절과 "나만 움직이면서 천지의 마음을 본다고 하는 것이다."가 이런 뜻이다. 셋째, '발하지 않은' '정'에서 만물의 이치를 깨닫는 것은 어렵고 오직 '경으로 해야' 가능하다. 물이 있으면 '고요할' 수없으므로 '고요함'은 물이 없는 상태로 귀결된다. 어떤 물도 '경'으로 가능하므로 '경으로 하려면' 반드시 물(리)이 있어야 한다. "공경할 수 있다면 저절로 알게 될 것이다."의 아는 대상이 물과 그 '이치'이다. 정이는 '고요함'이 아니라 '공경함'을 주장했는데 이것은 사물의 이치가 외재적으로한정된다는 뜻이다. 넷째, '고요함'은 '물이 없어야' 하므로 견문을 배척했고 '공경'하려면 '물이 있어야 하고' '공경할 때'에는 보고 듣는 것도 괜찮지만 예의에 맞는 견문으로 한정했다. 다섯째, 공경하려면 어떻게 해야 하느냐는 질문에 정이는 "하나에 집중하는 것(主一)이 최선이다"라고 했는데이 '하나에 집중하는 것'은 '하나'를 중심에 둔다고 했던 주돈이와는 의미가 다르다. 주돈이는 '욕망이 없으므로 고요하게 됨'으로 '하나'를 구했는데 이것은 경험 세계와 동떨어진 것이었다. 반면 정이는 "다른 데로 가지 않음(無適)이 하나이다"라고 생각했다. 이것은 한 곳에 집중하여 다른 곳으로 옮겨가지 않는다는 뜻이다. 이것은 경험적 사물의 이치와 동떨어진 것도 아니고 경험 세계의 적절한 선택을 통해 전일함을 추구하는 것이다.[68]

'미발'과 '이발'에 대한 정이의 해석을 보면 초험적 층위를 배척하지도 않았고 '리'를 초험적 층위에 놓으려는 생각도 있었지만 어떻게 '리'로 덕성을 이룰 것인가를 말할 때는 경험적 층위에 놓고 논의했다. '경'이 덕을 이루는 내용과 근거가 되어 주체의 본심에서 객관적이고 보편적이며 필연적인 성격을 가지고 주체의 본심을 외적으로 규정하는 것이라는 점이 반복된다면 그것은 여전히 지식론의 차원에 있는 것이다.

이렇게 '경'이 '지'에 속해 있다면 정이는 어떻게 그것을 성덕론으로 연결시켰을까? 문제는 '지'가 전제이며 바탕이 되는 공부론과 그것으로 성취하는 덕이 모두 규범적인 도덕이라는 점이다. 그리고 '경으로 한다'는 것은 이런 규범성을 확인하고 강화하는 것이다. 정이는 이렇게 말했다.

단정하게 의관을 정제하고 보는 대상을 존경하면 그속에 저절로

---

68 『遺書』 권18에 "'공경하려면 뜻을 두어야 합니까?'라는 질문에 '처음에는 어찌 뜻을 두지 않겠는가? 뜻을 두지 않으면 아무 일도 없게 된다.'고 답했다"는 구절이 있다.(『二程集』, 189쪽) 정이는 '경'을 경험적 의식에 놓았다. 『遺書』 15권에서도 정이가 말한 "사람의 마음은 만물과 교감하지 않을 수 없으며 그것에게 생각하지 않게 하기도 어렵다. 이러지 않으려면 마음에 중심이 있어야 한다. 무엇을 위주로 해야 하는가? 공경할 뿐이다. (중략) 경은 주일(主一)을 말하는 것이다. '하나'라는 것은 (마음이) 다른 곳에 가지 않는 것이다."를 수록하였다.(『二程集』, 168~169쪽) 이는 경험 세계에서 선택을 통해 전일함을 추구한다는 뜻이다.

'경'이 있게 된다.[69]

어떻게 전일할 수 있을까? 오직 단정하고 엄숙하게 하면 마음이
전일해지고 전일해지면 저절로 치우침이 없어진다. 이 뜻을 오래 함
양하게 되면 천리가 자연히 명확해진다.[70]

이 인용문에서는 '단정하고 근엄한 것'('의관을 정제하고 보는 대상을 존경
하는 것' 등)을 '경'이라고 보았다. 이것은 '예'로 판단하게 되므로 정이는 경
이 예의라고 했다.[71] 예의는 외재적 규범이므로 또 "예가 아니면 보지도, 듣
지도, 말하지도, 움직이지도 말며, 그렇게 하면 사특함이 사라지게 된다"고
했다.[72] 정이의 '경'은 인간의 언행에 적용하는 엄격한 규범에서 나온 것이
다. 『유서』 1권에서는 이렇게 기록했다.

어떤 사람이 정숙(正叔, 정이) 선생을 위로하여 "선생님은 사오십 년
동안 예를 지켰으니 매우 고생하셨습니다."라고 했다. 그러자 선생은
"나는 매일 편안한 곳에 있는데 뭐가 고생이고 뭐가 힘들겠습니까?
다른 사람은 날마다 위험한 곳에 있으니 그것이 고생이고 힘든 것입
니다."라고 했다.[73]

---

69   『遺書』 권18, 『二程集』, 185쪽.

70   『二程集』, 『遺書』 권15, 150쪽.

71   『二程集』, 『遺書』 권15, 143쪽.

72   『二程集』, 『遺書』 권2 상, 26쪽.

73   『二程集』, 『遺書』 권1, 8쪽.

'공경'은 '예의'라는 규범이 인생의 경지를 이룬다는 것을 인정한 것이다. 그래서 예를 지켜야 안전한 곳에 있다고 할 수 있다. 이때 편안함이란 마음이 편안한 것이다. 정이에게 예는 절대적 의미의 '리'이므로 예를 지키면 마음의 안정을 얻어 가장 완전한 상태가 될 수 있다. 그런데 규범으로서의 '예'나 '리'는 현실에서 사람 간의 이해관계를 조정하기 위한 것이므로 '이치'를 따라서 나온 심령은 규범적인 도덕일 뿐이다. 정이는 경험적 층위의, 상대적으로 도덕적인 이념을 형이상화하고 절대화한 것뿐이었다.

이 점에서 정이는 주돈이와 장재가 추구한 경지와 달랐다. 이제는 이 점을 논의하고자 한다. 장재는 "천지 만물이 일체"가 되는 것이 최고 경지라고 생각했다. 이 경지는 물과 나, 나와 천지의 간극을 관통(하거나 초월)해야 얻을 수 있는 것이므로 신앙적 경지라고 할 수 있다. 그런데 『정씨유서』권2 상에도 '만물일체'를 언급한 부분이 나온다.

> 만물일체라고 하는 것은 만물에 모두 리가 있고 오직 그곳에서 나오기 때문이다. "낳고 낳는 것을 '역'이라고 한다"고 했으니, 생겨날 때에는 일시에 생겨나서 모두 이치를 갖추고 있다. 인간은 유추할 수 있지만 물은 혼탁한 기를 타고 태어나 유추할 수 없다고 해서 다른 물에 이런 이치가 없다고 할 수는 없다.

『유서』에서는 이 말을 누가 했는지 명시하지 않았으나 머우쫑싼은 정호의 발언으로 보고 정호가 "천리가 우주론의 생육의 진기(眞幾) 또는 도덕을 창조한 창조적 실체라는 점을 동태적으로 보고", "여러 이치의 근원을 동태적으로 깨달아 천리가 하나의 모습임을 보았다"고 했다.[74] '만물 일체'의 논제를 주체의 경지론에서 객체의 실재론으로 전환시킨 점은 타당하지만, '만물일체', 즉 만물에 "모두 이런 이치가 있다"는 말은 무슨 뜻일까? 이것은 만물이 어떤 객관적이고 필연적인 법칙을 준수해야 한다는 점에서 같으며 그래야 '일체'가 된다는 뜻이다. 그런데 서로 다른 물이 따르는 '리'는 서로 다르므로 '분수(分殊)'가 있게 된다. '분수'가 전제되어야 '사랑에 차등이 있게' 되는데, 이것은 규범적인 도덕이다. 이런 경지를 숭상한 사람은 정이였다. 따라서 이 단락은 정호의 발언이 아니라 정이의 발언으로 봐야 한다. 이 인용문에서는 '만물일체'론을 경지론에서 실존론으로 전환시켰는데, 이를 통해 정이의 일관된 최대 관심사가 외재하고 객관적인 '리'가 인간이 덕을 이루도록 규정하고 규범으로 작용하는 것이었음을 알 수 있다. 이 단락의 내용은 장재의 「서명」에 대해 정이가 '리일분수(理一分殊)'라고 한 해석과 동일한 내용이며 정이가 추구한 경지가 규범적 도덕을 인정하는 것이었음을 보여준다.

주희(朱熹):
지식론으로 전개한 공부론

주희는 자신을 정호·정이 형제를 사숙한 제자라고 했다. 실제로 그의 사상은 정씨 형제의 '리'와 정이의 '주지론'을 발전시킨 것이었다. 주희도

74　牟宗三, 앞의 책, 56쪽.

'리'가 본체이며 '리'가 물의 객관적이고 필연적인 법칙이라고 생각했다. 주희는 이렇게 말했다.

> 천지가 생기기 전에는 리만 있었다. 리가 있어서 천지가 생긴 것이다. 리가 없었다면 천지도 없었을 것이고, 인간과 물도 없고 아무 것도 없었을 것이다. 리가 있어야 기가 퍼질 수 있고 만물이 나올 수 있다.[75]

여기에서는 '리'를 천지 만물의 근본으로 보았다. 또 이렇게 말했다.

> 음양 오행처럼 섞여 있지만 질서가 있는 것이 리이다.[76]

> 리는 질서 있게 한 길로 뻗은 것이다. 질서가 있는 것을 '리'라고 하고 사람들이 함께 가는 것을 '도'라고 한다.[77]

여기에서 '리'는 천지 만물이 존재하고 발전하는 필연적 법칙이다. '리'를 이렇게 본다면 개별적인 천지 만물이 함께 하는 것이 있다는 뜻이다. 그래서 주희는 다시 이렇게 말했다.

> '도'는 옛날이든 지금이든 공통적인 이치이다. 부모의 자애, 자식

---

75 『朱子語類』 권1, 中華書局, 1981, 1쪽과 3쪽. 뒤에 인용한 『朱子語類』는 모두 이 책을 따랐으며, 뒤에서는 『語類』로 약칭한다.

76 『語類』 권1, 3쪽.

77 『語類』 권6, 99쪽.

의 효성, 군주의 어짊, 신하의 충성처럼 공통적인 도리인 것이다. 덕은 몸에 이 도를 갖춘 것이므로 군주가 되면 반드시 어질어야 하고 신하가 되면 반드시 충성스러워야 하는 식으로 모두 자기에게 있는 것으로 처지에 따라 해석할 수 있다. (중략) 천지가 생겨나기 전에도, 복희와 황제 시대 이후에도 모두 이 도리인 것이니 옛날이든 지금이든 다른 적이 없다. 다만 대대로 한 사람이 나와서 무엇인가를 위주로 하게 되는데 이것도 이런 도리를 얻었을 뿐이다. 요임금의 도리가 따로 있고 순임금의 도리가 따로 있으며 문왕과 주공, 공자의 도리가 각각 따로 있는 것이 아니다.[78]

군주의 도리를 규정하는 것은 이렇게 해야만 군주가 된다는 것이다. 이것은 요임금이든 순임금이든 문왕이든 주공이든 마찬가지이다. 이들도 이 도리를 따랐으므로 성군(聖君)이 된 것이다. 이 도리는 서로 다른 군주에게 공통적으로 있는 것이므로, 군주의 도리와 개별 군주는 보편성과 개별성의 관계에 있다. 주희는 '보편성'을 '리'라고 했는데 이 점은 정씨 형제와 같았다.

홍미로운 점은 주희가 주돈이의 '무극-태극'과 장재의 '태허' 등 본원에 대해 해석한 부분이다. 주희는 이렇게 말했다.

태극은 천지만물의 '리'일 뿐이다.[79]

"무극이면서 태극이다"라고 한 것은 형태는 없지만 리는 있다는

---

78 『語類』 권13, 231쪽.

79 『語類』 권1, 1쪽.

송·명 신유학약론

뜻이다. '태극'이라는 것은 음양오행의 기이며 따로 태극이라는 물이 있다는 뜻이 아니다.[80]

이것은 '리'가 '무극-태극'이라는 것이다. 주희는 이렇게 말했다.

"태허에서 하늘이라는 이름이 있게 되었다"는 것은 '리'로 말한 것이다. "기가 변해서 '도'라는 이름이 있게 되었다"는 기의 변화로 생장하고 소멸하는 근저에 도리가 있으므로 도라는 이름이 있게 되었다는 것이다. 물이 생긴 이상 물에는 리가 있으므로 "허와 기를 합하여 성이라는 이름이 있게 되었다"고 한 것이다.[81]

"태허에서 하늘이라는 이름이 있게 되었다"는 것은 모두 이치를 말한 것이다. "기가 변해서 '도'라는 이름이 있게 되었다"는 것은 사물로 드러났음을 말한 것이다. "성에 따르는 것을 도라고 한다"는 성은 리이며 성을 따라야 도를 얻어 사물에 드러난다는 뜻이다. 마치 군신과 부자의 도가 군신과 부자가 있을 때 이 도리를 볼 수 있는 것과 같다. "허와 기를 합하여 성이라는 이름이 있게 되었다"고 했을 때 '허'는 리를 말한 것이고 리와 기가 합해져서 인간이 생겨난 것이다.[82]

이것은 '리'로 '허' 또는 '태허'를 설명한 것이다. 주희는 객관적이고 필연적인 법칙인 '리'로 주돈이의 '무극-태극'과 장재의 '태허' 등의 본원과

---

80 『語類』 권94, 2365쪽.

81 『語類』 권60, 1431쪽.

82 『語類』 권60, 1431쪽.

맞춰나갔는데, 그렇다면 철학 관념에서 어떻게 다르고 무엇을 변화시켰을까?

먼저 궁극적인 측면으로 논의해보자. 만약 주돈이와 장재가 설정한 것처럼 궁극적인 의미를 가진 것에 본원만 있다면 이 본원은 모순을 배척하거나 그런 바탕에서 만들어낸 것이다. 주돈이는 본원을 '태극'이라고 했고 '태극'을 '하나'라고 했으며 심지어 태극 이전에 '무극'이 있다고 했는데 이것은 모순적 대응을 부정하려고 그냥 뛰어넘은 것이다. 장재는 기가 "하나의 물에 두 개의 체가 있다"고 했지만 "하나이므로 신묘하고", "기는 본래 텅 비어 있으므로 고요하고 형태가 없다"고 한 것을 보면 짝으로 나뉘기 전에 기가 모여 형상을 이루지 않은 상태를 인정한 것이었다. 본원론은 본원에 모순적인 대응이 없고 어떤 규정성도 없어야 만물을 낳을 수 있고 만물의 변화 과정에 어떤 것을 부여할 수 있다고 했다. 그런데 주희는 '무극-태극'과 '태허'는 본원이 아니고 '리'이며 궁극적인 의미를 갖는 것은 본원이 아니라 만물의 객관적이고 필연적인 법칙이라고 했다. 그런데 서로 다른 물에는 서로 다른 법칙이 있으므로 모순을 수용하고 인정해야 한다. 이점은 정호와 정이도 언급하였는데, "천하의 선악은 모두 천리이다"가[83] 이런 것이다. 『주자어류』 권97에서는 이렇게 서술했다.

> 문: "정이께서는 '천하의 선악은 모두 천리이다'라고 하셨는데 무슨 뜻입니까?"
>
> 답: "측은하게 여기는 것이 선이고 측은하지 말아야 하는데 측은하

---

83 『二程集』 권2 상, 14쪽.

게 여기는 것이 악이다. 악이라고 해도 애초에 이런 일이 없다면 어떻게 할 수 있겠는가? 근원은 모두 천리이지만 인욕으로 반대가 되었기에 선하지 않고 악이 된 것일 뿐이다."[84]

선이 '리'로 인한 것이라면 악이 "그 시초에 이런 일이 없다면 어떻게 할 수 있었는가?" 악에도 또한 리가 있다. 선에는 선한 '리'가 있고 악에는 악한 '리'가 있으니 이 리에는 차별과 모순이 있는 것이다. 『어류』 권4에서는 또 이렇게 서술했다.

> 문: 질문하기를 "일찍이 여방숙(余方叔, 余大猷)에게 답한 편지를 읽었는데 시든 것에 이치가 있다고 하셨습니다. 시든 것과 깨진 기와 조각에 어찌 '리'가 있겠습니까?"
> 답: "약초인 대황(大黃)과 부자(附子)도 둘다 시들지만, (몸을 차게 하는) 대황이 몸을 (따뜻하게 하는) 부자가 될 수 없고 부자가 대황이 될 수 없다."
>
> 문: "시든 물에도 성이 있다면 어떤 것입니까?"
> 답: "다른 것이 합하면 리가 생겨난다. 그래서 천하에 성이 없는 물은 없다고 한 것이다."
> 길을 가면서 "계단의 벽돌에는 벽돌의 리가 있다"고 했고 앉을 때는 "대나무 의자는 대나무 의자의 리가 있다. 시든 물을 보고 생기가 없다고는 할 수 있지만 생리(生理)가 없다고는 할 수 없다. 썩은 나무는 쓸모가 없어서 부뚜막의 땔감 정도로 쓰는 것

---

84   『語類』 권97, 2487쪽.

은 생기가 없어서이다. 그러나 때는 나무가 다르면 그 기도 역시 다른데 원래 이치가 그런 것이다."라고 하셨다.[85]

서로 다른 물은 각기 다른 특성과 용도가 있으며 이것은 서로 다른 리에 바탕을 두고 있다. 이것은 '리'에 차별과 모순이 있다는 것을 인정한다는 뜻이다. 궁극적인 층위의 설정에서 주희(와 정이)는 주돈이와 장재와 이렇게 달랐는데, 이 차이는 의미는 다음과 같다. 본원론에서 본원은 모순적인 대응을 초월하였기에 이를 통해서 펼쳐진 경지도 필연적으로 물아와 피아의 간극을 초월한 경지여서 장재는 "마음을 크게 하면 천하의 물을 깨달을 수 있다"고 했다. 반면에 '리' 본원은 차별과 모순을 인정하기 때문에 이것이 지향하는 경지에서는 '성의 나뉨(性分)'을 강조하게 된다. 그래서 정이와 주희가 '리일분수(理一分殊)'로 장재의 「서명」을 해석한 것이다. 『어류』 27권에서는 이렇게 서술했다.

혹문: '리일분수'에 대해 묻습니다.

답: "성인은 '리일'을 말한 적이 없고 대부분 '분수'만 말씀하셨다. 분수에서는 모든 일과 물에서, 모든 과정에서 해야 하는 것을 얻을 수 있다. 그런 뒤에 '리'가 본래 하나로 관통한다는 것을 알게 된다. 분수에 각각 하나의 리가 있다는 것을 모른다면 '리일'이라고 말해도 '리일'이 어디에 있는지 모를 것이다. 성인께서는 수많은 말로 사람을 가르치고 배우는 사람들이 평생 그 일을 하는 것은 모든 일과 물에, 모든 과정에서 해야 할 바를 알아

85 　『語類』 권4, 61쪽.

송·명 신유학약론

야 한다는 것을 이해해서이니, 그 해야 하는 것을 얻는 것이 '리
일'이다."[86]

인간이 객관적이고 필연적인 것이 규정한 범위('성분'과 '분수')에서 책임
을 다하면 '리'에 합치되고 '리일'의 경지에 도달하게 된다. 이 경지가 규범
적인 도덕이다.

다음으로 궁극적 층위와 만물, 곧 경험 세계의 층위의 관계를 논의해
보자. 주돈이와 장재에게 궁극적 본원은 '무'와 '허'였고, 여기에는 어떤 규
정성도 없었으므로 만물에게 아무 것도 규정하지 못했다. 그렇다면 만물
을 규정하는 것은 어디에서 오는 것일까? 장재는 기와 형체를 타고나는 우
연한 상황에서 만물의 형질적 특성이 결정된다고 생각했다. 그런데 인간
의 덕성은 천지의 기가 펴지고 끊임없이 낳고 낳는 능력을 숭배하고 깨닫
는 것에서 결정된다. 인간의 덕성이 이런 방식으로 확립되므로 이 덕성은
절대적이고 보편적이며 유효한 것이 아니라 당위적인 판단만 있게 되지만
여기에서 인간의 주체성이 중요하게 되는 것이다.

그런데 주돈이 및 장재와는 달리 주희에게 궁극의 의미를 갖는 것은
'리'였고, 이것은 객관적이고 필연적인 법칙의 의미였으므로 '리'는 만물에
대해 규정하는 성격을 갖게 된다. 주희는 "성이 리이다. 성은 이 리일 뿐이
다", "성은 천부적으로 수많은 도리를 만든다"고 했는데, 모두 '리'가 만물
의 성을 규정한다는 것이었고, 리는 만물의 형질적 특징뿐만 아니라 인간
의 덕성도 규정한다. 『어류』 4권에서는 이렇게 서술했다.

---

86   『語類』 권27, 677~678쪽.

문: "공자께서는 '명'을 거의 말씀하지 않으셨습니다. 인, 의, 예, 지 오상(五常)도 하늘의 명인데, 빈천과 사생, 장수와 요절은 명이 다르니 왜 그렇습니까?"

답: "모두 하늘의 명이다. 뛰어난 기질을 타고 나면 성인이 되고, 성인이 되면 전체 리와 바른 리를 얻게 된다. 맑고 밝은 기를 타고 나면 뛰어나게 되고, 돈후한 기를 타고 나면 온화하게 되며, 맑고 고아한 기를 타고 나면 귀하게 되고, 풍부하고 두터운 기를 타고 나면 부유하게 되며, 장구한 기를 타고 나면 장수하게 된다. 쇠퇴하고 박하고 탁한 기를 타고 나면 어리석고 못나고 가난하고 천하고 요절한다."[87]

귀천과 생사, 장수와 요절이 자연스럽게 타고나는 것처럼 인, 의, 예, 지 같은 오상의 덕성이 '천' 곧 '리'의 명으로 정해진다는 것이다. 그래서 주희는 『역전』「계사 상(繫辭上)」의 "한번 음이 되었다 한번 양이 되었다 하는 것을 '도'라고 한다. 그것을 잘 잇는 것이 '선(善)'이고 그것을 이루는 것이 '성(性)'이다."를 재해석했다. 주희는 이렇게 말했다.

"그것을 잘 잇는 것이 선이고 그것을 이루는 것이 성이다"라고 했으니 이것은 '리'가 천지 사이에 있을 때에는 '선'일 뿐이고 불선은 없다는 뜻이다. 물이 생겨나 그것을 얻으면 그때 '성'이라고 한다. 이 '리'는 하늘에 있을 때는 '명'이라고 하고 인간에게 있을 때는 '성'이라고 한다.

---

87 『語類』권4, 77쪽.

"그것을 잘 잇는 것이 선이고 그것을 이루는 것이 성이다"라고 했
으니 천지에서는 선이 먼저 있고 성이 그 다음에 있어서 이것이 나온
뒤에야 인간과 물이 생겨날 수 있다. 나온 것은 '선'이고 인간과 물이
생겨나면 각각의 '성'이 이루어진다. 인간에게는 성이 먼저이고 선이
그 다음이다.[88]

『역전』의 이 구절을 장재는 "한번 음이 되었다 한번 양이 되었다 하는
것이 도이고, 쉬지 않고 파악하며 중단하지 않는 것이 선이다. 선은 이것
을 이어나간다는 말과 같다. 자신의 성(性)을 보아야 그것을 이룰 수 있으
니 이것이 성인(聖人)이다."라고 해석했다.[89] 장재에게 "쉬지 않고 파악하는
사람"은 인간이다. 인간이 객관적인 도를 그대로 이어야 물이 끊임없이 낳
고 낳아서 '선'이 생겨난다. 이 '선'은 당연히 외재하는 '도'로 규정된 것이
아니라 인간이 인지하고 선택한 것이다. '선'을 쌓아가면 '성'이 생기므로
이 '선'한 '성'은 당연히 외재하고 필연적인 것이 부여한 것이 아니라 인간
이 정당화한 것이다. 주희는 장재의 해석을 따르지 않았는데, 주희의 해석
으로 볼 때 "그것을 잘 잇는 것이 선"에서 '선'은 선재적으로 있는 '리'이며
리를 통해 성이 생겨나므로 덕성을 포함한 모든 인간과 물의 '성'은 '리'가
선재적으로 부여하는 것이다.

주희는 궁극적 층위가 만물, 특히 인간의 덕성을 규정한다는 점을 강조
했다. 덕을 이룬다고 할 때 주희가 이렇게 말한 것은 모든 개체의 마음 밖
에 먼저 객관적인 판단 기준을 설정해서 유가에서 인정한 덕을 절대적이

---

88 『語類』 권5, 83쪽.

89 『張載集』, 『橫渠易說』 「繫辭上」, 187쪽.

고 보편적이며 유효하게 만들기 위해서였다.

세 번째로 궁극적 층위와 만물과의 관계를 이렇게 이해할 때 나온 성덕학의 구체적인 내용과 방법에 대해 논의해 보자. 구체적인 내용이란 어떤 덕행을 이룰 것인가이다. 주돈이와 장재가 제시한 덕은 궁극적인 본원이 부여한 것이 아니라 인간이라는 주체가 끊임없이 낳고 낳는 본원의 능력을 숭배하고 깨달으면서 만들어진 것이다. 본원이 규정한 것이 아니므로 규범적이지 않고 숭배와 깨달음에서 생겨난 것이므로 필연적으로 순수한 선이다. 주돈이의 '성(誠)'과 장재의 '만물일체'는 이런 성격의 덕행이다.

반면 주희는 '리'를 객관적이고 필연적인 법칙이라고 생각했고 '리'가 모든 인간과 물을 규정하기 때문에 '성'이 생긴다고 생각했다. 객관적이고 필연적인 법칙이란 실존의 문제이지 선악이라는 가치문제가 아니다. 그렇다면 인간의 덕행에서 선악, 특히 인간이 지선을 추구하는 것은 어디에서 나온 것일까? 주희는 이렇게 말했다.

"인간이 태어나서 고요하기 이전"은 인간과 물이 생겨나기 전이다. 인간과 물이 생기기 전에는 '리'라고는 할 수 있지만 '성'을 얻지 못한 상태이므로 "하늘에 있으면 명이다"라고 할 수 있다. "성이라고 말한다면 이미 성이 아니다"라는 것은 성이라고 말하면 인간이 태어난 이후이고 이 '리'가 형체와 기에 떨어져서 기의 본체를 온전히 하지 못하기 때문에 "이미 성이 아니다"라고 한 것이고 이것이 "사람에게 있으면 성이다"라고 한다. 인간에게 형체와 기운이 있으면 리가 형체와 기에 갖춰지기 시작한 것이니 이것이 '성'이다. '성'이라고 하게 되면 태어나서 기와 형질에 겸하게 되므로 성의 본체가 될 수 없

다. 그러나 성의 본체도 뒤섞인 적이 없다.[90]

　"성을 논하고 기를 논하지 않으면 구비되지 않은 것이고 기만 논하고 성을 논하지 않으면 명확하지 않은 것이다."라고 했는데, 본연의 성은 지선(至善)일 뿐이다. 그러니 기질로 논하지 않으면 그 안에 어둠과 밝음, 열림과 막힘, 굳셈과 부드러움, 강함과 약함이 있음을 알 수 없기에 구비되지 않았다고 하는 것이다. 기질의 성만 논하고 본원으로 논하지 않으면 어둠과 밝음, 열림과 막힘, 굳셈과 부드러움, 강함과 약함의 차이를 알게 되더라도 지선의 근원에 차이가 없다는 것을 알지 못하므로 논의가 명확하지 않다고 하는 것이다. 성과 기를 다 봐야만 다 알 수 있다.[91]

　주희는 '천명의 성'과 '기질의 성'의 구분을 통해 선악의 근원을 설명하려고 했다. 주희에게 '천명의 성'은 순수하게 '리'이고, 리는 객관적이고 필연적이며 추상적인 형식으로 존재할 때에만 '지선'이 된다. 그런데 그것이 실현되어 구체적인 존재(개체의 형체와 기)가 된 다음에는 악이 생긴다는 문제가 있다. 그래서 주희의 이런 해석은 불완전하다. '리'가 실현되기 전, 또 구체적으로 존재하기 전에는 순수하다고 할 수 있겠지만 그렇다고 인간에게 반드시 지선이라고 할 수는 없다. "비가 많이 내리면 반드시 홍수가 난다"는 지극한 이치이지만 이것의 실현 여부와 관련 없이 인간에게 이것은 '지선'이 아니다. 이 점을 주희도 잘 알고 있었기 때문에 그는 "천하의 선악이 모두 천리"라고 한 정호의 관점을 수용하면서 동시에 '선'이 어디에

90　『語類』 권95, 2430쪽.
91　『語類』 권59, 1387~1388쪽.

서 근원하는가를 해결하기 위해 정씨 형제처럼 '리'에 '선'이라는 내용을 부여하여 '리'를 정해진 것일 뿐만 아니라 실체가 있는 것으로 만들었다. 주희는 이렇게 말했다.

기는 금(金), 목(木), 수(水), 화(火)이고, 리는 인(仁), 의(義), 예(禮), 지(智)이다.[92]

성에 있는 도리에서 인, 의, 지, 예만 실체가 있는 리이다. 우리 유학에서는 '성'을 '실체'로 보지만, 불교에서는 '성'을 '공(空)'으로 본다.[93]

인, 의, 예, 지는 성의 큰 부분이고 모두 형이상인데 어찌 나눌 수 있겠는가?[94]

이 인용문에서는 인간이 지향하는 가치인 '인, 의, 예, 지'로 '리'를 말해서 '리'가 '선'의 의미를 갖게 하였다. '리'는 개별 형체와 기에 들어가기 전에는 순수하며 '인, 의, 예, 지'는 '리'로 인지된 뒤에야 순수한 선이 된다. 이렇게 확립된 순수한 선은 주체성과 관련이 없다. 주희가 보기에 이 '선'은 인간이라는 주체의 인정을 받을 필요가 없어야만 객관적이고 필연적인 '리'가 되어 모든 사물을 절대적으로 지배할 수 있었다. 유가에서 추구하는 '덕'도 마음으로 인정하는 것도 필요하지만 객관적이고 필연적인 것임을 깨닫는 과정을 통해 보편적이고 유효하게 된다. '리' 본체론의 건립은 이것

---

92 『語類』 권1, 3쪽.

93 『語類』 권4, 64쪽.

94 『語類』 권6, 107쪽.

이 보편적이고 유효하다는 것을 증명하는 것에 의의가 있다.

구체적인 방법은 덕을 이루는 공부론을 말한다. 주희는 정씨 형제의 '리' 본체론과 지식을 위주로 한 정이의 공부론을 끝까지 밀고 나갔다. 주희가 지식을 공부론의 전제와 바탕으로 삼았다는 점은 그의 「보대학격물치지지전(補大學格物致知傳)」에서 집중적으로 나타난다. 주희는 이렇게 말했다.

> 앎에 이르는 것(致知)이 사물의 탐구(格物)에 있다는 것은 내가 앎에 이르게 하려면 사물에 나아가서 그 이치를 궁구해야 한다는 뜻이다. 인간의 마음은 영묘해서 모르는 것이 없고 천하의 물에는 리가 없는 것이 없다. 그런데 리를 궁구할 수 없으므로 앎에 끝이 없다. 그래서 『대학』에서는 처음 가르칠 때 반드시 배우는 사람에게 천하의 사물에 나아가게 해서 이미 알고 있는 리를 통해 더욱 궁구하고 이를 통해 끝까지 이르게 하였다. 이렇게 오래 노력하면 어느 순간 환하게 이치에 관통하게 되고 모든 물의 겉과 속, 세밀함과 거친 것을 모두 알게 되니 내 마음의 체와 용 전부도 명확해질 것이다. 이것이 '격물'이며 앎의 지극함이다.

이것이 주희 지식론의 핵심이다. 첫째, 인간의 마음은 모르는 것이 없고 천하의 물에는 모두 리가 있다는 구절은 마음/물과 리가 주객의 관계라는 것이다. 이 관계에서 물과 리는 인지의 대상이 된다. '성은 리이고' 도덕이 포함된 '성'도 인지의 대상이며 '마음'과 대응 관계에 놓인다. 이 관계에서 규정된 '마음'은 지식이 있는 마음이다. 주희는 이렇게 말했다.

영묘한 곳은 마음이지 성이 아니다. 성은 리일 뿐이다.[95]

깨달은 것은 마음의 이치이고 깨달을 수 있는 것은 기의 영묘함이다.[96]

마음과 성은 다르다. 영묘의 바탕이 마음이고 실체의 바탕이 성이다. 영묘함은 지각이다. 부모를 대할 때 효도를 하게 되고 군주를 대할 때 충성하게 되는 것은 성이다. 부모를 섬길 때 효도를 해야 함을 아는 것과 군주를 섬길 때 충성해야 함을 아는 것이 마음이다.[97]

이것은 주객 관계로 마음과 리(성)을 본 것인데, 이때 마음은 이성적인 마음이다. 주희는 심, 성, 정(情)의 관계에 대해 이렇게 말했다.

성(性)은 정(情)에 대응시켜 말한 것이고, 마음은 성정(性情)에 대응시켜 말한 것이다. 합해서 말하면 성이고 움직이는 것은 정, 주재하는 것은 마음이다.[98]

텅 비고 맑으며 어둡지 않은 것이 마음이다. 이치가 그 안에 갖춰져 있어 조금이라도 모자람이 없는 것이 성이다. 물에 감하여 움직이는 것이 정이다.[99]

---

95 『語類』 권5, 85쪽.

96 『語類』 권5, 85쪽.

97 『語類』 권16, 323쪽.

98 『語類』 권5, 89쪽.

99 『語類』 권5, 94~95쪽.

'마음'이 텅 비고 맑고 어둡지 않다는 것은 지각이 있어서 여러 지식을 수용하고 판단한다는 뜻이다. 주희는 심이 주재하는 작용이 있으므로 리와 성은 인간에게 객관적으로 실재하는 것이며, 마음을 통해 인지하고 파악해야 '정'의 능력을 발휘하고 제어하게 하여 인간의 생각과 행동을 이성적으로 만든다고 보았다.

둘째, "치지는 격물에 있다"는 이성을 통해 외재하는 사물의 이치를 어떻게 인지하는지를 논한 것이다. 주희는 반드시 '격물'을 해야 한다고 했다. 그렇다면 '격물'이란 무엇인가? 주희는 이렇게 말했다.

> '격물'에서 '격'은 다한다는 뜻이니 사물의 이치를 궁구해야 하는 것이다. 만약 10분의 2, 3 정도만 탐구한다면 격물이라고 할 수 없다. 완전히 궁구해야 격물이 된다.[100]

> '격물' 두 글자가 가장 좋다. 물은 사물이다. 반드시 사물의 이치를 끝까지 탐구해야 옳고 그름이 있게 되며 옳으면 행하고 그르면 행하지 않는다.[101]

'격물'의 목적은 '사물의 이치를 끝까지 탐구하는 것'이다. 그런데 사물의 이치는 사물에서 보이는 것이므로 사물의 이치를 궁구하려면 격물을 해야 한다. 주희는 이렇게 말했다.

---

100 『語類』 권15, 283쪽.
101 『語類』 권15, 284쪽.

사람들은 이 도리를 허공에 있는 것으로 본다. 『대학』에서 '궁리'를 말하지 않고 '격물'만 말한 것은 인간이 사물에게 나아가 이해해야 실체가 보인다는 뜻이다. 실체는 사물에 나아가지 않으면 볼 수 없다.[102]

'격물'을 '궁리'라고 하지 않고 '격물'이라고 한다. '리'라는 것은 잡을 수도, 만질 수도 없는 것이고 물과도 가끔 멀어지기 때문이다. 반면 '물'에는 리가 있으며 떨어지지 않는다. 불교에서는 '견성(見性)'만 말하면서 아래의 곁가지에서 텅 비고 근거가 없는 '성'을 탐색했는데 그 말대로라면 일에서도 움직일 수 없다.[103]

첫 단락의 '실체'는 '리'이다. 주희는 격물로만 '리'를 볼 수 있다고 했다. 두 번째 단락에서는 이 측면에서 불교와 다른 점을 특히 강조했다. 불교는 물을 버리거나 초월하여 '성'을 말하는데 이 '성'에는 객관적 판단 기준이 없어서 파악할 수 없고 물에 대해 알지 못하므로 어떤 것을 하게 할 수도 없다. 주희는 구체적인 사물에서 사물의 이치를 탐구해야 한다고 강조했는데, 이것은 리가 규범적이고 조작할 수 있다는 점을 보여준 것이다. 주희는 사물의 이치는 "반드시 하나씩 깨달아야 얻게 된다"고까지 생각했다. 그는 이렇게 말했다.

일과 사물을 접할 때에는 하나씩 깨달아야 얻게 된다. 실패한다면 정밀한 것은 깨달았으나 거친 것은 놓치고 큰 것은 깨달았으나 작은

---

102 『語類』 권15, 288쪽.

103 『語類』 권15, 289쪽.

송·명 신유학약론

것은 묻지 않았기 때문으로, 이렇게 하면 결국 결함이 있을 것이다. 그러니 일과 사물을 접할 때 하나씩 해서 끝까지 나아간다면 자연히 분명해질 것이다.[104]

위로는 무극과 태극, 아래로는 풀 하나, 나무 하나, 곤충 한 마리 같은 사소한 것이라도 각기 이치가 있다. 책 한 권을 읽지 않으면 책 한 권의 도리가 모자라고 일 하나를 탐구하지 않으면 일 하나의 도리가 모자라며 사물 하나를 탐구하지 않으면 사물 하나의 도리가 모자라게 된다. 반드시 한 건씩 깨달아 나가야 한다.[105]

이것은 객관적이고 실존하며 성을 감응할 수 있는 사물로 인식해나가야 한다는 뜻이다. 이와 함께 주희는 감각적 경험의 인식을 긍정했다. 그는 "세상 사람들의 마음은 견문이 협소하여 한계가 있지만, 성인은 성을 다해 견문으로 그 마음을 속박하지 않는다"는[106] 장재의 주장에 동의하지 않았다. 그는 이렇게 말했다.

장재는 성인이 성을 다한 일을 말했다. 지금 사람이 배움을 이해하려면 견문이 있어야 하니 어찌 이것을 버리겠는가? 먼저 견문에서 공부를 해야 환하게 두루 알 수 있다.[107]

이것은 견문으로 얻은 감각적 경험이 인지의 바탕이라는 것이다. 주희

---

104 『語類』 권15, 286쪽.

105 『語類』 권15, 295쪽.

106 『張載集』, 『正蒙』 「大心篇」, 24쪽.

107 『語類』 권98, 2519쪽.

는 "마음을 다하는 것은 자신의 성을 아는 것이고, 자신의 성을 알면 하늘을 알 수 있다"는[108] 맹자의 논제에 대해 장재와는 다른 해석을 했다. 장재는 "천하의 사물이 나의 것이 아닌 게 없다고 보는 것이 바로 맹자가 말한 마음을 다하면 성을 알고 하늘을 안다는 것이다"[109]라고 주장했는데, 맹자의 논제를 경지론으로 발전시킨 것이었다. 물아와 피아의 간극을 타파하여 "빠뜨림 없이 사물을 깨달아야", "큰 마음" 곧 초월하는 마음을 이룰 수 있다. 반면 주희는 달랐다. 그는 이렇게 말했다.

> 맹자는 이치를 끝까지 궁구하면 마음이 자연스럽게 그 전체를 극대화하여 남김이 없다고 한 것이지 그 마음을 크게 해야 성을 알고 하늘을 안다고 한 것이 아니다.

> 장재는 가끔 이렇게 말했는데 이것은 근거 없이 상상을 하면 마음이 자연히 커진다는 말 같다. 이 부분은 원래 격물을 많이 하면 자연히 환하게 두루 알게 되는데 이것이 "아래로 배워서 위로 도달한다"는 것이다. 맹자의 말은 이런 뜻일 뿐이다.[110]

이것은 맹자의 논제가 지식론이라고 본 것이다. 궁리는 근거 없는 상상이 아니라 반드시 격물로 시작해야 한다. "격물을 많이 해야", "환하게 두루 알게 되고" 마음은 "자연히 전체를 극대화하여 남음이 없게 되므로", "마음을 크게 하는 것"이다. 맹자의 논제에 대해 주희와 장재가 달리 해석

---

108 『孟子』「盡心上」.

109 『張載集』, 『正蒙』「大心篇」, 24쪽.

110 『語類』 권98, 2518쪽.

송·명 신유학약론

한 것은 '리' 본체론과 '기' 본체론이 추구하는 경지와 공부의 방향이 달랐음을 보여준다. '기' 본체론은 경험 세계의 여러 대응 관계를 초탈하는 천지의 경지를 숭상했기에 경험 세계에 대응하는 지식론을 버리고 마음으로 직접 깨닫는 방식을 택했다. 반면 '리' 본체론은 경험 세계의 대응 관계를 합리적으로 안배하는 규범적인 도덕을 중시했으므로 경험 세계에 대응하는 지식론을 긍정하고 지식론을 통해야만 추구하는 경지가 확실하고 믿을 만하다고 생각했다.

셋째, 이른바 "이미 알고 있는 리를 통해 더욱 궁구하고 이를 통해 끝까지 이르게 하였다."는 것은 '격물' 즉 여러 구체적인 사물의 이치에 관한 경험을 얻은 다음 어떻게 승화시키고 넓혀서 더 전체적이고 개괄적인 지식을 구할 것인가 하는 내용이다. 지식 경험의 승화와 확장을 주희는 '치지'라고 했다. 주희는 이렇게 말했다.

> 격물은 일을 깨닫는 것이다. 지지(知至, 앎의 지극함)는 이 마음의 철저함이다.[111]

> 격물은 사물을 하나씩 탐구하는 것이고, 치지는 미루어 점차 넓혀 나가는 것이다.[112]

> 격물은 모든 사물의 지극한 이치를 궁구하는 것이고, 치지는 내 마음이 모르는 것이 없는 것이다. 격물은 구체적으로 말하는 것이고,

---

111 『語類』 권15, 297쪽.

112 『語類』 권15, 291쪽.

치지는 전체적으로 말하는 것이다.[113]

치지공부(致知功夫)는 이미 알고 있는 것을 바탕으로 점차 확장시키
는 것이다. 마음에 있다면 부족함이 없을 것이다.[114]

치지는 나로 말한 것이고 격물은 사물로 말한 것이다. 격물을 하지
않으면 무엇으로 알 수 있겠는가?[115]

주희의 '치지' 해석은 유추이다. 주희의 리 본체론에서 '리'와 '물'의 관
계는 같고 다름, 곧 보편과 개별의 관계이며 이 둘은 다르다. '리' 본체론
의 결정에 따라 '격물'과 '궁리'에도 차이가 있게 된다. '격물'이 다만 '일을
깨닫는 것'이라는 말은, 알게 되는 것이 어떤 구체적인 사물의 경험지식이
지 이 사물이 속한 상위 부류도 필연적으로 이렇게 존재하고 발전한다는
이치가 아니라는 뜻이다. 이 '리'를 찾으려면 다시 상위 부류로 귀납하는
(類歸) 공부가 필요하다. 주희는 '격물'만 말하고 '궁리'는 이야기하지 않았
는데, 이것을 '격물'이 '모든 사물의 지극한 이치를 궁구하는 것'이므로 귀
납하는 공부가 소홀했고 이것은 그의 '리' 본체론과 부합하지 않는다고 볼
수도 있다. 그런데 그가 '격물' 이후에 '치지' 곧 유추의 공부가 있음을 확
인한 것은 타당하다.[116] 격물은 구체적으로, 치지는 전체적으로 말한 것이라

113　『語類』권15, 291쪽.

114　『語類』권15, 283쪽.

115　『語類』권15, 292쪽.

116　천라이는 "격물은 노력하여 사물의 이치를 탐구하는 것이며, 사물의 이치를 환히 알게 되
　　면 지식도 철저하게 갖추어진다. 그래서 치지는 주체가 사물의 이치를 궁구하는 과정에

　　　　　　　　　　　　　　　　　　　　　　송·명 신유학약론

는 구절도 대체적으로 맞다. '격물'은 사물을 하나씩 알아가면서 '리'를 추구하기에 구체적이고, '치지'는 자기가 아는 리를 넓혀서 같은 부류를 포괄하여 끝까지 가는 것이니 어찌 '전체적으로'가 아니겠는가? '치지'가 "나로 말한 것"이 되는 이유에 대해 주희는 이치를 추구하는 것은 순수하게 인식 주체의 내면 활동이고 이치를 추구해서 얻은 지식도 주체가 가지고 있던 것이라고 생각했던 것 같다. 주희는 "치지는 리가 물에 있으므로 내가 아는 것으로 알아가는 것이고, 지지(知至)는 리가 물에 있으므로 내 마음의 지식으로 끝까지 알아낸 것이다."라고[117] 했다. 이 둘은 모두 인식 주체에 대한 것이므로 "나로 말한다"고 할 수 있다.

주희는 '격물'과 '치지'라는 두 단계의 공부를 통해야만 "모든 사물의 겉과 속을 샅샅이" 인식하여 "내 마음의 체와 용이 모두 명확해질" 수 있다고 생각했다. 이것이 인식의 극치인 것이다. 주희는 정이처럼 성덕(成德)은 인식의 바탕에서만 확립할 수 있고 그래야만 가능성이 있고 믿을 수 있다고 생각했다. 주희는 『대학혹문(大學或問)』에서 이렇게 말했다.

또 천하의 사물을 모두 궁구할 수 없지만 모두 나에게 있으니 외부에서 얻은 것이 아니므로 '격물'도 자신을 돌이켜 정성스럽게 하면 천하의 물도 모두 나에게 다 있다고 생각하는데, 이 또한 비슷한 것처럼 보이지만 맞지 않다. 자신을 돌이켜 정성스럽게 하는 것은 '격

서 주관적으로 지식을 확충한 결과이고, 격물의 목적이자 결과가 된다. 격물과 병행하고 주체 자신이 대상을 인식하는 방법이나 수양하는 방법이 아니다."(陳來, 앞의 책, 181쪽) 이 설은 '치지'가 '유추'로 얻어낸 인식이라는 것을 부정한 것인데, 주자의 원래 취지와도 맞지 않는 듯하다. 다만 이런 설이 있다는 것을 제시한다.

117 『語類』 권16, 324쪽.

물', '지지' 이후의 일이다. 이치의 지극함을 궁구하면 다하지 않음이 없으므로 천하의 리를 자신에게 구하는 것은 눈으로 보고 귀로 듣고 손으로 잡고 발로 가는 것처럼 자신에게 있다는 것을 볼 수 있으니 실체가 없는 것이 없다. 이렇게 해야 격물을 하는 것도 아니고 자신에게 구해야 천하의 리가 자연스럽게 정성스러워지는 것도 아니다. 『중용』에서 선을 밝힌다(明善)는 것은 격물과 치지의 일이다.

이것은 "만물은 모두 나에게 있으니 자신을 돌이켜 정성스럽게 하면 더 큰 즐거움이 없을 것이다"에 대한 재해석이다. 맹자의 이 말은 경지론으로 볼 수 있다. 나의 어질고 사랑하는 마음을 만물에게 미루어 간 다음에 만물이 나고 자라는 과정에서 내 존재의 의의와 가치를 관조하고 나와 만물이 일체가 되면 나는 이를 통해 무한한 만족감을 갖게 된다. 후대 사람들은 맹자의 이 구절을 지식론으로 해석하면서 맹자가 만물 인식의 선험성을 인정했다고 생각했다. 주희는 리가 이미 성에 있지만 '격물치지'라는 경험적 인지 방식을 거쳐야 파악할 수 있으며 '자신을 돌이켜 정성스럽게 하는' 도덕의 경지를 추구하는 일도 더욱 '격물', '치지' 이후의 일이라고 보았다.

주희는 「왕역직(汪易直, 王逵)에게 답하다(答汪易直)」라는 글에서 이렇게 말했다.

뜻을 정성스럽게 하지 못하므로 그 순서를 생각해 보면, 뜻을 정성스럽게 하고 싶다면 반드시 격물과 치지를 먼저 해야 한다. 인의(仁義)의 마음은 누구나 다 갖고 있으나 사람은 몸을 가지고 있어서 물욕에 가려지므로 자신을 알 수 없다. 일에 따라 밝히고 투철하게 하며 정밀함과 거침, 크고 작음을 모두 관통할 수 있다면 자연스럽게 의리를 얻어 마음이 기쁠 것이니, 이는 마치 고기가 입에 맛있는 것이 자신을 속이지 않는 것과 같다. 만약 그렇게 하지 않고 그저 금지하고 억눌러서 자기를 속이지 못하게 한 뒤 그래서 그가 뜻을 정성스럽게 하는 것이 이 정도라고 말한다면 부질없이 절박해져서 결국 남몰래 자신을 속이게 될 것이다.[118]

「증무의(曾無疑, 曾三異)에게 답하다(答曾無疑)」에서는 또 이렇게 말했다.

『대학』의 도는 반드시 격물치지를 먼저 해야 한다. 천하의 이치와 천하의 책은 널리 배우고 묻고 생각하고 따져서 그 이치를 끝까지 구해야 한다. 그런 다음에 내 일상에서 항상 행하는 도를 성찰하고 실천하며 뜻을 돈독하게 해서 행한다면 효제(孝悌)로 신명(神明)에 통하고 충서(忠恕)로 일이관지한다고 말할 수 있을 것이다. 효제와 충서는 한 가지 일이지만 천하의 의리의 겉과 속을 모두 알게 되면 효제와 충서는 살아있는 것이 된다. 그렇지 못하면 그저 죽은 효제와 충서일 뿐이다. 평생 지켜나가면서 잃지 않을 수 있다고 해도 시골의 상민과 부녀자의 기강을 잡는 정도일 뿐이니 어찌 도라고 할 수 있겠는가?[119]

이 또한 '격물치지'를 통해서만 천하의 의리를 완전히 알 수 있어서 좋은 도덕 이념을 스스로 선택하고 인정할 수 있다는 것이다. 만약 인지로 선택하고 인정하는 과정이 없다면 제시한 도덕 이념이 타당하다고 해도 사람

---

118   『朱熹集』 권60, 3098쪽, 四川教育出版社, 1996.

119   『朱熹集』 권60, 3108~3109쪽.

들에게 억지로 믿고 따르게 할 뿐, 결국 남몰래 자기를 속이게 될 것이다.

여기에서 다시 '격물치지'를 통해 정확한 도덕 이념을 알게 된 뒤에 실천을 할 수 있다. 주희는 이렇게 말했다.

> 사물의 이치를 탐구하여 앎에 이른 다음에 공부를 시작할 수 있다.[120]

이것은 도덕적 실천을 '격물치지'를 이룬 뒤의 일로 본 것이다. 주희는 또 이렇게 말했다.

> 앎과 행함은 반드시 서로 필요하니 마치 눈이 있어도 발이 없으면 걷지 못하는 것이나 발이 있어도 눈이 없으면 보지 못하는 것과 같다. 선후를 논한다면 아는 것이 먼저이다. 경중을 논한다면 실천이 중요하다.[121]

이것이 유명한 '지선행후론(知先行後論)'이다. '행함'은 도덕적 실천으로, 『대학』에서는 "사물을 탐구한 다음에 앎이 이르게 되고 앎이 이른 다음에 뜻이 정성스럽게 되고 뜻이 정성스러운 다음에 마음이 바르게 된다. (후략)"라고 했는데, 그중에서 "뜻이 정성스러워진다"가 중요한 부분이다. 그래서 주희도 "격물은 앎의 시작이다. 정성스러운 뜻은 행함의 시작이다.",[122] "'격물'은 혼몽함과 깨달음의 관건이다. 탐구하면 깨닫는 것이고 탐

---

120 『語類』 권16, 327쪽.

121 『語類』 권9, 148쪽.

122 『語類』 권15, 305쪽.

구하지 않으면 혼몽한 것이다. '성의'는 선과 악의 관건이다. 정성스럽게 하면 선이고 정성스럽지 못하면 악이다."라고[123] 했다. 행해서 뜻이 정성스럽게 되려면 먼저 '지식'에서 열심히 공부해야 한다.

앎에도 지극한 것과 알지 못하는 것이 있고, 뜻에도 정성된 것과 정성되지 않음이 있다. 앎이 지극하면 선하지 않은 일을 하라고 내몰아도 하지 않는다. 앎이 지극하지 못하면 하지 말라고 억지로 만류해도 그 뜻이 결국 뚫고 나올 것이다. 그러므로 완전히 보는 것이 중요하니 그렇게 되면 마음과 뜻이 쉬지 않고 순리대로 따라서 스스로 멈출 수 없을 것이다.[124]

'치지'는 하나의 일에 대해 열 개 중 세 개를 아는 것으로, 알게 된 셋은 진실이고, 모르는 일곱은 허위이다. 선을 행하려면 완전히 선을 아는 것이 좋다. 만약 열에 아홉만 안다면 하나가 미진한데 이 미진한 하나가 흐리멍덩하고 구차함의 근원이 될 것이다. 잠시 악을 해도 괜찮다고 한다면 뜻이 정성스럽지 않은 것이다. 그래서 '치지'가 중요하며 끝까지 궁구하는 것을 '치(致)'라고 한다.[125]

이것은 먼저 '앎'으로 분별한 뒤 '행동'이 타당하다는 것을 판단해야 '행동'을 자각한다는 것인데 '행동'을 자각했기 때문에 추구하는 도덕을 이룰 수 있다. 이렇게 볼 때 주희의 공부론이 지식론을 전제이자 바탕으로

---

123 『語類』 권15, 298쪽.

124 『語類』 권31, 784쪽.

125 『語類』 권15, 300쪽.

삼았다는 점은 분명하다.

관련해서 '미발'과 '이발', '함양'과 '성찰'의 관계를 설정하는 문제가 있다. 앞서 언급했듯이 '미발'과 '이발'의 설은 『중용』에 나오는 구절인데 원래 경지론과 그 경지를 성취하려는 공부론이고 '주체성'에 속했다. 주희는 젊었을 때 "눈과 마음은 이발이고 성은 미발이다."라고[126] 하여 '미발'을 실존론, '이발'을 지식론에 넣었는데, 그가 '리' 본체론을 끝까지 관철시키려고 했던 점에 비추어 보면 비교적 타당하다. 중년 이후에는 "평소 함양 공부가 결여되면 마음이 어지럽고 순수하게 몰두하는 맛이 없다"[127]는 것을 깨달아 '미발'을 주체의 공부론에 넣었다. 이 변화를 통해 주희는 경험적 층위에서 초경험적 층위로, 규범적 도덕에서 신앙적 도덕으로 초월하고 승화시켰다. 주희는 『중용혹문(中庸或問)』에서 이렇게 말했다.

> 경문(經文)에서 중화에 이른다고 한 것은 미발일 때는 마음이 지극히 텅 비어 있는데, 이것은 마치 맑은 거울과 고요한 물과 같아서 공경으로 보존하고 조금도 치우침에 없게 해야 한다고 말할 수 있다. 일과 물에 접하면 마음이 발하여 희로애락이 각자 나오니 공경함으로 살펴서 작은 착오도 없게 해야 한다. 일단 구하는 마음이 생기면 이발의 상태가 된다. 하물며 이것을 고집하면 치우침이 심하게 된다. 미발과 이발은 일상생활에 자연의 기틀이 있어서 사람의 힘을 빌릴 필요가 없다. 미발일 때에는 고요하므로 잡아야 할 일이 없다. 발하게 되면 일과 물에 다가가 감응에 따라 응하는데 어찌 우두커니 움직이지 않으면서 미발의 중심을 잡을 수 있겠는가?

---

126   『朱熹集』 권64, 「與湖南諸公論中和第一書」, 3383쪽.

127   『朱熹集』 권64, 「與湖南諸公論中和第一書」, 3384쪽.

'미발'일 때에는 마음이 지극히 비어 있고 고요하고 잡을 일이 없다는 것은 경험을 초월한 것이고, 발하게 되면 일과 사물에 가서 감응에 따라 응한다는 것도 경험적 지식을 배제한 것이다. 주희가 초월을 지향하는 것은 한편으로는 주돈이와 장재, 정호가 지향한 경지에 호응한 것이며 다른 한편으로는 (정이를 포함한) 리학 체계의 내적 모순과 관련된 것이다. 주희는 경험 세계의 일과 사물이 존재하고 발전하는 필연 법칙을 절대적 본체로 승격시키고 이것이 개별 일과 사물에 선재적으로 있다는 것을 확인했다. '리'가 선재적이라는 것은 모든 개체에 선험적(先驗的)이라는 뜻이다. 그래서 주희는 리가 경험 세계 사물의 필연 법칙이라는 점을 강조할 때는 격물과 치지를 중시했고, 절대적 본체라는 점을 강조할 때에는 경험적 지식을 배척하고는 했다. 이 점은 뒤에서 치용학(致用學)을 논의할 때 다시 이야기하기로 하고 여기에서는 주희가 지식론을 공부론의 방법으로 삼았다는 점을 이야기하려고 한다. 『어류』 권9에는 이렇게 서술하였다.

> 치지와 함양의 선후를 물으니, "치지를 먼저한 뒤 그 다음에 함양을 해야 한다."고 하셨다.[128]

> 만사는 모두 궁리에 달려 있으니 그 뒤에도 경도(經道)가 바르지 않고 리가 명확하지 않으면 어떻게 지켜도 모두 헛된 것이다.[129]

『문집』 48권 「여자약(呂子約, 呂祖儉)에게 답하다(答呂子約)」에서는 이렇

---

128 『語類』 권9, 152쪽.

129 『語類』 권9, 152쪽.

게 말했다.

> 학문에는 치지(致知)와 역행(力行), 두 가지 길만 있을 뿐이다. 순서대로 최대한 노력한다면 조금씩 효과가 있을 것이고 뒤로 가면서 매우 모자란 부분이 보이면 그 부분에서 더 공부하면 된다. 이것이 바른 이치이다. 그런데 지금 이렇게 하지 않고 남이 자기의 견해가 옳지 못하다고 말하면 수긍하지 않고 내가 본원을 함양하고 힘써 실천할 때를 기다리라고 하니, 이것은 마치 아이들의 술래잡기와 같아서 동쪽에서 잡으러 오면 서쪽으로 피하고 서쪽에서 잡으러 오면 동쪽으로 피하는 격이다. 이런 식으로 나왔다 숨었다 하면 언제 끝나겠는가.[130]

주희는 여전히 '치지'가 '함양'의 전제이자 기초라고 생각하면서 '치지'로 선택하고 판단하지 않으면 '(미발인) 본원을 함양'하는 것은 의미가 없고 헛된 것이라고 했다. 주희는 지식론을 성덕학과 공부론의 가장 믿을 만한 방법으로 보고 있었던 것이다.

규범적 도덕의 장점과 약점

그렇다면 지식론으로 전개한 정이와 주희의 성덕학을 어떻게 평가해야 할까? 첸무(錢穆) 선생은 주희를 높게 평가하면서, 『주자신학안(朱子新學

---

130 『朱熹集』, 2344~2345쪽.

案)』의 「주자학제강(朱子學提綱)」에서 이렇게 말했다.

> 중국 역사에서 먼 옛날에는 공자가 있고 가까운 옛날에는 주자가 있다. 이 두 사람은 중국학술사상사 및 중국문화사에서 막대한 명성이 있고 막대한 영향을 남겼다. 전체 역사를 거시적으로 봤을 때 이들에 비견할 만한 사람은 없을 것이다. 공자는 먼 옛날의 학술사상을 집대성했다. 그가 창시한 유학은 중국 문화전통의 핵심이 되었고 북송의 리학이 흥기하여 유학이 중흥하자 주자가 남송에서 우뚝 솟아 북송 이후의 리학을 집대성하고 공자 이후 학술 사상을 집대성했다. 이 두 사람은 앞뒤로 우뚝 서서 여러 물줄기를 합쳐 하나로 흐르게 했다. 주자를 통해 공자 이후의 유학이 다시 생기를 얻고 새로운 정신을 발휘하여 지금에 이르렀다.[131]

첸무의 견해는 유학에 대해 주희가 아성(亞聖)인 맹자보다 더 공헌을 했다는 것이다. 송명 시대로 가면 주희와 필적할 만한 유학자는 없다. 그런데 머우쫑싼은 정이와 주자의 학문을 공자와 맹자의 유학이 곁가지로 나와 방향을 바꾼 것으로 보았다. 머우쫑싼은 이렇게 말했다.

> 정이와 주자 계통: 이 계통은 『중용』, 『역전』, 『대학』을 통합하고 『대학』을 위주로 하였다. 『중용』과 『역전』에서 논한 도체(道體)와 성체(性體)의 의미는 축소되고 약화되어 본체론적 존유, 즉 "존유할 뿐 활동하지 않는" 리가 되었다. 공자의 '인' 역시 '그저 리'일 뿐이고 맹자의 본심은 의미가 바뀌어 실제의 심기(心氣)로서의 마음이 되었다.

---

131   錢穆, 『朱子新學案』 상, 巴蜀書社, 1986, 1쪽.

그렇기 때문에 공부론에서 후천적인 함양(함양은 반드시 경으로 해야 한다)과 격물치지(진학은 치지에 달려 있다)를 중시했다. 이것은 결국 '마음을 고요하고 맑게 하여 리가 밝아지는 것'을 추구한 것이다. 공부는 실질적으로 모두 격물치지에 집중되어 있으니 이것이 순서에 맞는 방법인 것이다.[132]

머우쭝싼이 정이와 주자의 학문에 대해 이렇게 판단한 것은 이들이 공맹 유학의 정통이 아니라고 보았기 때문이다. "정이는 『예기』에서 말한 방계이고 주자는 방계를 정통으로 삼았다"고[133] 했으니 이들의 위상을 매우 낮게 본 것이다.

머우쭝싼의 이런 평가는 매우 편파적이다. 정이와 주희의 '리' 본체론과 '주지론'은 선진 시대 이후 여러 유가 학파들이 성덕론이 보편적이고 유효적인 것이라는 근거를 찾으려 했던 맥락에서 봐야 한다. 앞에서 언급했듯이 주돈이와 장재는 『역전』과 『중용』을 계승하여 이 맥락에서 공헌한 점이 있었다. 주돈이와 장재가 주장한 우주생성론에서는 우주가 생성하고 양육하는 무한한 능력을 깨달음으로써 인간이 '선'을 추구하는 것이 타당하다는 점을 도출했다. '선'을 추구하는 것은 주체가 마땅하다고 판단한 것이며 주체 자신에게는 절대적인 것이었다. 주돈이와 장재의 논리에서의 문제점은 우주가 끊임없이 낳고 낳는 능력을 여러 주체가 완전히 동일하게 인정하는 것이 아니고, 어떤 주체가 마땅하다고 판단해서 도덕을 추구한들 그것이 보편적인 구속력을 가지는 것이 아니라는 점이었다. 이것이

---

132 牟宗三, 앞의 책, 49쪽.

133 牟宗三, 앞의 책, 54쪽.

보편적이고 유효하려면 도덕적으로 추구하는 것이 객관적이고 필연적이며 그것이 모든 개체에게 선재적으로 규정되어야 했다. 그런 점에서 정이와 주희의 '리' 본체론과 주지론이 공맹 유학의 논리에 맞게 발전한 것이며 정이와 주희가 유가의 성덕론 발전에 지대한 공헌을 한 것이다. 첸무의 평가에서 이런 근거를 볼 수 있다.

또 정이와 주자는 유학의 발전뿐만 아니라 유학의 사회적 기능에도 공헌했다. 사회의 대부분의 사람들에게 초월적이고 궁극적인 것의 추구는 너무 고답적이다. 대부분의 사람들은 경험 세계에서 살고 있으므로 공리적인 관계를 벗어날 수 없다. 주희는 이런 현실을 명확하게 인식했다. 정이와 주희는 현실 사회의 행위 규범을 승격시키고 '천리'라는 의미를 부여했다. 이렇게 해서 '천리'는 외재하고 객관적이며 필연적인 것이 되었고 '리'는 인간의 내재적 본질을 규정하는 '성'임을 인정했다. 이렇게 해서 '성이 리'이므로 인간은 절대적으로 선을 향한다는 설정이 만들어졌고 개별 형질 때문에 현실적으로는 이익과 욕망을 추구하는 것('악'도 하지 않을 수 없는 성이다)을 직시했다. 이렇게 해서 현실적인 '리'를 '마음' 밖에 두어 모든 개체의 '마음'과 떨어진 곳에 객관적인 기준과 통일된 규범을 설정하고 개인의 '마음'이 인지를 통해 '리'가 '선'하고 개별 도덕을 초월한 것임을 알게 했다. 도덕을 추구하는 과정에서 지식론의 도입은 매우 중요하다. 지식론은 확실하고 공공의 것이어야 한다. 명리를 추구하는 대부분의 사람들에게 '이지'를 통해 공공생활에서의 자기 역할을 판단하게 하는 것이 중요했지만, 사회를 운영하는 측면에서 보면 공공의 이익 관계를 넘어선 것을 추구하는 것은 개인의 몫이다. 정이와 주희는 이성을 중시했고 이들의 성덕학은 공적이고 규범적인 사회생활에 근거했기에 현실적인 방향성을 보였다. 이 점은 여타 유가 학파들로 대체할 수 없었는데, 이들이 순자 이후 유파의 외왕(外王) 추구를 중시했기 때문이다. 원대와 명대, 청대의 위정자들이 정이와 주희를 중시한 것도 이런 경향 때문이었다.

물론 정이와 주희의 '리' 본체론과 주지론의 장점은 단점이기도 하다. 정이와 주희는 '리'를 현실사회의 규범적 도덕으로 승격시켰고 객관적이고 필연적인 '리'가 모든 개체를 선재적으로 규정할 수 있게 했는데, 도덕이 보편적이고 유효하도록 강화하기 위해서였다. 그러다보니 개체가 선택하고 인정할 때 개체의 자주성과 자유성은 완전히 배제되었다. "사오십 년 동안 예를 지킨" 정이에 대해 사람들은 "매우 고생했다"고 생각했다. 주희도 마찬가지였을 것이다. 그가 스스로 경계하기 위해 쓴 「경재잠(敬齋箴)」을 보면 그가 외재적 규범에 극단적으로 공경하고 삼갔음을 알 수 있다. 자신들이 그렇게 공경하고 삼갔는데 어떻게 다른 사람들이 자주적이고 자유롭게 선택하고 인정해서 개인의 주체성과 창조성을 드러내는 것을 받아들였겠는가? 이 점이 취약점 중 하나였던 것이다.

정이와 주희가 주체의 자주성과 자유와 창조성을 배척한 것은 그들이 '리'를 외재적이고 선재적이며 불변하는 규범으로 보고 구체적으로 존재하고 구체적인 상황에 있으며 정감을 가진 인간을 냉정하게 바라봤다는 뜻이다. 『정씨유서』 권22에는 정이의 문답을 기록했다.

문: "과부가 재가하는 것은 이치상 안 될 것 같은데 어떻습니까?"
답: "그렇다. 아내를 취하는 것은 배필을 맞는 것이다. 절개를 잃은 자를 배필로 맞는다면 절개를 잃은 것이 된다."
문: "과부가 가난하여 의탁할 곳이 없다면 재가할 수 있습니까?"

답: "춥고 배고파서 죽을까 봐 그렇게 말한 것이다. 그러나 굶어 죽
　　는 일은 작은 일이고 절개를 잃는 일은 큰일이다."[134]

주희의 제자 진수(陳守)의 여동생이 과부가 되었을 때 진수의 아버지가
재가를 보내려고 하자 주희는 진수에게 편지로 만류했는데, 정이와 같은
논리였다.

　　예전에 이천 선생은 이 일에 대해 굶어 죽는 것은 작은 일이지만
　　절개를 잃는 것은 큰일이라고 하셨다. 세속의 눈으로 보면 세상 물정
　　을 모르는 것이겠지만, 이치를 아는 군자의 눈으로 보면 가볍게 여겨
　　서는 안 된다는 것을 알 것이다.[135]

정이와 주희의 주장을 지금 다시 비판할 필요는 없을 것이다. 그런데
'리'를 배운다는 입장에서 보면 과부가 가난하여 의탁할 곳이 없는 것은
감성의 영역이다. 이들은 추상적인 '리'에 근거하여 재가하면 안 된다고 했
는데 이 '리'는 불변하고 획일적이다. '혼자가 된 과부'는 감성의 영역이므
로 가난하여 의탁할 곳이 없으므로 재가한다면 정상 참작의 여지가 있어
서 사람들이 이해해 줄 것이므로 당위적인 판단이다. 그런데 정이와 주희
가 '리에 부합하지 않는다'고 한 것은 인지를 통해 나온 추상적인 원칙으
로 감성을 배제한 것인데, 이것은 '리'의 냉정함을 나타낸 것이다. 이것이
인간이라는 주체에 대한 냉정함이다. 요컨대 정이와 주희의 '리' 본체론에

134　『二程集』, 301쪽.
135　『朱熹集』권26, 「與陳師中書」, 1127쪽.

서 '리'는 인간에게 배역을 주고 그 배역으로만 대한다. 그러나 인간은 감성을 가지고 있으며 자신의 인격과 감정을 가지는 살아있는 존재이다. 정이와 주희는 먼저 '리'가 규정하고 '리'를 통해 판단한 역할로 인간의 도덕을 판단했는데, 이것은 인간 자체를 중요하게 여기지 않은 것이다. 이것이 두 번째 문제점이다.

정이와 주희는 인간의 주체성과 주체가 덕성에서 창조성이 있다는 점을 배제했다. 그들은 자신들이 인정한 도덕적 신념(인, 의, 예, 지)을 절대적 '천리'로 승격시켜 이것의 객관적이고 필연적인 성격을 실존하게 하고 규정했다. 그리고 이런 덕성의 규정은 인성만이 아니라 물성(物性)까지 두루 적용시켰다. 『어류』 권4에는 이런 기록이 있다.

> 문: "기질에는 혼탁의 차이가 있는데 천명의 성에도 부분과 전체가 있습니까?
>
> 답: "부분과 전체가 있는 것이 아니다. 해와 달이 비치면 땅에 있는 것은 모두 볼 수 있지만, 집 안이어서 덮인 부분이 있으면 보이는 것도 있고 보이지 않는 것도 있다. 혼탁은 기가 혼탁한 것이므로 그 안에 가린 부분이 있으니 집 안과 같다. 그러나 사람은 덮인 부분이 있어도 통하는 리가 있지만, 짐승은 성이 있어도 형체에 구애되므로 심하게 덮여서 통하지 않는다. 어진 호랑이와 이리, 제사를 지내는 승냥이와 수달, 의리 있는 꿀벌과 개미 정도만 통했는데, 마치 틈새의 빛 같은 것이다. 원숭이는 사람과 형상이 비슷하여 다른 동물보다 영묘하지만 말을 못할 뿐이다. 오랑캐들은 사람과 짐승 사이에 있어서 끝까지 고치기 어

렵다.”[136]

권4에 다시 주희가 매우 칭찬한 학생의 글을 기록했다.

> 인성과 물성은 같은 점도 있고 다른 점도 있다. (중략) 같은 점은
> '리'이고 다른 점은 '기'이다. '리'를 얻어야 인성과 물성을 얻었다고
> 할 수 있으니 같은 것을 다르게 할 수 없다. 기를 얻어야 인간과 물의
> 형태를 얻으니 다른 것을 같게 할 수 없다. (중략) 기가 다르더라도 얻
> 어서 태어난 것은 인간과 물 모두 리가 있으며, 같더라도 얻어서 성
> 을 이룬 것은 인간이 물과 다르다. 그래서 지각하고 운동하는 것은
> 기이며, 인의예지를 하는 것은 리이다. 지각과 운동은 인간도 할 수
> 있고 물도 할 수 있다. 그러나 인의예지는 물도 가지고 있겠지만 어
> 찌 완전할 수 있겠는가?[137]

주돈이와 장재는 본원론을 주장했다. 본원은 사람과 사물에 아무 것도
규정하지 않고 인간의 덕은 인간이라는 주체가 천지 우주의 끊임없이 낳
고 낳는 무한한 능력을 숭배하면서 나온 것이다. 따라서 선을 잇고 성을 이
루는 것은 인간이라는 주체의 선택과 인정의 문제이다. 인간이라는 주체
가 스스로, 자각적으로, 스스로 원해서 인정하므로 절대성이 있는데, 이것
은 인간인 주체 자신이 인정한 것이므로 만물과 다른 주체로서의 특징이
있다는 뜻이다. 그런데 정이와 주희는 덕을 지향하는 것이 완전히 인간의
주체적인 인정의 문제가 되면 이것이 보편적이고 유효하다는 것을 보장하

---

136   『語類』 권4, 58쪽.
137   『語類』 권4, 59쪽.

지 못한다고 생각했다. 그래서 정이와 주자는 본원론을 '리' 본체론으로 대체했다. '리'는 객관적이고 필연적이며 절대적이므로 '리'가 인간과 만물을 선재적이고 획일적으로 규정한다는 뜻이었다. 그렇게 된다면 리는 보편적이고 유효하게 될 것이다. 문제는 '리'가 객관적이고 필연적이라면 선악을 논할 수 없다는 것이다. '리'가 부여한 '성'이 반드시 선이 되려면 다시 '리'에 도덕을 부여해야 한다. '리'가 절대적이고 순수한 선이라고 설정한다는 것은 원래 인간이라는 주체의 도덕적 이념을 실체화하여 인간과 거리를 둔 독립적인 개체로 만들고 객관적이고 필연적인 '천리'를 부여한다는 뜻이다. 이렇게 원래 인간의 영역이었던 도덕적 이념을 '천리'로 승격시켜 객관적이고 필연적인 존재로 만들자 '리'는 인성과 물성을 선재적이고 획일적으로 규정하게 되었다. 주희와 주희의 제자들이 말한 "리를 얻어야 인성과 물성을 얻었다고 할 수 있다"와 "인의예지는 물도 가지고 있다"는 것이 이런 뜻이다. 그런데 이렇게 되면 물성에 덕이 개입되어 다름이 있게 된다. 덕성이 인성만 가리키는 것도 아니고 인간이라는 주체의 독특한 창조성도 아니게 된 것이다. 이런 점에서 인간의 주체성이 중요하지 않게 되었다. 이것이 세 번째 문제점이다.

위의 세 가지 문제점은 모두 인간의 주체성에 대한 것이다. 정이와 주자의 성덕론에서는 인간의 주체성과 주체로서의 적극성과 창조성이 모두 사라진 것이다. 그런 점에서 머우쭝싼의 다음의 평가는 합당하다고 볼 수 있다.

> 그(주희를 말함, 실제로는 정이도 포함)의 존유론(存有論)적 해석은 광범하게 존재하는 실제를 통해 그렇게 만든 리를 추정하여 성이라고 보

았다. 여기에서 말한 '성'은 존재의 존재성이고 존재의 리(초월적이며 현상적이지 않은)이지 도덕적 실천의 '성'이나 도덕적 창조의 '성'이 아니다. 도덕성이 존재하는 실제(측은지심 등)로 말한다면 인의예지 등처럼 그렇게 만드는 리는 도덕적이지만, 도덕적이지 않고 '존재하는 실제'로 말한다면 그렇게 만드는 리는 도덕과는 아무런 관련이 없으니 이것이 다음 장에서 말한 '시든 것에도 성이 있다'이다. 도덕 여하를 막론하고 일률적으로 존재하는 모습으로 그렇게 하는 것을 성이라고 추정하면 도덕적인 성이라도 이 성의 도덕성과 도덕 역량 또한 약화되는데 이것이 타율 도덕이다. 여기에서 성체(性體)가 아직 실천하기 전이라 자아는 주체가 되며 도덕이 자각적으로 우뚝 서니 이것이 도덕 실천의 선천적 근거와 도덕적 창조의 초월적 실체가 되는 것이다.[138]

하지만 "자아가 주체적이고 도덕적으로 자각하여 일어나" 인간의 주체성을 극대화하는 단계는 육구연(陸九淵)과 왕수인(王守仁)의 주지론(主志論)에서 처음으로 나타났다.

---

138   牟宗三, 『心體與性體』 제3책, 477~479쪽.

4장

주지론(主志論)으로 확립한 성덕론(成德論)

육구연(陸九淵, 1139~1193)의 자는 자정(子靜)이며 왕수인(王守仁, 1472~1528)의 자는 백안(伯安), 호는 양명(陽明)이다. 양간(楊簡, 자 敬仲)의 「상산선생행장(象山先生行狀)」에서 이렇게 썼다.

> 선생(육구연)은 나에게만 "어렸을 때 누군가 이천(伊川) 선생의 어록을 음송하는 것을 듣고 나를 망치는 부류임을 자각했다"라고 하셨다. 또 누군가에게 "이천 선생의 말씀이 어찌하여 공자와 맹자의 말씀과 다른가?"라고 하기도 하셨다.[1]

육구연이 말한 "나를 망치는 부류"는 인간이라는 주체에 냉정했던 정이의 주지론을 말한다. "어찌하여 공자와 맹자의 말씀과 다른가?"는 공자와 맹자의 원시유학은 인간이라는 주체의 정감에 따른 것이므로 정이의 주지론과 다르다는 것이다. 양간이 쓴 이 단락을 통해 육구연이 어린 시절 공부할 때부터 줄곧 인간의 주체성을 수호하는 것을 자신의 임무로 여겼음을 알 수 있다.

---

1   『陸象山全集』 권33, 中華書店, 1992. 이하 육구연의 글은 모두 이 책에서 인용하였다.

왕수인의 깨달음은 육구연보다 늦었다. 「연보(年譜)」에는 왕수인의 21세 때 행적을 이렇게 서술했다.

그해 송 유자들의 격물론을 배웠다. 선생은 처음으로 임안(臨安, 항주)에서 용산공(龍山公, 王華, 왕수인의 아버지)을 모시면서 (주희의)『고정유서(考亭遺書)』를 두루 구해 읽었다. 하루는 이전 유자들이 말한 "모든 사물은 겉과 안, 정밀함과 거침이 있고 풀 한 포기 나무 한 그루에도 모두 지극한 이치가 담겨 있다"는 것을 생각했는데 관서에 대나무가 많아서 대나무를 가져와 탐구하였다. 그 이치를 깊이 생각해도 깨닫지 못하자 마침내 병이 났다.[2]

「연보」에서는 그의 27세 때 행적에 대해 또 이렇게 서술했다.

하루는 회옹(晦翁, 주희)의 송 광종에게 올리는 상소문을 읽었는데, "경(敬)에 있으면서 뜻을 견지하는 것이 독서의 근본이고, 차근차근 정밀하게 들어가는 것이 독서의 방법이다"라는 내용이 있었다. 그것을 보고 그 전날 탐구하고 논의한 것이 비록 넓어도 차근차근 정밀하게 들어가지 못하여 터득한 것이 없었던 것을 후회하였다. 그후 차근차근 순서를 밟아가서 생각은 점차 무르익었지만 사물의 이치와 내 마음은 끝까지 별개로 남아있었다.[3]

왕수인은 27세에도 여전히 미망의 상태였다. 왕수인이 미망의 상태에

---

2 『王陽明全集』 권33, 上海古籍出版社, 1992, 1223면. 이하 왕수인의 글은 모두 이 책에서 인용하였다.

3 위의 책, 1224면.

있었던 것은 이런 이유였다. 마음이 당위성에 입각해 판단을 하게 되면 외재적이고 객관적이고 필연적인 인지와 어떻게 합일될 수 있을까? 선악과 무관한 상태에서 객관으로 존재하는 지식론을 통해 어떻게 완전히 선한 경지를 도출할 수 있는 것일까? 이 문제는 정이와 주희의 주지론으로는 해결할 수 없는 난제였다. 정이와 주희는 유가의 도덕을 절대화하고 보편화시키기 위해 원래 인간이라는 주체에 속했던 도덕 추구를 객관적으로 존재하는 '천리(天理)'로 만든 것이다. 그런데 '천리'가 되자 선재적이고 획일적으로 인성을 규정하게 되었을 뿐 아니라 물성까지 규정하게 되어 물성이 이를 통해 인성이 되게 되었다. 물성과 인성이 같다면 '격물'과 '성덕'도 동일할 것이므로, 왕수인은 '대나무를 탐구했던' 것이다. 그러나 인간의 덕, 특히 신앙으로서의 도덕은 오직 인간이라는 주체가 선택하고 동의하는 것이며, 이 점에서 인간은 자연 만물과 달리 주체성과 주체로서의 주동성과 창조성을 가장 잘 보여줄 수 있었다. 정이와 주희는 인성과 물성을 혼동했고 인간의 주체성을 말살했을 뿐만 아니라 실제 수행하는 공부론에서 물성에서 시작해서 어떻게 인성을 깨닫는가 하는 문제를 낳았다. 왕수인이 "사물의 이치와 내 마음은 끝까지 별개로 남아있었다."고 한 것은 이 점을 말한 것이었다. 왕수인은 여기에서 어떻게 내 마음으로, 어떻게 인간의 주체성으로 돌아갈 것인가 하는 문제를 촉발시켰다. 왕수인은 37세에 '용장에서의 깨달음(龍場悟道)'을 통해 주체가 진정으로 우뚝 설 수 있게 했다.

육구연과 왕수인은 '존덕성(尊德性)'을, 정이와 주희는 '도문학(道問學)'을 최고의 가치에 두고 자기와 상대를 구분했다. 주희는 이렇게 말했다.

자사(子思) 이래 남을 가르칠 때 '존덕성'과 '도문학' 이 두 가지가 핵심이었다. 그런데 지금 자정(子靜, 육구연)은 '존덕성'만 말하는데, 내가 평소에 논할 때에는 '도문학'이 많았다. 그래서 그들의 학문을 보면 지키는 것은 괜찮지만 의리는 자세하지 않을 뿐더러 믿을 수 없는 설로 도리가 가려지니 그냥 둘 수 없다. 나는 의리에 대해 함부로 말할 수 없지만 나와 타인에게 중요한 문제에서 힘을 쓰지 못하는 경우가 많다. 지금 자신을 돌이켜 노력해서 단점을 없애고 장점을 모아 한 곳이라도 무너지지 않기를 바랄 뿐이다.[4]

주희는 자기가 도문학을 논한 것이 많다는 점에서 존덕성만을 말한 육구연과 다르지만, 그래도 편향성을 바로 잡으려고 한다고 했다.[5] 그러나 육구연은 이렇게 말했다.

주원회(朱元晦, 주희)는 이 둘의 단점은 없애고 장점만 모으려고 했으나 나는 그래서는 안 된다고 생각한다. '존덕성'을 모르면서 어찌 '도문학'을 말할 수 있겠는가?[6]

---

4   『朱熹集』권54, 「答項平父」, 2694~2695면.

5   주희가 '도문학'에 중심을 두었다는 점에서 '존덕성'에 중심을 둔 육구연과 구별된다는 것은 거의 정설이 되었다. 예컨대 황종희는 육구연의 학문이 "존덕성을 핵심으로 삼고", 주희의 학문은 "도문학을 핵심으로 삼는다"고 했다.(『宋元學案』 「象山學案」) 장학성은 "주희는 도문학에 치우쳤기 때문에 육구연의 학문을 따르는 자들은 지리하다고 주희를 공격했고" "육구연은 존덕성에 치우쳤기 때문에 주희의 학문을 따르는 자들은 허무한 데 치우친다고 육구연을 공박했는데", 이는 "각자가 중시하는 것으로 문호(門戶)를 다투는 것으로 이 또한 인지상정이다"라고 했다.(『文史通義新編』, 上海古籍出版社, 1993, 71면.) 그러나 천룽제(陳榮捷) 선생은 주희가 '도문학'도 중시하지만 '존덕성'도 중시한다고 변호했다. 이 점에 대해서는 陳榮捷, 「尊德性而道問學」, 『朱子新探索』, 臺灣: 學生書局, 1988 참조.

6   『陸象山全集』권36, 「年譜」.

송·명 신유학약론

이것은 '존덕성'으로 주희의 '도문학'을 직접 비난한 것이었다. '존덕성'을 도덕적 의지의 최고 자리에 둔 것이었으므로 육구연과 왕수인의 학문은 주지론(主志論)이었다.

육구연(陸九淵):
'당위'를 기준으로 '리' 본체론과 '심(心, 志)' 본체론을 말함

육구연은 어떻게 인간을 도덕적 의지의 주체로 내세웠던 것일까? 이 문제는 본체론과 공부론, 두 측면에서 살펴볼 수 있다. 본체론으로 볼 때 육구연은 '심즉리(心卽理)'를 중심에 두었다는 점에서 '성즉리(性卽理)'를 중심에 둔 정이 및 주희와 달랐다. 육구연은 「이재에게 보내는 편지(與李宰)」에서 이렇게 말했다.

인간은 목석이 아닌데 어찌 무심할 수 있겠는가? 마음은 오관(五官) 중에서 가장 존귀하다. 『홍범(洪範)』에서는 "사고는 깨닫는다는 것이고 깨달으면 성인이 된다."고 했고 맹자는 "마음이라는 감각기관은 생각하는 것이고 생각하면 얻는 게 있지만 생각하지 않으면 얻는 것이 없다", "사람에게 어찌 인의라는 마음이 없겠는가?", "마음으로 똑같이 여기는 것이 없겠는가?", "군자가 범인과 다른 것은 마음에 담은 것에 있다", "현자에게만 이 마음이 있는 것이 아니라 모든 사람에게 이 마음이 있다. 현자는 이것을 잃지 않았을 뿐이다", "사람이 짐승과 다른 것은 작은 차이인데 일반 사람들은 그것을 없애버렸지만 군자는 그것을 보존한다"고 했다. 여기에서 '없애버린' 대상은 이 마음이다. 그래서 "이것은 본심(本心)을 상실한 것을 말한다"고 한 것이다. 보존한 대상은 이 마음이다. 그래서 "대인(大人)은 어릴 때 마음을 잃지 않는 사람"이라고 한 것이다. '사단(四端)'이 이 마음이다. "하늘이 우리에게 부여해준 것"이 이 마음이다. 모두 이 마음이 있고 이 마음에 모두 '리'가 있으니 마음이 '리'이다. 학문에서 핵심은 이 리를 궁구하고 이 마음을 다하려고 하는 것이다.[7]

「증택지에게 보내는 편지(與曾宅之)」에서 또 이렇게 말했다.

> 심은 하나의 마음이고 리는 하나의 이치이다. 하나로 귀결되어야 하며 정밀한 의리는 둘로 나누어지지 않으니 이 마음과 이 이치는 반드시 하나여야 한다.[8]

이것은 모두 '심즉리'를 반복해서 강조한 것이다. '성즉리'를 중시한 정이와 주희는 '성'과 '리'의 관계를 보편성과 개별성의 관계로 보았다. 이것은 순수한 실존 세계이며 주체의 마음과는 관련이 없다. 육구연이 중시한 '심즉리'는 '심'을 '리'로 보아 '심'은 '리'라는 보편성을 가지며, '리'가 '심'에 있으므로 '리'는 '심'의 인정을 받았다는 뜻이었다. 이렇게 볼 때 '리'와 '심'은 주체적인 것이라고 할 수 있다. 따라서 이것은 실존계의 필연성과는 무관하며 순수하게 인간이 내린 당위적 판단이다. 그래서 '리'는 주체의 신앙적 도덕에 들어가는 것이다. 그래서 육구연은 이렇게 말했다.

---

7   『陸象山全集』 권11.

8   『陸象山全集』 권1.

인(仁)이 이 마음이고 이 이치이다. 구하면 얻는다는 것은 이 이치를 얻은 것이다. 먼저 안다는 것은 이 이치를 안다는 것이다. 먼저 깨닫는다는 것은 이 이치를 깨닫는 것이다. 자기의 부모를 사랑하는 것이 이 이치이고 자신의 형을 공경하는 것이 이 이치이다. (중략) 맹자는 "따져보지 않고서도 아는 것을 '양지(良知)'라고 했고, 배우지 않고도 할 수 있는 것을 '양능(良能)'이다."라고 했다. 이것은 하늘이 나에게 부여한 것으로 내가 본래 가지고 있던 것이지 외부에서 가져와 나를 바꾼 것이 아니다. 그래서 "만물은 모두 나에게 있던 것이다. 정성스럽게 자신을 돌아보는 것보다 더 큰 즐거움이 없다"고 하였으니 이것이 나의 본심인 것이다.[9]

인의(仁義)는 인간의 본심이다. 맹자는 "인간에게 어찌 인의라는 마음이 없겠는가", "내가 본래 가지고 있던 것이지 외부에서 가져와 나를 바꾼 것이 아니다"라고 했다. 어리석은 사람은 이 경지에 도달하지 못하고 물욕에 덮여 본심을 잃게 된다. 현명한 자와 지혜로운 자는 정도가 지나쳐 자신의 생각에 덮여 본심을 잃게 된다.[10]

육구연은 인의로 '리'를 설명하여 '리'가 도덕이 되게 했고 인의의 리가 본심이라고 했는데 이것은 '리'가 주체가 마음으로 선택하고 인정하는 것에서 나왔다는 것을 인정한 것이다. 이를 통해 육구연은 '심즉리'라는 명제로 유학의 발전에서 근본적인 전환을 이루어냈다. 그 결과 '리'는 더 이상 실존계의 객관적이고 필연적인 법칙을 의미하지 않게 되었고 '심' 역시 존

---

9   『陸象山全集』권1, 「與曾宅之」.

10   『陸象山全集』권1, 「與趙監」.

유계(存有界)와 대응되는 이성을 가리키지 않게 되었다. '리'는 인간의 본심이 자각하고 인정한 도덕이자 '심'과 완전히 동일한 것이 되었다. '심즉리'에서 '심'은 도덕적 마음인 것이다. 도덕적 마음은 완전하게 자주적이고 자율적이므로 절대적이자 자족적인 것이다. 「연보」에는 선생인 육구연이 학생인 양간(楊簡, 자 敬仲)에게 답변한 내용을 수록하였다.

> 내(양간)가 "어떤 것이 본심입니까?"라고 묻자 선생께서 "측은(惻隱)이 인(仁)의 단서이고, 수오(羞惡)가 의(義)의 단서이며, 사양(辭讓)이 예(禮)의 단서이고 시비(是非)가 지(智)의 단서이니, 이것이 바로 본심입니다."라고 답하셨다. 내가 "그것은 어릴 때 이미 알았던 것입니다. 그런데 대체 본심은 어떤 것이란 말입니까?"라고 몇 번 더 물었지만 선생은 했던 말만 되풀이할 뿐 다른 해석을 더 하지 않았고 나도 미처 깨닫지 못했다. 그런데 마침 부채 상인의 소송 사건이 있어서 내가 그의 잘잘못을 판단한 뒤 다시 예전에 했던 그 질문을 했다. 선생께서는 "방금 부채 상인의 소송을 판결하는 것을 들었는데, '시'는 그 사람이 옳다는 것을 아는 것이고 '비'는 그 사람이 틀렸다는 것을 아는 것이니, 이것이 그대의 본심입니다."라고 하셨다. 나는 불현듯 크게 깨닫고 그제야 북면하여 제자로서 납례를 하였다. 그래서 나는 언제나 "내 본심이 발한 것을 선생이 그날 부채 다툼의 시비를 통해 나에게 답해주셔서 불현듯 이 마음에 처음과 끝이 없다는 것을 깨닫게 되었고 불현듯 이 마음이 어디든 통해있다는 것을 깨닫게 되었다"라고 말한다.[11]

---

[11] 『陸象山全集』 권36, 「年譜」.

송·명 신유학약론

이 인용문에서는 측은, 수오, 사양, 시비 즉 인, 의, 예, 지라는 '사단'을 '본심'으로 보았는데, 이것은 '본심'이 도덕적 마음이라는 것이다. 도덕적 마음으로 가치 판단을 내릴 사람은 순전히 자아이며 외부적 요소의 영향도 받지 않았고 어떤 것과 대응 관계에 있는 것도 아니므로 절대적이다. 양간이 "불현듯 이 마음에 처음과 끝이 없다는 것을 깨닫게 되었다"고 한 것은 이 마음에 시간적 한계가 없다는 뜻이며, "불현듯 이 마음이 어디든 통해있다는 것을 깨닫게 되었다"는 것은 이 마음에 공간적인 한계가 없다는 뜻이다. 양간은 육구연과 마찬가지로 도덕적 본심에 경험 세계와 시공간과 대응 관계를 초월한 절대성을 부여한 것이다.

이 도덕적 본심은 도덕적 판단의 기준으로, 개별 인간의 자주성과 자율성에 좌우되기는 하지만 여전히 보편적이고 유효하다. 젊은 시절 육구연은 이렇게 말한 적이 있다.

> 동해에 성인(聖人)이 출현하더라도 이 마음은 같고 이 이치는 같다. 서해에 성인이 출현하더라도 이 마음은 같고 이 이치도 같다. 남해와 북해에 성인이 출현하더라도 이 마음은 같고 이 이치도 같다. 천백 년 이전에, 천백 년 이후에 성인이 출현하더라도 이 마음과 이 이치 또한 다르지 않을 것이다.[12]

학생들에게 가르칠 때에도 이 점을 다시 강조했다.

> 마음은 하나의 마음, 누군가의 마음, 내 친구의 마음이며 천백 년

---

12   『陸象山全集』권36, 「年譜」.

전의 성현의 마음이니 천백 년 이후에 다시 성현이 나타나더라도 그 마음 역시 이러할 것이다. 마음의 범위는 매우 커서 만약 내 마음을 다 펼칠 수 있다면 하늘과 같을 것이다.[13]

여기에서 말한 '마음이 같고', '이치가 같다'는 것 또한 도덕이 보편적이고 유효하다는 것을 강조한 것이다. 육구연은 이 점에서 주희와 달랐다. 주희는 도덕에 공공성, 객관성과 필연성을 부여하여 도덕이 개체를 절대적으로 지배한다는 것을 확실하게 하려고 했다. 이런 식으로 실존계를 개별성과 보편성으로 나누고 보편성이 가지는 포괄적인 성격을 통해 도덕이 보편적이고 유효하다는 것을 입증하려고 했는데 이는 전형적인 지식론의 사유방식이다. 반면 육구연은 도덕을 실존계의 개별성 및 보편성과 관련짓지 않았다. 육구연에게 '리'가 보편적이고 유효한 것은 사람들의 마음에 공통적인 가치 기준이 있기 때문이었다. 이런 공통성은 어떻게 생겨나는지에 대해 육구연은 언급하지 않았지만, 그는 가치 기준의 측면에서 사람의 마음은 공통적이며 개체의 마음도 보편적이라고 인정했다. 육구연은 이렇게 말했다.

우주가 내 마음이고, 내 마음이 우주이다.[14]

이것은 개체의 마음이 보편적이라고 확인한 것이며 개체의 마음을 우주의 마음으로 본 것이다. 우주는 실존하며 이를 통해 마음도 실존하게 된

---

13   『陸象山全集』권35, 「語錄」.

14   『陸象山全集』권36, 「年譜」.

송·명 신유학약론

다. 또 우주는 무한하며 이를 통해 마음도 무한하게 된다. 마음이 우주와 같기 때문에 무한하게 실존하므로 마음도 편재(遍在)해 있는 것이다.

도덕적 본심은 절대적이고 자족적이며(도덕적 경지에서 인간이 완전히 자주적이고 자율적으로 도덕적 판단을 내린다는 의미) 또 편재해 있으므로(객관적이고 실존하므로 개별 인간의 도덕적 본심은 모두 우주와 상통하며 절대적이고 동일하다는 의미) 본체가 되는 것이다. 이것이 '심' 본체론이다.

육구연은 도덕적 마음이 본체가 된다는 것을 증명함으로써 인간이라는 주체가 완전히 우뚝 서게 했다. 공부론에서 육구연은 '주지론'을 표방한 정이와 주희를 비판함으로써 주체를 부각시켰다. 정이와 주희의 '리' 본체론 및 '성즉리'에서 '성'과 '리'의 관계는 외재하고 객관적인 세계와 개별성과 보편성의 관계일 뿐, 인간이라는 주체와는 무관하다. 인간은 반드시 '격물치지(格物致知)'를 통해 외재적이고 객관적이고 필연적인 것을 충분히 파악하고 이것이 규범한 범위 안에서만 성덕의 문제를 논할 수 있다. 이를 통해 확립된 도덕도 규범적 도덕일 뿐이라 인간이라는 주체의 자주성과 자율성에 매우 한계가 있는 것이다.

이와는 달리 육구연은 '심'과 '리'가 인간이라는 주체 자신의 것이며 그 안에 안과 밖 또는 주와 객의 관계가 없었다. '심즉리'는 개별 인간의 마음이 원래 자족적이고 편재해 있다는 것이었다. 마음은 본래 자족적이라 외부의 허락이 필요하지 않고 마음은 편재해 있으므로 유추를 통해 도달할 필요도 없다. 그래서 육구연은 지식론을 공부 방법으로 삼은 정이와 주희를 비판했다. 그 유명한 '아호지회(鵝湖之會)'에서 이 점을 알 수 있는데, 모임에 같이 있었던 이들은 이렇게 기록했다.

아호의 모임에서 가르치는 방법에 대해 언급하였는데 주희는 박람(博覽)한 다음에 요약하도록 해야 한다고 보았고, 육구령(陸九齡)과 육구연은 먼저 인간의 본심을 밝힌 다음에 박람하도록 해야 한다는 입장이었다. 주희는 육구령과 육구연의 방식이 너무 간단하다고 생각했고 육구령과 육구연은 주희의 방식이 지리하다고 생각해서 이들의 의견은 합치되지 않았다. 선생(육구연)이 다시 주희를 설득하기 위해 요순 이전에 무슨 책이 읽을 만하냐고 물었다. 복재(復齋, 주희)가 그만하자고 했다.[15]

주희와 육구연의 논쟁에서 주희는 먼저 "박람한 다음에 요약하도록 해야 한다"고 주장했는데, 이것은 먼저 '격물치지' 공부로 '리'의 규정성을 인식해야 도덕적 수양과 실천을 할 수 있다는 것이었다. 육구연과 형 육구령은 여기에 동의하지 않고, 개별 인간은 도덕적 본심에서 자족적이므로 성덕의 관건은 "본심을 밝히는 것"에 있다고 보았다. '본심'을 떠나 외부에서 뭔가를 구하려고 한다면 "본심을 밝힐" 수 없을 뿐만 아니라 본심을 덮고 와해시킬 수도 있다. "육구연은 주희의 가르치는 방식이 지리하다고 생각했다"는 것은 이런 의미였다.

또 주희를 만나러 가는 도중에 육구령, 육구연 형제는 시를 화창했다. 육구령의 시는 이랬다.

어려선 사랑을, 자라서는 공경을 아는 것,
옛 성인은 다만 이 마음을 전하였다.

---

15   『陸象山全集』권36, 「年譜」.

기초가 있어야 집을 짓는 법이니

터 없이 갑자기 산봉우리 솟는 일은 없네.

주석 다는 데 마음을 두면 본의를 이해하지 못하고

세세한 뜻에 집착하면 의미 파악이 어렵네.

귀중한 벗이여, 서로 절차탁마하여

지극한 즐거움이 여기 있음을 알도록 하자.[16]

육구연은 형의 시 제2구가 "다소 마음에 들지 않아" 이렇게 화답하였다.

무덤에선 슬퍼하고 사당에선 공경하는 건

영원히 사람에게 없어지지 않을 마음.

떨어지는 방울이 푸른 바다로 흘러가고

조약돌 쌓아서 태산을 이루네.

쉽고 간단한 공부는 크고 오래가겠지만

지리한 공부는 헛되게 되겠지.

밑에서부터 높이 오르는 법을 알고 싶다면

지금은 진위 분별이 선결해야 할 과제.[17]

육구령과 육구연은 이 두 편의 시를 주희에게 보여주었는데 주희는 "매우 불쾌해했다". 육구령 및 육구연과 주희는 며칠 동안 논쟁을 거듭했지만 끝내 합의점을 도출해내지 못했다. 3년 뒤 주희는 화운시 한 수를 지어 자신의 심경을 토로했다.

---

16 『陸象山全集』 권36, 「年譜」.

17 『陸象山全集』 권34, 「語錄」.

예전부터 이들의 덕업와 풍류를 흠모했는데
헤어진지 3년이 되니 더욱 마음이 쓰인다.
우연히 지팡이 짚고 차가운 산골짜기 나왔을 때
그대들도 수레 타고 먼 산을 건너왔었지.
옛 공부는 생각할수록 더욱 치밀해지고
새 지식은 배양할수록 더욱 깊어지는 법.
정묘한 곳에 논의가 미칠 때 기쁨 한량없으니
옛사람과 마음이 통하지 않는다는 말 믿지 못하겠네.[18]

육구령 및 육구연 형제의 시와 주희의 창화시는 본체론에서 이견을 보인 결과 공부론에서도 차이를 보였다. 주희는 '리'가 객관적이고 외재적인 것이라고 생각했기 때문에 마음을 지식이 있는 마음으로 만들어야 하고 이 지식이 있는 마음은 '격물치지' 공부로만 규정된 범위와 조건 속에서 덕을 수양하고 실천할 수 있다고 여겼다. 주희의 "옛 공부는 생각할수록 더욱 치밀해지고, 새 지식은 배양할수록 더욱 깊어지는 법" 구절은 지식론을 긍정한 것이었다. 육구령과 육구연 형제는 '리'가 사람의 마음으로 인정한 것이고 '리'는 '심' 안에 있으며 '리'와 '심'은 자족적이고 편재한다고 생각했다. 그러니 외부에서 구하고 그것에 도달하려고 할 필요가 없었다. 육구령이 말한 "주석 다는 데 마음을 두면 본의를 이해하지 못하고, 세세한 뜻에 집착하면 의미 파악이 어렵네"와 육구연이 말한 "쉽고 간단한 공부는 크고 오래가겠지만, 지리한 공부는 헛되게 되겠지"는 지식론에 입각한 공부 방법은 덕을 이루는 데도 도움이 되지 않는다는 것이다. 또 덕성으로

---

18   『陸象山全集』 권36, 「年譜」.

볼 때도 원래 맑고 밝은 마음이 경험 지식으로 뒤덮여 잡다하게 될 뿐만 아니라 애초에 완전한 마음이 동떨어진 경험적 사물에 가려져 '매몰될' 것이었다.

지식론으로는 마음이 외물을 추구하게 해서 '본심'을 사라지게 할 뿐이라고 판단하자 육구연은 심지어 덕을 이루는 공부는 "부담을 줄이고" "벗겨내는 것"에 있다고까지 생각하게 되었다. 「어록」에는 이런 내용이 실려 있다.

> 현중(顯仲)이 "저는 어째서 이렇게 우둔합니까?"라고 물었다. 선생께서는 "인간의 기질에는 청탁(淸濁)이 있으니 제대로 배양하고 외물을 따르지 않으면 청명하게 될 수 있지만, 외물을 따르는 순간 혼탁해진다. 자네는 억측하기를 좋아하는데 그것이 모두 잘못된 것이다. 인간의 마음에 문제가 있다면 반드시 벗겨내야 한다. 한 차례 벗겨내면 한 차례 청명해질 것이다. 나중에 또 생기면 또 벗겨내고 또 청명해진다. 깨끗해지도록 벗겨내어야 한다는 것이 바로 이런 뜻이다"라고 하셨다.[19]

이것은 '마음'이 경험적 사물과 어떤 관계를 갖는지를 말한 것이다. 육구연은 '심'은 청명한데 여기에서 한번 경험적 세계로 떨어지면 경험적 사물과 대응 관계를 이루어 "혼탁해진다"고 생각했다. 그래서 "벗겨 내야" 경험적 사물이 마음을 어지럽히지 못하게 되어 마음을 청명하게 유지할 수 있게 된다. 육구연은 또 이렇게 말했다.

---

19   『陸象山全集』 권35.

또 "젊은 사람들은 (집에) 들어오면 효도하고 (밖으로) 나가면 우애롭게 지내야 한다"고 한 것은 자네에게 그렇게 하라고 분명하게 말한 것인데, 어찌 주석을 달 필요가 있겠는가? 배우는 사람이 주석 다는 것에 신경을 쓰다 보니 부담이 가중된다. 나는 그대에게 부담을 덜어준 것이니 이것이 바로 격물이다.[20]

이 부분은 '마음'과 경험적 지식 간의 관계를 설명한 것이다. '마음'은 그 자체로 완전한데, 그 뜻은 덕성이 마음에 원래 있어서 '마음'이 스스로 깨닫고 스스로 밝히며 스스로 증명한다는 뜻이다. 예컨대 "들어오면 효도하고", "나가면 우애롭게 지내야 한다"는 것은 모든 사람이 경험적 지식 없이도 스스로 깨달아서 행할 수 있는 것이며 이렇게 하는 것이 옳다고 판단할 수 있다. 이렇게 사람들은 원래 완전한 덕성이 있는데 경험과 지식으로 판단하고 실증하라고 하면 마음을 무엇인가와 대응 관계에 두기 때문에 더 이상 마음이 완전하지 못하게 된다. 그래서 육구연은 "부담을 덜자"고 했고, "부담을 더는 것"을 '격물'이라고 해석한 것이다. 이렇게 되면 '격물'은 지식론에 속하지 않게 된다.

공부 방법에서 육구연은 지식론을 거부하고 완전한 마음, 즉 마음은 스스로 깨닫고 스스로 밝히며 스스로 증명한다는 것을 주장하여 경험적 세계와 대응하는 존재로 전락하지 않을 수 있었다. 그리고 그 결과 인간의 주체성과 주체로서의 자주성과 자율성을 지켜냈다.

육구연은 이 점에 광적일 정도로 집착했다. 육구연은 인간의 주체성을 논할 때 자주 이렇게 말했다.

---

20   『陸象山全集』 권35.

위는 하늘이고 아래는 땅이고 인간은 그 사이에 있으니 인간이 된 것이 헛되지 않게 해야 한다.

인간은 먼저 자신이 인간이 된 이유를 알아야 한다. (중략) 인간이 된 이유를 모르면서 강학을 하여 대의는 놓치고 자질구레한 것만 말한다면, 이것은 밥을 마구 먹고 국물을 후루룩 마시면서 마른 고기를 이로 자르지 말라고 따지는 격이다.

인간은 역량을 키워 주재자가 되어야 한다.[21]

이것은 곧 인간이라는 주체가 천지 사이에서 우월하며 주재가 된다는 점을 잊지 말라는 것이다. 인간이 주재한다는 것은 모든 개인의 입장에서 볼 때 자신에 대해 자주성을 가진다는 뜻이었다. 그래서 육구연은 또 이렇게 말했다.

성(誠)은 스스로 정성스러운 것이고, 도는 도(道)라는 것은 스스로의 도이다. 군자는 스스로 밝은 덕을 밝히니 인간에게 사단(四端)이 있는데도 스스로 할 수 없다고 생각하는 사람은 자신을 해치는 사람이다. 포(暴)는 자신에게 포악하게 하는 것이고 기(棄)는 자신을 버리는 것이다. 모(侮)는 자신을 욕보이는 것이고 반(反)은 자신을 돌이키는 것이며 득(得)은 스스로 얻는 것이니 화복은 모두 자기가 구하는 것이다. 성현은 '자(自)'라는 핵심어 한 글자로 이것을 말하셨다.[22]

---

21   『陸象山全集』 권34, 「語錄」.

22   『陸象山全集』 권34, 「語錄」.

이른바 '자'라는 것은 다른 것에 의지하지 않는다는 것이다. 그래서 육구연은 또 이렇게 말했다.

> 자립하고 자중하며 다른 사람의 족적을 따르거나 다른 사람의 말을 배워서는 안 된다. 자득하여 스스로 이루고 스스로 말하며 스승과 벗들의 지식에 기대지 않는다.[23]

"스승과 벗들의 지식에 기대지 않"아야 하며 심지어 성인과 경전을 따를 필요도 없다. 육구연은 "학문에서 근본을 알게 되면 육경도 모두 나의 주석이 된다"고[24] 했는데, 이것은 특히 '나'의 자주성을 드러낸 것이다. 육구연은 자아가 주체가 되는 정신을 직접 깨달았으므로 자신에 대해 이렇게 말했다.

> 나에게 아무런 일이 없었을 때 나는 아무것도 모르고 아무것도 할 줄 모르는 사람인 것 같았다. 그런데 일이 생기자 오히려 모르는 것이 없고 못하는 것이 없는 사람인 것 같았다.

> 고개를 들어 남두성(南斗星)을 올라가고 몸을 날려 북두성(北斗星)에 의지했다. 머리를 들어 하늘 밖을 바라보니 나 같은 이런 사람은 없구나.[25]

---

23 『陸象山全集』 권34, 「語錄」.

24 『陸象山全集』 권34, 「語錄」.

25 『陸象山全集』 권35, 「語錄」.

육구연은 이 지점에서 확실하게 '광자(狂者)의 마음'을 보여줬다. 주희가 「경재잠(敬齋箴)」에서 자질구레하게 모든 일에 조심할 것을 강조했다면 육구연은 인간의 자주성과 자유로움을 최대한 인정했기 때문에 사람들이 더 좋게 봤던 것 같다. 육구연은 추구하는 경지에서도 주희와 달랐다. 육구연은 이렇게 말했다.

정호와 정이는 주돈이를 만난 다음에 음풍농월하면서 돌아왔으니 나는 증점(曾點)과 같이 하겠다는 뜻이 있었다. 나중에도 정호는 이 마음을 여전히 가지고 있었지만 정이는 그 마음을 이미 잃어버렸다.

주희는 정이 같았고 장식(張栻)은 정호 같았다. 정이는 덮인 것이 많았지만 정호는 소통할 수 있었다.[26]

육구연은 정이와 주희가 "덮인 것이 많다"고 생각했다. 그들이 지나치게 외재하는 사물에 이끌려 자주와 자유를 잃어버렸기 때문이다. 정호는 달랐다. 정호는 "소통할 수 있었는데 '그가 외물에 매이지 않았다'는 뜻이다. "음풍농월하며 돌아왔다"는 것은 어디에도 매이지 않은 자유로움을 보여준 것이다. 이런 자유로운 경지는 천지의 경지이다. 육구연은 정호와 마찬가지로 천지의 경지를 추구했던 것이다.

육구연은 정호와 추구하는 경지에서 유사했다. 육구연은 정호는 높이 평가했지만 정이는 배척했기 때문에, 수많은 학자들은 이 두 사람의 사상

---

26   『陸象山全集』 권36, 「年譜」.

을 모두 심학(心學)에 넣었다.[27] 그렇지만 이 두 사람의 사상은 여전히 매우 달랐다. 그 차이점은 대체로 이렇게 말할 수 있다.

정호는 '천리'를 최초로 주목한 사람이었고, '리'의 객관성을 더 강조했다. 정호의 사상 체계의 문제는 '리' 본체론에 중심을 둔 부분이 아니라 '리' 본체론으로 지식론을 전개하지 않았다는 점에 있었다. 정호는 여전히 주돈이와 장재의 사유과정을 계승하여 깨달음을 공부 방법으로 삼았는데, 그러다 보니 본체론과 공부 방법에서 내적 모순이 생겼고 정이와 주희의 주지론을 촉발시켰다. 정이와 주희는 지식을 공부 방법의 전제이자 바탕으로 삼았기 때문에 본체론과 공부론이 조화를 이룰 수 있었고 이를 통해 '리' 본체론이 완정해질 수 있었다.

반면 육구연의 사상은 '리' 본체론을 배척하는 바탕 위에서 발전했다. 육구연은 '심'이 본체라고 생각했고 '심즉리'라는 명제에서 '리'의 객관적이고 필연적인 성격은 약화되었다. '리'는 인간이라는 주체가 선택한 일종의 의지와 가치 판단이 되었고, 인간이라는 주체가 외부 제약 없이 완전히 자주적이고 자유로우며 창조적인 성격을 가장 잘 구현할 수 있었다. 외부에 기대지 않으니 지식에서 구할 필요도 없었다. 그래서 육구연의 공부론은 지식 위주가 아니라 '뜻(志)' 위주였고, 인간과 주체가 스스로 주장하고 스스로 인정하고 스스로 깨닫고 증명하는 것이었다. 육구연이 정호의 주장에서 취한 점이 있다면 그것은 본체론이 아니라 공부론이었다. 정호

---

27 펑여우란(馮友蘭) 선생이 이런 입장이다. 펑여우란은 "도학이 이후에 발전할 때 정호의 사상은 심학을 이루었고 정이의 사상은 리학을 이루었다. 그들 두 형제는 도학을 만들었을 뿐만 아니라 도학에서 양대 분야를 창시했다. 이것은 철학사에서는 매우 드문 것이다"라고 했다(馮友蘭(b), 앞의 책, 107쪽).

의 공부론은 '심' 본체론이어야 이론 체계에서 일관될 수 있었다. 육구연은 '심' 본체론을 구축하여 일관성을 확보했다. 또는 정이와 주희가 정호의 '리' 본체론을 차용하여 위에서 아래로 지식 중심의 공부론을 이끌어낸 반면, 육구연은 정호의 '뜻(志)' 중심의 공부론을 계승하여 아래에서 위로 '심' 본체론을 도출했다고 말할 수도 있을 것이다.[28]

철학에서 리 공부의 발전에서 육구연의 위상을 이렇게 정립시킬 수 있다면 그의 취약점에 대해서도 다음과 같이 분석할 수 있을 것이다.

첫째, 육구연은 '심즉리' 명제로 '리'를 '심'으로 귀결시켰는데 그렇다면 '심' 밖에 객관적이고 필연적인 성격이 있다는 것을 인정한 것인데, 이런 객관적이고 필연적인 성격을 어디에 두었을까? 또는 육구연이 '심즉리'라는 명제로 '리'를 인간이라는 주체의 당위적인 가치 판단으로 보고 인간의 주체성을 충분히 보여줬다면 그 다음에 인간이라는 주체가 외재적 존

---

28 육구연과 정호의 이런 관계는 리를 공부하는 측면에서 말한 것이다. 육구연은 자신이 "맹자를 읽으면서 자득했다"고 했다(『陸象山全集』 권35, 「語錄」). 이것은 그가 정호의 문하와는 사승관계가 전혀 없다는 것을 보여준다. 『송원학안』 권58 「상산학안서(象山學案序)」에서는 "전조망(全祖望)이 삼가 살피기를, 상산의 학문은 '먼저 그 대강을 세운' 것으로 맹자를 바탕으로 해서 속세에서 들은 것을 말하는 지리한 학문을 충분히 경계했다. [중략] 정호의 문하 사상채(謝上蔡) 이후 왕신백(王信伯), 임죽헌(林竹軒), 장무구(張無垢)에서 임애헌(林艾軒)에 이르까지 모두 우수했지만 육구연에 이르러 대성하였다"고 했다. 이것은 육구연과 정호 문하 사이에 긴밀한 계승 관계가 있다고 말한 것 같다. 이 설은 머우쭝싼(牟宗三)에 의해 부정되었다. 머우쭝싼은 "상산의 학문은 원래 누구에게 배운 것이 아니라 맹자를 읽고 자득한 것이다. 상산 스스로 이 점을 밝혔으며 전조망도 그 사실을 이미 알고 있었다. 그런데도 다시 그의 원류가 사상채, 왕신백에게서 나왔다고 말한 이유는 무엇인가? 육구연은 북송 사가(北宋四家)에 대해 깊이 연구하지도 않았고 또 『중용』, 『역전(易傳)』을 통해 『논어』와 『맹자』로 돌아온 것도 아니었다. 그러므로 육구연은 정호를 통해 나온 것도 아니고 정호 또한 육구연의 길을 열어준 것이 아니다."라고 했다.(牟宗三, 『心體與性體』 1, 臺灣: 正中書局, 1968, 54쪽) 이런 이견을 참고용으로 제시한다.

재와 어떤 관계를 맺는다고 보았을까? 이 점에 대해 육구연은 난감했던 것 같다. 육구연은 이렇게 말했다.

> 이 이치는 우주에 가득 차 있으니 누가 여기에서 벗어날 수 있을 것인가. 따르면 길하고 따르지 않으면 흉할 것이다. 뒤덮여 있으면 어리석게 되고 트여 있으면 밝게 안다. 어리석은 사람은 이 리를 보지 못하기에 이것을 따르지 않는 일이 많아 흉하게 된다. 밝게 아는 사람은 이 리를 보기 때문에 이를 따라 길하게 된다.[29]

> 이 리는 우주 사이에 있으며 숨겨진 적이 없으니, 천지가 천지가 된 이유는 이 리를 따라 사사로움이 없었기 때문이다. 인간과 천지가 함께 서서 삼극(三極)이 되었으니 어찌 스스로 사사롭게 여기고 이 리를 따르지 않을 수 있겠는가?[30]

이것은 인간의 밖에 또 천지 우주가 있고 천지 우주 간에는 어떤 객관적이고 필연적인 성격이 존재하는데 이 또한 '리'이며 인간은 객관적이고 필연적인 '리'의 지배를 벗어날 수 없다는 것을 인정한 것이다. 육구연은 또 이렇게 말했다.

> 인심은 인위이고 도심은 천리라고 하지만 그렇지 않다. (중략) 인간에게도 선과 악이 있고 천(天)에도 선과 악이 있다. 일식과 월식에서 별을 침식하는 악한 별이 바로 그런 예이다. 어찌 선이 모두 천(天)에

---

29 『陸象山全集』 권34, 「語錄」.
30 『陸象山全集』 권11, 「與朱濟道」.

해당하고 악이 모두 인간에게 해당하겠는가? 이 설은 『악기(樂記)』에서 나왔으니 성인의 말이 아니다.[31]

'심즉리'에 따르면 '심'은 완전히 선하고 '리' 역시 완전히 선한데 왜 여기에서는 또 "인간(마음)에게도 선과 악이 있고 천(리)에도 선과 악이 있다"고 한 것일까? 이것은 분명 실존적 의미에서 말한 것이다.

제3장에서 언급했듯이 정이와 주희가 강조한 '성즉리'는 두 가지의 난제에 직면했다. 만약 '리'가 완전히 객관적이고 필연적이어서 선악의 구별이 없다면 '리'가 부여한 인성과 물성 역시 선악과 무관할 것이다. 그렇다면 사람들이 간절히 바라는 선은 어디에서 온 것일까? 만약 '리'가 객관적이고 필연적인 것일 뿐만 아니라 완전한 선이기도 하다면 '리'에서 부여했으므로 인성만 완전히 선할 뿐 아니라 물성도 완전히 선할 것인데 이것이 어찌 황당무계한 말이 아니겠는가? 이것이 정이와 주희의 난제였다. 육구연은 '성즉리'를 '심즉리'로 대체함으로써 정이와 주희의 난제를 매우 잘 해결할 수 있었지만 또 다른 난제는 해결할 수 없었다. 인간만이 인정한 당위적 판단 또는 가치로서의 '리'가 어떻게 실존계를 포괄할 수 있을 것인가? 만약 실존계를 포괄할 수 없다면 가치로서의 리는 객관적이고 필연적인 리와 무관한데, 인간과 주체, 주체의 본심이 어떻게 본체가 될 수 있겠는가? 다음 내용에서 보겠지만, 이것은 육구연의 난제일 뿐만 아니라 '지(志)'를 중심에 둔 학문의 기본적인 난제였다. 어쩌면 육구연과 왕수인의 난제라고도 할 수 있을 것이다.

---

31   『陸象山全集』 권35, 「語錄」.

둘째, 육구연은 공부론에서 처음부터 확실하게 지식을 배척했으면서 왜 다시 "아는 것이 먼저이고 행동이 그 다음이다."라는 것을 인정했던 것일까? 「어록」에는 이런 내용이 나온다.

> 건(乾)은 쉬움으로써 알고 곤(坤)은 간략함으로써 능하다. 선생은 항상 "나는 이 리를 알고 있으니 이것이 건이고, 이 리를 행하니 이것이 곤이다. 아는 것이 먼저이므로 건은 시초를 주관하고 곤은 만물이 완성되도록 한다."라고 하셨다.[32]

「어록」에는 육구연의 이런 말도 수록되어 있다.

> 박학(博學)과 심문(審問), 신사(愼思), 명변(明辨), 독행(篤行)에서 박학이 먼저이고 힘써 행하는 것은 그 다음이다. 내 벗의 학문은 넓지 않으니 어찌 행동할 때 해야 하는지 하지 말아야 하는지 알겠는가?[33]

아는 것이 먼저이고 행하는 것이 그 다음이라는 것은 지식론에서는 가능한 말이다. '리'는 '심' 밖에 있으므로 반드시 '앎(知)'을 통해 파악해야 '행'할 수 있다. 또 '리'로 객관적인 판단을 해야 '행위'가 적절했는지를 알 수 있다. 그런데 '심즉리'를 주장하면서 지식론을 부정한 육구연이 어째서 여전히 "아는 게 먼저이고 행동이 그 다음"이라고 말하는 것일까? 이런 주장은 그의 심학 체계와 잘 맞지는 않지만 체계 내에서 난제라고 할 수는

---

32 『陸象山全集』 권34.
33 『陸象山全集』 권35, 「語錄」.

송·명 신유학약론

없고 육구연이 아직 당시의 일반적인 학술 경향이었던 정이와 주희의 영향력에서 완전하게 벗어나지 못했음을 보여줄 뿐이다. 육구연의 이론 체계에는 약간 일관적이지 못한 면이 있었는데, 왕수인은 이런 점을 보완하여 '심' 본체론과 주지론(主志論)을 더 발전시킬 수 있었다.

왕수인(王守仁):
'치양지(致良知)' 설에 드러난 자유 의지

『명유학안(明儒學案)』 권10 「요강학안(姚江學案)」에는 왕수인(양명)의 제자 왕기(王畿)가 왕수인 사상의 발전 과정을 쓴 부분을 인용했는데 내용은 다음과 같다.

선생의 학문은 처음에는 문장(詞章)을 잘 알았고 이어 고정(考亭, 주희)의 책을 두루 보시며 차근차근 격물을 하였으나 사물의 이치와 내 마음이 결국 합치되지 않아 들어갈 곳이 없었기에 불학과 노자까지 섭렵한 지가 오래되었다. 소수민족 지역에서 곤경에 처하여 고생을 참으면서 심신을 연마할 때 성인이 이런 경우에 어떤 도를 가지고 있었을까 생각하다가 불현듯 격물치지의 뜻을 깨닫게 되었다. 성인의 도는 자신의 성(性)에 자족하는 것이라 외부에서 구하지 않는다. 그의 학문이 세 차례 변한 뒤에 비로소 그 길을 얻게 되었다.

이후 지엽적인 것을 제거하고 본원에 전념하며 묵묵히 앉아 마음을 깨끗하게 하는 것을 목표로 삼았다. 미발(未發)의 중(中)이 있은 다음에 비로소 발하지만 절도에 맞는 조화로움을 얻을 수 있었고 행동거지는 대체로 절제를 주로 하고 부득이한 경우에만 발산하였다. 강우(江右)로 간 다음에는 '치양지(致良知)' 세 글자만을 말하였는데 가만히 앉아있지 않아도, 굳이 마음을 맑게 하려고 애쓰지 않아도, 익히거나 생각하지 않아도 무엇을 하든 저절로 타고난 법도가 있었다. 양지는 미발지중(未發之中)인데 양지 전에는 미발이 존재하지 않는다. 양지는 절도에 맞는 조화로움이며 양지 이후에는 더이상 이발(已發)이 존재하지 않는다. 이 지식은 절로 수렴할 수 있어 더 이상 수렴에 중심을 둘 필요가 없고, 이 지식은 스스로 발산할 수 있으므로 발산하려고 생각할 필요가 없었다. 수렴은 감(感)의 체(體)로, 정(靜)이자 동(動)이다. 발산은 적(寂)의 용(用)으로, 동이자 정이다. 절실하게 독실하게 아는 것이 행하는 것이고, 분명하게 깨닫고 자세히 살피는 행동이 앎이니, 이것은 별개의 것이 아니다. 소흥(紹興)에 거주한 뒤에는 몸가짐이 더욱 숙련되고 터득한 것이 더욱 달라져서 언제나 시비를 알았지만 따지지 않았고 입만 열면 본심을 얻었으니 더 이상 주워 모은 것에 의지할 필요가 없었으니 마치 밝은 해가 하늘에 떠올라 삼라만상을 모두 비추는 것과 같았다. 학문이 이루어진 뒤에 또 다시 이런 세 차례의 변화가 있었던 것이다.[34]

이 글을 보면 왕수인의 학문은 '용장(龍場)에서의 깨달음'을 기준으로 이전에 세 번의 변화와 이후에 세 번의 변화가 있었다. 이전의 세 번의 변화는 "사장을 잘 알고", 주희의 가르침에 따라 "격물로 이치를 궁구하였으며", "불학과 노자까지 섭렵한" 것이다. 이 세 번의 변화는 왕수인이 아직 정신적 의지처를 찾지 못했다는 뜻이다. 그러다 귀주(貴州) 용장역(龍場

---

34   黃宗羲, 『明儒學案』 권10, 「姚江學案」.

230   송·명 신유학약론

驛)에 폄적되어 "소수민족 지역에서 곤경에 처하게 되어서야" 역경 속에서
절차탁마하여 도를 깨달을 수 있었다. 「연보」에는 "용장에서의 깨달음"에
대한 왕수인의 발언을 수록하였다.

> 생각해 보니 득실과 영욕은 모두 초탈할 수 있었지만 생사만은 아
> 무리 생각해도 깨닫지 못했기에 석곽(石槨)을 만들어 "오직 명을 기다
> 릴 뿐"이라고 스스로 맹세하고 밤낮으로 조용히 거처하면서 묵묵히
> 앉아 마음을 깨끗하게 하여 정일(精一)한 경지를 구하였다. 오래 지나
> 자 마음이 상쾌해졌다. (중략) 그리고 나서 "성인이 이런 상황이었더
> 라면 어떤 방법이 있었을까?"라고 생각했다. 별안간 한밤중에 격물
> 과 치지의 의미를 대오각성했는데 오매불망하는 중에 누군가 알려
> 준 것 같았다. 그래서 나도 모르게 펄쩍 뛰며 소리 질렀더니 종자(從
> 者)들이 모두 놀랐다. 나는 그제야 성인의 도는 나의 성 자체로 충분
> 한 것이며 예전에 사물에서 리를 구하려고 했던 것이 잘못임을 알게
> 되었다.[35]

이 글에 따르면 "그제야 성인의 도는 나의 성 자체로 충분한 것임을 알
게 되었다"는 것은 왕수인이 도를 깨우친 증거였다. 이 깨달음을 통해 왕
수인은 마침내 "궁극적인 의탁처를 찾아낼 방법을 알게 되었던" 것이다.

이후 세 번의 변화 중에서 제1기는 비록 "나의 성 자체로 충분하다"는
것을 깨닫게 되었고 '본원'에 전념했으나 아직 본원과 의물(意物), 정과 동,
미발과 이발, 수렴과 발산의 구분과 대응에 대해 이해하지 못해서 '본원'
의 심체가 여전히 나뉘어 있고 대응 관계에 있어서 부자연스러운 상태였

---

35   『王陽明全集』권33, 1228쪽.

다. 제2기는 "'치양지' 세 글자에 전념하여" 본원과 의물, 정과 동, 미발과 이발, 수렴과 발산, 지와 행을 더 이상 구분짓지 않았지만 여전히 '유(有)'의 수준에 있었고 그래서 대응 관계가 있었다. 제3기는 "소흥(紹興)에 거주한 뒤에는" '유'에서 '무'로 진입했고("'시'도 없고 '비'도 없었다") 다시 '무'에서 '유'로 들어가("'시'임을 알고 '비'임을 알았다") '유'와 '무'의 경계가 무너지고 통하였는데 이 단계에 이르러서야 진정한 자유를 얻었던 것이다.

왕기(王畿)는 왕수인의 사상 발전 과정의 기본적 맥락을 통해 왕수인의 사상을 이해할 수 있게 해주었다. 이제 우리는 이 맥락에서 왕수인의 '주지론(主志論)'에 대해 논의할 것이다.[36]

---

36 천라이(陳來)가 쓴 『유와 무의 경계-왕양명 철학의 정신(有無之境-王陽明哲學的精神)』은 그 자신의 연구에 근거하여 왕수인의 "용장에서의 깨달음" 이후의 학문과 교육의 발전에 대해 "귀양(貴陽)에 있을 때 처음으로 지행합일 설을 내세우다가 북경 이조(吏曹)에 있게 된 뒤부터 성의격물(誠意格物)을 가르쳤고 남도(南都)에 있게 된 뒤에는 다시 천리를 보존하고 인욕을 제거하는 실제적인 공부를 가르쳤다. 비록 정좌(靜坐)를 통해 소학(小學) 공부를 보완하기도 했지만 결국 극치성찰(克治省察)이라는 대의를 벗어나지 않았다. 영번지변(寧藩之變, 정난의 변)을 거치면서 '치양지'를 주장했고 이를 성인(聖人)의 정법안장(正法眼藏)으로 여겼다. 소흥에 있게 된 뒤에 그의 가르침은 더욱 원만해졌고 천천교(天泉橋)에서 도를 증명했는데, 비록 서둘러 윗 단계로 올라가는 방법을 제시하려고 해서 어느 정도 편협한 부분이 있기는 했지만 심체와 성체는 본체와 공부, 유무와 동정, 본말과 내외가 모두 합일되었으니 그의 학문이 성학(聖學)이라는 것을 어찌 의심할 수 있겠는가?"라고 하였다(陳來, 『有無之境-王陽明哲學的精神』, 人民出版社, 1991). 천라이의 이 주장은 '지행합일', '성의격물' 두 항목을 추가한 것인데 진실로 독특한 견해이다. 다만 두 가지 점에서 불충분한 것 같다. 하나는 '지행합일'의 공부론은 만약 "성인의 도는 내 성 자체로 충분하다"라는 본체론을 전제로 삼지 않으면 전혀 의미가 없기 때문에 논의의 시작점은 본체론이어야 한다는 점이다. 또 다른 하나는 "소흥에 거처하게 된 다음", "천천교에서 도를 증명했다"는 평가에 대해 천라이는 유종주(劉宗周)의 설에 따라 "말에 편협한 곳이 좀 있기는 하였다"고 보았다. 천라이 자신은 "천천교에서 도를 증명했다"에서 왕수인이 제시한 '사구교(四句教)'를 "유를 체로 삼고 무를 용으로 삼는다"고 해석했는데 이것은 모두 재론의 여지가 있다. 내가 보기에 왕수인의 '사구교'는 오히려 "무를 체로 삼고 유를 용으로 삼은 것"이다. 사실

먼저 왕수인의 '용장에서의 깨달음'을 보도록 하자. 왕수인은 별안간 격물과 치지가 성인의 도는 나의 성 자체로 충분한 것이며 외부에서 구할 필요가 없다는 의미임을 깨달았다고 했는데, 이것은 주희와 육구연의 논쟁에서 왕수인이 '심즉리'를 주장한 육구연에게 동의했다는 뜻이었다.

왕수인도 '심즉리'를 본체론의 기본 명제로 여겼다. 『전습록(傳習錄)』에는 왕수인과 제자 서애(徐愛)가 나눈 대화가 수록되어 있다.

서애: "지극한 선을 마음에서만 구한다면 세상사의 이치를 다 알지 못할 것 아닙니까?"

선생: "마음이 이치이다. 천하에 마음 밖의 일이 있고 마음 밖의 이치가 있겠느냐?"

서애: "부모를 섬기는 효와 임금을 섬기는 충과 벗과 사귈 때의 믿음과 백성을 다스리는 어짊에는 수많은 이치가 있는데 이 또한 다 살펴야 할 것입니다."

선생: "이런 설의 폐단이 오래되었으니 어찌 한 마디로 깨우칠 수

"무를 체로 삼고" 경험을 뛰어넘은 '무'의 경지로 도달한 뒤 이를 돌이켜 경험 세계를 바라보아야 경험 세계의 시비와 선악에 대해 다시 꿰뚫어 볼 수 있으며("마치 밝은 해가 공중에 떠서 삼라만상을 모두 비추는 것과 같았다") 선을 행하고 악을 제거하는 공부도 더 자유롭게 될 것이다. 만약 "유를 체로 삼으면" 이것은 기존의 시비와 선악을 분별하는 마음으로 세상의 여러 시비와 선악을 판단하고 선을 행하고 악을 제거하는 공부를 하는 것이니 어찌 치우침이 없고 얽매임이 없다고 할 수 있겠는가?

천라이는 이 책에서 양명학의 분소(分梳)에 대해 매우 강조했는데 나는 여기에서 얻은 바가 많다. 다만 전통문화와 현대 생활을 잇는다는 점에서 천라이는 신유학을 훨씬 더 인정했고 나는 신유가에서 벗어나 도가(道家)에서 자양분을 얻자는 데 중점을 두었는데, 그래서 위에서 언급했듯이 서로 다른 해석을 했다. 이 점에 대해서는 이 책의 「결어」에서 별도로 변증하였으므로 여기에서는 생략하기로 한다.

있겠느냐? 지금 우선 질문 내용만 가지고 말해보겠다. 부모를 섬길 때 부모한테 가서 효의 리를 구할 수 있겠느냐? 임금을 섬길 때 임금한테 가서 충이라는 이치를 구할 수 있겠느냐? 친구를 사귈 때, 백성을 다스릴 때 그들에게 가서 믿음과 어젊의 이치를 구할 수 있겠느냐? 모두가 이 마음에 있을 뿐이니, 마음이 곧 이치이다."[37]

서애가 말한 "지극한 선은 마음에서 구하는 것"은 '리'의 함의에 대한 것으로, '리'가 다만 도덕적 의미에서의 '지선'만을 가리키는 것인가를 물은 것이다. "세상사의 이치를 다 알 수 없을까봐 걱정된다"는 것은 '리'의 외연에 대한 것으로, '리'의 함의가 도덕적 의미에서의 '지극한 선'만을 뜻한다면 실존적인 의미에서, 또는 객관적이고 필연적이라는 의미에서 '일의 이치'는 배제되는 것인가를 물은 것이다. 왕수인의 답변을 보면 부모를 섬기는 효, 임금을 섬기는 충, 친구와 사귈 때의 믿음, 백성을 다스릴 때의 어젊이라는 맥락에서만 '리'를 말했는데 이것은 도덕적인 측면에서의 '지선'만 '리'로 인정한다는 의미이다. 이런 도덕적인 '지선'은 오직 '마음'의 인정에 호소하면 성립될 수 있을 것이다. 그래서 "모두 이 마음에 있을 뿐이니, 마음이 곧 이치"가 된다. '심즉리'라는 명제는 '리' 함의가 도덕적이라는 것을 밝히고 이를 통해 인간이라는 주체가 가치를 판단할 때 자주성과 자유를 인정한다는 것을 확립한 것이다.

'리'의 함의가 도덕적 '지선'만 가리키기 때문에 당연히 '리'의 외연이 '천하의 사리'를 모두 포괄할 수 없다. 왕수인은 이 점에 대해 이렇게 말했다.

---

37 『王陽明全集』 권1, 「傳習錄」 上, 2쪽.

마음 밖에는 물이 없고, 마음 밖에는 일이 없으며, 마음 밖에는 이치가 없고, 마음 밖에는 선이 없다. 내 마음이 일과 물을 대할 때 완전히 천리만 있고 인위가 개입되지 않은 것을 '선'이라고 하니, 사물에 규정된 것을 구하는 것이 아니다. 물을 대할 때 의(義)는 내 마음으로 마땅한 것이다. 의는 외부에서 그대로 가져오는 것이 아니다.[38]

왕수인은 계속해서 '의'와 '리'의 도덕적 함의를 강조하고 이것이 모두 '내 마음'의 인정으로 성립된다고 했다. 도덕적 '의'와 '리'는 완전히 '내 마음'이 인정하면 되는 문제이므로 "마음 밖에 이치가 없는 것"이다. "마음 밖에 이치가 없다"는 것은 외연적 차원, 곧 실존적 의미 또는 객관적이고 필연적이라는 의미에서 '리'를 배제한 것이라고 할 수 있다. 왕수인은 '리'의 함의가 도덕적이며 이것이 마음이 인정하는 영역이라는 것을 확인함으로써 인간의 주체성을 뚜렷하게 보여준 것이다.

정이와 주희가 생각한 '리'는 객관적이고 실존적이며 '공공의' 보편법칙이었다. 그래서 '리'가 지배하는 상황에서 '기'를 통해 '물'이 생성될 수 있었다. '리'와 '물'의 관계는 외재하고 객관적인 세계에서 보편이라는 의의를 가지고 있었다. '리'가 지배해야 '기'를 통해 '물'이 생성될 수 있는 것이다. '리'와 '물'의 관계는 외재된 객관 세계에서 공통성과 특수성, 보편법칙과 구체적 실존형태로 대응되었다. 이것이 정이와 주희가 말한 '리일분수(理一分殊)'이다. 왕수인은 '리'가 객관적이고 실존적이라는 점을 비판했지만 '공공의' 보편법칙이라는 의미는 남겨두었다. 왕수인은 이렇게 말했다.

---

38   『王陽明全集』 권4, 「與王純甫」, 159쪽.

'리'라는 것은 마음의 조리(條理)이다. 이 이치는 부모에게 나타나면 효가 되고 군주에게 나타나면 충이 되고 친구에게 나타나면 신이 된다. 천태만상으로 변해서 끝이 없지만 그 어느 것도 내 '마음'에서 나오지 않는 것이 없다.[39]

'조리'로 '리'를 말했는데 이것은 '리'가 보편 법칙이라는 뜻이다. 왕수인은 '리'가 공공법칙이며 "내 마음에서 나오지 않은 것이 없다"고 생각했다. 그렇다면 '리'와 상대되는 개념으로 특수성이자 실존하는 각종 구체적인 '물'은 "무엇이란" 말인가? 이것은 객관적인 존재인 것일까? 이 질문에 대해 왕수인은 『대학』의 '심(心)', '의(意)', '지(知)', '물(物)'이라는 네 가지 개념을 빌려와 재해석하는 것으로 답했다.

『전습록』에는 왕수인이 제자 서애와 주고 받은 또 다른 문답이 실려 있다.

서애: "지난번에 선생님의 가르침을 듣고 어렴풋하게나마 공부란 이러해야 한다는 것을 깨달았습니다. 그런데 오늘 이 말씀을 듣고 보니 더욱 의심할 것이 없습니다. 저는 지난번에 '격물'의 '물'이 '일(事)'이며 모두 마음이라는 측면에서 말한 것이었음을 깨달았습니다."

선생: "그렇다. 몸을 주재하는 것은 마음이고, 마음에서 나온 것이 의이며, 의의 본체가 지이고 의가 있는 곳이 물이다. 만약 의가 부모님을 섬기는 데에 있다면 부모님을 섬기는 것이 하나

---

39   『王陽明全集』권8, 「書諸陽卷」, 277쪽.

송·명 신유학약론

의 물이 될 것이며, 의가 군주를 섬기는 데에 있다면 군주를 섬기는 것이 하나의 물이 될 것이다. 의가 백성에게 어질게 대하고 사물을 사랑하는 것이라면 그것이 하나의 물이 될 것이며 의가 행동거지에 있다면 그것이 하나의 물이 된다. 그러므로 내가 마음 밖에 이치가 없고 마음 밖에 물이 없다고 말했던 것이다."[40]

『전습록』에는 왕수인이 제자 진구천(陳九川)과 주고 받은 또 다른 문답도 실려 있다.

진구천: "물은 밖에 있는데 어째서 신, 심, 의, 지와 하나로 묶이는 것인가요?"

선생: "귀, 눈, 입, 코와 사지는 몸이니 만약 마음이 없다면 어찌 보고 듣고 말하고 움직일 수 있겠느냐? 마음이 보고 듣고 말하고 움직이려 해도 귀와 눈, 입, 코, 사지가 없이는 불가능하다. 그러므로 마음이 없으면 몸도 없고 몸이 없으면 마음도 없는 것이다. 다만 그것이 가득찬 곳을 가리켜 몸이라고 하고, 그것을 주재하는 것을 마음이라고 하며, 마음이 발동하는 것을 의라고 하고, 의가 영명(靈明)한 곳을 지라고 하며, 의가 미치는 곳을 물이라고 하니, 이 모두는 하나로 묶일 수 있다. 의는 홀로 있지 않으며 반드시 사물과 관련을 맺어야 한다."[41]

---

40   『王陽明全集』권1, 6쪽.

41   『王陽明全集』권3, 90~91쪽.

『대학』의 원래 논리는 "자기 몸을 닦고 싶다면 먼저 마음을 바르게 해야 하고, 마음을 바르게 하고 싶다면 먼저 뜻을 성실하게 해야 하며, 뜻을 성실하게 하고 싶다면 먼저 지에 도달해야 하며, 지에 도달하는 것은 격물에 있다."였다. 『대학』의 이 논리는 인간이라는 주체가 덕을 이루기 위한 내재적 근거와는 전혀 무관했고, 성덕의 공부론에서는 반드시 외재하는 객관 세계를 향해야 했으므로 외물을 '탐구하고(格)', '이르는 것(致)'에서 시작해야 했다. 정이와 주희는 『대학』의 이런 사유방식을 따랐기 때문에 지식론을 극력 주장하여 '지' 중심의 학문을 이루었다. 이와 달리 왕수인은 '심'학의 논리 과정에 따라 『대학』을 전혀 새롭게 해석했다. 위에 인용한 두 단락에서 볼 수 있듯이 왕수인은 "몸의 주재자는 마음"이라는 측면으로 '심'을 논했다. 왕수인이 말한 '심'은 '심즉리'의 '심'이며 이것은 선험적인 도덕적 본심이다. 선험적인 도덕적 본심은 외부에서 '바름'을 구할 필요가 없다. 그래서 왕수인은 이 지점에서 '바른 마음'이라고 하지 않고 '몸의 주재자'라고 했는데 이것은 그 자체로 충분하다는 의미였다. 왕수인은 이러한 새로운 해석을 통해 '심'의 본체성을 확보했고 이를 통해 인간과 주체를 우뚝 서게 할 수 있었다. 본체인 '심'은 미발의 상태이며 동정과는 무관하다. 본체인 '심'은 발하여 용이 되기 전의 상태이다. 발하여 용이 된 것이 바로 '의(意)'인데 이것이 바로 "마음이 발한 것이 의", "마음이 발동하는 곳이 의"인 것이다. 그러므로 '심'은 두 가지 측면, 곧 본체심(本體心)과 발용심(發用心)으로 나눌 수 있다. 본체심은 선험적 범주에 속한다. 본체심과 구별되면서 대응하는 발용심이 '의'인데, 이것은 이미 현현했고 구체적인 지향성이 있으며 지식 경험이라는 범주에 속한다. 왕수인이 "의의 본체가 지"라고 말했을 때 '본체'를 '근본 작용'으로 해석했는데 '의'의 근본 작용이 '지'라면 이 '지'는 인지와 경험 지식이다. 그래서 왕수인은 다시 "의의 영명한 곳을 지라고 한다"고 한 것이다. "의가 있는 곳이 물"이라고 했을 때 '물'은 경험 지식의 지향과 작용이 미치는 경험 사물을 말한다. 왕수인이 말한 "의는 홀로 있지 않으며 반드시 사물과 관련을 맺어야 한다", "의가 미치는 곳이 물이다"가 바로 이것을 말한다.

이렇게 보면 왕수인은 '심'의 이 두 가지 구분, 곧 선험적 본체심과 경험적 발용심을 가지고 정이와 주희가 말한 보편적 '리'와 특수한 '물'을 구분했다. 왕수인의 이런 적용을 어떻게 이해해야 할까? 본체심이라는 측면에서 볼 때 왕수인은 '심즉리'라는 명제로 '리'를 '심'으로 귀결시켰고 이렇게 해서 '리'는 '심'의 인정을 받는 도덕법칙으로만 한정되었는데 그 결과 인간이라는 주체의 주동성과 창조성을 드러내기에는 훨씬 유리해졌다. 이것은 분명히 일리가 있다. 다만 경험적 발용심이라는 측면에서 볼 때 왕수인이 '의'로 '물'을 수렴하고 또 이를 바탕으로 "마음 밖에는 물이 없다"고 하는 주장에는 의견이 엇갈렸다. 많은 학자들이 반영론의 입장에서 왕수인의 주장이 인간의 의식으로 좌우되지 않는 객관 사물과 객관 규율의 존재를 부정한 것이며, 주관 정신(내 마음)으로 객관 세계(물리)를 삼켜버렸다고 비판했다.[42] 천라이 선생은 왕수인의 "물은 일이다. 의가 발하면 반드시 일이 있고 의가 있는 일이 물이다"[43] 등의 논리에 주목하여 나름의 독자적인 해석과 평가 기준을 제시했다. 천라이의 발언은 다음과 같다.

---

[42] 侯外廬·邱漢生·張豈之 主編, 「王守仁的心學」, 『宋明理學史』 下, 人民出版社, 1987. 펑여우란의 『중국철학사신편』에서도 '유심주의'라는 말로 왕수인의 심물론을 규정하고 있다. 그러나 그는 왕수인의 학문이 객관유심주의라고 생각한다.(馮友蘭(b), 앞의 책)

[43] 『王陽明全集』 권26, 「大學問」, 972쪽.

"의가 있는 곳이 물"이라는 부분에서 '의'는 의식, 의향, 의념을 말한다. 의가 있는 곳은 의향의 대상, 의식의 대상을 말한다. 여기에서 '물'은 주로 '일'을 가리키니 곧 인류 사회의 실천적 정치 활동, 도덕 활동, 교육 활동 등을 말하는 것이다. 이러한 명제는 의식에는 반드시 대상이 있다는 것을 알려준다. 의식은 대상의 의식이며 "의는 홀로 존재하지 않는다". 그런데 사물은 의식, 의향과 관련된 구조에서만 정의될 수 있다. "심이라는 측면에서 말한다"는 것은 사물은 인간의 의향 구조의 한 축이며, 이것은 주체를 벗어날 수 없음을 말한 것이다. 마치 우리가 일상생활에서 보는 모든 활동(일)이 다 의식이 참여한 활동인 것처럼 말이다. 이런 의미에서 주체를 벗어난 사물은 존재하지 않는다. 곧 "마음 밖에는 물이 없는 것"이다.[44]

"의가 있는 곳이 물"이라는 이 구절에 대한 천라이의 해석은 매우 일리가 있다. 심지어 우리는 더 나아가 인류가 자기 경험 의식으로 직조해낸 세계에서 생활했을 뿐이므로 '어떤 사물'이 '어떤 사물'이 되고 '어떤 사물'이 또 다른 '어떤 사물'과 '어떤 관계'를 이루는 것은 실제로는 모두 인간이 자기의 경험 지식으로 선별해낸 것이라고 말할 수도 있을 것이다. 우리의 경험 지식 밖에서 "스스로 존재하는 물"이 무엇인지 우리의 인지로는 알 수가 없다. 사실로만 판단한다면 우리는 모두 '주관적'이라고 할 수 있다. 따라서 '가치 판단'이 '내 마음'을 벗어날 수 없다는 것은 두말할 필요도 없을 것이다. 그렇다면 우리는 시심(詩心)으로 가득찬 이 낭만적인 왕수인의 발언에 대해서도 쉽게 이해할 수 있다. "나의 영명한 마음이 없다면 하늘이

---

44   陳來, 『有無之境-王陽明哲學的精神』, 人民出版社, 1991, 52~53쪽.

송·명 신유학약론

높다고 한들 누가 그것을 우러르랴? 나의 영명한 마음이 없다면 땅이 깊다고 한들 누가 그것을 굽어보랴? 나의 영명한 마음이 없다면 누가 귀신의 길흉과 화복을 분별하랴? 내 영명이 없어지면 하늘과 땅과 귀신과 만물도 없게 되는 것이다."[45] 그런데 왕수인이 다른 단락에서 지적이고 분석적인 논의를 하고 있어서 흠이 없다고 할 수 없다.

> 선생이 남진(南鎭)에 갔을 때 어떤 벗이 바위에 있는 꽃나무를 가리키며 "천하에 마음 밖의 물이 없다고 하셨는데 깊은 산 속에서 절로 피고 절로 지는 꽃나무 같은 것이 내 마음과 무슨 상관이 있습니까?"라고 하였다. 선생은 "자네가 이 꽃을 보지 못했을 때는 이 꽃과 자네 마음이 모두 적막한 상태였다. 그런데 자네가 와서 이 꽃을 보았기 때문에 이 꽃의 색깔이 한순간에 분명하게 드러났다. 그러니 이 꽃이 자네 마음 밖에 있는 것이 아니라는 것을 알 수 있다."고 하셨다.[46]

왕수인의 친구가 말한 "이 꽃나무가 깊은 산 속에서 절로 피고 절로 진다"는 것은 실존적인 문제인 반면, 왕수인이 "자네가 이 꽃을 보지 못했을 때에는 이 꽃과 자네 마음이 모두 적막한 상태"라고 답한 것은 경험적 지식의 문제였다. 그렇다면 우리의 경험적 지식 안에 들어오지 못한 것은 그것이 무엇인지도 알 수 없고 우리에게 아무런 의미도 가지지 못한다고 할 수 있다. 그렇지만 그것이 아예 존재하지 않는다고 말할 수는 없다. 이런 측면에서 볼 때 "의가 존재하는 곳이 물"이라는 말은 타당하지만 "마음 밖

---

45 『王陽明全集』 권3, 「傳習錄」 下. 124쪽.

46 『王陽明全集』 권3, 「傳習錄」 下. 107쪽.

에는 물이 없다"는 것은 받아들이기 어렵게 된다.[47]

그러나 왕수인의 모든 발언에 대해 옳고 그름을 따지는 것이 핵심은 아니다. 왕수인이 『대학』의 '심', '의', '지', '물'에 대해 새롭게 해석했을 때 이것이 갖는 의의는 그가 심과 물, 주관과 객관의 관계에 대해 얼마나 정확하고, 가치 있는 설명을 했는지에 있지 않다. 왕수인이 말한 '심즉리'는 먼저 '심'이 완전히 선하다는 것을 확인해야만 '의'로 시비와 선악을 논할 수 있다는 것이었다. 왕수인이 말한 "지극한 선이라는 것은 마음의 본체이며 발동한 뒤에 선하지 않음(不善)이 있게 된다. 본체의 지로 알 수 없었던 것은 없다. 의라는 것은 그것이 발동한 것이다.",[48] "물에 대해 생각이 일어나는 곳을 모두 의라고 하는데, 의는 시비가 있으며 의의 시비를 알 수 있는 것을 '양지'라고 한다."가 이런 것이다. 이 점을 파악하게 되면 왕수인이 '심', '의', '지', '물'을 새롭게 해석한 것의 의의를 이렇게 말할 수 있을 것이다. 하나는 인간의 초월성 추구에 내재적인 근거를 제공했다는 것이고, 다른

---

47 천리성(陳立勝) 군이 이 책의 원고를 교열하면서 왕수인의 발언에 또 다른 해석을 내놓았다. 그는 "왕수인이 구상했던 것이 혹시 주관적 유심론이나 객관적 유심론이 아니라 '의의(意義)적 본체론'이 아닐까요? 어떤 의미에서 보면 왕수인은 '천', '지', '귀', '신', '꽃'이라는 실존을 부정한 것이 아닌데, 그렇다면 문제는 우리가 어떤 사물이 실존한다고 할 때 그 의미가 무엇인가일 것입니다. 어떤 의미든 모두 궁극적으로는 마음의 구상에서 나온 것이니까 이것은 '나의 영명한 마음이 없다면, 하늘이 높다고 한들 누가 우러르랴? [중략]'이라고 할 수 있습니다. 나의 영명한 마음이 없다는 것은 하늘이 높다는 의미가 드러날 방법이 없다는 것이고 '꽃' 역시 나의 영명한 마음이 없다면 꽃의 색깔이 '분명해질' 방법이 없다는 것입니다. 그러니 분명히 '마음 밖에는 물이 없다'에서 마음은 '선험적인 마음'일 것이고 '물'은 '의미가 있는 물'(절로 존재하는 물이 아니라)입니다. 의미를 떠나 스스로 존재하는 물은 이해할 수도 없을 뿐더러 깨달을 수도 없습니다.(그래서 '적막하다'고 말한 것이다)"라고 했다. 이 해석도 매우 일리가 있어서 참고하도록 수록한다.

48 『王陽明全集』 권7, 「大學古本序」, 243쪽.

하나는 인간이 현실을 직면함으로써 현실의 인간 세계에 시비와 선악이 있게 되었고, 이러한 시비와 선악이 '기'(사사로운 형질의 기)가 아니라 '의'에 바탕을 두고 있다면 인간은 몸과 마음으로 선을 행하고 악을 없애는 공부를 해서 심령의 경지를 점차 상승시키고 초월하는 것을 추구하게 된다는 것이다. 왕수인의 학문이 정이 및 주희의 리학과 다를 뿐만 아니라 육구연의 학문과도 차별되는 대목이 이 점이다. 육구연의 학문은 직접적으로 맹자의 영향을 받았기 때문에 '뜻을 세우고(立志)', '스스로 결정한다(自我作主)' 같은 표현을 썼다. 그런데 왕수인의 학문은 맹자와 함께 『대학』과 정이 및 주희의 학문에 나타난 수많은 개념을 흡수하여 이를 자신의 개념 체계로 조직했다. 육구연의 학문에서 왕수인의 학문으로의 전개는 '지'를 중심에 둔 학문이 발전하고 무르익었다는 것을 보여준다.[49]

다음으로는 왕수인이 "용장에서의 깨달음" 이듬해에 제창하기 시작한 '지행합일'을 살펴보도록 한다. 「연보」에는 왕수인이 용장에 유배된 지 2년이 되었을 때 귀양서원(貴陽書院)의 초청을 받아 강학할 때 말한 내용이 수록되어 있다.

---

49 육구연과 왕수인의 차이에 대해 머우쭝싼은 이런 주장을 펼쳤다. "육구연의 학문에 대해서는 뭐라고 말하기 어렵다. 왜냐하면 지나치게 단순하기 때문이다. 그의 말은 대부분 주희를 논박하는 것이었고 자신의 주장은 거의 개진하지 못했다. 개진한다고 해도 간단하게 몇 구절로 말하고 끝냈고 기록한다고 해도 한 편의 글이 되기 어려웠다. 그래서 그의 학문적 성향과 그 안에 있는 의리의 큰 틀에 대해 나는 글로 쓸 수 없었다. 그것은 먼저 대의를 세우는 정도라 한 마디면 끝낼 수 있어서 한 편의 글로 완성할 수 없었다." 반면에 "왕수인의 학문은 말하기가 비교적 쉽다. 왜냐하면 분석적이기 때문이다. 육구연의 학문은 그렇지 못했고 그가 가정한 것 중에서 나누어서 설명할 수 있는 것은 모두 『맹자』에 있던 것이었다. 왕수인의 학문은 『대학』의 분석을 가져와서 주희에 적용해서 주희의 주장을 뒤집었으므로 이야기하기가 비교적 쉽다."(牟宗三, 『中國哲學十九講』, 410쪽) 이 주장은 매우 흥미로우므로 참고하도록 수록한다.

그해 선생은 처음 지행합일을 논하였다. 처음에 제독학정(提督學政)인 원산(元山) 석서(席書)가 주희와 육구연의 차이를 묻자 선생은 이들의 학문에 대해서는 말하지 않고 자신이 깨달은 바를 알려주었는데 그러자 석서는 의심을 품고 떠나버렸다. 그 다음날 석서가 다시 오자(선생은) 지행의 본체를 거론하면서 오경과 제자로 근거를 들었다. 석서는 점차 깨닫는 바가 있었고 네 차례를 오고 간 뒤에는 환하게 큰 깨달음을 얻었다.[50]

여기에서 말한 '지행의 본체'는 '지행'의 원래 의미로, 지행은 원래 나눌 수 없으므로 '합일'된 것이다. 왕수인은 용장에서 깨달음 이후 얼마 안되어 '지행합일'을 논했는데, 이렇게 볼 때 '지행합일'의 해석이 '용장에서의 깨달음'과 긴밀하게 관련되어 있음을 알 수 있다.

위에서 언급했듯이 '용장에서의 깨달음' 전의 왕수인은 "고정(주희)의 책을 두루 읽었지만", "사물의 이치와 내 마음이 둘로 나뉘어 있어서 어디에서 시작해야 할지 알 수 없었다". 왕수인이 말한 "내 마음"은 덕을 이루려고 하는 마음이며, "사물의 이치"는 주희가 제시한 객관적이고 필연적인 이치이므로, 덕을 이룬다는 것이 사물의 이치를 구한 결과 얻은 지식과 무관했기 때문에 "어디에서 시작해야 할지 알 수 없었던" 것이다. 만약 '리'를 사물의 이치가 아니라 도덕 이념이라고 한다면, 도덕 이념은 내 마음이 인정해야 성립되므로 이 또한 외부에서 지식을 구하는 것과는 무관하다. '도덕 이념'의 성립이 '내 마음'의 인정에 의해 결정되는 것이 '심즉리'인데, 이것은 본체론을 인정하는 것이다. 성덕의 추구는 외부에서 지식을

---

50   『王陽明全集』 권33, 1229쪽.

송·명 신유학약론

구하는 것과 무관한데, 즉 성덕의 핵심 문제는 어떻게 지식을 구할 것인가의 문제가 아니라 어떻게 실천할 것인가의 문제였고 이를 통해 '지행합일'이 생겨나게 되었다. 이 '합일'은 '지'를 '행'에 합치시킨다는 것으로, 이것은 공부론을 인정하는 것이다. '심즉리'와 '마음 밖에는 리가 없다'는 전제를 확인하면 본체론과 공부론은 같은 것이 된다. 왕수인은 '용장에서의 깨달음'으로 본체를 논증한 다음에 '지행합일'이라는 공부로 나아갔는데 이것이 바로 이 두 가지가 동일함을 보여준 것이었다.

그렇다면 왕수인은 어떻게 '지행'이 '합일'한다는 것을 확증했던 것일까? 『전습록』 상에는 왕수인과 서애의 또 다른 문답을 수록하였다.

서애는 선생이 알려준 '지행합일'을 이해하지 못했기 때문에 종현(宗賢, 黃綰) 및 유현(惟賢, 顧應祥)과 논변을 주고 받았지만 해결하지 못해서 선생에게 물었다.

선생: "예를 들어보아라."

서애: "예컨대 오늘날 사람들은 부모에게는 효도해야 하고 형제와는 우애 있어야 한다는 것을 모두 알고 있으면서도 효도를 다하지 못하고 우애롭게 지내지 못합니다. 이것으로 지와 행이 별개임을 알 수 있습니다."

선생: "이것은 이미 사욕으로 가로막힌 것이니 지행의 본체가 아니다. 지금껏 알면서도 행하지 않은 사람은 없었다. 알면서도 행하지 않는다는 것은 제대로 알지 못했다는 것이다. 성현께서 사람들에게 지행을 가르친 것은 본체를 회복하기를 바란 것이지 그냥 그대로 따르고 말라는 것이 아니었다. 그래서 『대학』에서는 진정한 지행을 보여주면서 '아름

다운 여색을 좋아하는 듯이, 악취를 싫어하는 듯이 하라'고 말한 것이다. 아름다운 여색을 보는 것은 지에 해당하고 아름다운 여색을 좋아하는 것은 행에 해당한다. 아름다운 여색을 보면 이미 저절로 좋아하게 되는 것이지 보고 난 뒤에 마음에 들게 해서 좋아하는 것이 아니다. 악취를 맡는 것은 지에 해당하고 악취를 싫어하는 것은 행에 해당한다. 악취를 맡으면 이미 저절로 싫어하게 되는 것이지 맡은 뒤에 마음에 들지 않아서 싫어하는 것이 아니다. 코가 막혔을 때에는 바로 앞에서 악취를 맡아도 코로 냄새를 맡을 수 없으므로 그렇게 싫어하지 않고 또 그 냄새를 알지 못하는 것이다. 만약 어떤 사람이 효와 우애가 무엇인지 안다고 한다면 반드시 그 사람이 효도하고 우애롭게 행동한 뒤에야 그 사람이 효와 우애를 안다고 할 수 있을 것이다. 효와 우애에 관한 말을 할 줄 안다고 해서 효를 알고 우애를 안다고 할 수는 없다. 또 아픔을 안다면 반드시 아파본 적이 있어서 지금 그것이 아프다는 것을 아는 것이다. 추위를 안다는 건 분명히 추워 본 적이 있는 것이다. 배고픔을 안다는 건 반드시 배고파본 적이 있는 것이다. 지와 행이 어떻게 나뉠 수 있겠는가? 이것이 바로 지행의 본체이니 사사로운 뜻에 가로막힌 적이 없는 것이다."[51]

왕수인은 두 가지 측면에서 '지'와 '행'의 합일성을 말했다. 하나는 내재하는 심리적 측면으로, 인간이 아름다운 여색을 '보는 것'과 '좋아하는 것', 즉 지향하는 가치로 봤을 때 어떤 것을 '아름다운 여색'으로 판단하는

---

51   『王陽明全集』권1, 3~4쪽.

것과 이것을 좋아하는 감정이 생기는 것은 동시에 이루어진다는 것이다. 감정이 발현된 것은 이미 '행'에 속하므로 이를 통해 '지행합일'을 증명할 수 있다. 다른 하나는 외재적 도덕 평가(규범적 도덕 평가)의 측면으로, 아무개는 '효를 알고', 아무개는 '우애를 안다'라고 하는 것은 분명히 그들이 이미 효도를 하고 우애롭게 행동했으므로 '효를 안다', '우애를 안다'라고 할 수 있다는 것이다. 곧 사람들은 언제나 '행'을 통해 '지'를 판단하므로 이 역시 '지행합일'을 증명하는 것이다.

심리적 측면과 도덕 평가(규범적 도덕 평가)의 측면은 모두 경험 지식에 해당하며 모두 외재적 경험 대상('아름다운 여색', '악취', '효를 안다', '우애를 안다'와 이런 도덕적 평가를 하는 타인 등)과 연관되는데, 외재적 경험 대상에 대응하는 마음 역시 경험적 지식으로 만들어진 마음일 수밖에 없다. 경험 지식의 측면에서 왕수인이 든 두 가지 예처럼 '지'와 '행'은 확실히 관련이 있다. 그렇지만 지와 행을 나눌 수 없는 것은 아니다. 가치로 판단할 때 객관적으로 어떤 대상을 '아름다운 여색'이라고 지칭하는 것과 주관적인 감정으로 그 대상의 '아름다운 여색'을 좋아하느냐의 여부는 나눌 수 있다. 마찬가지로 어떤 사람이 비록 효의 이치를 안다고 해도 효도를 하지 않는다면 그 사람의 '지'와 '행'에 대해 각각 다른 평가를 한다는 것도 있을 수 있는 일이다. 경험 지식이라는 측면에서, 설령 성덕의 범위에서 말한다고 해도 '지'와 '행'은 여전히 나눌 수 있다. 왕수인이 경험적 사례를 통해 '지행합일'을 주장한 것에는 허점이 많다.

왕수인의 '심' 본체론으로 봤을 때 '지행합일'은 지식 차원에서 답을 구할 문제가 아니다. 왕수인이 주장한 '심즉리'에서 '리'는 마음이 인정해서 성립한 것이다. 이 '리'는 외재적이고 객관적이며 필연적인 것에 따라 판정한 것이 아니라 '내 마음' 자체가 만들어낸 당위적 판단이다. 이렇게 당위적 판단을 하게 되면 그것은 신앙적 의미만 있는 것이라 사람들이 이런 신앙을 인정할 때 이것은 자각적인 것이자 자기 증명적(진입의 증명(證入), 참됨의 증명(證眞), 성취의 증명(證成))인 것이 된다. 왕수인의 '지행합일'의 '지'가 바로 자각을 가리키는 것이라면, '행'은 자기 증명과 관련이 있을 것이다. 왕수인은 "지는 행의 시작이고 행은 지의 완성이다.", 만약 이것을 이해한다면 "지만 말해도 이미 거기에는 행이 들어있고, 행만 말해도 이미 거기에는 지가 들어있다"라고 했다.[52] 여기에서 '완성'이란 경험적 지식이라는 측면에서 '시작'과 대응되는 '종결'이 아니라, 초월적 경지를 추구하는, 곧 신앙적 의미의 '성취의 증명(證成)'을 말하는 것이다. 신앙적 측면에서 인간의 행동의 당위성을 판단하는 것은 자각적인 것이자 자기 증명적인 것이므로 '지'에 나아가고 '행'에 나아가며 "지만 말해도 이미 거기에는 행이 들어 있고, 행만 말해도 이미 거기에는 지가 들어있게 된다". 왕수인은 또 "진실하고 독실한 지가 행이고, 밝게 깨우치고 정밀하게 살핀 행이 지이다. 만약 알게 되었을 때 마음이 진실하고 독실하지 않다면 알아도 밝게 깨우치고 정밀하게 살필 수 없을 것이다. 알게 되었을 때 밝게 깨우치고 정밀하게 살피기만 하면 더 이상 진실하고 독실하지 않아도 된다는 뜻이 아니다. 행할 때 마음이 밝게 깨우치고 정밀하게 살피지 못한다면 행동해도 진실하고 독실하지 못하게 된다. 행할 때 진실하고 독실하기만 하면 더이상 밝게 깨우치고 정밀하지 못해도 된다는 뜻이 아니다"라고 했다.[53] 지

---

52   『王陽明全集』 권1, 「傳習錄」 上, 4쪽.

53   『王陽明全集』 권6, 「答友人問」, 210쪽.

식론의 범주에서는 '행'이 추구하는 '진실하고 독실함'('참'의 증명)과 '지'가 추구하는 '밝게 깨우치고 정밀하게 살피는 것'('지'의 증명)은 별개로 나뉘며 안과 밖, 주와 객의 관계를 이뤘다. 왕수인은 여기에 동의하지 않고, 밝게 살피는 '지'를 '행'과 연결시켰고 진실한 '행'을 '지'와 연결시켰으며, '그 마음'을 '지'와 '행'의 매개체로 설명했다. 이렇게 '지'와 '행'을 설명한 것은 왕수인이 공부론에서 제기했던 기본 요건을 '심' 본체론으로 구현하려고 했기 때문이다. 즉 '심' 본체론에서는 성덕의 내재적 근거를 개별 인간의 '심'에 대한 믿음에 호소하여 일종의 신앙처럼 되었으므로 자족성이 자각적인 것과 자기 증명적인 것에서 표현되었다고 본 것이다. 왕수인은 공부론에서는 '지행합일'을 주장했는데, 마음에 이미 자각적인 것과 자기 증명적인 것이 구비되었으므로 자족성을 확보할 수 있었던 것이다.[54]

---

54 왕부지(王夫之)는 왕수인의 '지행합일'에 대해 매우 혹독하게 비판했다. 그는 "지와 행은 서로를 바탕으로 용(用)이 된다. 각각 전념하는 바가 있고 각각 효용이 있으므로 서로를 바탕으로 서로에게 활용되는 것이다. 그러므로 이들은 서로 상응되므로 반드시 나뉜다는 것을 알 수 있다. 같다면 서로에게 쓰임이 될 수 없다. 다른 것을 바탕으로 어우러져서 작용이 생기니 이것은 정해진 이치이다. 각각 능력과 효과가 있고 서로를 바탕으로 둔다는 점을 알지 못하였으므로 요강(姚江) 왕수인의 '지행합일' 설은 궤변으로 사람들을 미혹시킬 수 있었다."라고 했다. 王夫之, 『禮記章句』 권31. 또 "육구연과 양간, 왕수인이 말한 것의 의미는 나도 안다. 그들은 지가 뒤에 있을 수 있다고 생각하지 않았다. 그들은 행이 없는 지는 지가 아니고 지가 없는 행은 행이 아니라고 했다. 행이 없는 지는 진정한 지가 아니라고 하지만 그래도 아는 것이 없지 않으며 보는 것이 있다. 지가 없는 행이 행이 아니라는 것은 맞지만 이는 그 지를 행으로 삼는 것이다. 지를 행으로 삼는다는 것은 행이 아닌 것을 행으로 삼는 것이므로 인간의 윤리와 사물의 이치를 보더라도 몸으로 직접 실천하지 않는 것이다."라고 했다. 王夫之, 『尙書引義』 권3, 「說命中二」. 왕수인에 대한 왕부지의 비판은 대체적으로 부적절하다. 왕부지는 지식론적 측면에서 '지', '행'을 논했다. 지식론의 측면에서 '지'는 외재하는 물리와 사리를 대상으로 하는 주관적 인지 활동이며 '행'은 주관이 객관과 외재한 객관의 존재에 대해 모종의 작용을 일으키는 행위 또는 실천 활동을 말한다. '지'와 '행'은 자연히 서로 나뉘며 또 "서로를 바탕으로 상호작용하는 것"이

그러면 다시 만년에 제시한 왕수인의 '치양지' 설을 살펴보기로 하자. 왕수인은 "나의 '양지'는 용장 이후로는 이런 의미로 나오지 않았다. 이 두 글자를 명시하지 않으려다 보니 학자들과 논의할 때 필요없이 여러 말을 해야 했다. 이제 다행히 이 의미를 제시하고 이 단어를 통해 전체를 통찰할 수 있었기에 정말 통쾌하여 나도 모르게 덩실덩실 춤을 추었다."고[55] 했다. 따라서 왕수인이 자신의 '양지'설에 대해 얼마나 소중하게 여겼는지 알 수 있다.

그렇다면 '양지'란 무엇일까? 또 '치양지'란 무엇일까? 왕수인은 이렇게 말했다.

> 정호는 "내 학문은 가르침을 받기는 했지만 '천리(天理)' 두 글자는 내가 체득한 것이다."라고 했다. 양지가 바로 천리이고 체득했다는 것은 실로 자기에게 있다는 것이다.[56]

정호의 발언에 대한 왕수인의 해석은 매우 흥미롭다. 애초에 정호와 정

다. 그런데 왕수인은 도리어 주로 신앙, 곧 정신적 경지에서 '지'와 '행'을 말한 것이다. 정신적 경지에서 도덕 이념의 승인에는 반드시 믿음에 의한 이해와 믿음에 의한 고수, 자각과 자기증명(證入, 證眞)이라는 두 측면을 담게 되고, 또 이 두 측면은 동일하다. 그래서 왕수인이 '지행합일'을 중심에 둔 것은 틀리지 않다. 그런데 왕부지 비판도 전혀 일리가 없는 것이 아니다. 왕수인은 주로 경지와 '심'의 측면에서 '지'와 '행'을 말하고 외재 세계와 그것에 대한 작용에 대해서는 언급하지 않았으므로 확실히 "행동하지 않는 것을 행으로 여기고", "행을 지로 수렴한" 것에 가깝다. 또 왕수인은 수시로 경험지식의 측면에서 '지행합일'의 근거를 가져왔으므로 이렇게 보면 경험 지식 측면에서 반박을 개진한 왕부지의 합리성을 부정할 수 없다.

55 『王陽明全集』(1575면)에 수록된 錢德洪의 「刻文錄序說」.

56 『王陽明全集』 권6, 「與馬子莘」, 218쪽.

이로부터 시작된 정주학(程朱學)에서는 '천리'를 중시하고 '천리'에 객관적이고 필연적인 성격을 부여했으며 나중에는 '지'를 빌려 외재하는 객관적이고 필연적인 것을 '심'의 승인을 얻을 수 있는 것으로 바꿔 덕성을 이룬다고 했다. 그런데 정호가 말한 "내가 체득한 것"에서 강조점은 주돈이 및 장재의 본원론과는 다른 '자기'의 본체론이었지, '자신'의 공부론을 통해 어떻게 '자기'의 본체론을 '체득'하는가가 아니었다. 그러나 왕수인이 이렇게 해석함으로써 '천리'는 더이상 외재하는 객관적이고 필연적인 것이 아니라 '내 마음'이 원래 가지고 있었던 '양지'만을 뜻하게 되었다. '천리'를 '양지'로 새롭게 해석한 것은 바로 '심' 본체론으로 '리' 본체론을 대체하고 주지론(主志論)으로 주지론(主知論)을 대체한다는 표지였다. 이를 통해 '리'를 '심'의 승인을 받는 범위에 두고 리에 당위라는 방향성을 부여했던 것이다. 그렇다면 어떤 이유에서 만년의 왕수인은 '치양지'만을 주장한 것일까? (사람들이) '리'가 '심'에 좌우된다는 '심즉리'라는 명제를 인정하기는 했지만 이 설을 매우 긍정적으로 평가하지 않아서 그랬던 것은 아닐까? '양지'를 제시하여 '양'이 '심즉리'라고 말하는 편이 긍정적 평가를 도출하기에 훨씬 유리했을 것이다. 이뿐만이 아니다. '양지'는 또 일종의 '지(知)'이기도 했다. 왕수인은 이렇게 말했다.

양지는 천리가 밝게 깨달은 곳이므로 양지가 천리이고 생각은 양지가 나와 작용한 것이다. 만약 양지가 나와 작용한 생각이라면 생각한 것은 모두 천리가 된다. 양지가 나와서 작용한 생각은 자연히 명백하고 간결하여 양지로 알 수 있다. 만약 사사로운 뜻이 개입한 생각이라면 저절로 어지럽게 되어 양지로 분별할 수 있을 것이다. 생각의

옳고 그름과 바르고 틀림은 모두 양지를 통해 저절로 알 수 있다.[57]

이것은 '양지'에 '밝게 깨닫는', 곧 옳고 그름과 바르고 틀림을 분별하는 자명함이 있다는 뜻이다. '양지'의 개념을 '심즉리', 즉 '심'이 '리'로부터 자유롭다는 것을 인정하고 긍정적으로 평가했으며 또 '심'에 '리'를 스스로 분별할 수 있는 자명성이 있다고 하고 거기에 또 '양'을 덧붙여 긍정적으로 평가하였다. 왕수인에게 이것은 '심즉리'의 논리와 비교할 때 훨씬 더 원숙한 개념이었다.[58]

'양지'는 '내 마음'에 저절로 있고 자명한 이념이므로 왕수인의 학문은 늘 '양지가 그 자리에서 드러난다(良知見在)'는 명제로 표출되었다. '양지가 그 자리에서 드러난다는 것'은 우선 '양지'가 '드러나는(現成)' 성격을 가리킨다. 왕수인은 이렇게 말했다.

> 지(知)는 심의 본체이다. 마음은 스스로 알 수 있는 것으로, 부모를 보면 자연스럽게 효도해야 한다는 것을 알고, 형제를 보면 자연스럽게 우애 있어야 한다는 것을 알며, 우물에 빠진 아이를 보면 자연스럽게 측은지심을 알게 된다. 이것은 양지가 외부에서 구하는 것이 아

---

57 『王陽明全集』 권2, 「傳習錄」 中. 72쪽.

58 천라이는 "엄격하게 말하면 천리는 양지가 아니고 영각도 양지가 아니다. 다만 천리에 영각을 추가하거나 영각 이전에 천리를 추가해야만 두 가지가 결합하여 양지의 의미가 된다"라고 했다.(陳來, 『有無之境~王陽明哲學的精神』, 人民出版社, 1991, 175쪽) 천리성 군은 이 책의 원고를 교열할 때 천라이의 이 설은 이미 '천리'와 '영각'을 대응시키고 서로 외재화한 것이라는 의견을 내놓았다. 그의 관점에 따르면 '양지'는 '천리'가 '자각'한 것이고 '천리'는 '양지'가 '드러난 것'이다. 그러므로 '양지'가 "천리에 영각을 추가한 것"이라고 할 수는 없고 '양지'를 "천리의 영각"이라고만 할 수 있다.

니라는 것이다.[59]

　시비를 따지는 마음은 생각하지 않아도 아는 것이고 배우지 않아
도 할 수 있다. 그러므로 양지라고 하는 것이다. 이것은 천명의 성이
고 내 마음의 본체이며 자연스럽게 밝게 깨닫는 것이다.[60]

　여기에서는 부모와 형제를 볼 때 '양지'가 되는 내용을 서술했다. "마음
이 스스로 알 수 있고", "생각하지 않아도 안다"는 것은 '양지'의 선험성을
말한 것이다. "자연스럽게 밝게 깨닫는 것"은 '양지'의 자각과 자명함을 말
한 것이다. '양지'를 이루는 이런 것들은 "천명의 성"인데, 이것은 '내 마음'
에 원래 있는 것이니 이것은 '양지'의 '드러남'이다.
　'양지가 그 자리에서 드러난다는 것'은 동시에 '양지'의 '현시성(現時性,
지금)'을 말한 것이다. 왕수인은 이렇게 말했다.

　예전에 내가 저주(滁州)에 있을 때 제생(諸生)들이 아는 데 힘쓰면서
도 듣는 것과 말하는 것이 달라 얻는 것이 없는 것을 보고 정좌(靜坐)
하라고 가르쳤다. 그랬더니 한순간에 이들의 모습에서 효과가 나타
나는 것을 보게 되었다. 오래 지나자 점차 고요함을 좋아하고 움직이
는 것을 싫어하는 것이 고고(枯槁)함으로 흘러드는 병폐가 생겨나서
어떤 사람들은 현묘한 것을 추구하여 다른 사람들을 충동질하여 듣
게 했다. 그래서 최근에 그저 '치양지'만 말했다. 양지가 분명해지면
너희들은 고요한 곳에 가서 깨달아도 좋고 일을 하면서 연마해도 좋

59　『王陽明全集』권1, 「傳習錄」上. 6쪽.
60　『王陽明全集』권26, 「大學問」, 971쪽.

다. 양지는 본체로, 원래 동정도 없는 것이니 이것이 학문의 핵심이
다.[61]

여기에서 왕수인은 가르치고 배우는 것을 말했지만 이것이 공부론이
다. 그는 덕을 이루는 공부를 세 가지 유형으로 구분했다. "아는 것에 힘쓰
는 것"은 지식론을 바탕에 둔 정이와 주희의 공부론이고, "정좌하라고 가
르친 것"은 주돈이와 육구연, 진헌장(陳獻章)이 중시했고 중년의 왕수인 또
한 인정했던 것으로, 지식론을 배척하는 동시에 체와 용, 미발과 이발, 정
과 동을 나누는 이분법을 핵심으로 하되 용, 이발, 동에서 본체를 깨닫는
것을 배척하는 공부론이었다. "너희들은 고요한 곳에 가서 깨달아도 좋고
일을 하면서 연마해도 좋다."라는 것은 지식론을 배척하면서도 체와 용,
미발과 이발, 동과 정을 분별하지 않는 공부론이었다. 체와 용, 미발과 이
발, 동과 정을 구분하지 않는다는 것은 '체'라는 측면, 미발의 시점과 '정'
의 상태에서만 '양지'를 깨달을 수 있는 것이 아니라 체와 용, 미발과 이발,
동과 정의 분리와 대응성을 타파하고 지금 이 순간 어떤 존재로 있든 어떤
시간이든 어떤 상황이든 '양지'를 깨달을 수 있다는 뜻이다. 이것이 왕수인
이 '양지'에 근거하여 제창한 공부론이다. 왕기는 왕수인의 사상의 변화를
개술하면서 '이후 세 변화' 중 두 번째 변화 단계에 대해 이렇게 말했다.

강우(江右)로 간 다음에는 '치양지(致良知)' 세 글자만을 말하였는데
가만히 앉아있지 않아도, 굳이 마음을 맑게 하려고 애쓰지 않아도,
익히거나 생각하지 않아도 무엇을 하든 저절로 타고난 법도가 있었

---

61   『王陽明全集』권3, 「傳習錄」下. 104~105쪽.

다. 양지는 미발지중(未發之中)인데 양지 전에는 미발이 존재하지 않는다. 양지는 절도에 맞는 조화로움이며 양지 이후에는 더이상 이발(已發)이 존재하지 않는다. 이 지식은 절로 수렴할 수 있어 더 이상 수렴에 중심을 둘 필요가 없고, 이 지식은 스스로 발산할 수 있으므로 발산하려고 생각할 필요가 없었다. 수렴은 감(感)의 체(體)로, 정(靜)이자 동(動)이다. 발산은 적(寂)의 용(用)으로, 동이자 정이다.

여기에서 말한 것은 왕수인이 '치양지' 설을 말한 뒤 공부론에서 동과 정, 미발과 이발, 수렴과 발산을 분별하지 않고 지금 어떠한 상황에서든 '양지'를 깨달을 수 있었다는, '양지'의 '현시성'이다.[62]

왕수인에게 '양지'의 현시성은 '양지'의 현성성을 보완하는 것이었다. 양지의 현성성은 양지가 원래 있는 것이며 자족적이라는 것을 확인해주는 것이지만, 만약 '양지'가 체(體)와 미발(未發), 정(靜), 적(寂)이라는 측면이나 상황에서만 깨닫고 작용할 수 있게 하는 것이라면 이것은 여전히 무엇인가에 한정되며 어떤 것과 대응 관계에 있는 것이 된다. 따라서 양지의 현시성이 확인되어야 체와 용, 미발과 기발, 동과 정, 적(寂)과 감(感)이 나뉘지

---

[62] 왕수인의 '양지현성(良知見成)' 설은 '양지'의 현시성이라는 개념을 담고 있는데, 이는 왕수인과 동시 사람인 담감천(湛甘泉)의 '가는 곳마다 천리를 체인한다(隨處體認天理)'는 설과 유사하다. 담감천은 "천리가 언제 일정한 형태를 가지고 있었는가. 그저 미발의 중(中)이었을 뿐이다. '중' 또한 언제 일정한 체를 가지고 있었던가. 사람들은 늘 마음의 중정을 구하는 것을 주의(主意)로 여긴다. 때와 일에 따라 체인과 조습(調習)을 하면 이 마음은 언제나 중정에 부합할 것이니 그렇다면 가는 곳마다 모두 천리일 것이다."라고 했다.(『甘泉全集』 권7, 「與陽明」.) 또 "내가 말한 '가는 곳마다'라는 구절은 마음과 뜻, 몸과 가족, 국가와 천하를 가리키는 것이다. 적막한 때와 감응하는 때를 따르니, 하나일 뿐이다. (중략) 본체는 실체이고 천리이고 지선이고 물이다."라고 했다.(『甘泉全集』 권7, 「答陽明王都憲論格物」.) 담감천이 말하는 '가는 곳마다'는 체와 용, 동과 정, 적과 감을 분별하지 않았다. 이 점에 대해서는 馮達文, 「湛甘泉 "隨處體認天理"說的哲學含蘊」, 『中國哲學史』 1, 1992 참조.

않고 '양지'가 편재(遍在)하게 되어 그제야 양지가 자족적이게 되는 것이다. 이 또한 왕수인의 '양지' 설이 육구연의 '심즉리' 설을 발전시켜 무르익게 된 것이다.[63]

그렇다면 무엇이 '치양지'일까? 『대학』과 정이 및 주희의 논법에 따르면 '치지(致知)'는 성덕학에서는 지식론에 바탕을 둔 공부론이었다. 왕수인은 '치'와 '지'를 나누고 맹자의 '양지', '양능(良能)'의 논법을 가져와 '양지'를 주장했다. '양지현재(良知見在)'를 본체론으로 삼은 것이다. '양지'가 '현성'(개별 인간이 원래 가지고 있다)한 이상, 또 '현시'('양지'가 시간과 상황을 막론하고 존재한다는 것으로 언제나 양지를 체인할 수 있다)이므로 이것이 바로 본체이자 공부이며 본체 외에 별도의 공부는 없는 것이다. 왕수인의 제자 왕기가 말한 "이것(양지)은 원래 모든 사람이 그 자체로 가지고 있는 것이므로 손 하나 까딱하지 않아도 공부의 본령에 이르는데"[64] 어째서 '양지'라는 본

---

63 '양지현재'는 왕수인이 처음부터 했던 주장으로, '양지현재'를 '현성'성과 '현시'성으로 구분하는 것은 리를 배우는 것에 착안하여 말한 것이다. 그러나 사실상 왕수인의 제자도 '양지현재'가 가지고 있는 이 두 가지 함의를 이미 말한 적이 있다. 왕기는 "선생님이 제시하신 '양지' 두 글자는 현재를 말한 것이다. 현재의 양지를 보면 성인과 다르지 않았던 적이 없다. 다른 점은 도달할 수 있느냐 그렇지 못하느냐일 뿐이다."라고 했고(『龍溪全集』 권4, 「與獅泉劉子問答」.) 또 "인간에게 있는 양지는 원래 더러운 부분이 없다. 비록 매우 뒤덮여 혼탁해진다고 해도 자신을 돌이켜보는 생각을 함으로써 본심을 얻을 수 있다. [중략] 이것은 원래 모든 사람이 그 자체로 가지고 있는 것으로, 손 하나 까딱하지 않고도 공부의 본령에 이를 수 있다."고 했다.(『龍溪全集』 권6, 「致知議辨」.) 이것은 '양지'의 '현성'성을 말한 것이다. 나홍선(羅洪先)은 "이전에는 양지가 언제나 그 자체에 있다는 구절을 잘못 이해하여 공부의 배양이 부족했었는데 배양은 본래 수렴하여 모이게 하는 것이다."라고 했다.(『羅念庵文錄』 권2, 「與尹道興」.) 나홍선은 자신의 스승이 말한 "양지는 항상 현재한다"는 설이 양지의 '현시'성을 긍정한다고 이해했다. 비록 자신이 이 설에 대해 비판적인 태도를 견지하고 있었다고 해도 말이다.

64 위의 주석 참조.

체 이전에 달리 '치'를 덧붙여 특별히 공부를 말해야 했던 것일까?

　이 점에 대해서는 왕수인이 심와 리, 심과 물의 관계에 관해 해석한 내용을 돌이켜볼 필요가 있다. 이미 논의했듯이 왕수인은 '심즉리'라는 명제를 승인함으로써 '심'의 본체성과 '심'이 본체로서 지극히 선함을 확인했고, '심'이 발동한 곳을 '의'라고 하고, '의'가 가리키는 것을 '물'이라고 했으며, '의'로 세상의 선악을 논했다. '심'을 이중으로 나누자 공부도 두 가지의 경로가 있게 되었다. 왕기는 이렇게 말했다.

> 　성현의 학문은 치지에 전념한다는 점은 같지만 들어가는 곳이 서로 다르다. 순식간에 깨우치는 자들은 본체를 공부로 삼아 종일 조심스럽게 삼가고 지켜서 성체를 벗어나지 않으므로 욕망이 있더라도 자기도 모르게 없어져서 그것이 누적된 상태로 가지 않으니 이것이 성(性)대로 하는 것이다. 점차 진입하는 자들은 공부로 본체를 회복하니 종일 욕망의 근원을 없애고 잡념을 제거하여 천기(天機)에 따름으로써 누적되지 않도록 하니 이것이 돌이키는 것(反之)이다.[65]

　왕기가 스승의 뜻에 따라 쓴 "들어가는 길이 다른" 두 가지 공부 방법 중에서 첫 번째 방법인 "순식간에 깨우치는 자들은 본체를 공부로 삼는다"는 것은 '심즉리'의 확인을 전제로 삼는 것이고 '양지현재'설은 이런 방법을 체득하는 것이다. 두 번째 방법인 "점차 진입하는 자들은 공부로 본체를 회복하는 것"이라는 것은 '의' 및 '의'와 연관된 '물'에 대응하여 생겨난 것이다. 양수인이 '양지' 앞에 '치'를 넣어 강조한 공부가 바로 이 공부

65　『龍溪全集』 권2, 「松原晤語」.

이다. 왕수인은 이렇게 말했다.

> '치'는 이른다는 것이다. (중략) '치지'라는 것은 후대 유자가 말한
> 지식을 확충한다는 의미가 아니라 내 마음의 양지에 도달한다는 뜻
> 일 뿐이다.[66]

이 부분에서 왕수인은 우선 '치지'에서 지식을 확충한다는 함의를 떨쳐
버리고 '내 마음의 양지에 도달하여', '심'에 원래 있던 '양지'가 "사욕에 덮
이지 않도록 하여 끝까지 확충할 수 있게 한다"고[67] 해석했다. '심'이 어찌
하여 '사욕에 뒤덮여', '치양지'를 통해 이를 제거해야 하는 상황에 이르게
된 것일까? 여기에 대한 왕수인의 답변은 이랬다.

> 심의 본체에 어찌 불선(不善)이 있겠는가? 지금 마음을 바르게 하
> 려면 본체의 어느 곳에 힘을 써야 하는가? 반드시 마음이 발동하는
> 곳에 힘을 기울여야 한다. 마음이 발동하면 불선이 없을 수 없다. 그
> 래서 이곳에 힘을 기울여야 하니 이것은 성의(誠意)에 달려 있다. 한
> 번 마음을 착하게 발동하면 확실히 착하게 되고, 한번 나쁘게 발동
> 하면 확실히 악하게 된다. 의를 발한 것이 성실하기만 하다면 본체에
> 어찌 바르지 않은 것이 있겠는가? 그러므로 마음을 바르게 하는 것
> 은 성의에 달려 있다. 공부가 성의에 이르면 그때 비로소 결과가 있
> 게 된다. 그런데 성의의 근본 또한 치지에 달려 있다. 이른바 남들은
> 모르지만 자기만 알고 있다는 것이 바로 내 마음의 양지인 곳이다.

66　『王陽明全集』권26, 「大學問」, 971쪽.

67　『王陽明全集』권1, 「傳習錄」上. 34쪽.

송·명 신유학약론

그러나 선을 안다고 해도 이 양지에 따라 행하지 않고 불선을 알아도 이 양지에 따라 안 하려고 하지 않는다면 이 양지는 덮여서 '치지'를 할 수 없는 것이다. 내 마음의 양지가 그 끝까지 확충할 수 없는 이상 선이 좋다는 것을 안다고 해도 확실하게 좋아할 수 없으며 악이 싫다는 것을 안다고 해도 확실하게 싫어할 수 없으니 어찌 뜻이 정성스러운 것이겠는가? 그러므로 치지는 뜻이 정성스러운 것(誠意)의 근본이다. 그러나 이 또한 허공에 떠 있는 치지가 아니니 치지는 실제 사실에 근거해서만 탐구할 수 있는 것이다. 예컨대 의가 선을 행하는 데 있다면 그런 일로 가서 할 것이고 의가 악을 없애는 데에 있다면 그 일로 가서 하지 않을 것이다. 악을 없애는 것은 부정을 탐구하여 정으로 돌아가는 것이다. 선을 행한다는 것은 불선이 바르게 된 것이므로 이 또한 바르지 못함을 탐구하여 정으로 돌아간 것이다. 이렇다면 내 마음의 양지는 사욕에 뒤덮여 있지 않게 되고, 끝까지 이를 수 있으며, 의가 발하는 것도 선을 좋아하고 악을 없애는 것이니 정성스럽지 않음이 없을 것이다. 성의의 공부는 실로 격물에서 출발하는 것이다.[68]

앞에서 인용한 왕수인의 '사구리(四句理, 네 구절의 이치)'[69]가 본체론이라는 측면에서 『대학』, '정심(正心)', '성의(誠意)', '치지(致知)', '격물(格物)'에 대한 새로운 해석이라면, 이 단락에서 왕수인은 공부론이라는 측면에서 새로운 해석을 내놓고 있다. "심의 본체에 어찌 불선이 있겠는가", "본체의 어느 곳에 힘을 써야 하는가?"는 지극히 선한 본체심의 측면에서 본체는

68 『王陽明全集』 권3, 「傳習錄」 下. 119~120쪽.

69 [역자 주] "身之主宰便是心, 心之所發便是意, 意之本體便是知, 意之所在便是物."

공부이며 본체 이외에 달리 공부는 없다는 뜻이다. "사욕에 가려졌다"는 것은 '의'의 측면에서 나온 것이므로 전문적인 공부는 '의'의 측면에서만 필요하다는 것이다. '의'의 측면에서는 선악이 있으므로 선을 행하고 악을 없애는 공부에 주력해야 한다. 이것이 '성의'이다. 그런데 '성의' 공부는 결코 지극히 선한 본체심과 무관하지 않다. 지극한 선의 본체심이 바로 "내 마음의 양지가 있는 곳"이다. 성의를 공부하는 것이 '치양지'로, "내 마음의 양지"를 "끝까지 확충하여" 자신의 모든 생각과 행위를 지배할 수 있게 한다. 이것이 '치지'이다. '격물'의 경우 왕수인이 "의가 있는 곳이 물"임을 주장했으므로 '격물'은 '치양지'를 통해 '생각을 바르게 하는 것'으로 가게 되므로 이 또한 '치양지'에 해당하는 일이다. '치양지' 공부를 통해 '사욕이 덮은 것'을 떨쳐 버리고 본체를 회복하는 것이 '치양지'의 첫 번째 의미이다. 이것은 개인의 정신 추구라는 점에서 말한 것이다.

　왕수인에게 '치양지'는 또 다른 의미를 가지고 있다. 그것이 바로 "내 마음의 양지", 즉 개인이 승인한 가치 이념을 보편화하여 우주 만물의 보편 원칙이 되게 한 것이다. 왕수인은 이렇게 말했다.

　　내가 말하는 '치지'와 '격물'은 내 마음의 양지를 모든 사물에 이르게 하는 것이다. 내 마음의 양지는 천리이다. 내 마음의 양지인 천리를 모든 사물에 도달하게 한다면 모든 사물은 천리를 얻을 수 있을 것이다. 내 마음의 양지를 이르게 한다는 것이 '치지'이다. 모든 사물이 다 천리를 가지는 것이 '격물'이다. 이것은 마음과 이치를 합하여 하나로 만든 것이다.[70]

70　『王陽明全集』권2, 「傳習錄」中. 45쪽.

　　　　　　　　　　　　　　　　　　　　　　송·명 신유학약론

"내 마음의 양지"는 개인이 승인한 가치 이념으로 정신적 경지에 속하지만 "모든 사물이 그 이치를 얻는 것"은 실존의 문제이다. 왕수인은 '치양지' 공부를 통해 자기가 인정한 유가의 가치 이념을 실존계의 모든 사물의 객관 원리로 만들고, 이를 통해 이런 가치 이념의 보편성과 유효성을 얻으려고 노력했다. 왕수인이 이렇게 보편성과 유효성을 추구한 것은 육구연과 왕수인의 주지론(主志論)에서 집중적으로 구현되었다. 인간이라는 주체가 '자아가 주체가 된다'고 인정하고 주체가 자기가 고른 가치에 따라 외재하는 세계를 지배하고 창조하려는 강렬한 열망을 담았던 것이다.

그런데 인간이라는 주체가 자기의 가치 이념에 따라 외부의 세계를 지배하고 창조하려는 욕망은 역사적으로 볼 때 대체로 실현할 수 없다. 왕수인은 평생 동안 빛나는 전공을 세웠지만 그의 관료길은 평탄하지 못했다. 이것은 우연히 그렇게 된 것이 아니다. 왕수인의 이런 상황은 주체와 객관적 상황, 주관적인 이념과 실제 행위 간의 모순을 선명하게 드러낸 것이었다. 이렇게 봐야만 왕수인이 '치양지'를 주장했을 당시 또는 이후에 또 다른 경지를 추구했다는 점을 이해할 수 있을 것이다. 이 경지는 '천천증도(天泉證道, 천천에서 도를 징험함)'에서 엿볼 수 있다.

이른바 '천천증도'라는 것은 왕수인이 세상을 뜨기 1년 전에 황명을 받아 광서(廣西) 사은(思恩)과 전주(田州)의 난을 평정하러 가기 전에 월성(越城) 천천교(天泉橋)에서 제자 전덕홍(錢德洪, 자 홍보(洪甫))과 왕기(자 여중(汝中))가 제기한 문제에 답한 것을 말하는데 이것은 예전에 말했던 '사구교(四句敎)'의[71] 핵심적인 의미를 한 차례 설명한 것이었다. 「연보」에는 이 해석에 대

---

71 [역자 주] "無善無惡心之體, 有善有惡意之動, 知善知惡是良知, 爲善去惡是格物."

한 상세한 기록이 실려 있다.

　　이달(가정 6년(1527) 9월) 초 8일 전덕홍과 왕기가 장원충(張元冲)의 배로 와서 학문하는 요지를 논했다. 왕기가 "선생님께서는 '선과 악을 아는 것이 양지이고 선을 행하고 악을 없애는 것이 격물'이라고 하셨는데 궁극적인 화두가 아닌 것 같습니다."라고 하였다. 전덕홍이 "어찌하여서 그런가요?"라고 하자 왕기는 "심체에 선악이 없다면 의에도 선악이 없고 지 역시 선악이 없으며 물 또한 선악이 없다는 말이 됩니다. 그런데 의에 선악이 있다면 결국 심체에도 선악이 있을 것입니다."라고 하였다. 전덕홍은 "심체는 원래 선악이 없지만 습속에 젖어 든 지 오래되어 심체에 선악이 나타나므로 선을 행하고 악을 없애는 것이 본체를 회복하는 공부입니다. 만약 본체에 이렇게 나타났는데 할 수 있는 공부가 없다고만 한다면 보고 있을 수밖에 없을 것입니다."라고 하였다. 왕기는 "내일 선생님이 출발하시니 저녁에 가서 물어봅시다."라고 하였다.

　　이날 밤이 되자 손님들은 흩어지고 선생은 안으로 들어가려다가 전덕홍과 왕기가 뜰에서 기다리고 있다는 소식을 듣고 다시 나가서 천천교로 자리를 옮겼다. 전덕홍이 왕기와의 논변에 대해 질문하자 선생이 기뻐하며 "마침 자네 두 사람이 이런 의문을 가지고 있구나. 내가 오늘 출발할 예정인데 내 친구들 중에는 이 부분까지 논한 사람이 없었네. 자네들의 견해는 서로 보완이 되므로 서로를 잘못이라고 생각해서는 안 된다. 왕기 자네는 덕홍의 공부를 활용하고 덕홍 자네는 왕기의 본체를 이해하게. 두 사람이 서로에게서 취하면 유익할 것이고 내 학문은 더욱 빈틈이 없을 것이네."라고 하였다.

　　전덕홍이 어떠해야 할지를 물었다. 선생은 "자네들에게 저절로 있는 것처럼 양지의 본체에는 원래 유가 없고 본체는 그저 태허(太虛)

일 뿐이다. 태허 속에서 해와 달, 별, 바람과 비, 이슬과 우레, 흙먼지, 안개 등 무엇이 없겠는가? 또 어느 것이 태허를 막는 장애물이 될 수 있겠는가? 인심의 본체 또한 이러하다. 태허는 형체가 없으니 한번 변한다고 어찌 조금이라도 기력을 쓰는 것이겠는가? 덕홍의 공부는 이러해야 하며 그래야 본체 공부에 부합할 수 있을 것이다."라고 하셨다.

왕기가 어떠해야 할지를 물었다. 선생은 "왕기는 이 뜻을 얻으려면 묵묵하게 스스로 수련할 일이지 남을 통해서는 안 된다. 뛰어난 사람은 세상에서도 만나기 어렵다. 한번 본체를 깨달으면 공부를 볼 수 있는 것이니 물와 나의 안과 밖이 모두 통할 것이다. 이것은 안회와 정호도 감히 할 수 없었는데 어찌 가벼이 다른 사람에게 바랄 수 있겠느냐? 자네들은 이후에 공부하는 사람에게 말할 때는 반드시 내 네 구의 핵심 의미에 따라야 한다. 선악이 없는 것이 심의 체이며, 선악이 있는 것이 의의 움직임이며, 선을 알아 악을 없애는 것이 양지이고 선을 행하고 악을 없애는 것이 격물이다. 이것으로 스스로 수련하면 곧바로 성인의 위치에 도달할 것이다. 이것으로 다른 사람을 대하면 잘못한 일이 없을 것이다."라고 하였다.

(중략)

선생은 다시 "자네들은 이후에 이 네 구의 핵심 의미를 바꿔서는 안 된다. 이 네 구는 인간이 위 아래에서 모두 접하는 것이다. 내가 근년에 가르침을 몇 번이나 바꾸었고 지금 비로소 이 네 구를 만들었다. 인간의 마음에 지식이 생긴 이후로 이미 습속에 오염되었으니 이제 양지라는 맥락에서 실제로 선을 행하고 악을 없애는 공부를 가르치지 않고 그저 헛되이 본체만 생각하면 모든 일과 행위는 착실하지 못할 것이다. 이런 문제점은 사소하지 않기에 일찍 확실하게 이야기하지 않을 수 없다."라고 하셨다.

그날 전덕홍과 왕기는 모두 반성했다.[72]

왕수인이 "근년에 가르침을 몇 번이나 바꾸었고 지금 비로소 이 네 구를 만들었다"고 말한 것을 보면 왕수인이 '치양지'의 가르침을 펼친 것이 이전이고, '사구교'를 확립한 것이 이후임을 알 수 있다. 왕기는 스승의 '사구교'에 회의를 가지고 있었다. 왕수인의 '사구리', 곧 "몸의 주재자가 심이고, 심이 발한 것이 의이며, 의의 본체가 지이고, 의가 있는 곳이 물(身之主宰便是心, 心之所發便是意, 意之本體便是知, 意之所在便是物.)"이라는 것에 따르면 '의', '지', '물' 세 가지는 모두 본체인 '심'에서 발한 것이며 '용'에 속한다. '체와 용이 별개의 것이 아니다' 혹은 체에 나아가고 용에 나아간다는 측면에서 볼 때 '체'로서의 '심'에 선악이 없다면 '용'이 되는 '의', '지', '물'에도 선악이 없을 것이다. 그래서 왕기는 '사구교'가 "궁극적인 화두가 아닌 것 같다"고 생각한 것이다. 전덕홍은 '사구교'를 이렇게 해석했다. "심체는 원래 선악이 없다". 그렇지만 이후에 경험 세계에서 "젖어든 지 오래이므로" 선악이 나뉘어 생겨난 것이다. 선악이 생겼다면 선을 행하고 악을 없애는 공부를 해야 한다. 만약 '의', '지', '물'이라는 측면에서도 선악이 없다면 "할 수 있는 공부가 없을 것"인데, 이러면 곤란하다. 전덕홍은 스승이 원래 가지고 있던 견해를 견지했던 듯하다.

우리가 여기에서 제기해 볼 문제는 다음과 같다. 첫째, 어째서 왕수인은 만년에 '심체'에 '선악이 없다'고 했을까? 둘째, 왕기와 전덕홍의 논쟁을 왕수인이 이렇게 평가한 것으로 보면 왕수인이 만년에 추구한 정신적

---

72   『王陽明全集』 권35, 1306~1307쪽.

경지는 어떤 것이었을까?

먼저 첫 번째 문제를 보도록 하자. 이미 알고 있듯이 왕수인이 '리'로 '심'을 설명했든 아니면 '양지'로 '심'을 설명했든 '심'은 모두 '지극한 선'으로 인식되었는데 어째서 왕수인은 '사구교'에서 '심체'가 '선악이 없다'고 했을까? 전덕홍에게 해준 왕수인의 대답에 따르면 "자네들에게 저절로 있는 것처럼 양지의 본체에는 원래 유가 없었으며 본체는 그저 태허일 뿐"이므로 왕수인은 이미 '심체'에 '양지'가 있는 것이 '지극한 선'이라는 것을 알았지만 그것은 다만 개인의 추구일 뿐이고 사실 본체는 늘 태허이며 언제나 '유'는 없다는 것을 깨달았던 모양이다. 왕수인은 이 지점에서 '무유', '태허'로 본체를 설명했으므로, 그에게 어떤 새로운 깨달음이 없었다고 할수는 없다. 이런 깨달음을 통해 그는 이미 점차 유가에서 집착했던 것에서 벗어나 정신적으로 도가 및 불가와 이어졌던 것이다.

다음으로 두 번째 문제를 살펴보겠다. 왕기와 전덕홍의 논쟁에 대한 왕수인의 답변은 매우 음미할 가치가 있다. 왕기는 왕수인의 '사구교'를 '사무(四無)'설로 바꾸었는데, "심은 선악이 없는 심이고 의는 선악이 없는 의이고 지는 선악이 없는 지이고 물은 선악이 없는 물(心是無善無惡之心, 意卽是無善無惡之意, 知卽是無善無惡之知, 物卽是無善無惡之物.)"이라는 것이다. 여기에는 도가와 불가적 경향이 선명하게 나타난다. 왕수인은 그것을 '천기를 설파한 것'으로 봤는데 이렇게 보면 왕수인이 '사무설'을 매우 긍정했다는 것을 알 수 있다. 그런데 왕수인은 또 "왕기가 이 뜻을 얻었으니 묵묵히 스스로 수련해야 하며 다른 사람에게 구해서는 안 된다"고도 했다. 이것은 도가와 불가에서 초월 경지를 추구하는 것을 개인적인 일로 본 것이다. 하지만 왕수인은 자신과 자신의 제자들이 여전히 공공의 일에 더 많이 관심을 가져야 한다고 생각했기 때문에 '사구교'를 고수하여 선을 행하고 악을 없애는 공부를 함으로써 '타인을 대하라'고 했던 것이다. 곧 공공의 영역에서는 여전히 유가적 태도를 강조했다. 따라서 왕수인에게서 '심'의 두 가지 측면의 구분은 처음에는 선험적이고 지극히 선한 '마음'과 경험적이고 선악이 있는 '의'의 구분이었으나 나중에는 초월적이고 선악이 없는 '심'과 경험적이고 선악이 있는 '의'의 구분에 치중되었던 것이다. 뒤의 구분에서 제시한 것은 정신적 경지의 추구였으므로 중국 사대부들은 앞의 구분보다 훨씬 쉽게 수긍했다. 이 구분은 중국 전통의 지식인에게 나아갈 수도 있고 물러날 수도 있는 두 가지 길을 제공했으며 또 어떤 선택을 하든 거기에서 모두 '심'의 자주와 자유를 확보할 수 있었기 때문이다. '사구교'는 어쩌면 벼슬길에서 실의하여 은퇴하려는 상황일 때 와닿았을지도 모른다. 벼슬길에서 실의한 상황에 놓인 개인에게 '심'이 선악이 없거나 선악을 초월했다고 하는 것은 공적 세계의 부담에서 벗어나 "나는 증점을 허여하리라"는 식의 삶을 살게 하기에 유리했다. 이것이 자유였다. 왕수인은 "인생에는 얽매이는 것이 많기에 차라리 탈속적인 다른 길이 낫다"고 했다.[73] 왕수인도 '다른 도' 곧 도가와 불가의 자유로움을 동경하는 면이 없지 않았던 것이다. 물론 왕수인은 세상에서 쓰이기를 훨씬 바랐다. 세상에서 쓰인다면 선악이 없는 '심체'는 지극한 선인 '리'인 '심체'보다 탈속적이고 자유로운 심경을 갖기에 유리했다. 만약 지극한 선인 '리'가 '심체'라면 '체'와 '용'은 긍정적인 관계일 것이다. 그런데 '용'의 측면(경험 세계)에서는 선악이 있으므로 '체'는 대응관계로서의 '용'을 완전히 초월해서 자유를 확보

---

73   『王陽明全集』권4,「與黃宗賢」, 153쪽.

송·명 신유학약론

할 수가 없다. 왕수인은 "미발지중을 사람들이 모두 가지고 있는 것은 아니다. 체와 용은 근원이 하나이므로 체가 있으면 용이 있고 미발지중이 있으면 발동하여 모두 절도에 맞게 된다. 그런데 지금 사람들은 발동한다고 모두 절도에 맞게 할 수 없으므로, 모든 사람들이 다 미발지중을 얻을 수 있는 것이 아니라는 것을 알아야 한다."고[74] 했다. 이것은 미발의 '체'와 이발의 '용'의 긍정적 관계를 인정한 것이자 '용'의 측면에 선악의 분별이 있다면 '체'의 측면에서도 '모두 얻을 수 없어서' 반드시 대응되는 관계가 될 것이므로 자유를 잃게 된다고 인정한 것이었다. 만약 선악이 없는 것을 본체라고 한다면 '체'와 '용'은 부정적인 관계가 되므로 '용'이라는 측면(경험 세계)에 선과 악이 있으면 반드시 선을 행하고 악을 없애는 공부를 해야 한다. 그런데 이 모든 것은 편의상 설정한 것이므로 여기에 집착하게 되면 본체의 궁극적인 의미를 얻을 수 없다. 왕수인은 "태허 속에서 해와 달, 별, 바람과 비, 이슬과 우레, 흙먼지, 안개 등 무엇이 없겠는가? 또 어느 것이 태허를 막는 장애물이 될 수 있겠는가? 인심의 본체도 이러하다. 태허는 형체가 없으니 한번 변한다고 어찌 기력을 쓰는 것이겠는가?"라고 했는데, 이것은 '체'와 '용'이 부정적 관계라는 것을 강조한 것이다. '용'에 있다는 것은 경험 세계에 있는 것이므로 시비와 선악의 분별이 있다는 뜻이다. 그런데 이런 구분 역시 "한 번 지나면 사라지는 것"이라 내 심체에 머무르지 않고 그래서 심체는 대응관계를 자유를 가질 수 있다.

심령 경지의 추구라는 점에서 볼 때 '천천증도'를 통해 도가와 불가 쪽이 인간이라는 주체가 자주와 자유를 얻는 데 훨씬 유리하다는 점을 알 수

---

74   『王陽明全集』 권1, 「傳習錄」 上. 17쪽.

있다.

주체성의 부각과 곤혹

머우쭝싼은 육구연과 왕수인의 '지' 중심의 학문을 이렇게 평가했다.

> (육구연과 왕수인의) 이 계통은 "『중용』과 『역전』에서 진입하여 『논
> 어』와 『맹자』로 회귀한" 길을 따르지 않고 『논어』와 『맹자』로 『역
> 전』과 『중용』을 통섭하되 『논어』와 『맹자』를 위주로 했다. 이 계통은
> 단지 일심(一心)의 드러남(朗現), 일심의 전개(申展), 일심의 확장(遍潤)
> 에 집중했고 공부는 역시 '역각체증(逆覺體證, 내면적 깨달음)'을 위주로
> 했다.[75]

또 이렇게도 말했다.

> 육구연과 왕수인의 학문은 단지 일심의 드러남, 일심의 전개, 일심
> 의 확장에 집중되어 있다. 그래서 그들은 객관적인 오목불이(於穆不
> 已)의 실체에서 말한 도체(道體)와 성체(性體)에 대해 그다지 흥미를 보
> 이지 않았고, 객관적인 오목불이의 실체에 근거해 본체 우주론을 전
> 개한 것에 대해서는 더더욱 관심이 없었다. 객관적인 측면에 대한 이
> 들의 노력과 배움은 더욱 부족했다. 비록 일심이 확장되고 충분히 실
> 현되어 지극한 경지에 이르면 이것도 원만함이겠지만 순수하게 주

---

75 牟宗三, 『心體與性體』 1, 51쪽.

관적 측면의 전개로 이르게 되는 원만함이지 객관적으로는 원만하
게 완비되지 못해서 아쉽다는 느낌을 준다.[76]

머우쫑싼은 육구연과 왕수인의 학문이 "단지 일심의 드러남"이라고 했
는데 이 설은 매우 타당하다. 그러나 그가 어떤 이유에서 이들이 객관적인
측면에서 원만하지 못했다고 비판했는지는 알 수 없다.[77] 내가 보기에 '객
관적인 면'은 주돈이와 장재가 이해한 것처럼 궁극적인 측면은 우주 본원
이다. 그렇다면 우주본원이 어떻게 인간에게 성덕을 부여하는 객관적인
근거가 될 수 있을까? "건도가 변화하여 각기 성명을 바르게 하면 성이 세
워지고 순수하게 지극한 선이 되는 것"이라고 한다면 이렇게 '순수하게 지
극한 선'인 덕을 추구하는 것은 인간 자신이 '천도의 변화'에서 선택한 것
이다. 그런데 이것은 주체가 객체에게 부여한 것이며 객관인 천도가 인간

---

76 위의 책, 49쪽.

77 사실 머우쫑싼의 존유론(存有論)도 진정한 의미에서 객관적인 면까지 이르지는 못했다. 머
우쫑싼은 "우리는 그저 두 층위의 존유론이 있을 뿐이다. 물과 자신에 대해 본체계(本體界)
를 말하는 존유론, 현상에 대해 현상계를 말하는 존유론이 그것이다. 전자는 집착이 없는
존유론이라고도 할 수 있는데 '집착이 없다'는 것은 '자유의 무한한 마음'(왕수인에 따르면
지체명각(知體明覺))에 대응하여 말한 것이다. 후자는 집착의 존유론이라고도 할 수 있는데
'집착'은 '지식심의 집착'에 대응하여 말한 것이다."라고 했다.(牟宗三, 『現象與物自身』, 臺灣:
學生書局, 1987, 16쪽) 이것은 객관적인 면을 확인한 것 같다. 그러나 머우쫑싼은 또 "종합해
서 말한다면 지식심과 현상을 진심(眞心)의 권용(權用)으로 본다면 이 또한 '도덕적 형이상'
이라 두 측면의 존유론을 포함하고 있다고 볼 수 있을 것이다. 도덕적 형이상은 위로는 본
체계에 통할 뿐만 아니라 아래로는 현상계를 열어 놓았는데 이것이야말로 바로 전체대용
지학(全體大用之學)이다."라고 했다.(위의 책, 40면) 여기에 따르면 머우쫑싼은 실제로 두 층
위의 존유계를 다잡아 일심(一心)으로 정리한 것이다. 그의 '자유롭고 무한한 마음'(진심)과
'지식심'의 구분은 왕수인이 한 '본심'과 '의'의 구별과 같으니 머우쫑싼도 객관적인 면을
고려한 적이 없다.

을 도덕적으로 규정한 적은 없다. 정이와 주희가 설정한 최고의 주재자는 '천리'인데 '천리'는 자연계의 인과적 필연성에 불과하므로 여전히 인간에게 성덕의 근거를 제공하지 못한다. 만약 인과적 필연성에 도덕적 의미를 부여한다면 성덕을 위한 객관적 근거는 되겠지만 덕성이 인간만 가진 것이 아니게 되므로 인간이라는 주체는 다시 사라지게 되는 것이다.

따라서 육구연과 왕수인이 '객관적인 면'을 고려하지 않거나 심지어 완전히 제외한 것에는 이유가 있다. '리'가 도덕 규범, 특히 도덕적 신념이라면 이것을 인정하느냐 여부는 외재적이고 객관적이며 필연적인 어떤 것으로 담보할 수 있는것도 아니고 지식론의 논리적 필연성에 호소할 수도 없다. 이것은 인간이라는 주체가 가치를 판단하고 선택하면서 자주적이고 자유롭게 인정한 것이다. 인간 주체가 가치를 판단하고 선택할 때 자주성과 자유가 있다면 이것은 주체가 외재하는 세계와 대응 관계에 있지 않다는 뜻이며 절대적인 의미의 주체가 된다. 또 주체가 여러 대응관계의 속박을 받지 않으므로 한계가 없는 주체가 된다. 사실상 인간은 자연을 대할 때 외적 세계의 모든 활동과 외적 세계와의 모든 관계에서 구속을 받게 된다. 오직 신앙적 도덕과 궁극적 목표에 있는 절대적 무한성만이 인간의 주체성을 또렷하게 드러낼 수 있다. 이렇게 볼 때 육구연과 왕수인은 객관적인 측면에서 성덕학을 논하지 않았기 때문에 인간의 주체성과 주체적 창조성을 최대한 부각시켰다고 볼 수 있다.

육구연과 왕수인의 주지론(主志論)의 문제는 이들이 나름의 도덕 신념을 확립할 때 객관적인 면을 고려하지 않았다는 것이 아니라 이들이 여전히 도덕 선념이 보편적이고 유효하기를 바랐다는 점이다. 앞서 논의했듯이 육구연과 왕수인의 기본 명제는 '심즉리'였고 이 명제를 빌려 육구연과 왕수인은 '리'를 수렴하여 '심'에 귀결시킴으로써 인간의 도덕적 판단과 선택에 주체성이 있다는 점을 드러냈다. 그런데 어째서 육구연과 왕수인은 '심'에서 인정한 것을 '리'라고 한 것일까? '리'가 나타내는 의미는 '공공적'이다. 만약 '리'를 사물의 조리로 삼았다면 이것은 동시에 객관적이고 필연적인 것이 될 것이다. 그래서 육구연과 왕수인이 중시한 '심즉리'는 명확하게 또 다른 의미를 담게 되었다. 그 의미는 개인이 인정한 것을 공공으로 바꾸어 보편성과 유효성을 가지게 하고 당위성을 필연성으로 바꿔 객관적이고 실존하는 의미를 담게 했다는 것이다. 왕수인의 '격물치지' 설은 '내 마음의 양지인 천리를 모든 일과 물에 이르게 하면 모든 일과 사물이 각각 천리를 얻는다'는 것이었는데 이 또한 이런 맥락이었다.

그런데 이것이 어떻게 가능할까? 개인적인 것을 어떻게 쉽게 '공공적'인 것으로 바꾸고 주관적인 것을 어떻게 마음대로 객관적으로 바꾸며, 경지의 문제를 어떻게 실존적인 문제가 되게 하는 것일까? 곧 도덕적 신념의 정당성을 개인이라는 주체의 선택과 동의에 맡겨둔다면 각기 다른 사람은 각기 다른 선택과 동의를 하게 될 것인데 어떻게 다시 '공공성'을 바랄 수 있을까? 어떤 개인이 어떤 선택을 했을 때 외부의 지배나 구속을 받지 않을 수도 있지만 그가 자신의 선택을 외부로 밀고 나갔을 때 어떻게 다른 사람이나 만물까지 그의 선택에 동의하여 그를 외적으로 구속하는 것이 되지 않게 할 수 있을까?

이 점에 대해 왕수인과 동시대 사람들이 이미 의문을 제시했다. 담감천은 「왕명 왕도헌이 격물을 논한 것에 답하는 편지(答陽明王都憲論格物書)」에서 이렇게 말했다.

당신의 격물에 대한 가르침은 바른 생각입니다. 그런데 생각의 바르고 그름은 근거로 삼을 수 없습니다. 석가와 노자의 허무는 '집착에서 벗어난 청정심을 낼 수 있어야 한다(應無所住而生其心)'고 했으니 제상(諸相)이 없고 근진(根塵)이 없으면 스스로 바르다고 여겼습니다. 양주와 묵적의 시대에는 모두 이것이 성(聖)이라고 여겼습니다. 어찌 스스로 바르지 못하다고 생각하면서도 편하게 여긴 것이겠습니까?[78]

담감천이 여기에서 말한 것은 왕수인이 '바른 생각'으로 '격물'을 가르치는 것이 적절한가의 문제였지만, 그가 생각의 바르고 그름 또한 근거로 삼을 수 없다고 한 것은 공공 영역에서의 객관적인 판단 문제였다. 신앙이라는 범위에서는 개인의 내적 인정만 있으면 되므로 석가와 노자, 양주와 묵적의 논리를 받아들이더라도 잘못되었다고 할 수 없다. 그런데 개인이 자기의 신앙을 타인에게 믿게 하려면 어떻게 그 사람의 신앙이 다른 사람의 다른 신앙보다 더 타당하다고 확인할 수 있을까? 이 문제에 대해 공공의 영역으로 진입하게 되면 정이와 주희가 지식론을 바탕으로 구축한 성덕론이 훨씬 낫다고 할 수 있다.

또 왕수인과 동시대 사람인 나흠순(羅欽順)은 「왕수인에게 보내는 편지(與王陽明)」에서 이렇게 말했다.

그대는 "의가 부모님을 모시는 데 있다면 부모님을 모시는 것이 하나의 물이며 의가 군주를 섬기는 데에 있다면 군주를 섬기는 것이 물"이라고 한 적이 있습니다. 이러한 것들을 모두 행이라고 할 수 있

---

78   『甘泉文集』 권7.

을 것입니다. 예컨대 『논어』의 냇가에서의 탄식과 『중용』의 솔개가 날고 물고기가 뛴다는 의미는 모두 성현이 인간이 행위 규범에서 중요한 것을 말한 것이니 공부하는 사람들이 그 의미를 깊이 이해하지 못하면 학문을 안다고 할 수 없습니다. 내 뜻을 흐르는 시냇물과 나는 솔개, 뛰는 물고기에 관철시킨다면 어떻게 "바르지 못한 것을 바르게 함으로써 바른 것에 돌아가게" 하겠습니까?[79]

이 부분에서 나흠순도 왕수인의 '격물' 설을 비판했다. 왕수인은 '물'을 '일'로 보았는데 '일'이 결국 '심', '의'와 관계가 있어서 '의'와 관련되므로 이렇게 해서 '마음 밖에는 물이 없다'를 확증한 것이다. 나흠순의 뜻은 군주를 어떻게 섬기는가와 부모를 어떻게 섬기는가처럼 개인의 도덕적 신념의 문제일 때에는 이 설이 맞겠지만 '흐르는 시냇물과 나는 솔개, 뛰는 물고기' 같이 객관적으로 존재하는 영역으로 진입하게 되면 '내 마음'으로 그것을 어떻게 할 수 있겠느냐는 것이었다.

이런 비판을 보면 육구연과 왕수인이 도덕적 신념에서 자주성과 자유성을 추구할 수는 있지만 도덕적 신념의 보편성과 유효성을 추구해서는 안된다는 것을 알 수 있다. 경지라는 측면으로 절대성과 무한성을 추구할 수 있지만 이것을 존재하는 절대성과 무한성으로 바꿀 수는 없다. 보편성과 유효성을 추구하고 경지에서 실존으로 바꾸려고 하게 되면 어쩔 수 없이 서로 모순되는 문제가 발생한다. 그런데 육구연과 왕수인이 강조한 '심즉리'와 '치양지'는 이것을 추구했기 때문에 이들의 학문은 자기가 인정한 보편 신앙을 억지로 세계에 강제하게 되었다. 이들은 자신들의 자주성과

79　羅欽順, 『困知記』附錄, 中華書局, 1990, 113쪽.

자유성만 인정하고 다른 사람에게도 이런 자주와 자유가 있다는 것을 인정하지 않았다. 그러니 자기가 믿는 도덕성으로 외부 세계에 강제하고 이를 통해 외부 세계와 대응 관계를 이루려고 한다면 그 자신조차 자주와 자유를 잃어버리게 될 것이다.

　물론 철학의 정신으로 볼 때 인간의 자주와 자유는 지켜내어야 한다. 또 일부 사람들에게만이 아니라 모든 사람에게 자주와 자유를 주어야 한다. 곧 '리'를 '심'으로 보고 '심'을 '공공성'의 범주에 두어서는 안 된다는 뜻이다. 오직 '정(情)'이 '심'이어야만 이 '심'으로 개체성을 인정하고, 나아가 진정으로 개인의 자주와 자유를 인정할 수 있다. 그래서 '주정론(主情論)'이 생겨났다. 바로 이 주정론을 통해 철학적 정신이 근대 시민 사회로 나아갈 수 있게 된 것이다.

5장

주정론(主情論)으로 나타낸 경지론(境界論)

'정(情)'은 정욕이라는 의미도 있고 정감이라는 의미도 있는데 둘 다 감성의 범주이다. 여기에서의 '감성'은 지식론의 이성에 대응하는 감성적 인식이 아니다. 진헌장(陳獻章)은 '정'을 인간의 가장 원초적인 존재 방식이라고 했고 태주학파(泰州學派)는 '정'을 인간의 가장 최초의 존재 방식을 궁극적으로 추구하는 정신적 경지라고 했으니 이것을 존재론 또는 경지론이라고 해야 할 것이다.

　예전에는 진헌장과 태주학파를 모두 심학(心學)의 범주에 귀속시켰다. 이런 분류법은 일리가 있지만 거칠다는 단점이 있다. 진헌장과 태주학파의 여러 사람들은 모두 '심(心)'을 중시하였는데 육구연 및 왕수인과 같은 점이었다. 하지만 '리'를 '심'이라고 한다면, '심'은 도덕 이념을 선택하고 인정한다는 점에서 자주적이고 자유롭다고 할 수 있다. 그런데 이렇게 선택하고 받아들인 도덕 이념이 '리'라면 결국 공공 영역이자 공공의 일과 사람 간의 관계 문제이므로 이성적인 마음(理性心)이라고도 할 수 있으므로 이 점에서 정주학파(程朱學派)의 설과도 일치한다. 반면에 '정'이 '심'이라면 이와는 다르다. '정'이 정욕이든 정감이든 사적이며 개인의 문제이다. '정'이 정욕의 뜻이라면 사적 영역에 있는 '자아'를 인정하는 것이며, 정감의 뜻이라면 공공영역을 넘어선 '자아'도 허용한다. 어쨌든 이 둘은 모두 비이성적인 것이다. 예전에는 심학 내부의 이런 차이에 주목하지 않았지만, 이 차이는 육구연 및 왕수인과 정이 및 주희를 구별하는 것보다 더 큰 사회 역사적 의미가 있다. '주정론(主情論)'이 심학 내부에서 선회하되 '주지론(主志論)'과 구분될 때 비로소 전통적 의식에서 근대적 의식으로 탈바꿈하는 문제가 발생하기 때문이다. 황종희(黃宗羲)는 『명유학안(明儒學案)』「태주학안서(泰州學案序)」에서 이렇게 말했다.

> 양명 선생의 학문은 태주파(泰州派) 왕간(王艮)과 용계(龍溪) 왕기(王畿)로 인해 세상에 널리 알려졌고 또 이들로 인해 점차 전하지 않게 되었다. 왕간과 왕기는 늘 스승의 학설에 불만이 있었으니, 이는 불가의 근본을 연구하면서도 스승에게 돌아오고 양명학에 의지하면서도 선가(禪家)로 돌아간 것이다. 그러나 왕기 이후에는 왕기보다 뛰어난 역량을 가진 사람이 없었고 또 강우파(江右派) 추수익(鄒守益)이 교정하기도 해서 완전히 사분오열하는 지경에 이르지는 않았다. 왕간 이후에는 맨손으로 용과 뱀을 때려잡듯 사람들이 마구 날뛰었고 안균(顔均, 자 山農)과 하심은(何心隱, 본명 梁汝元) 일파에게 전해지자 명교(名教)로 제어할 수 없게 되었다. 고헌성(顧憲成)은 "하심은 무리가 이욕의 도가니 안에 들어앉아 있으면서도 사람들의 마음을 움직일 수 있었던 것은 다른 사람들이 도달할 수 없는 어떤 총명함이 있었기 때문이다."라고 하였다. 그러나 나는 그가 총명한 것이 아니라 그들의 학술에서 말하는 조사선(祖師禪), 곧 작용으로 견성(見性)한다고 했기 때문이라고 본다. 이들이 천지를 뒤흔들면서 과거에는 고인(古人)이 있음을 보지 못했고 미래에는 후생(後生)이 있음을 보지 못했다.

또 이렇게 말하였다.

안균(顔鈞)은 자가 산농(山農)이다. (중략) 그는 완전히 자연에 맡겨 행하는 것을 '도'라고 했고, 방종하게 되면 비로소 조심하고 두려워하며 닦아야 한다고 했다. 선학의 견문과 이치, 격식이 모두 도에 장애가 된다는 것이 그의 요지였다. "내 문인 중에서는 나여방(羅汝芳)과 성(性)에 따를 것을 이야기하고 진일천(陳一泉)과 심(心)에 따를 것을 이야기하지만 다른 사람들은 다만 정(情)에 따를 것을 이야기한다."라고 한 적이 있다.[1]

황종희는 "이들이 천지를 뒤흔들면서 과거에는 고인(古人)이 있음을 보지 못했고 미래에는 후생(後生)이 있음을 보지 못했다."고 태주학파와 그들의 영향력을 평가했는데, 이를 통해 태주학파가 사회 문화가 고대에서 근대로 전환하는 데 중대한 역할을 했음을 알 수 있다. 태주학파가 이런 역할을 할 수 있었던 것은 황종희의 말을 빌리자면 "명교(名敎)로 제어할 수 없게 되었을" 뿐만 아니라 이욕(利慾)의 문제에서 "선학의 견문과 이치, 격식"을 거부하고 오직 '정'만 따랐기 때문이다. 그래서 '정'의 학문이라고 하는 것이다.

그런데 주정론이 명대 중후기에 사회 문화의 강력한 사조였지만, 완정한 이론 체계도 없었고 한두 명의 뛰어난 사상가가 구축한 사조도 아니었다. 그래서 이 사조의 핵심 문제를 드러내기 위해 여러 인물을 언급하게 될 것이며 이 사람들의 사상은 여러 측면이 있거나 심지어 서로 모순될 수도 있다. 따라서 서술의 편의와 논의의 집중을 위해 이 글에서는 관련된 몇몇 사람의 사상만 논할 것이기에 모든 사상가를 객관적이고 전면적으로 평가

---

1   黃宗羲,『明儒學案』권32.

하지 못함을 미리 밝힌다.

제5장에서 논의하게 될 주요 인물들은 진헌장(陳獻章, 1428~1500, 자 공보(公甫), 호 백사(白沙))과 왕간(王艮, 1483~1541, 자 여지(汝止), 호 심재(心齋)), 나여방(羅汝芳, 1515~1588, 자 유덕(惟德), 호 근계(近溪)), 하심은(何心隱, 1517~1579, 본명 양여원(梁汝元), 자 주건(柱乾), 호 부산(夫山)), 이지(李贄, 1527~1602, 자 탁오(卓吾)), 서위(徐渭, 1521~1593, 자 문장(文長)), 탕현조(湯顯祖, 1550~1616, 자 의잉(義仍)), 원굉도(袁宏道, 1568~1610, 자 중랑(中郞)) 등이다.

진헌장(陳獻章):
'리(理)'의 규범성 제거와 주정론(主情論)

진헌장도 '심'을 중시했고 왕수인보다 훨씬 일찍 심학(心學)을 창시했다. 『명유학안』 권8 '백사학안(白沙學案)' 서문에는 이렇게 기록되어 있다.

> 명대 학술은 진헌장에 이르러 정밀해지기 시작했다. 그의 핵심 공부는 희노애락이 미발하면서도 공(空)이 아닌 상태와 모든 감정을 모으되 움직이지 않는 상태를 함양하는 것이었다. 왕수인 이후에 크게 발전하였다. 왕수인과 진헌장 두 선생의 학문이 가장 근접해 있는데, 왕수인은 이후에도 이 점을 언급하지 않았으니 그 이유는 무엇일까?

왕수인은 진헌장의 수제자 담약수(湛若水, 자 감천(甘泉))와 밀접하게 교류했고 그의 영향을 많이 받았다. 그렇지만 왕수인은 진헌장을 언급한 적이 없었기 때문에 황종희가 매우 의아하게 여긴 것이다. 황종희는 진헌장이 명대 '심학'의 개척자라고 생각했고 "진헌장에 이르러 매우 정밀해지기 시작했으며 왕수인은 진헌장 이후에 '심학'을 크게 발전시켰다"고 했는데, 이런 평가는 매우 타당하다.[2]

진헌장 학문의 시작은 육구연 및 왕수인과 매우 비슷하다. 진헌장은 이렇게 자술했다.

나는 재주가 남보다 못해 스물일곱이 되어서야 발분하여 오여필(吳與弼)에게서 학문을 배웠다. 옛 성현의 가르침이 있는 책은 모두 강론하였지만 어디에서 시작해야 하는지 알 수 없었다. 백사(白沙)에 돌아와서는 두문불출하면서 힘써야 할 방법을 찾는 데 전념했다. 스승과 벗들의 가르침이 없었기에 언제나 책에서만 찾았으며 먹고 자는 일조차 잊을 정도였다. 그렇게 몇 년이 지났으나 결국 터득하지 못했다. 이 뜻은 내 마음과 이치가 합쳐지고 부합되는 곳이 없었다는 뜻이다. 그래서 다른 사람들의 번다한 방식을 버리고 간략한 내 방식을 찾고자 오직 정좌(靜坐)를 했는데, 오랜 뒤에 숨어있던 내 심체(心體)가 드러나고 마치 무엇인가 있는 것 같았다. 일상의 여러 응대를 마음대

---

2   『명사(明史)』「유림전(儒林傳)」에는 이렇게 기록되어 있다. "본래 명대 초기의 여러 유학자들은 모두 주희의 문인들의 분파와 후예들이었고 각자 사승한 바가 있어 질서가 정연하였다. 조단(曹端), 호거인(胡居仁)은 독실하게 실천하고 규범을 엄격하게 지켜 유가 선학들의 정통을 지키고 감히 바꾸지 못했다. 학술의 분기는 진헌장, 왕수인에서 시작되었다. 진헌장을 추종하는 자들은 '강문지학(江門之學)'이라고 불렸고 자신만의 주장을 고집했기 때문에 널리 전파되지 못했다. 왕수인을 추종하는 자들은 '요강지학(姚江之學)'이라고 불렸는데 따로 요지를 세우고 주희와 다르다는 점을 강조했다. 제자들이 천하에 널리 퍼졌고 백여 년 동안 전승되었다. 이 가르침이 널리 행해지자 폐단도 점점 더 심해졌다." 이 글에서도 진헌장을 왕수인 앞에 놓았으며, 명대 "학술의 분기"는 두 사람에서 시작되었으나 영향력으로 볼 때 진헌장이 왕수인보다 못했다고 했다.

로 할 수 있게 되자 마치 말이 굴레를 벗어난 것 같았다. 사물의 이치를 체득하고 성인의 가르침을 얻어 모두 두서와 내력이 있게 되자 마치 물의 원류를 찾은 듯했다. 그래서 의심이 사라지고 자신을 가지고 '성인의 공부가 여기에 있다'고 했다. 나에게 가르쳐달라고 하면 정좌를 가르치고, 내 경험에서 대략 효과가 있었던 것을 알려주었고 고답적이고 추상적인 것을 가지고 타인을 잘못 인도하지 않았다.[3]

위의 글은 정이 및 주희의 학문이 가진 한계를 진헌장이 어떻게 반성적으로 보고 있는지를 보여주었다. '리'를 '심' 밖에 둔다면 도덕적인 내 마음과 객관적이고 필연적인 '리'가 어떻게 합쳐지고 부합하겠는가? 그게 아니라면 '리'는 '심' 안에 있는 것인가? 그렇다면 매일 책을 읽는 지적인 방법을 통해 구할 수 있는 것인가? 진헌장은 자신의 체험을 통해 정이와 주희의 성덕(成德)의 방법으로는 이 문제를 해결할 수 없다는 것을 증명했다. 그래서 진헌장은 이 두 사람의 방식에서 벗어나 '리'와 '도'를 '심'으로 수렴하였다. 즉 객관적이고 필연적인 것이 아니라 내 마음이 마땅하다고 인정하는 곳에서 '리'와 '도'를 논한 것이다. 진헌장은 '도'에 대해 이렇게 말했다.

천지가 커도 '도'에 비견할 수는 없다. 그러므로 지극히 큰 것은 도일 뿐인데 군자는 그것을 얻었다. 작은 한 몸으로 얻은 부귀와 빈천, 생사, 화복이 어찌 군자가 얻은 것에 비길 수 있겠는가? 군자가 얻은 것은 이런 것이다. 천지의 시작이 나의 시작이지만, 나의 도에 더해진 것은 없다. 천지의 끝이 나의 끝이지만 나의 도에서 덜어낸 것도

---

3   『陳獻章集』 권2, 「復趙提學僉憲書」.

송·명 신유학약론

없다. 천지가 커도 나는 도망갈 곳이 없고, 나의 도에는 더해진 것도, 덜어낸 것도 없다. 그러니 천지간의 만물이 모두 나에게 오더라도 나에게는 더해진 것도, 덜어낸 것도 없다.[4]

진헌장은 '심'과 '도', '심'과 '물'의 관계를 논했는데 그의 주장은 왕수인의 '사구리(四句理)'보다 사람들에게 쉽게 받아들여졌다. 왕수인은 '사구리'에서 '일심(一心)'을 '심(本心)'과 '의(意)', 즉 선험적인 마음과 경험을 통해 나온 마음으로 나누었다. 그는 '리'를 도덕적 신념으로만 생각해서 '심'으로 수렴했으므로 인간의 도덕적 신념 또는 정신적 경지의 추구에서 자주성과 자유로움을 부각시켰다. 그런데 왕수인은 '심즉리'를 경지론의 명제로 삼는 것에 만족하지 못하고 실존의 영역에 관철시키려고 했다. 그가 '의'를 '물'이라고 하고 '심'과 '의'의 관계에서 '리'와 '물'의 관계를 도출한 뒤 '물'의 존재와 '물'과 '무' 사이의 관계를 해석했기 때문에 "깊은 산 속에서 절로 피고 절로 지는 꽃나무 같은 것이 내 마음과 무슨 상관이 있습니까?" 같은 난제에 직면했던 것이다. 이 난제를 통해 드러난 문제는 이런 것들이었다. 인간이라는 주체의 절대적인 자주성과 자유로움은 정신적 추구에서는 실현 가능할 뿐 실존하는 세계에서는 관철할 수 없다. 이때 인간의 자주성과 자유로움으로 실존하는 세계의 인과적이고 필연적인 요소를 대체하거나 없앨 수 없다. 그런데 '심'과 '도', '심'과 '물'에 대한 진헌장의 해석은 확실히 경지론이다. 진헌장의 논리에서 '도'는 도덕적 신념이다. 진헌장은 "천지가 커도 '도'에 비견할 수는 없다. 그러므로 지극히 큰 것은 도

---

4   『陳獻章集』권1, 「論前輩言銖視軒冕塵視金玉」상.

일 뿐"이라고 했는데, 이때 '크다'는 모든 것을 담을 정도로 넓다는 것과 중요하다는 두 가지 의미를 가지고 있다. 즉 자연계에 존재하는 천지가 광활하고 풍요롭다고 해도 사람은 자신의 도덕적 신념인 '도'를 지키는 것이 더 중요하며, 부귀와 빈천 같은 천지 만물이 나름의 존재와 작동 방식이 있다고 해도 '내'가 그것을 터득할 필요는 없지만, '도'는 내가 자유롭고 자주적으로 인정하는 것이므로 터득해도 괜찮은 것이다. 내가 도를 얻을 수 있다면 나도 도와 마찬가지로 크고, 나와 도는 모든 것을 담을 수 있을 정도로 넓다는 점에서 하나가 된다. 내가 도와 하나가 된 이상 천지 만물을 터득할 필요는 없지만, 그렇다고 나의 밖에 있는 것도 아니다. 이렇게 천지와 만물이 나의 밖에 있지 않기 때문에 나와 대응 관계를 갖지 않고 나를 외재적으로 속박하지 않는다. 따라서 나는 자족적이며 자유로운 존재가 된다. 진헌장이 말한 '나' 또는 '심'의 자주적이고 자족적이며 자유로운 특성은 천지 만물의 인과적이고 필연적인 측면을 내포하고 동시에 초월한다. 자연계와 사회의 공적 영역에서 사람들은 그때까지 인과적이고 필연적이라는 담론에서 벗어나지 못했기 때문에 이제 진헌장이 제시한 자유롭고 자주적인 시각을 쉽게 받아들일 수 있었다. 반면에 타인과 사회를 침범하는 왕수인 식의 자주와 자유를 받아들일 수는 없었다.

진헌장은 또 '리'에 대해서도 논했다.

종일 부지런히 이것을 수습할 뿐이다. '리'는 미치는 영역이 너무 커서 안과 밖도 없고 시작과 끝도 없으며 어디든 도달하고 언제나 운행한다. 이것을 깨닫게 되면 천지를 내가 세우고 모든 조화를 내가 만들며 우주는 내 안에 있게 된다. 이 손잡이를 잡으면 또 무슨 일이 더 있겠는가? 과거에서 현재까지, 사방과 위아래를 하나로 묶어 수습하면 언제 어디에서나 리가 가득차서 모든 것이 본래 모습으로 행해질 것이니 어찌 손발을 수고롭게 하겠는가? 무우(舞雩)에서 두세 명이 짝을 지었던 것은 서로 잊지도 서로 돕지도 않는 상태인데, 증점(曾點)의 이런 계획을 맹자는 '솔개가 날고 물고기가 뛴다(鳶飛魚躍)'로 요약한 것이다. 만약 맹자의 해석 없이 갑자기 증점의 정취를 안다고 한다면 그것은 꿈이야기처럼 허무맹랑하다. 깨달음을 얻었다면 요임금과 순임금의 일이라도 눈앞을 지나가는 뜬구름 같을 것이니 어찌 이 일을 통해 확장시킬 수 있겠는가? 이 '리'는 위아래를 포괄하고 시작과 끝을 관철하며 하나로 어우러져 분별할 수 없으니 광대하여 끝이 없기 때문이다.[5]

진헌장의 발언 중에서 가장 유의해야 할 대목이 '리'를 어떻게 규정했는가 하는 점이다. 정이와 주희는 '리'가 객관적이고 필연적인 원리와 법칙이므로 당위성으로 '리'를 설명했다. 육구연과 왕수인은 '리'가 '마음의 조리(條理)'라고 했는데, 이 또한 당위성으로 '리'를 말한 것이다. 곧 이들은 모두 '리'를 공공의 것 또는 마땅히 공공의 것이어야 한다고 생각했다. 반면에 진헌장은 '리'가 위아래를 포괄하고 시작과 끝을 관철하며 하나로 어우러져 분별할 수 없다고 했는데, 이것은 '리'에서 '공공'의 의미를 없애고 '리'를 분별과 대응을 초월하는 정신적 경지로 본 것이다. '리'는 사람들 마음속에 있는 초월적인 정신이므로 당연히 자주적이다. 그래서 천지와 조화가 나에게서 만들어지며 우주가 내 안에 있게 된다. 또 '리'는 자유롭기

---

5   『陳獻章集』권2,「與林郡博」.

에 "무우에서 두세 명이 짝을 지어", "모두 솔개가 날고 물고기가 뛰는 것" 같은 것이다.

진헌장의 이런 해석은 '도'와 '리'가 당위성(所以然)에서 벗어나 '있는 그 대로(然)'로 가기 위한 서막을 열어놓았다. 그리고 이를 통해 본체론으로 본질론(本質論)에서 존유론(存有論)으로 회귀하게 된 것이다. 이 점은 뒤의 각 장절에서 더 분명하게 설명할 것이다.

진헌장이 '도'(또는 '리')는 내 마음이 인정하는 것일 뿐이라고 했기 때문에 내 마음과 도는 하나가 되며 내 마음은 모든 것이 갖추어진 상태가 되어 밖에서 구할 필요가 없으므로 학문이나 지식을 통해 구할 필요가 없게 되었다. 진헌장은 이렇게 말했다.

> 학문은 조용하게 앉아서 단서를 길러야 가능성이 있게 된다. (중략) 설령 아직 진입하지 못했어도 이를 통해 힘쓴다면 잘못된 길로는 가지 않게 될 것이니 책에만 의지할 필요가 없다.[6]

또 이렇게도 말했다.

> 배우는 사람이 책에서 구하면서 자기 마음에서도 구해서 동정과 유무의 기미를 살피고 그것을 자신에게서 기르면, 견문으로 혼란스럽지 않고 귀와 눈의 무질서한 작용도 없어지고 헤아릴 수 없이 텅 비고 원만한 정신을 온전히 해서 책을 한 번 펴기만 해도 모두 얻을 수 있을 것이다. 이것은 책에서 얻은 것이 아니라 자신에게서 얻은

---

6 『陳獻章集』 권2, 「與賀克恭黃門」 2.

송·명 신유학약론

것이다. 나를 통해 책을 본다면 어디에서든 유익함이 있을 것이나 책으로 나를 넓히려고 한다면 책을 놓은 뒤에는 망연해질 것이다.[7]

진헌장은 마음 밖에서 배우려고 하거나 서책을 통해 지식을 탐구하는 것은 모두 마음을 "귀와 눈의 무질서한 작용"에 얽매이게 할 뿐이라고 생각했다. 그래서 독서를 하는 것보다는 차라리 조용히 앉아서 사물도 일도 없는 곳에서 마음을 기름으로써 마음의 원만함을 보존하는 것이 낫다고 본 것이다. 이렇게 보면 진헌장도 육구연 및 왕수인처럼 앎(知)으로 '심'을 설명하지 않았다. 공부론으로 봤을 때 진헌장도 이들처럼 지식론을 거부했던 것이다.

진헌장은 앎으로도 '심'을 설명하지 않았지만 '뜻'(志)으로도 '심'을 설명하지 않았다. 진헌장은 자아의 주체성을 강조했지만 세계의 주재자에 뜻을 두지 않았다. 진헌장도 일단 세계에 발을 들여놓으면 공공 영역과 관련되고 '심'은 대응 관계에 처하게 되어 자주성과 자유로움을 잃어버린다는 것을 잘 알고 있었다. 진헌장은 「이덕부에게 보내는 편지(與李德孚序)」에서 이렇게 말했다.

그대가 다시 절에서 정좌한다는 이야기를 들었는데, 이번에는 분명히 예전보다 훨씬 좋아질 것입니다. (중략) 다행히 제 병은 조금 나아졌지만 집에서 시끄럽게 지내다 보니 기분이 좋지 못합니다. 우리의 학문은 모든 일에 조심하고 삼가는 것입니다. 지금 집안에 있다 보니 높은 사람과 낮은 사람, 연장자와 젊은이들이 모두 있어서 조심

---

7 『陳獻章集』 권1, 「道學傳序」.

하고 삼가면 제 마음대로 할 수 없고 의리로 억제하면 즐거운 감정을 해칩니다. 여기에 계속 있다 보면 사리에 맞게 하면서 거역하지 않도록 노력할텐데 이 또한 매우 어렵습니다. 이런 일이 쌓이다 보면 갈등이 생겨날 것이니 이것은 작은 일이 아닙니다. 문제의 근원을 찾아 없애려고 하면 일상생활을 영위하지 못할 것이며 아이의 혼사를 앞두고 있으니 서로 책망하지 않을 수 없는데, 저에게 이미 도움이 되지도 않고 또 모든 것을 의로 처리하려면 함부로 구할 수도 없는 노릇입니다. 이것은 인지상정으로 감당할 수 없고 합당함에도 어긋나는 것입니다.[8]

「진덕옹에게 주는 편지(與陳德雍)」에서 진헌장은 또 이렇게 말했다.

헤어진 뒤로 제 상황은 여전합니다. 하지만 올해 들어 헛된 명성으로 괴롭고 손님 응대도 많다 보니 즐거움에 매우 방해가 됩니다. 평생 사백 삼십 이봉의 나부산(羅浮山)을 갈 생각만 하고 있지만 아직 실행에 옮기지 못했습니다. 남녀라는 속세의 연분은 언제나 끝이 날까요? 도는 야성을 꺾기 어려운 것처럼 막힘이 없다지만 분발하여 나아가려고 하면 또 되지를 않습니다.[9]

이 두 편지를 보면 진헌장의 '심'적 곤혹을 알 수 있다. 이 심적 곤혹은 공공 생활, 곧 집안에서의 역할 때문이다. 높은 사람과 낮은 사람, 연장자와 젊은이가 다 있으므로 조심하고 삼가지 않을 수 없다는 것은 도덕적 이

---

8   『陳獻章集』 권3.

9   『陳獻章集』 권3.

성에 따른 것이다. 그러나 그렇게 하면 내 마음대로 할 수 없으므로 나의 마음은 자유롭지 않고 한 집안의 가장으로 일가족이 생활을 영위하도록 해야 하기 때문에 이성이라는 수단을 써야 한다. 게다가 사람은 가정뿐만 아니라 사회에서 살아가므로 여러 사람들을 만나고 여러 일을 처리해야 하기 때문에 모든 일에서 이성이 필요하다. 그러니 이 '마음'이 어찌 고단하지 않겠는가?

그러므로 '뜻(志)'을 위주로 하면서 공공 영역에 발을 들이는 것은 여기에서 물러나 다시 절로 돌아가 정좌를 하는 것보다 못하다. '리'를 '심'으로 삼느니 차라리 '정'을 '심'으로 삼는 게 낫다. 진헌장은 이렇게 말했다.

> 나의 감정을 마음껏 표출하되 칭찬과 비판에 아랑곳하지 않는다.
> 타고난 온화함에서 발하되 세상에 맞기를 구하지 않는다. 삼강(三綱)
> 을 밝히고 오륜(五倫)에 도달하며 존망(存亡)의 이치를 밝히고 득실을
> 분별하며 비판을 싫어하지[10] 않을 수 있는 사람은 매우 드물다.

진헌장이 "나의 감정을 마음껏 표출한다"고 한 것은 도구로서의 이성인 지성 또는 도덕으로서의 이성인 덕성이 감정을 여과하거나 가공하는

---

10 [역자 주] 원문은 '하분자 왕통이 걱정한 것(河汾子王通之痛)'인데, 왕통(584-617)은 자가 중암(仲淹)이고 호가 문중자(文中子)이며 수(隋)대 유명한 교육가이자 사상가이다. 황하와 분하(汾河) 사이에서 강학을 하였는데 뛰어난 제자가 많아 '하분문하(河汾門下, 유명한 스승 아래서 유능한 인재들이 많이 배출되는 것을 가리키는 말)'라는 말이 생겨날 정도였다. 왕통이 죽은 후에 제자들이 공자의 제자들이 『논어』를 지은 것을 모방하여 『중설(中說)』을 편찬하였다. 『중설』에는 "자신을 비판하는 말을 들으려고 하지 않는 것보다 더 큰 걱정은 없다(痛莫大於不聞過)"라는 말이 있는데 진헌장이 말한 '왕통이 걱정한 것'은 이 말을 가리키는 것으로 보인다.

것을 거부한다는 뜻이다. 칭찬과 비판에 아랑곳하지 않고 세상에 맞기를 구하지 않는다는 것은 '정'을 사회의 공적 영역에 두고 가치를 판단하는 것을 거부한다는 것이다. 진헌장은 또 이렇게 말했다.

> 순박함을 타고나되 인위로 가공하지 않는다. 타고난 온화함을 습속에 물들게 하지 않는다. 그렇게 하면 모든 감정(七情)을 표현할 때 시가 될 것이고 평범한 남녀라고 해도 마음에 저절로 온전한 경전이 있게 될 것이다. 이것이 풍아(風雅)의 연원이다. 그러나 시를 쓰는 사람들은 기이한 재능을 다투고 뽐내느라 참된 본 모습을 잃어버리고 열흘이나 한 달 동안 연마한 것으로 세상에 알려지기를 바라고 있으니 이것을 시라고 할 수 있겠는가?[11]

시를 말했지만 사실 '사람'과 '마음'을 논한 것으로 볼 수 있다. 진헌장은 취사선택을 거치지 않아야만 완전한 것이고 가공을 하지 않아야 가장 참된 본모습이라고 보았다. 취사선택과 가공은 이성적 범주이며 이것을 거치지 않는 것은 오직 '정'뿐이다. '정'은 사람이 아직 사회 규범으로 들어가지 않은 가장 원초적인 존재 방식이다.[12] '정'은 완정하고 참된 본 모습을

---

11 『陳獻章集』, 「夕惕齋詩集後序」.

12 천라이(陳來)는 자신의 저서 『있는 것과 없는 것의 경지: 왕수인 철학의 정신(有無之境~王陽明哲學的精神)』에서 사르트르와 헤겔의 관점을 인용하여 이렇게 설명한 바 있다. "정서는 현존재(dasein)의 가장 기본적인 생존론의 요소이다". "'자신에게 감정을 부여'하되 '자신을 인지하지는 않는 것'이야말로 원시적인 의미에서의 마음의 본체이며, 현존재, 즉 인간이라는 이 존재자에 가장 근접한 존재방식이다."(해당 책 17쪽 참조) 이 말은 이론적으로 매우 타당하다. 하지만 하지만 개별 사안에 대한 연구로는 왕수인이 아니라 진헌장에게 더 맞는 것 같다. 왜냐하면 왕수인이 말한 '마음'은 '정'이 아니라 '리'이기 때문이다.

가지고 있으므로 진헌장은 오직 '정'만 본체의 의미가 있다고 본 것이다. 진헌장은 '정'을 재소환했고 철학의 정신은 다시 '정'으로 회귀하게 되었다.

앞에서 공자와 맹자가 성덕설을 구축했을 때 그 출발점이 인간이라는 주체의 '정'이라고 했다. 그런데 공자와 맹자는 '정'에서 추출한 '인'을 개인의 존재 방식과 정신적 경지로 삼는 데 그치지 않고 이것이 보편적이고 유효하게 하려고 시도했다. 그래서 『역전』과 『중용』에서 주돈이와 장재에 이르는 계통에서는 본혼론을 통해 보편성과 유효성을 깨달으려고 했고, 『순자』와 『대학』에서 정이와 주희에 이르는 또 다른 계통에서는 '리' 본체론을 통해 보편성과 유효성을 확립하려고 했으며, 육구연과 왕수인 계통은 '심' 본체론을 통해 보편성과 유효성을 허용하는 일련의 노력과 논쟁이 있게 된 것이다. 유학의 발전 과정에서 나타난 보편성과 유효성에 대한 추구는 어떻게 개인과 주관에서 공공과 객관에 도달할 것인가, 또는 개인과 주관이 인정하는 것에 어떻게 공공과 객관의 의미를 부여할 것인가를 구하기 위한 노력의 과정이었던 것이다. 개인이 주관적으로 가지고 있는 것이 '정'이고, 객관적인 공공 영역에서 작용하는 것이 '리'이므로 보편성과 주관성을 추구하는 과정은 '정'을 억누르고 '리'를 부각시키는 과정이기도 했다. 주희는 "성(性)은 마음의 리(理)이고, 정은 마음의 움직임(動)이며, 마음은 성(性)과 정(情)의 주재자",[13] "성은 선하지 않음이 없으며 심이 발한 것이 정인데 간혹 선하지 않은 경우가 있다"[14]고 했다. 여기에서 '움직임', '드러남', '간혹 선하지 않은 경우가 있다'는 모두 '정'에 대한 것으로, 정을 부

---

13 『朱子語類』 권5.

14 위의 책, 92쪽.

정적으로 본 것이다. 왕수인은 "인의예지는 성(性)의 성(性)이고, 총명과 예지는 성의 바탕(質)이며, 희로애락은 성의 정(情)이고, 사욕과 객기(客氣)[15]는 성이 가려진 것이다. 바탕에는 맑은 것과 탁한 것이 있으므로 정에는 지나친 것과 부족한 것이 있으며, 가려짐에는 얕고 깊은 것이 있다"[16]고 했다. 이 또한 '정'을 중시하지 않은 것이다. 그런데 진헌장은 이와는 달리 '정'이야말로 완정하고 참된 본 모습을 가지고 있으므로 '리'가 가공하는 것을 배척하고 나의 감정을 마음껏 표출하자고 주장하면서 '정' 본체론을 창시하였다. 진헌장은 실로 명청 교체시에 주정론을 창시한 최초의 사람이다.

진헌장은 '정'을 중시하고 '리'를 경시했기 때문에 글을 쓸 때도 '시'를 중시하고 '논(論)'을 경시했다[17] '논'은 이치를 추구하므로 도출하는 의미도 확정적이고 한정적이며 지성의 영역이다. 정이와 주희는 '지'를 강조했고 시에는 관심이 없었다. 정이는 "요즘 시에서는 두보가 최고로 본다. 이를테면 '꽃 속의 나비가 깊숙한 곳에서 나타나고, 물 위에 닿는 잠자리는 느릿느릿 날아간다' 같은 것들이다. 이러한 한가한 말을 어디에 쓴단 말인가? 나는 그래서 시를 자주 짓지 않는다."고 했다.[18] 정이는 '한가한 말'이라고 시를 배척했으니 어찌 시적 경지가 있었겠는가? 왕수인은 "예(藝)는 의(義)이니, 이치상 합당한 것이다. 가령 시를 읊고 독서하며 거문고를 타고

---

15 [역자 주] 왕수인이 말한 객기(客氣)의 의미는 다른 사람이 자신의 윗자리에 위치하고 자신을 극진히 대하지 않을까봐 걱정하는 것이다.

16 『王陽明全集』 권2, 「傳習錄」 중.

17 『陳獻章集』에 수록된 진헌장의 '논(論)'은 다섯 편밖에 되지 않으며 진헌장의 '어록' 혹은 경전에 대한 주소(注疏)도 없다. 이렇게 볼 때 진헌장이 '지(知)'를 중시하지 않았다는 것을 알 수 있다.

18 『遺書』 권18, 『二程集』.

송·명 신유학약론

활을 쏘는 등의 일은 모두 이 마음을 다스려 도에 익숙해지도록 하기 위해서이다."라고 했는데,[19] 이것이 바로 시에 도를 담는 것이다. 그런데 진헌장은 시가 "삼강을 밝히고 오륜에 도달하며 존망의 이치를 밝히고 득실을 분별"하는 역할을 짊어지게 한다고 비판했으므로 그 또한 매우 높은 경지라고 할 수 없다. 시는 '정'에서 나오므로 감성의 영역이다. 감성은 지성보다 앞서고 더 큰 영역이다. 감성이 지성보다 앞선다는 것은 감성이 인간의 원초적인 상태에서의 현존성을 가장 잘 구현한다는 것이다. 그런데 일단 지성의 영역에 들어가면 대응 관계로 들어가므로 이 현존성을 상실한다. 감성이 지성보다 크다는 것은 감성이 마음의 원초적인 상태에 있는 전체성과 원만성을 가장 잘 드러낼 수 있기 때문이다. 그런데 일단 지성의 영역에 들어서면 여러 시비에 얽혀들어 나뉘어져서 혼원성을 잃어버린다. 오직 감성만이 지성보다 앞서고 더 큰 영역이므로 '정'은 다 '논'할 수 없다. 시는 언어의 한계를 벗어나므로 시만이 '정'을 다 드러낼 수 있고 현존성과 원만성을 구현할 수 있다. 진헌장이 범진(范眞)에게 준 시를 보자.

> 서강(胥江)가에 노인이 누웠는데
> 물가에 채소밭이 펼쳐졌네.
> 숲에는 봄이 안개가 엷게 끼고
> 땅은 어둑한데 달만 배회하네.
> 하루종일 띠집 문을 닫아걸고
> 여생은 다만 술잔에 기탁할 뿐.
> 산속 개울엔 사람이 오지 않고

---

[19] 『王陽明全集』,『傳習錄』 하.

뜰안의 대나무엔 봉황이 날아오네.

조용하여 은일의 즐거움을 얻으니

깨끗하여 저자 거리에 먼지 없구나.

구름 끼어 아침은 밝을 듯 말듯

바람 불어 밤에 타는 거문고 애처롭네.

보슬비에 괭이 메고 나가서

가벼운 지팡이 짚고 약초 보고 돌아오네.

강산에 있는 나는 이미 노년인데

배와 밤은 아직 더 자라야겠구나.

하늘에선 용 무리가 멀어지고

꽃 앞에서는 홀로 학과 짝하네.

누가 나를 위해 벗을 구해줄까?

마음은 항상 한가롭구나.[20]

이곳에는 시끄러운 저잣거리도 없고 시비와 선악을 판단할 일도 없다. 그저 가벼운 안개와 떠가는 달과 나는 봉황새와 홀로 우는 학이 있을 뿐이다. 술에 취해 혼자 강가에 눕거나 여유롭게 산길을 걷고 바람 부는 밤에 거문고를 어루만지거나 보슬비 내리는 날에 괭이를 메고 나간다. 이치에 억지로 맞추는 모습은 없고 가는 곳마다 오직 '정'을 부칠 뿐이다. 진헌장은 시를 벗으로 삼았기에 시로 정을 다 드러냈고 시로 마음을 가득 채웠으므로 마음이 항상 한가로웠던 것이다.

---

20 "一老胥江臥, 瀨江一圃開. 林春煙淡泊, 地暝月徘徊. 盡日扃茆宇, 殘年寄酒杯. 山溪人不到, 庭竹鳳飛來. 靜得丘園樂, 淸無市井埃. 雲封朝幾白, 風入夜弦哀. 細雨鉏携去, 輕筇看藥回. 江山吾晚暮, 梨栗爾嬰孩. 天上群龍遠, 花前獨鶴陪. 誰爲求伴侶, 心迹總悠哉.", 『陳獻章集』 권1, 「東圃詩序」.

송·명 신유학약론

진헌장은 '리'에서 벗어나 '정'으로 회귀했고 동시에 공공과 객관, 실존에 대한 관심도 버렸고 보편성과 유효성을 추구하지도 않았다. 그렇게 해서 그는 개인과 주관, 경지로 회귀했던 것이다.

진헌장은 '정'을 중시했고 이와 관련하여 '자연'도 중시했다. 앞에서 진헌장이 "순박함을 타고나되 인위로 가공하지 않는다. 타고난 온화함을 습속에 물들게 하지 않는다."라고 한 말을 인용했는데 이것은 자연을 말한 것이다. 자연은 가공을 거치지 않은 존재 상태이며 본체의 의미도 가지고 있다. 그래서 진헌장은 또 이렇게 말했다.

　　이 학문은 자연을 근본으로 한다. (중략) 자연의 즐거움이야말로 진정한 즐거움이다. 우주간에 또 무슨 다른 일이 더 있겠는가? 그러므로 이적(夷狄)이라고 하더라도 버릴 수 없다고 한 것이다.[21]

자연의 즐거움은 진정한 즐거움이며 최고의 경지이다. 이 경지는 절대적인 의미를 가지고 있기 때문에 본체를 깨닫는 것을 추구한다. 그런데 진헌장은 이런 점을 제대로 강조하지 않았다. 진헌장은 이렇게 말했다.

　　사람은 천지와 한 몸이다. 사계절이 이로 인해 바뀌고 만물이 이로 인해 생겨나는데 만약 한 곳에 묶여 있다면 어찌 조화의 주재가 될 수 있겠는가? 예전에는 배움에 능한 사람은 늘 이 마음을 외물이 없는 곳에 두어 운용할 수 있게 했다. 배우는 사람은 자연을 근본으로

21　　『陳獻章集』권2,「與湛澤民」.

해야 하니 여기에 뜻을 두고 깨달아야 한다.[22]

마음을 외물이 없는 곳에 두게 하는 것이 공부론이다. 이 설로 자연을 말한다면 자연도 공부론의 범주에 들어갈 것이다. 왕수인은 "마음은 자연히 알 수 있다. 부모를 보면 자연히 효도할 줄 알게 되고 형을 보면 자연히 우애할 줄 알게 된다."고 했는데 여기에서 말한 '자연히'는 "애를 쓰지 않아도"라는 뜻으로, 인위적인 노력과 가공을 하지 않아도 된다는 의미이므로 역시 공부론에 속한다. 앞으로 우리는 진헌장과 왕수인 이후 태주학파에서 '자연'이 공부론의 범주에서 본체론의 범주로 올라간 것을 보게 될 것이다. 이것은 이론적으로는 '용'을 '체'에 일치시킨 것으로 볼 수 있지만, 사상사의 발전으로 본다면 '자연'에 본체의 의미가 들어간 결과였다. '심'을 제어하는 '리'의 규범성을 제거해서 '심'을 더욱 활발하고 자유롭게 만든 것이다.

왕간(王艮):
'있는 그대로'에서 '도'를 논함 및 감성의 긍정

태주학파의 창시자는 왕간이다. 왕간은 가난한 집안에서 태어나 소년 시절에 염노(鹽奴, 소금 굽는 일꾼)와 염상(鹽商, 소금 파는 상인) 경력이 있었고 의술을 배운 적도 있었다. 왕간의 이런 경험은 서민적 색채를 띤 사상을 형

---

22   『陳獻章集』 권2, 「與湛澤民」.

성하는 데 지대한 영향을 미쳤다.

청년 시절의 왕간은 한편으로 상업에 종사하면서 다른 한편으로는 『논어』, 『대학』, 『효경』 등의 유가 경전을 독학했는데, 매우 열심이었다. 중년에는 왕수인을 스승으로 모셨는데, "양명옹(陽明翁, 왕수인)을 만난 뒤에 학문이 순정해졌고 예전에 지나치게 옛것을 묵수했다는 것을 깨달았다"고 했다. 또 "양지를 전수 받은 것을 계기로 공부가 간략해져서 노력하지 않아도 타고난 본성의 오묘함을 즐겼으니 그것에서 얻는 바가 있었다."고[23] 했다. 그렇게 왕수인의 심학을 계승했던 것이다.

하지만 황종희도 말했던 것처럼 왕간은 "언제나 스승의 학설에 불만이었다". 황종희는 이렇게 말했다.

> 왕수인이 군대에서 사망하자 선생(왕간)은 동로(桐盧)까지 마중을 가서 곡을 하고 그 집안일을 처리하였다. 돌아온 뒤에 문을 열고 제자들을 받기 시작하자 먼 곳과 가까운 곳에 있던 사람들이 다 모여들었다. 동문(同門)에서 강학을 할 때면 꼭 선생을 청해 좌장으로 모셨다. 왕수인 이후 논변을 잘하는 사람으로는 용계(龍溪, 왕기)를 꼽았으나 믿는 사람도 있고 믿지 않는 사람도 있었다. 오직 선생만이 눈앞에 있었으므로 깨우치는 사람들이 가장 많았다. 백성들의 일상이 도라고 하면서 어린 노복들이 다니면서 움직이는 곳조차도 미리 계획

---

23 위의 내용은 왕간의 아들이 자기 아버지가 왕수인에게 배웠던 일을 쓴 글에 있다. 『王東崖先生集』 권1, 「上昭陽太師李石翁書」. 왕간은 왕수인을 스승으로 모시려고 찾아가는 길에 줄곧 손에 홀(笏)을 들고 있었는데 홀에는 "예의 바른 것이 아니면 보지 말며 예의 바른 것이 아니면 듣지 말며 예의 바른 것이 아니면 말하지 말며 예의 바른 것이 아니면 행동하지 말라."라고 써서 경계로 삼았다고 한다. 이 일화로 볼 때 "지나치게 옛것을 묵수하려고" "노력했던" 폐단이 있었던 것 같다.

을 세우지 않고도 잘 처리되는 점을 보여주었는데, 듣는 사람들이 모두 환히 깨달았다.[24]

황종희는 백성들의 일상을 도로 본 것이 왕간의 독자적인 설이며 왕수인과 다른 점이라고 보았다. 그렇다면 이 구절의 의미는 무엇일까. 왕간의 이 명제를 이해하기 위해서는 그의 또 다른 명제 "눈앞의 일(卽事)이 도이다"의 의미를 알아야 한다. 왕간은 이렇게 말했다.

> 눈앞의 일이 학문이자 도이다. 가난해서 추위에 떨고 굶주리는 자들 역시 본성을 잃은 것이니 제대로 된 학문이 아니다. 공자께서는 "내가 어찌 오이나 조롱박 같겠느냐? 공중에 매달린 채 먹지도 못하는 쓸모없는 것이 되겠는가?"라고 하셨다.[25]

일이 도라는 뜻이다. 그렇다면 어떤 것이 일일까? 왕간의 말을 보면 가난해서 추위에 떨고 굶주리지 않게 하는 것도 일 중 하나이다. 왕간의 아들 왕벽(王襞)이 말한 "새는 울고 꽃은 지며, 산은 우뚝 서 있고 강물은 흐르며, 배고프면 밥을 먹고 목마르면 물 마시며, 여름에는 갈옷 입고 겨울에는 갖옷 입어 지극한 도를 모두 드러내는 것"이[26] 모두 일이다. 지극한 도는 다른 것이 아니라 이런 일들이며 '눈앞의 일'은 지금 있거나 발생한 모든 일을 말한다. 왕간은 눈앞의 일이 도라고 했는데, 이 말의 의의는 무엇일까?

---

24   黃宗羲,『明儒學案』권32,「泰州學案」.

25   黃宗羲,『明儒學案』권32,「泰州學案」.

26   黃宗羲,『明儒學案』권32,「泰州學案一」.

지금까지 '일'은 '리'와 대응되는 것이었다. 정이와 주희, 또는 육구연과 왕수인에게도 '리'는 '조리'였고 이렇게 볼 때 '리'에 대응되는 '일'은 조리정연하지 않고 각기 나누어진 것들이다. 그런데 '리'의 개념은 역사적으로 여러 번 변화가 있었다. 아주 예전에 '도'는 본원이라는 의미였다. 이때 '물'과 '일'은 노자의 "덕을 잃은 후 인이 나타나고(失德而後仁)", "통나무가 잘리거나 깎여 그릇이 생겨난다(樸散卽爲器)"처럼 부정적인 의미를 담고 있었다. 도는 '체'가 되고 물이나 일은 '용'이 되는데, '체(도)'는 '용(일 또는 물)'을 인정하지 않는다(不然). 즉 '물'이라는 '용' 외에 그 앞에 따로 '도'라는 '체'를 설정하는데 이것은 '물'이라는 '용'을 버리기 위해서이다. 송대와 명대에 이르면 정이와 주희, 육구연, 왕수인은 도를 리라고 생각했고 도(道, 理)와 물(物, 器)의 관계를 보편성과 개별성이라는 관계로 이해했다. '도'는 '물'을 만드는 것이며 '도'는 '물'을 규정하고 '물'은 '도'를 구현하거나 드러낸 것이다. 이 둘은 서로를 인정하지만 완전히 겹치지 않는다. '체'와 '용'으로 말한다면 "체와 용은 분리될 수 없지만", "체가 용인 것"은 아닌 것이다.[27] 따라서 "눈앞의 일이 도"라고 해야만 체와 용이 완전히 합일하여 "체이자 용"이라고 할 수 있다. 이 명제에는 우리가 마주하는 세계는 개별적이고 특수하며 우연한 사물들과 변화가 가득할 뿐, 그 외에 다른 세계가 없다는

---

27 황종희는 『명유학안(明儒學案)』 「사설(師說)」에서 왕수인에 대해 논하면서 그의 '치양지'가 "지이자 행이고 심이자 물이며, 동이자 정이고, 체이자 용이며, 공부이자 본체이고, 위이자 아래이며 어디를 가든 하나가 아님이 없다"고 했다. 이것은 왕수인의 '양지현재설(良知見在說)'로 말한 것이다. 그런데 왕수인의 '사구교(四句教)'로 말하면 '선도 없고 악도 없는 것'이 '심의 체'이고 '선도 있고 악도 있는 것'이 '의'의 '용'이라 '체'와 '용'은 나뉜다. 왕수인의 '사구리(四句理)'에서는 '리'를 '심', '의'가 '물'이라고 했는데 이 또한 체와 용이 나뉜다는 것이다.

생각이 있다. "눈앞의 일이 도"라고 할 때 그것은 우리가 현재 존재하고 발생하는 모든 개별적이고 특수하며 우연한 사물들을 모두 그 자체로 받아들인다는 뜻이며, 우리가 살고 있는 세계를 인정한다는 의미이다. 그러므로 이 명제에서 '도'는 '있는 그대로'인 것이다. 앞에서 왕벽이 말한 것은 도가 서로 다른 모든 존재 상태를 인정했다는 점이었다.[28]

"눈앞의 일이 도"라는 말은 객체인 사물에 있는 일반과 보편, 필연 및 개별과 특수, 우연 중에서 본체가 개별적이고 특수하며 우연한 것으로 귀결된다는 것이다. 그렇게 되면 "백성의 일상이 도"라는 말은 주체인 '성인'과 '백성' 중에서 백성의 생활 정취를 긍정하는 것이 되고 이를 통해 새로운 의미를 창출한 것이다. 「연보(年譜)」에서는 이렇게 기록했다.

> 선생은 백성의 일상이 도라고 하셨다. 처음에 이 말을 들었을 때 대부분은 믿지 못했다. 선생은 어린 노복들이 오가는 것, 보고 듣는 것, 행동하는 것, 모든 일처리 등을 가리키면서 미리 계획하지 않아도 자연의 법칙을 따랐으니 무(無)이면서 유(有)이고 지극히 비근(卑近)하지만 신령하다고 하셨다.[29]

왕간은 또 이렇게 말했다.

---

28 "눈앞의 일이 도"라는 명제에서는 '도'가 어떤 개별적이고 특수하고 우연한, 서로 다른 '물'을 인정하든 이것이 '체'인 이상 경험적 지식으로 말할 수 없다. 이곳에는 경험적 지식인 '개별', '특수', '우연' 등의 용어가 '리'의 조정을 거치지 않은 상태에서의 본원성과 서로 다르게 존재하는 성격을 드러내고 있기 때문인데 이것은 설명을 위한 방편이므로 여기에서 집착해서는 안 된다.

29 王艮, 『王心齋先生全集』 권2, 民國鉛印本. 이하 『全集』으로 줄인다.

성인의 도는 백성의 일상과 다르지 않다. 다른 것이 있으면 사람들
은 모두 이단이라고 한다.[30]

백성의 일상이라는 말은 『역전(易傳)』「계사 상(系詞 上)」의 "한번 음이
되었다 한번 양이 되었다 하는 것을 '도'라고 한다. 그것을 잘 잇는 것이
'선(善)'이고 그것을 이루는 것이 '성(性)'이다. 어진 자는 어질다고 보고 지
혜로운 자는 지혜롭다고 본다. 백성들은 매일 사용하면서 알지 못하므로
군자의 길을 걷는 이가 드문 것이다."에서 나왔다. 『역전』의 견해에 따르
면 '도'는 객관적으로 존재하는 것이고 백성의 이상에서 드러나며 일상에
규범성을 부여한다. 그런데 『역전』에서는 일상 자체가 도라고 하지는 않
았다. 또 군자와 백성이라는 대응 관계를 없애지도 않았다. 그런 점에서 왕
간의 주장은 『역전』과 다르다. 왕간은 '일상'이 오가고 보고 듣는 등의 모
든 행동이라고 했고 이것은 미리 계획하고 하는 것이 아니었다. 곧 이성이
나누고 조정한 것이 아닌 것이며 이것은 일이지 '리'가 아니었다. "모두 자
연의 법칙을 따른 것"이라는 말은 모든 일상사는 자연의 법칙이 인정한 것
이므로 신성하기 때문에 '지극한 도'라고 한 것이다. "일상이 도"라는 말은
"눈앞의 일이 도"라는 것이다. 그런데 '눈앞의 일'이 '도'라고 할 때에는 본
체의 '도'가 모든 개별적이고 특수하며 우연한 일을 그때그때 확인한다는
의미일 뿐 인간이라는 주체가 그 가치를 선택한 것이라는 뜻은 아니다. '일
상'을 '도'라고 해서 본체의 도가 인간이라는 주체의 일상에 녹아들게 한
것이고 이를 통해 '도'에서 마땅히 그래야 할 '리'에 함축된 냉정하고 획일

---

30   『全集』권3,「語錄」.

적인 규범이라는 의미는 사라지고 훨씬 주체적이고 감정적이며 정취가 있는 것으로 바뀌었다.

또 왕간의 주장을 보면 인간이라는 주체에 성인과 군자 외에도 백성과 어린 노복을 말하고 있다. 그래서 '도'가 감성적이고 정취가 있는 것으로 변했고 주체는 평민으로 바뀌면서 세속화되었다. 왕간의 제자 왕동(王棟)은 자기 스승의 사상을 이렇게 평가했다.

> 옛날부터 사농공상(士農工商)은 하는 일은 달랐지만 모두 함께 배웠다. 공자 문하의 제자는 3천 명이었지만 육예(六藝)를 아는 사람은 72명뿐이었고 그 외에는 모두 무식하고 비루한 사람들이었다. 진나라 때 학문이 사라진 뒤 한나라가 건국되자 옛사람이 남긴 경전의 말을 기억하고 암송하는 사람들이 경학의 스승이 되어 전수하였다. 그래서 유학은 경생(經生)과 문사(文士)의 일이 되었고 천고의 성인들이 사람들과 함께 밝히며 이룬 학문은 사라져서 전하지 않게 되었다. 하늘이 우리의 스승을 내어 바닷가에서 우뚝 일어나 개연히 홀로 깨우쳤으니 공자와 맹자를 직접 본받아 인심(人心)을 알려주시자 어리석고 무식한 사람들도 모두 자신이 성령이 있고 스스로 자족한 줄을 알게 되어 견문을 통하지 않고 말로 이야기하지 않고도 이천 년간 전하지 않던 것이 하루아침에 다시 밝아졌다.[31]

"바닷가에서 우뚝 일어나 개연히 홀로 깨우친" 왕간은 어리석고 무식한 사람들이 모두 자신이 성령이 있고 스스로 자족하다는 것을 긍정했다. 곧 평민 백성과 도가 하나가 된 것이다. 문제는 시민사회로 발전하면서 백

---

31   黃宗羲, 『明儒學案』 권32 「泰州學案一」.

송·명 신유학약론

성의 일상이 잡다하고 자질구레하고 평범하여 이성도, 의미도 없다는 점이었다. 그래서 그동안 귀족사회에서 무시해 왔던 것이다. 이런 상황에서 왕간은 '도'와 백성의 일상을 합치시켜 세속화했는데, 이것은 평민의 감성적인 삶과 욕구를 사회의 본체로 승격시키는 길을 개척한 것이었다.

감성적인 삶과 욕구는 본질적으로 개인의 문제이며 개인의 육체에 관한 것이다. 왕간이 백성의 일상적이고도 감성적 생활을 본체로 긍정하자 필연적으로 개인의 육체적 생존이 대상이 되었다. 왕간이 제시한 '안신론(安身論)'이 이런 관심을 보여준 것이다. 왕간의 안신론에는 네 가지 의미가 있다.

첫째, 타인과 자신, 사물과 몸 중에서 왕간은 자신과 자신의 몸을 중시했다. 왕간은 이렇게 말했다.

> 몸이 편안한 것(즉 안신安身)이 천하를 세우는 근본이다. 근본을 잘 다스려야 말단도 다스려지며, 자신을 바르게 해야 사물도 바르게 된다. 이것이 성인의 학문이다. 그래서 몸은 천지 만물의 '본'이고 천지 만물은 '말'이다. 몸이 근본이 되는 것을 알아야 명덕(明德)을 밝히고 백성을 가까이한다(親民). 몸이 편안하지 못하면 근본이 설 수 없다. (중략) 몸을 편하게 할 줄 모르면 명덕을 밝히고 백성을 가까이한다고 해도 천하와 국가의 근본을 세우지 못했기 때문에 천지를 주재하고 조화를 조정할 수 없다.[32]

몸을 편하게 할 줄 모르면서 천하와 국가의 일을 처리한다면 그것

---

32   『全集』 권1.

은 근본을 잃은 것이다. 여기에서 발을 헛디디면 자신의 몸을 손상하여 효도하고 굶어 죽으면서도 갓끈을 풀지 않는 것이 옳다고 고집한다. 자신의 몸을 보중하지 못하면서 어떻게 천하와 국가를 보전할 수 있겠는가?[33]

자신과 천지 만물, 천하와 국가 중에서 왕간은 자기가 근본이라고 생각했다. 자기 몸이 편안해야 명덕을 밝히고 백성을 가까이할 수 있으며 그래야 천하와 국가를 보전할 수 있다고 여겨 자신의 몸을 최우선에 둔 것이다.

둘째, 마음과 몸 중에서 왕간은 몸을 더 중요하게 생각했다. 『어록』에서는 이렇게 말했다.

선생의 안신설을 의심하는 자가 "백이와 숙제는 몸은 편하지 않았지만 마음은 편안했습니다."라고 하자 선생이 대답했다. "몸도 편안하고 마음도 편안한 것이 최고의 경지이다. 몸은 편하지 않지만 마음이 편안한 것이 차선이다. 몸과 마음 모두 편안하지 못한 것이 가장 못하다. 자신을 천하 만물의 위험에 빠뜨리면 근본을 잃은 것이다. 천지 만물에게서 자신을 깨끗하게 하는 것은 말단을 버리는 것이다."[34]

왕간은 몸과 마음을 모두 편안하게 하는 것이 최상이고 몸은 편하지 않지만 마음이 편안한 것을 차선이라고 생각했다. 어쩔 수 없는 상황에서는 마음이 편안한 것이 우선이라는 것이다. 그런데 왕간의 이 발언은 백이와

---

33 『全集』권1.

34 黃宗羲, 『明儒學案』 권32 「泰州學案一」.

송·명 신유학약론

숙제를 평가하는 맥락에서 나온 것이다. 일반적으로 백이와 숙제는 주나라 곡식을 거부하고 수양산에서 굶어 죽었으니 몸은 편하지 않았지만 자신의 절개를 지켰으므로 마음은 편안하다고 할 수 있다. 그러나 왕간은 이들이 몸과 마음 둘다 지키지 못했으므로 근본도 잃고 말단도 버렸다고 생각해서 취할 것이 못 된다고 생각했다. 왕간은 몸을 더 중시했던 것 같다. 『어록』에는 이런 내용도 있다. "절의에 대해 묻자 선생은 '위태로운 나라에는 들어가지 않으며, 어지러운 나라에서는 살지 않는다. 도를 높이고 몸을 욕되게 하지 않는 것이 기미를 아는 것이 아니겠는가?'라고 하셨다. '그렇다면 공자와 맹자는 어째서 인을 이루고 의를 취한다고 하였습니까?'라고 묻자, '임시방편은 있지만 남을 가르치는 법도가 아니다.'라고 하셨다."[35] 왕간은 절의를 추구하는 것이 임시방편이라고 생각했는데, 이 또한 몸과 마음 중에서 몸, 즉 육체의 생존을 더 중시한 것이다.

셋째, '몸'과 '도'의 관계에서 왕간은 '몸'이 '도'라고 주장했다. 왕간은 이렇게 말했다.

> 몸과 도는 원래 하나다. 가장 높은 것이 도이며 가장 높은 것이 몸이다. 몸을 높이면서 도를 높이지 않는다면 몸을 높인다고 할 수 없다. 도를 높이면서 몸을 높이지 않는다면 도를 높인다고 할 수 없다. 몸과 도를 둘다 높여야 최상의 경지이다.[36]

또 이렇게 말했다.

---

35   『全集』권3.

36   黃宗羲, 『明儒學案』권32, 「泰州學案一」.

성인은 도를 통해 천하를 다스렸는데 가장 높은 것이 도이기 때문이다. 사람은 도를 널리 전파할 수 있으니 가장 높은 것이 몸이기 때문이다. 도가 높으면 몸도 높고 몸이 높으면 도도 높다. 그래서 배우는 자들은 배워서 스승이 되고 선배가 되고 군자가 되는 것이다. 천지 만물을 몸에 맡기지 몸을 천지 만물에 맡기지 않는다. 이것을 버리면 모두 처첩의 순종하는 도가 될 뿐이다.[37]

왕간은 '도'를 '본원'이라고도, '리'라고도, '마음'이라고도 하지 않았다. 그는 도를 몸이라고 했는데 이것은 매우 특이한 사상이다. 도에는 절대적인 의미가 있는데 도를 몸이라고 했다면 이것은 개인의 육체적 생존에 절대적 의미를 부여한 것이다.

넷째, '몸'에 절대적인 의미가 있는 이상 몸은 세상의 모든 시비와 선악을 판단하는 기준과 준칙이 되었다. 왕간은 『대학』의 '격물'설에 대해 이렇게 말했다.

격은 격식(格式)의 격, 곧 혈구(絜矩, 네모를 그리는 데 쓰이는 곱자)이다. 내 몸은 자이고 천하 국가는 네모이다. 혈구를 썼는데 네모가 똑바르지 않다면 자가 똑바르지 않기 때문이다. 그러므로 네모가 아니라 자를 똑바르게 해야 하니, 자가 똑바르면 네모도 똑바르게 될 것이고, 네모가 똑바르면 격자가 만들어질 것이다. 그래서 '격물'이라고 한다. 내 몸과 상하, 전후, 좌우에 있는 것이 물이고, 혈구는 격이다. "근본이 어지러운데 말단이 다스려지는 경우는 없다"에서 '혈구'와 '격수(格守)'의 뜻을 알 수 있다. 몸을 닦는 것은 근본을 세우는 것

37   黃宗羲, 『明儒學案』 권32, 「泰州學案一」.

이고 근본을 세우는 것은 몸을 편안하게 하는 것이다. 몸을 편안하게 함으로써 집안을 편안하게 해야 집안이 다스려지고, 몸을 편안하게 함으로써 나라를 편안하게 해야 나라가 다스려지며, 몸을 편안하게 함으로써 천하를 편안하게 해야 천하가 평안해진다. (중략) 몸을 편하게 할 줄 모르면서 천하와 국가의 일을 처리한다면 그것은 근본을 잃은 것이다. 여기에서 발을 헛디디면 자신의 몸을 손상하여 효도하고 굶어 죽으면서도 갓끈을 풀지 않는 것이 옳다고 고집한다. 자신의 몸을 보중하지 못하면서 어떻게 천하와 국가를 보전할 수 있겠는가?[38]

이것이 '회남격물(淮南格物)' 설이다(태주가 회남에 있어서 이런 이름이 붙었다). 왕간의 제자 왕동은 스승의 '회남격물'의 의미를 또 이렇게 서술하였다.

스승님의 학문은 격물을 위주로 한다. 그래서 "격물은 '지선(至善)에 이르는' 공부"라고 하셨다. '격'은 단순히 '바르다'고 해석할 것이 아니라 격식처럼 준칙을 나란히 하고 법도를 확장한다는 의미로 물이 바름을 취한다는 것이다. '물'은 본말이 있는 물이며 내 몸과 천하 국가의 사람들을 말한다. '격물'을 말하는 사람들은 몸을 '격'이라고 보고 천하와 국가의 사람들을 격으로 재므로 여기에 적용하는 도를 자신의 몸에 돌이키며 자족하는 것이다.[39]

왕간과 왕동이 말한 '몸'은 '구(矩, 곱자)'와 '격(格)'이다. 몸을 척도와 표준으로 삼은 것이다. 그런데 왕수인은 '격'을 '바르다'라고 보고 '격물'을

---

38 『全集』 권1.

39 王棟, 『王一庵先生遺集』 권상, 「會語正集」, 民國 연활자본, 상해도서관 소장.

'생각을 바르게 한다'로 해석하였다. 바름의 기준은 '양지'이고 양지는 마음이다. 생각도 마음이다. 왕수인은 마음을 두 가지 층위로 나누었는데 그래서 그 자체로 충분하지 않다. 격물을 마음을 바르게 한다고 해석했기 때문에 격물에도 자기 성찰의 의미만 있게 되었다. 자기를 성찰한다는 것은 마음이 자족적이지 않다는 것이다. 왕간은 이와는 달리 몸을 기준으로 삼아 천하와 국가의 사람들을 쟀기 때문에 천하와 국가의 사람들은 '내 몸'을 기준으로 바름을 얻은 것이다. 이것이 논리적이기 위해서는 왕간은 우선 몸의 자족성을 인정하는 것을 전제로 삼아야 했다. 몸은 생명을 가진 육체로 온전히 개인에게 속한 것이다. 몸을 천하와 국가의 시비 및 선악을 판단하는 기준으로 삼는다는 것은 달리 말하면 개체가 본체라는 것을 인정했다는 뜻이다. 개인의 감성과 생명을 근본에 둔다는 것은 근대 시민사회의 요구가 아닐까?[40]

---

40 왕간의 '안신론'에 대해 중국 안팎의 학자들의 견해는 엇갈린다. 룽칭주(容肇祖, 용조조)는 "왕간 일파의 사상은 극단적인 평민화 사상이며 그들은 극단적인 실천파이다. 황종희는 『명유학안』「태주학안서」에서 '왕수인 선생의 학설은 태주학파와 왕기로 인해 천하를 풍미하게 되었다'라고 하였다. 평민화 사상이었기 때문에 매우 넓게 퍼질 수 있었던 것이다. 황종희는 또 '왕간 이후에는 맨손으로 용과 뱀을 때려잡듯 사람들이 마구 날뛰었다'라고 하였는데 이는 그들이 실천하고 시행하는 정신이 있었음을 말한 것이다."(容肇祖, 『明代思想史』, 齊魯書社, 1992, 220쪽) 지원푸(嵇文甫, 계문보)는 왕간 "역시 존신주의(尊身主義)를 주장한 것인데 이는 자아중심주의이다", "이는 일종의 대아주의(大我主義)로, 건전한 개인주의이며 또한 바로 그 시대정신의 반영이기도 하다"라고 하였다.(嵇文甫, 『晚明思想史論』, 東方出版社, 1996, 24쪽) 위둔강(余敦康, 여돈강)은 또 이렇게 말하였다. "명대 중엽에는 미약한 자본주의의 맹아가 있었을 뿐이며 시민계급은 아직 정식으로 형성되지 않았다. 왕간의 사상은 평민계층과 하층 지식인들의 이익과 염원을 반영했을 뿐이다. (중략) 하지만 그렇다고 하더라도 왕간이 실로 중국의 가장 이른 계몽 대사(大師)라는 것은 부정할 수 없다. 중국사상사에서 왕간은 하나의 새로운 주체 구조를 확립하였으며 '몸을 보물처럼 사랑한다'는 명제를 제기하였다. 이로써 인간의 전면적인 가치를 수호하였을 뿐만 아니라 '본말(本末)'을 하나로 관통하는 도'에 근거하여 새로운 사회 군체를 만들 것을 주장하였는데 이런 사상

이렇게 왕간은 감성적인 삶과 개체의 생명을 중시했다. 이것은 개인이 사회 규범으로 들어가기 이전이나 사회 규범을 초월한 이후, 곧 이성의 가공을 거치지 않은 자연적이고 본래적인 존재 형태와 생존상태를 가리킨다. 왕간과 태주학파는 일이 도라고 생각했고 백성의 일상을 도로 보았다. '천연'과 '자연'이 도가 된 것이다. 일과 일상이 도가 되자 평민 백성의 눈앞의 일상과 생활 정취를 긍정하게 되었다. 자연이 도가 되자 가공하지 않고 규범이 없는 평민 백성들의 일상과 정취가 추구해야 할 최상의 경지가 되었다. 왕간과 태주학파는 그 즐거움을 칭송했는데, 그들이 추구했던 것은 이런 경지였던 것이다.

왕간이 지은 <낙학가(樂學歌)>는 다음과 같다.

사람의 마음은 본디 즐거운데, 스스로 사욕에 얽매이네.

은 모두 앞사람을 초월하여 역사를 빛내는 것들이다."(陳鼓應 외, 『明清實學思潮史』 상, 齊魯書社, 1989, 165쪽) 위의 여러 사람들은 상당히 높게 평가했다. 천라이(陳來)는 또 이렇게 말했다. "일반적인 도덕규범과 도덕수양으로 볼 때 왕간이 유가의 윤리를 부정한 것은 아니다. 다만 그는 평민 영세업자였고 또 영세업자들을 교화의 대상으로 삼았기 때문에 한편으로 평민 자신을 보호하고 생명과 신체를 소중히 하는 이념을 녹여 넣었으며, 다른 한편으로는 전통유가의 윤리를 해석할 때 묵자에 가까운 방법을 사용하여 알게 모르게 공리적인 의미가 섞이게 되었다. 이 결과 그의 윤리관에는 개체의 감성과 생명이 가지는 의미가 부각되었다. 왕간의 이런 사상은 '세속적인 유가 윤리'의 특성에 더 가깝다. 그러므로 문화적으로 왕간의 이런 사상은 리학의 '이단'으로 볼 수 없다. 엘리트문화의 이론 가치 체계가 민간문화로 확산되는 과정에서 나온 하나의 형태로 보아야 할 것이다. 그 의미는 '세속적인 유가 윤리'라는 점에서 긍정되어야 한다."(陳來, 『宋明理學』, 遼寧教育出版社, 1991, 349쪽) 천라이의 평가는 왕간의 사상의 다른 부분과 그 실제적 활동으로 볼 때 인정할 수 있다. 하지만 이 책에서의 관심사는 어떤 사상가가 이전 사상가보다 어떤 점이 새로우며, 그 새로움은 원리라는 맥락에서 어떻게 분류되고 확장된 결과인가 하는 것에 더 주안점을 두었기 때문에 사상가에 대한 평가도 실제 활동보다는 논리의 발전이라는 맥락에서 진행하였다.

사욕이 돋아나게 될 때 양지 또한 자각하게 되는 법.

자각하면 곧 없어지니 사람의 마음은 여전히 즐겁네.

즐거움은 이 배움을 즐거워하는 것이요, 배움은 이 즐거움을 배우는 것이다.

즐겁지 않으면 배우는 것이 아니요, 배우지 않으면 즐겁지 아니하다.

즐거운 뒤에야 배우게 되며, 배운 뒤에야 즐거워진다.

즐거움은 배움이요, 배움은 즐거움이다.

아아, 배움 중에 이보다 더 즐거운 것이 또 무엇이랴?[41]

사람의 마음은 본디 즐겁다는 구절은 왕수인이 "즐거움은 마음의 본체"라고 한 말을 가져온 것이다.[42] 왕수인의 이런 발언은 주돈이가 '공자와 안회가 즐거워한 곳을 찾으라'는 말을 계승한 것으로, 일정한 경지에 이른 뒤에 마음에 즐거운 감정이 생겨난 것을 말한다. 그런데 사람이 다르거나 상황이 달라지면 경지에 대한 인식도 달라진다. 왕수인이 '리'를 마음의 본체로 봤을 때 '즐거움'과 '리'는 같았고, 그때 그것은 도덕적 경지였다. 그런데 왕간과 태주학파가 마음의 본체를 "선도 없고 악도 없다"라고 보았을 때 그때의 즐거움은 윤리라는 선과 악을 초월하여 어떤 경지를 드러낼 뿐이었다.

왕간의 <낙학가>에서 공부는 눈앞의 일들이다. 가난해서 추위와 굶주림에 시달린다면 그 이유는 근본을 잃고 제대로 배우지 않았기 때문이므

---

41   黃宗羲, 『明儒學案』 권32, 「泰州學案一」.

42   王艮, 『王心齋先生全集』 권5, 王陽明, 「與黃勉之二」, 民國鉛印本.

로, 그가 공부를 이전에 유행했던 '경물궁리'라는 의미가 아니라 일생생활에 대해 몰입한다는 의미로 보고 있음을 알 수 있다. 그러므로 왕간에게 학문은 지식론이 아니라 경지론이며, "사욕에 얽매이는 것"은 예전에 그가 "마음이 향하는 것이 욕망이고 보이는 것이 허망함이니, 향하는 것과 보이는 것이 없는 상태가 무극이자 태극"이라고[43] 했던 말에 비추어 해석해 볼 수 없다. 곧 '사욕'은 경험적 층위의 '선'과 대응되는 '악'이 아니라 본체로 경험 세계를 보았을 때 알게 된 경험 세계의 헛되고 허망함을 뜻한다. 이런 맥락에서 다시 왕간의 <낙학가>를 보게 되면 '즐거움'이 '배움'이라는 것은 지식의 문제가 아니라 최고의 경지이다. 그리고 이것을 추구함으로써 '리'라는 규범이 개입 없이 자연적이고 본원적인 감성적 일상을 추구하는 것이다. 왕간의 아들 왕벽은 이렇게 말했다.

천지로 크기를 확대하고 산악으로 뜻을 높이고 눈서리로 지조를 단련하고 봄바람으로 기운을 부드럽게 한다. 학자들이 사용할 때는 맞아도 볼 때는 융화되지 못하는 점이 있다. 볼 때 맞는 듯해도 사용할 때에는 다 못쓰는 것 같으니 왜 그런 것인가? 그냥 보기만 하는 것이 잘못이니 이것을 타파해야 한다. 순(舜)이 부모를 섬기고 공자가 상황에 맞게 일처리를 한 것은 모두 마음을 미묘하게 썼기(妙用) 때문이다. 이것이 배고플 때 밥을 먹고 졸릴 때 잠을 자는 것 같은 미묘한 사용이다.

'학(學)'이라고 하면 여러 의미를 떠올리려고 한다. 원래 아무것도 없고 처음부터 그 자체로 이루어져 있으므로 밝게 깨우치고 자연스

---

43   黃宗義, 『明儒學案』 권32, 「泰州學案一」.

럽게 대응하면 되는 것을 모를 뿐이다. 아침부터 저녁까지 하는 행동에 어찌 도가 아닌 것이 있겠는가? 무엇을 더 하려고 하면 그것은 사족과 같다.[44]

왕벽이 말한 "보기만 하는 잘못", 여러 의미를 떠올리려고 한다는 것이 모두 경험적 지식에 가려진 것이다. 왕간은 "도는 원래 무언의 상태인데 이것을 말로 억지로 해석하고 해석에 집착하여 그것을 도라고 여기면서 분명한 말로 전달하게 된 결과 미망(迷念)이 된다"고 했다.[45] 경험적 지식에서 나온 경험 세계를 '미망'이라고 본 것이다. 왕벽이 일상생활 모든 것에 도가 있다는 것은 일상생활에서 도의 존재를 인정한다는 뜻이며 이 맥락에서는 도의 자연성과 본연성을 말한 것이었다.

태주학파의 다른 계승자인 나여방(羅汝芳)은 왕간 및 왕벽과 마찬가지로 '도'의 자연성과 본연성을 주장했다. 황종희는 이렇게 말했다.

선생의 학문은 어린아이의 양심을 가지고 배우지도 않고 생각하지 않으면서 하는 것이다. 천지 만물과 일체가 되고 형태를 벗어나 물아(物我)를 잊는 것을 큰 것으로 본다. 이 이치는 끊임없이 낳고 낳아 제어할 필요도, 이을 필요도 없이 지금 혼연히 한데 있어 편안한 대로 하면 된다. 공부가 모으는 것이 어렵다면 그렇게 하지 않는 공부를 하고 마음이 경계가 없이 아득하다면 경계가 없는 것을 마음으로 삼으면 된다. 닻줄을 풀고 배를 띄운 뒤 순풍에 따라 노 저어 가면 어디

---

44   黃宗羲, 『明儒學案』 권32, 「泰州學案一」.

45   黃宗羲, 『明儒學案』 권32, 「泰州學案一」.

송·명 신유학약론

를 가든 다 맞을 것이다.[46]

닻줄을 풀고 배를 띄운 뒤 순풍에 따라 노 저어 가면 어디를 가든 다 맞다는 것은 이성적으로 계산하지도 않고 규범으로 바로잡지도 않는 자연스럽고 본연의 삶의 정취를 말한다. 「근계(여방)어록(近溪(汝芳)語錄)」에는 이렇게 기록되어 있다.

문: "우리가 마음을 관찰하고 실행하고 널리 배우고 고요히 지키는 일에 대해 이야기해도 선생은 모두 허여하지 않으셨습니다. 그렇다면 어떤 사람이 도를 말할 수 있을까요?"

답: "차를 나르는 이 동자가 도이다."

어떤 벗이 급히 말했다.

문: "어찌 동자가 삼가고 경계하며 두려워할 수 있겠습니까?"

답: "차 만드는 곳에서 여기까지 몇 층이나 되는가?"

여러 사람들이 삼층이라고 하였다.

답: "동자는 수많은 문과 계단을 지나면서도 찻잔 하나 깨뜨리지 않았다."

그 벗이 그제야 깨닫고 "그러고 보니 동자는 정말 경계하고 두려워했는데 일상이라 몰랐을 뿐이군요."라고 했다.

답: (책망하며) "그가 몰랐다면 어찌 차를 들 수 있었겠으며, 차를 들고 또 어찌 경계하고 두려워할 수 있었겠는가?"

벗들이 말문이 막히자 천천히 해석해주었다.

---

46   黃宗羲, 『明儒學案』 권32, 「泰州學案三」.

답: "앎에는 두 가지가 있다. 동자가 일상에서 차를 나르는 것이 첫
번째 앎이다. 이것은 생각하지 않아도 아는 것이라 천지 자연의
영역이다. 차를 나를 수 있다는 것을 아는 것이 두 번째 앎이다.
이것은 생각을 해서 아는 것이므로 인간의 영역이다. 천지 자연
의 앎은 순응하여 나오는 것이니 순응하면 사람도 되고 물도 된
다.[47]

『역전』에는 "백성들은 일상에서 쓰면서도 알지 못한다"고 했는데 이것
은 인지를 앎으로 본 것이다. 그런데 나여방은 이런 앎이 인간의 영역이고
두 번째 의미라고 했다. 나여방은 동자가 일상에서 차를 나르는 앎을 더 중
시했는데 생각하지 않고 아는 것이라 천지 자연의 영역이기 때문이다. 그
러므로 동자가 일상에서 차를 나르는 것과 천지 자연의 '앎'이어야 도가
들어 있다. 따라서 도는 자연적이고 본연의 것이다.

왕간이 말한 '즐거움'도 자연적이고 본연적으로 생겨난 만족감이다. 나
여방은 왕간 부자의 말을 가져와서 이렇게 해석하였다.

즐거움은 유쾌한 삶이다. 유쾌한 삶 외에 다시 어떤 즐거움이 있겠
는가? 생기가 넘치고 막히지 않는 것이 성현이 말한 즐거움이다. (중
략) 그러므로 어린아이가 태어날 때 장난을 치기에 즐거움이 그치지
않고, 젖을 먹여 키우기에 즐거움이 무궁한 것이다. 사람이 태어날
때 조물주의 생기를 받기 때문에 인간의 삶에는 저절로 자연스러운
즐거움이 있는 것이다.[48]

---

47   黃宗羲, 『明儒學案』 권34, 「泰州學案三」.

48   黃宗羲, 『明儒學案』 권34, 「泰州學案三」.

'유쾌한 삶'으로 '즐거움'을 설명했을 때 이 즐거움은 즐거움이라는 감성의 범주에 속한다. '천연'으로 즐거움을 설명하면 즐거움은 자연스럽고 본연의 생활 방식과 취미가 된다. 자연을 중시한다는 것은 진헌장이 처음 개진한 주장이지만, 진헌장의 논리에서 '자연'은 인위적 가공과 대응되는 개념이었기에 공부론의 의미가 있었다. 그런데 태주학파는 자연을 즐거움으로 삼았기에 자연은 본체론의 범주에 들어가서 본체론의 확인을 통해 최고의 경지가 되었다. 나아가 이것은 심학의 발전에서 '리'라는 공공 예법에서 벗어나 여기에 반기를 들 것임을 보여주는 것이기도 했다. 황종희는 "이 사람들은 천지를 흔들어 놓았고", "더이상 명교(名敎)에 얽매이지 않았다"고 평가했는데 맞는 말이다.

태주(泰州)의 후학(後學):
'욕망'의 승화와 인성(人性)의 재해석

태주학파는 처음 단계에서는 왕간과 왕벽 부자에서 나여방에 이르기까지 '일'과 '백성의 일상', '자연'을 도라고 생각했다. 이런 주장은 '리'의 규범적 의미를 없애고 도를 일상의 발랄한 감정적 생활과 육체의 생명력 자리에 놓았지만 결국 이것의 본질이 정욕이라는 점을 짚어내지 못했다. 실제로 이들은 정욕에 대해서는 여전히 회피하고 경계했다. 왕간은 이렇게 말했다.

천리(天理)는 천연적으로 원래 있던 이치이다. 그것을 어떻게 안배

하려고 하면 인욕이 된다.[49]

왕간은 '리'와 '욕망'을 재해석했지만 여전히 천리를 보존하고 욕망을 버리는 틀에서 벗어나지 못했다. 여전히 인욕을 그대로 보지 못하고 '욕망'에 대해 폄하하고 있는 것이다. 나여방은 이렇게 말했다.

무욕(無欲)은 고요함이니 무욕이 중요하다. '욕'이라는 것은 생각이 몸에 미쳐서 충분하고 온전하게 가지려는 것을 말한다.[50]

이 또한 '욕망'을 거부하고 주돈이가 말한 "무욕이 고요함"이라는 설을 긍정하였다. 그런데 태주 후학[51]은 달랐다. 정이와 주희에서 육구연과 왕수인에 이르기까지 '리'를 보존하고 '욕망'을 버리는(存理滅慾) 설에 대해 태주 후학의 수많은 사람들이 거리낌 없이 비판하면서 노골적이고 명확하게 '욕망'의 정당성을 인정했다. 농부 출신인 왕간의 제자 하정미(夏廷美)가 바로 그런 사람이었다. 하정미는 이렇게 말했다.

천리와 인욕을 누가 구분하였는가? 자신에게 돌이켜 자세히 생각해 보면 미혹되었느냐 깨달았느냐의 차이일 뿐이다. 깨달으면 인욕

---

49 黃宗羲, 『明儒學案』 권34, 「泰州學案一」.

50 黃宗羲, 『明儒學案』 권34, 「泰州學案三」.

51 '태주 후학'이라는 용어는 허우와이루(侯外廬, 후외로) 등이 편찬한 『송명리학사(宋明理學史)』 하권(1)에서 가져온 것이다. 책에서는 하심은, 나여방, 이지 등 사람들을 '태주후학'에 넣었다. 하지만 이 책에서는 이 명칭을 왕간, 왕벽 부자 이후에 이들과 사승관계가 있는 학자들에 국한시켜 사용하였다. 여기에서는 편의상 이렇게 사용했고 '태주 후학'에 속하는 사람들을 명확하게 규정하지는 않았다.

송·명 신유학약론

이 천리가 되고, 미혹되면 천리도 인욕이 된다.[52]

하정미에게 '미혹'은 "지금 사람들이 공자와 맹자 책을 읽는 것은 일신을 위해서이다"라는 의미이다. 이런 사람들은 입으로는 '천리'를 말하지만 실제로는 '인욕'에 '미혹'된다. 깨달았다는 것은 "자기 마음이 주재자가 되어 모든 일을 마음에 따라 행하는 것"이다.[53] 본심으로 허락했다면 인욕에 있어도 '깨달음'이 되고 '천리'가 될 수 있다. 하정미는 '천리'와 '인욕'에 대한 예전의 설을 타파하고 '인욕'의 합법성을 대담하게 인정했던 것이다. 태주 후학 중 또 다른 유명한 인물인 하심은(何心隱)은 이렇게 말했다.

> 성(性)으로 인해 맛(味)이 생겨나고 성으로 인해 색(色)이 생겨나며 성으로 인해 소리가 생기고 성으로 인해 편안함이 생기는데, 이는 성(性) 때문이다.[54]

> 재물과 여색을 바라는 것은 욕망 때문이다. (중략) 옛날에 공유(公劉)는 비록 재물을 원했지만 백성들과 함께하려던 것이었고 이를 통해 선열의 공적을 두텁게 했으니[55] 이는 욕망을 기른 것이다. 태왕(太

---

52   黃宗羲, 『明儒學案』 권34, 「泰州學案一」.

53   黃宗羲, 『明儒學案』 권32, 「泰州學案一」.

54   何心隱, 『何心隱集』 권2, 「寡慾」.

55   [역자 주] 『사기』 「주본기(周本紀)」에 나온 공유는 후직(后稷)의 후손으로 융적(戎狄)의 땅에서 살았지만 조상의 업을 일으키려고 농사짓기에 적합한 땅과 곡식의 종자를 찾아 나섰다. 그 결과 백성들이 안정을 되찾았고 많은 사람들이 그에게 귀의하여 주나라의 가업의 토대를 마련했다고 한다. 『시경』에 수록된 <공유> 시는 "돈독하신 공유(篤公劉)"로 시작한다.

王)은 여색을 탐했지만 이 또한 백성들과 함께 하고자 왕업의 기반을 닦은 것이니[56] 이는 욕망을 기른 것이다. 욕망을 기르는 이유가 여기에 있다면 또 어찌 욕망이겠는가? 중니는 명덕을 천하에 밝히고자 했고 나라를 다스리고 집안을 가지런하게 하며 몸을 닦고 마음을 바르게 하고 뜻을 정성스럽게 하고 격물에서 앎에 이르려고 했으며 일흔에 하고 싶은 대로 해도 천하의 규범을 어기지 않았으니 이것이 욕망을 기른 것이다. 욕망을 기르는 이유가 여기에 있다면 어찌 욕망이겠는가?[57]

정이와 주희는 '리'가 '성'이라고 했고 육구연과 왕수인은 '리'를 '심'으로 수렴했지만 '마음의 본체'를 '성'이라고 했을 때에는 여전히 '성이 리'라고 인정했다.[58] 하심은은 여기에서 '맛', '색', '소리', '편안함'이라는 감각적 욕구를 '성'이라고 봄으로써 여기에서 '리'의 의미는 사라졌다. '성'이 본연이자 절대적인 대상인데 감각적 욕구를 '성'이라고 한다면 이것이 절대적이라는 뜻이다. 감각기관이 절대적이라면 여기에서 생겨난 사회 공공의 일과 직책은 '죽은 욕망'이 아니라 '길러낸 욕망'이어야 하며 최대한 사람들의 욕망을 만족시켜야 한다. 하심은은 이렇게 명확하게 인간의 욕망을 긍정했기 때문에 "이익으로 가득한 도가니에 앉아있다"는 비판을 받았던

---

56 [역자 주] 『맹자』 「양혜왕 하」에 태왕에 대한 언급이 있다. 태왕은 공유의 9세손으로 여색을 좋아했다는 말은 왕비를 사랑했다는 뜻이며, 『시경』 <면(綿)>에 고공단보(古公亶父, 태왕)가 서쪽 물가를 따라 기산 아래에 가서 부인 강녀(姜女)와 집터를 보았다는 구절이 있다.

57 何心隱, 『何心隱集』 권3, 「聚和老老文」.

58 왕수인은 "심(心)의 본체는 원래 움직이지 않는다. 심의 본체가 바로 성(性)이며, 성은 바로 리이다. 성이 원래 움직이지 않기 때문에 리도 움직이지 않는다. 선을 쌓는다는 것(集義)은 그 마음의 본체로 돌아가는 것이다."라고 했다. 『王陽明全集』 권1, 「傳習錄」 상, 24쪽.

것이다.

그런데 태주 후학 중에서 인간의 감정적인 삶과 육체의 본질인 정욕에 대해 가장 명확하게 긍정한 사람은 이지(李贄)였다. 이지는 태주학파를 매우 칭찬하면서 이렇게 말했다.

옛사람들은 뛰어난 사람만 도를 배울 수 있다고 했다. (중략) 당시 왕양명 선생의 제자가 천하에 가득했는데 오직 심재(心齋, 왕간)가 가장 뛰어났다. 심재는 원래 소금 굽는 일꾼이었고 일자무식이었으나 사람들이 책 읽는 소리를 듣고 스스로 성(性)을 깨닫고 강서(江西)로 가서 왕수인을 만나 자신이 깨달은 것을 변론하고 물어보려고 하였다. 이때는 벗으로 왕래하던 때였고 나중에 자신의 부족함을 깨닫고 왕수인에게 수학하였다. 따라서 왕간도 성인의 도를 들을 수 있었으니 그의 기골이 어떠했는지 알 수 있다. 왕간 이후에는 서월(徐樾)과 안균(顔鈞)이 그 뒤를 이었다. 안균은 포의의 신분으로 강학을 하여 세상을 굽어보았으나 모함을 당했다. 서월은 포정사(布政使) 신분으로 군사를 청하여 전투를 지휘하다가 광남(廣南)에서 죽었다. 임금과 신하가 의기투합할 때 비슷한 부류끼리 모이는 것도 그래서이다. 왕간은 진짜 영웅이며 그의 문도도 영웅이다. 서월의 뒤를 이은 사람이 조정길(趙貞吉)이며, 조정길의 뒤를 이은 사람이 등활거(鄧豁渠)이다. 안균의 뒤를 이은 사람이 나여방과 하심은이고 하심은의 뒤를 이은 이가 전동문(錢同文)과 정학안(程學顔)인데 뒤로 갈수록 더 수준이 높다. 바다에는 시신이 그 자리에 머물지 않고[59] 용문(龍門)은 힘이 부

59 　[역자 주] "바다에는 시체가 그 자리에 머물지 않는다(大海不宿死尸)"는 말은 불교 용어로, 계율을 잘 지키지 않으면 불법 밖으로 밀려나게 된다는 것을 가리킨다.

족한 잉어는 닿을 수 없다[60]는 말이 과연 맞지 아니한가?

이지는 자신이 태주학파를 계승한 것에 자부심을 가졌다. 이지는 이전 사람들보다 훨씬 더 정욕을 긍정했다. 그는 이전 사람들이 완전무결하고 신성하며 절대적인 의미로 보았던 사물이나 개념을 하나하나 '정욕'과 연결시켜 재해석하거나 '정욕'을 기준으로 새롭게 분석했다.

우선 이지가 '백성들의 일상'을 어떻게 재해석했는지를 보자. 이지는 '이언(邇言, 일상어)'이라는 개념으로 백성의 일상생활과 일상언어, 일상의 마음가짐을 표현했다. 이지는 이렇게 말했다.

> 순(舜)이 이언(邇言)을 살피기 좋아했다. 나는 성인이 아니면 살필 수 없고 스스로 성인이라고 생각하지 않으면 살필 수 없다고 생각한다. 이미 성인의 반열에 올랐으므로 여러 백성들의 말이 예사롭지 않다는 것을 알 수 있었고 모든 이언이 다 진짜 성인의 말임을 알 수 있었다. 모든 이언이 다 진짜 성인의 말이므로 천하의 모든 사람들이 진짜 성인임은 명백하다. (중략) 이를테면 재물을 좋아하고 색을 좋아하며 학문에 힘쓰고 벼슬길에 나아가며 금은보화를 많이 쌓아두고 자손을 위해 논밭과 집을 많이 사두는 것, 자손들의 복을 위해 널리 풍수가를 구하는 것 등 세상의 모든 생산 관련 일은 이들이 모두 좋아하고 배우며 알고 이야기하는 것들로, 진정한 이언이다. 이것에서 역으로 구해 모든 성현과 부처의 진리이자 큰 활용인 이 마음을 얻고

60　[역자 주] 역도원(酈道元)은 『수경주(水經注)』 「하서 사(河水四)」에서 『이아(爾雅)』를 인용하여 잉어는 3월에 용문(龍門)으로 뛰어오르는데 용문을 넘어가면 용이 되고 넘지 못하면 머리를 문에 부딪히고 되돌아간다고 했다. '용문에 머리를 부딪치다(龍門點額)'는 과거시험에서 떨어졌다는 뜻이다.

본래의 모습을 알게 된다면 세상이 시작되기 전에도 알지 못했던 큰 일들을 당장 알게 될 것이다.[61]

이지는 '이언'을 '진짜 성인의 말'이라고 했고 만약 높이 있으면서 허위인 '리' 또는 '이성'의 층위에서 백성의 '이언' 속으로 내려올 수 있다면 즉시 이 마음을 얻고 즉시 모든 성현과 부처의 진리이자 큰 활용을 보게 되어 본래의 모습을 알게 될 것이라고 했다. 이지는 '이언'이야말로 절대적이고 확실한 것이라고 보았다. 이언은 백성들이 일상생활에서 드러낸 정취나 유행하는 말 같은 것이다. 그러므로 '이언'을 '참(眞)'이라고 보는 것은 왕간이 "백성들의 일상이 도"라고 한 것과 같다. 이지는 백성들의 일상을 더 속되게, 더 거칠게 보았다는 점에서 왕간과 달랐을 뿐이다. 그는 진정한 이언은 평민 백성들의 가담항설과 속되고 거친 말, 매우 비속하고 천박한 말 등의[62] 일상언어와 이 말에 있는 재물과 여색을 좋아하고 후손의 복을 위해 풍수가를 알아보는 등의 정욕에 대한 적나라한 추구라는 점을 숨김없이 말했다. 그는 심지어 "이익을 좇고 손해를 피하려는 마음은 누구나 같다. 이것은 천성(天成)이며 여러 사람들의 지혜(衆巧)라고 하는 것이며 이언이 그래서 묘한 것이다."[63]라고 했다. 이지가 이익을 좇고 손해를 피하는 것이 이언이라고 하고 이것을 '묘'하고 '참'되다고 했을 때 감성적 생활과 육체적 정욕이 분명하게 드러났을 뿐만 아니라 절대적인 정당성마저 갖게 되었다.

---

61 李贄, 張建業 譯注, 『焚書』 권1, 「答鄧明府」, 北京 : 中華書局, 2018.

62 위의 책.

63 李贄, 『李氏文集』 「明燈道古錄」 명대간본, 권19.

다시 이지가 '리'와 '의(義)' 등 개념을 재해석한 것을 살펴보기로 하자. 이지는 '리'에 대해 이렇게 말했다.

> 옷을 입고 밥을 먹는 것이 인륜이자 물리(物理, 사물의 이치)이다. 옷을 입고 밥을 먹는 것 외에 인륜과 물리는 없다. 세상의 여러 일들은 모두 옷과 밥 같은 것이다. 그러므로 옷과 밥 같은 예를 든다면 세상의 여러 일들이 자연히 그 안에 있다. 옷과 밥이 아니면 여러 일들은 백성들과 같이 하지 않는다. 배우는 자들은 인륜과 물리에서 참과 헛됨을 알아야 하며 인륜과 물리를 변론하지 말아야 한다.[64]

이지는 '옷을 입고 밥을 먹는 것'으로 '백성들의 일상'을 설명했는데, 마찬가지로 '백성들의 일상'을 정욕의 문제로 본 것이다. '옷을 입고 밥을 먹는 것'이 '인륜과 물리'라는 것은 한편으로는 인륜과 물리에 있는 도덕적 규범을 없앤 동시에 다른 한편으로는 이것이 가진 정욕의 가치를 높인 것이다.

이지는 '의'에 대해 이렇게 말했다.

> 의를 바로잡으려면 이롭게 해야 한다. 이롭지 않다면 바르지 않아도 상관없다. 우리의 도가 밝다면 우리의 공로도 완성된 것이다. 공로를 따지지 않는다면 언제 (도가) 밝아지겠는가? 지금 성학(聖學)은 (인위로) 하는 것이 없다고 하는데, 하는 것이 없다면 어찌 성학이라고 하겠는가?[65]

---

64   李贄, 張建業 譯注, 『焚書』 권1, 「答鄧石陽」, 北京 : 中華書局, 2018.

65   李贄, 『藏書』 권24, 「德業儒臣後論」.

동중서(董仲舒)는 "마땅한 것을 바로잡되 이익을 추구하지 않으며(正其誼不謀其利), 도를 밝히되 공로는 따지지 않는다"고 했다. 이지는 의와 이익을 대립시키는 동중서의 주장을 비판하면서 '의'는 '이익'을 떠날 수 없으며 '의'가 바로 '이익'이라고 주장했다. '의'는 도덕적 의지의 문제이다. 유가에서는 그동안 의와 이익을 구분했고, 육구연과 왕수인의 학설은 '지(志)' 위주였으므로 이들도 이 구분을 중시했다. 육구연은 주희의 요청으로 백록동서원(白鹿洞書院)에서 강학을 했을 때 "의와 이로써 군자와 소인을 구분한다"고 했다. 또 "배우는 자들은 이것에서 그 뜻을 구분해야 한다. 사람들의 깨우침은 익히는 것에서 오며 익히는 것은 뜻한 것에서 온다. 의에 뜻을 두면 익히는 것도 의에 있을 것이고 의를 익히면 깨우침도 의에 있을 것이다. 이익에 뜻을 두면 익히는 것도 반드시 이익일 것이고 익히는 것이 이익이라면 깨우치는 것도 이익일 것이다."라고[66] 했다. 육구연은 '지'를 주장했고 "뜻을 의에 두고" '이익'을 배척했다. 이지는 '이익'이 '의'라고 하면서 '심학'의 도덕적 의지를 지우고 세속 사회의 이욕 추구를 긍정했다.

다시 이지가 '선'에 대해 어떻게 새롭게 해석하였는지를 보자. 이지는 이렇게 말했다.

> 이언(邇言)만이 선이므로 이언이 아닌 것은 모두 선이 아니다. 어째서인가? 백성에게 있는 것이 아니고 백성들이 원하는 것이 아니므로 선이 아닌 것이다. 그러므로 악인 것이다.[67]

---

66   陸九淵, 『陸九淵集』 권22, 「白鹿洞書院講義」.

67   李贄, 『李氏文集』, 「明燈道古錄」 명대간본, 권19.

이지는 앞에서 이언이 참(眞)이라고 했는데, 이번에는 다시 선이라고 했다. 이지는 찬미하는 어투로 "저잣거리 일꾼들은 어떤 일을 하면 그 일을 말한다. 장사꾼들은 장사에 대해 말하고 농사꾼들은 농사일을 말하는데 확실하고 재미가 있으니 진실로 덕이 있는 이야기여서 들어도 지겹지가 않다."고[68] 했다. 저잣거리 일꾼들이 하는 말이 이언이다. 이들은 이익만을 말하지만 이지는 그것이 '선'이며 진실로 덕이 있는 말이라고 했다. '선'은 가치를 긍정한다는 평가인데 이지는 그것을 세세하게 이익을 따지는 저잣거리 일꾼들에게 쓰고 있다.

특히 이지의 '심(心)'과 '성(性)'에 대한 해석은 독특하고 새롭다. 이지는 이렇게 말했다.

'사(私)'는 사람의 마음이다. 사람은 반드시 사사롭기 때문에 그 마음에 드러난다. 사욕이 없다면 마음도 없다. 농사꾼은 가을 수확할 것이 있어야 농사일에 힘쓴다. 집에 있는 자는 창고에 비축할 것이 있어야 집안일에 힘쓴다. 학문하는 자는 벼슬길에 나갈 수 있어야 학업에 힘을 쓴다. 그러므로 벼슬아치에게 자기 봉록이 없다면 부름을 받아도 가지 않을 것이다. 높은 벼슬이 없다면 권해도 나아가지 않을 것이다. 공자 같은 성인이라도 사구(司寇)의 직책과 대리 재상의 권한이 없었더라면 노(魯)나라에서 하루도 편하게 지내지 못했을 것이다. 이는 자연의 이치이고 반드시 이른다는 징표이지 공리공담으로 억측할 것이 아니다. 그러므로 사사로움이 없어야 한다고 말하는 자들은 그림의 떡을 말하거나 구경꾼의 견해라, 벽 뒤에서 듣기를 좋아할

68   李贄, 張建業 譯注, 『焚書』 권1, 「答耿司寇」, 北京 : 中華書局, 2018.

송·명 신유학약론

뿐 근거가 있는지를 따지지 않고 일에도 무익한데 그저 마구 들을 뿐이라 취할 것이 못 된다.[69]

또 이렇게 말했다.

성인도 사람이라 높게 날아 멀리 갈 수도 없고 인간세상을 버릴 수도 없으니 옷도 입고 밥도 먹어야 하며 곡기를 끊고 풀잎으로 옷을 만들어 입고서 황야로 도망갈 수도 없다. 그러므로 성인도 이익을 구하는 마음이 없을 수 없다. (중략) 재물과 권세는 반드시 영웅에게 밑천이어야 하며 반드시 성인이 사용해야 하는데 어찌 없어도 되겠는가? 그래서 나는 대성인이라도 이익을 추구하는 마음이 없을 수 없으므로 이익을 추구하는 마음은 우리가 타고난 자연적인 것임을 알수 있다.[70]

송, 명 시대의 유자들이 가장 기피했던 것이 '사사로움'이었고 이들은 '사사로움'이 '심'이라고 하지 않았다. 주희가 어떻게 이야기했는지 보자.

'인'은 천지가 만물을 낳는 마음이며 인간과 물은 이것을 얻어 마음으로 삼았다. (중략) 그러나 사람은 몸이 있어서 귀, 눈, 코, 입, 사지의 욕망이 있게 되었고 때로는 인에 무해할 수 없었다. 사람이 어질지 않으면 천리를 없애도 인욕을 추구하여 이익이 이르지 않는 곳이 없게 된다. (중략) 사람의 욕망이 인을 해치는 이유가 이에 있다는 것

69   李贄, 『藏書』 권24, 「德業儒臣後論」.
70   李贄, 『李氏文集』 「明燈道古錄」 명대간본, 권19.

을 알았으므로 그 뿌리를 뽑아 버리고 근원을 틀어막으며 자제하고
또 자제하여 어느 순간 환하게 욕망이 사라지고 리가 순수해지는 상
황에 이르게 된다. 그렇게 되면 마음에 간직한 것이 어찌 천지가 만
물을 낳은 순수한 마음이 아니겠으며 어찌 봄날의 태양처럼 따뜻한
기운이 아니겠는가?[71]

　　주희의 이 말과 이지의 설에는 공통점이 하나 있는데, 둘다 몸이 있으
므로 밥을 먹고 옷을 입어야 한다는 것을 인정했다는 것이다. 차이점은 주
희는 '몸' 외에 천지가 만물을 낳은 마음이라는 '천리'를 따로 설정하여 그
것을 '몸'의 주재로 삼았기 때문에 몸이 사사로운 형체와 기운이 되었고
자기의 사사로움을 극복해야 천리를 얻는다고 본 것이었다. 반면에 이지
는 '몸' 밖에 따로 '천리'를 설정하지 않고 몸이 있으므로 반드시 옷을 입고
밥을 먹어야 하며 반드시 이록(利祿)을 추구해야 한다는 것으로 '마음'을 말
했다. 또 성인에서 백성에 이르기까지 모두 몸이 있으므로 모두 이익을 추
구하는 마음이 있다. 이것이 보편명제가 되었기 때문에 '리'인 것이다. 이
지는 "옷을 입고 밥을 먹는 것이 인륜이자 물리이다"라고 했는데 이 말은
이것에 근거하여 성립되었다. 이 '리'는 대응 관계를 이루기 전의 개별 사
실로 몸을 인정한 것이었다. 또 이 '리'가 나타내는 것은 개별적인 존재의
'있는 그대로(然)'를 말한 것이지 있게 만든 것(所以然)이 아니었다. '리'는
여기에서는 규범적인 의의를 가지고 있지 않다. 또 이익을 추구하는 것과
사사로움으로 마음을 설명하여, 성인을 포함해서 인간의 몸에 있는 여러
신성한 색채를 벗겨냄으로써 사람들의 일상생활과 교제가 이욕에 바탕을

71　　朱熹, 『朱熹集』 권77, 「克齋記」.

둔 것으로 환원시켰다.

결국 이지의 이런 환원은 '사심'을 원초적인 마음으로 해석함으로써 형이상의 의미를 갖게 했다. 이지의 「동심설(童心說)」을 보자.

동심은 거짓이 전혀 없고 순수하게 참인 상태이며 최초의 본 마음이다. 동심을 잃어버리면 진심을 잃게 되고 진심을 잃게 되면 진실한 사람이 될 수 없다. 사람이 진실하지 않으면 최초의 본심을 회복할 수 없다.

어린아이는 사람의 최초 상태이며, 동심이라는 것은 마음의 최초 형태이다. 최초의 마음을 어찌 잃어버릴 수 있단 말인가! 그렇다면 동심은 왜 갑자기 사라지는 것일까? 귀와 눈을 통해 견문이 들어오면서 그것이 내면의 중심이 되어 동심이 사라진다. 성장하면 견문을 통해 도리를 알게 되면서 그것이 내면의 중심이 되어 동심이 사라진다. 시간이 오래 지나면 도리와 견문은 날로 많아지고 아는 것과 깨닫는 것도 점점 넓어지게 되어 아름다운 명성이 좋은 것을 알게 되고 그것을 널리 알리려고 애를 쓰다 보면 동심을 잃는 것이다. 좋지 않은 명성이 안 좋은 것을 알게 되어 그것을 가리려고 하다 보면 동심을 잃는 것이다.

견문과 도리를 마음으로 삼게 되면 말하는 것이 모두 동심에서 나온 것이 아니라 도리와 견문에서 나오게 된다. 말을 잘해도 나와 무슨 상관이 있는가? 거짓말쟁이가 거짓말을 하고, 거짓으로 일을 하며, 거짓 문장을 짓는 것이 아니고 무엇인가? 그 사람이 거짓말쟁이인 이상 그가 하는 일은 거짓이 아닌 것이 없게 될 것이다. 그리하여 거짓말쟁이에게 거짓말을 하면 거짓말쟁이가 좋아하고, 거짓 일을 거짓말쟁이에게 이야기하면 거짓말쟁이가 좋아하며, 또 거짓 문장으로 거짓말쟁이와 이야기하면 거짓말쟁이가 좋아한다. 거짓이 아닌 것이 없으니 또한 좋아하지 않는 것이 없다. 온 장내가 다 거짓인데 난쟁이가 어찌 그것을 구분할 수 있겠는가?

『육경』, 『논어』, 『맹자』는 사관들이 지나치게 높이 평가한 말이 아니면 그 신하들이 극도로 찬미한 말들이다. (중략) 그렇다면 『육경』, 『논어』, 『맹자』는 도학자의 구실이며 거짓말쟁이들의 소굴이니 절대로 동심을 가진 자들에게 이야기해서는 안 될 것이다.[72]

이지는 '동심'이 정욕에서 나온 마음이라고 명시하지는 않았다. 하지만 이지가 '이언'을 진실된 언어라고 했고 이언으로 꾸미지 않은 본래의 감성적 생활과 정욕의 추구를 알 수 있다고 한 것을 보면 꾸미지 않은 진심인 동심도 정욕에서 나온 마음이다. 이지가 정욕으로 마음을 설명하고 '성'이라고 말한 최초의 사람은 아니다. 선진 시기에 순황(荀況)과 한비(韓非)가 이렇게 단정 지은 적이 있다. 이지가 이들과 다른 점은 송대 유가 이후의 주장을 받아들여 마음을 선험심(先驗心)과 경험심(經驗心)으로 구분했다는 것이다. 그런데 그는 이 두 마음의 함의를 바꾸어 놓았다. 정이와 주희는 선험심과 경험심을 '도심(道心)'과 '인심(人心)'으로 나눈 뒤 '도심'을 '천리'로, 인심을 '인욕'으로 규정했다. 왕수인은 선험심과 경험심을 '심'('본심')과 '의(意)'로 나눈 뒤 '리'와 '일(事)'이 중첩된 이중심(二重心)을 논했다. 이들은 모두 선험성(性)을 '리'라고 보았으며 실제로 이들이 주목한 것이 '공공성' 문제이며, 여전히 '공공성'으로 형이상학을 논하고 있음을 알 수 있다. 즉

---

72   李贄, 張建業 譯注, 『焚書』 권3, 「童心說」, 北京 : 中華書局, 1974.

어떤 도덕이념에 보편성과 유효성을 부여하기 위해 형이상학을 근거로 삼은 것이다.[73]

　이와는 달리 이지는 공공 영역에 들어가지 않은, 그래서 경험지식에 가려지지 않은 각 개인의 원초적인 생각과 욕구를 선험심으로 삼았다. 이런 마음은 각 개인이 어린아이였을 때 본래 갖고 있던 것이므로 '동심'이다. 하지만 사람이 점차 공공의 영역에 들어가게 됨에 따라 부단히 '이치와 견문' 즉 경험지식의 가르침을 받게 되어 '동심'은 점차 사라지게 된다. '이치와 견문'은 나중에 사람에게 덧붙여진 것이며, 공공영역에서 대응 관계를 맺음으로써 성립된 것으로, 절대성도 없고 형이상학적이지도 않다. 이지의 설에서는 공공영역과 관련된 '이치와 견문'이 경험지식으로 폄하되고 경험과 지식으로 가려지지 않은 인간의 최초의 마음이 형이상학적인 의의를 갖게 되었다. 이렇게 볼 때 이지는 정욕을, 나아가 개체를 절대화했다고 할 수 있다.

73　『주자어류』 권62에 이렇게 기록되어 있다. "'선생께서는 인심은 형태와 기운의 사사로움이라고 하셨는데 형태와 기운이라는 것은 입, 귀, 코, 눈, 사지 등을 가리키는 것입니까?'라고 묻자 다음과 같이 대답하였다. '그렇다.' 또 묻기를 '그러하다면 바로 사사로움이라고 할 수는 없지 않습니까?'라고 하자 대답하였다. '하지만 이 몇 가지 물건이 자신에게 속할 때는 사적인 물건이다. 그러므로 도와 견줄 수 없고 공공의 것이라고 할 수도 없다. 그러므로 그것들은 사사로움의 근본이다. 잠깐 위태로워진다고 하여도 크게 잘못될 것은 없으며 다만 좋지 않은 근원이 생겨날 뿐이다.'" 이는 '도' 혹은 '리'의 공공성을 인정한 것이다. 왕수인이 말한 '양지에 이른다'는 것은 바로 "나의 마음의 양지를 모든 사물에 미치게 한다"라는 것으로, "모든 사물이 모두 리를 얻"게 하는 것이며 역시 '양지' 즉 '리'가 만물의 '공공성'에 미치는 의의를 강조한 것이다.

만명(晚明) 사풍(士風):
현세와 현재의 격조 추구

'정'을 최고의 지위에 올려놓은 것은 진헌장에게서 시작되었는데, 진헌장이 말한 '정'은 주로 '격조(情調)'로, 어떤 경지를 추구한 것이었다. 그런데 태주학파의 학설에서 '정'은 점차 전락하여 세속의 '정욕'을 뜻하게 되었다. '격조'의 '정'이든, '정욕'의 정이든 모두 감성적인 즐거움이며 개인을 긍정한 것이었지만 이 둘은 분명히 차이가 있다. '정욕'의 실현은 공공영역에서만 가능하므로 정욕의 정당성을 확인한 뒤에는 어떻게 공공영역의 예법을 다시 구축할 것인가 하는 것이 문제가 된다. 이 문제는 다음 장에서 이야기할 것이다. 반면 '격조'의 실현은 공공영역에서만 이루어지는 것도 아니고 오히려 공공의 영역을 초월하며 오직 개인의 상상이나 환상세계에서 실현할 수 있다. 진헌장은 '정'을 '시'에 담았는데 시가 보여준 것이 어떤 상상의 세계였다. 예술 창작은 이렇게 상상의 세계를 통해 창작자의 마음을 위로하고 창작자의 '자아'를 실현시키는 것이다. 그러므로 이 장절에서는 예술창작과 예술창작자의 생각 및 지향을 논함으로써 주정파의 이론과 실천 문제를 더 논의해 볼 것이다. 다만 여기에서는 서위(徐渭), 탕현조(湯顯祖), 원굉도(袁宏道) 등 이 책의 주제와 관련된 대표 인물의 사상만 논의하게 될 것이다. 이 중에서 서위는 왕기에게 수학한 적이 있고 탕현조는 나여방을 스승으로 모셨으며 원굉도는 어려서 태주학을 배웠을 뿐만 아니라 여러 차례 이지에게서 가르침을 받았다.[74] 이들은 모두 양명학 특히

---

[74] 원굉도가 23세였을 때 이지는 원굉도가 있는 공안현에 간 적이 있다. 원씨 삼형제는 그를

태주학의 문화적 분위기 속에서 성장하고 창작에 종사했다.

　의리를 중시하는 태주학파에 비해 예술가인 서위, 탕현조, 원굉도는 '정'을 더욱 중시하였다. 서위는 이렇게 말했다.

　　사람은 태어나자마자 정(情)의 부림을 받는다. 모래 쌓기 놀이를 하고 나뭇잎을 들고 울음을 달래는 것,[75] 정은 이런 것일 뿐이다. 죽을 때까지 자기가 겪은 상황과 일들로 생긴 감정들을 시문으로 표현하면 찬란하고 멋지게 되어 읽는 사람들이 즐거워서 턱이 빠지고 감정이 모두 터지며 슬퍼서 코가 시큰거리니 마치 그 사람과 마주 앉아 이야기를 나누는 것과 같다. 수천 년 전 사람 때문에 웃거나 슬퍼하는 것은 감정을 진실하게 그려내었기 때문이니 그러면 사람을 쉽게 감동시키고 더 후대까지 전하게 할 수 있다.[76]

　탕현조는 또 이렇게 말했다.

　　세상은 모두 정이 된다. 정은 시가에서 나오며 정신으로 나타난다. 세상의 말소리와 웃는 모습, 크고 작은 일과 삶과 죽음이 이 안에 있을 뿐이다.[77]

방문했고 나중에 이지에게서 『분서』를 선물 받았다.

75　[역자 주] 불경에서 나온 말이다. 『妙法蓮華』「方便品」에는 "동자들이 장난하면서 모래를 쌓아 불탑을 만든다"는 말이 나온다. 모래로 만든 불탑은 진짜가 아니다. 여기에서 중요한 것은 다만 진심이며, 탑은 다만 편의를 위해 설정한 것일 뿐이다. "나뭇잎을 집어 울음을 그치게 한다"는 것은 노란색 나뭇잎을 아이에게 보여주면서 황금이라고 속이면 울음을 그치게 할 수 있다는 말로, 중생을 계도하기 위해 임시방편을 취하는 것을 의미한다.

76　徐渭, 『徐渭集』補編, 「選古今南北劇序」.

77　湯顯祖, 『湯顯祖詩文集』 권31, 「耳伯麻姑遊詩序」.

사람은 날 때부터 정이 있어서 그리워하고 기뻐하며 화내고 걱정하며, 은미한 것에 촉발되며 노래로 흘러나오고 움직임으로 표현된다. 때로는 한번으로 끝나고 때로는 여러 날이 지나도 사라지지 않는다. 봉황 같은 동물에서 먼 지역의 괴물들까지 모두 춤을 추고 노래하며 마음을 전하는데 하물며 우리 같은 사람들이야 말할 것이 있겠는가?[78]

"사람이 태어난 뒤" 말하고 행동하게 하는 원천이 무엇인가? 정이와 주희는 '성이 리'라고 했고 이들은 이성이 통제하는 것이 옳다고 확언했다. 육구연과 왕수인은 '마음이 리'라고 했고 이들은 마음의 도덕적 의지로 인간의 언어와 행위를 통제해야 옳다고 보았던 것이다. 서위와 탕현조는 이런 주장을 뒤엎고 "사람은 태어나자마자 정의 부림을 받는다", "모두 정이 된다"고 하면서 '정'을 인간 행위의 근원으로 보았고 이를 통해 정은 인간의 삶에서 가장 높은 지위를 얻었다.[79]

---

78 湯顯祖, 『湯顯祖詩文集』 권34, 「의황현희신청원사묘기(宜黃縣戲神淸源師廟記)」. 예랑(葉朗)은 이렇게 말하였다. "탕현조 미학사상의 핵심은 '정'이라는 범주이다. (중략) 나는 대략 통계를 낸 적이 있는데 탕현조의 시, 산문과 극에서 '정'이라는 글자가 도합 백여 번이 나왔다. 이를테면 '인간세상 어디에서 그리움을 이야기하리오! 우리들은 여기에 감정을 쏟아붓네.' '교향이 다만 정이 많아서 죽은 것이 한스럽구나.' '아쉬워라, 감정 세계의 인연 업보여!' '한의 물결은 해마다 생겨나고 감정 빚은 날로 늘어나네.' '사나 죽으나 정을 위해서이니 정을 어이하리오!' '정이 일단 생겨나면 끝없는 빛이 된다.' '나는 너와 죽을 뻔 하다가 가까스로 살아났으니 그 정이 바다와 같이 깊다.' '정이 끊어지지 않고 꿈이 다시 펼쳐지는 것을 한탄한다.'" 등등이다. 葉朗, 『中國美學史大綱』, 上海人民出版社, 1985, 339~340쪽.

79 서위, 탕현조, 원굉도 외에도 명대 말기에 '정'을 주장한 문인들은 많았다. 풍몽룡(馮夢龍)은 「정계(情偈)」에서 이렇게 말했다. "천지간에 만약 정이 없다면 모든 물이 생겨나지 않았을 것이다. 모든 물이 정이 없다면 서로 상생하지 못했을 것이다. 생겨나기만 하고 사라지지 않는 것은 정이 없어지지 않아서이다. 사대(四大, 地水火風)는 모두 환상이지만 정

서위, 탕현조, 원굉도 등은 태주학파보다 '정'을 부각시켰을 뿐만 아니라 '속(俗)'을 훨씬 더 인정했다. 또 '정'은 '속'되어야만 '욕(欲)'으로 드러날 수 있다. 이렇게 '정'을 '욕'으로 보아야 인간을 인간답게 하는 참됨(眞)을 잘 드러낼 수 있다. 서위는 이렇게 말했다.

> 핵심을 말할 때는 조금도 꾸며서는 안 된다. 속되고 일상적일수록 더 잘 깨우칠 수 있다. 이것이 좋은 물레방아로, 겨 하나도 섞여 있지 않는 참된 본모습이다.[80]

어떤 사람은 『비파기(琵琶記)』 중 좋은 부분이 「생신을 축하하다(慶壽)」, 「혼인(成婚)」, 「거문고를 타다(彈琴)」, 「달감상(賞月)」 등의 대목이라고 하는데 이 대목은 그래도 틀이 보인다. 그러나 '겨를 먹다(食糠)', '무덤을 만들다(築墳)', '그림을 그리다(寫眞)' 같은 부분은 마음속에서

만 거짓이 아니다. 정이 있으면 먼 사람도 가깝게 되며 정이 없으면 가까운 사람도 멀게 된다. 정이 없는 것과 있는 것의 차이는 이루 헤아릴 수가 없다. 나는 정교(情敎)를 만들어 여러 중생들을 가르치려 한다. 자식은 부모에게 정이 있게 하며 신하는 군주에게 정이 있게 할 것이다. 이런 여러 가지 현상에 대해 모두 이렇게 보아야 한다. 만물은 흩어진 엽전과 같으며 정이 그것을 꿰는 끈이 된다. 흩어진 엽전을 끈으로 꿰면 천하가 가족이 된다. 도적에게 해를 당하면 저절로 상심하게 되고, 꽃이 피는 것을 보면 다같이 즐거워할 것이다. 도적들도 생겨나지 않을 것이고 간사한 자들도 생겨나지 않을 것이니 부처가 어찌 자비로울 필요가 있으며 성인이 어찌 어질고 의로울 필요가 있겠는가. 정의 씨앗을 쏟아버리면 천지도 혼돈의 상태로 돌아가게 된다. 내가 정이 많고 남들이 정이 적으니 어찌하겠는가! 정 있는 사람을 얻어서 함께 설교를 할 수 있기를 원하노라!" (「정사·서(情史·序)」) 여기에서 풍몽룡은 '정'을 인간관계의 기초로 보았을 뿐만 아니라 그것을 천지 만물의 본원으로 삼아 '정교'를 만들어 중생들을 깨우치려고 하였다. 이 역시 '정'에 가장 높은 지위를 부여한 것이다. 이 점에 대해서는 다음 책을 참조하기 바란다. 夏咸淳, 『晚明士風與文學』 「專情篇」, 中國社會科學出版社, 1994.

80　『徐文長佚草』 권2.

흘러나온 것이라 엄우(嚴羽)가 말한 '물속의 달, 허공의 그림자'처럼 가장 도달하기 어렵다. '십팔답(十八答)' 같은 경우는 모두가 일상적인 말과 속된 말이라 그것을 비틀어 곡을 만드니 쇠를 가지고 금을 만드는 격이라 정말 묘하다.[81]

서위는 희곡을 평가한 것이지만 여기에는 그의 취미도 드러나 있다. 속되고 일상적일수록 좋고 속될수록 그 사람의 진면목이 드러난다는 것이다. 원굉도는 이렇게 말했다.

예전에는 이 몸이 세상사와 장애가 된다고 생각했습니다만 요즘 시정의 장사치와 산야의 사슴과 노루, 시가의 이야기를 모두 함께 얻어 가지만 아직 시정과 함께 더러워질 수 없으니 이 또한 병입니다. 왜 그렇겠습니까? 명리의 뿌리를 제거하지 못해 여전히 헛된 이름을 좋아하는 생각이 있기 때문입니다. 그래서 뛰어난 사람이라고 칭찬을 받으면 기뻐하고 소인이라고 욕하면 화를 냅니다. 남들과 맑고 고아한 행동을 하면 따르고 남과 더럽고 비루한 일을 하면 거스르게 됩니다. 깨끗함이 더러움을 방해하지 않고 마(魔)가 부처를 방해할 수 없음을 깨달아 만약 부합하게 된다면 산 채로 원중랑이라는 사람을 동쪽 바다에 던져 넣고 사람들과 한 덩어리로 만들어버려야 할 것입니다. (중략) 세상 사람들은 벼슬을 버리기는 쉬워도 명예를 버리기는 어렵습니다. 벼슬을 버릴 수는 있으나 명예를 버릴 수 없다면 명예를 연모함은 벼슬을 연모함과 같은 것입니다. 명예에 얽매이는 것은 벼슬에 얽매임과 같으니 어찌 온전한 즐거움을 누릴 수 있겠습니까?[82]

---

81   「南詞敍錄」.

82   원굉도(袁宏道), 『원중랑집(袁中郎集)』 권22, 「주사리(朱司理)」. [역자 주] 번역문은 심경호·

원굉도는 이제 희곡이 아니라 삶을 이야기한다. 그는 저잣거리의 백정이나 술 파는 사람들과 시정에서 이야기를 나눌 정도로 함께 어울려서 혼연일체가 될 정도로 '속'해야 한다고 했다. 즉 따지지 않고 속세 전체를 인정해야 진심을 드러낼 수 있고 '온전한 즐거움'을 얻을 수 있다는 것이다.

속세의 저잣거리 백성과 술 파는 사람들과 함께 어울려서 느끼는 온전한 즐거움은 '욕망'과 떼어낼 수 없다. 그래서 원굉도도 허심탄회하게 이렇게 말한 것이다.

> 눈으로 세간의 색을 다 보고, 귀로 세간의 소리를 다 듣고, 몸으로 세간의 좋은 것을 다 겪고, 입으로 세간의 이야기를 다 하는 것이 첫 번째 즐거움입니다. 당 앞에 좋은 음식을 늘어놓고 당 뒤에 음악을 연주하며 빈객이 자리에 가득하고 남녀가 서로 어울리며 촛불 기운이 하늘에 향내를 내고 옥구슬과 비취가 땅에 널려 있으며 밝은 달빛이 장막 안으로 비치고 꽃그림자가 옷에 일렁이는 것이 두 번째 즐거움입니다. 상자 속에 책 만 권을 소장하되 책은 모두 진귀한 것을 두고 저택 옆에 건물 한 채를 지어두고 그곳에서 마음에 맞는 진정한 친구 열 명 남짓과 만나는데 그들 중에서 식견이 대단히 뛰어난 사람들, 예컨대 사마천, 나관중, 관한경 같은 사람들을 한 사람씩 뽑아 책 임자를 맡게 해서 무리를 나누고 안배한 뒤 각각 하나씩 책을 만들게 하여, 멀리는 당송 유학자의 고루한 병폐를 문채가 나도록 고치고 가까이는 한 시대의 미완의 작업을 완성하는 것입니다. 천금으로 배 한 척을 사서 배에는 악공들을 데려다 놓고 기녀 몇 명, 한가로운 사람

박용만·유동환이 역주를 단 『(역주) 원중랑집』 4권(소명출판, 2004)을 참조하고 부분적으로 수정하였다.

몇 명과 물 위를 떠다니는 집에서 자기도 모르게 늙어가는 것이 네 번째 즐거움입니다. 하지만 인생의 즐거움을 이렇게 누린다면 십년이 채 되지 않아 가산을 탕진하게 될 것입니다. 그런 뒤에 남루한 모습으로 아침과 저녁밥도 해결하지 못하여 바리를 들고 기방에 가서 기방 손님들의 밥을 나누어 먹으며 고향 사람들 사이를 왕래하는 사이에서도 담담하게 부끄러움을 모르는 것이 다섯 번째 즐거움입니다. 사인으로 이 중에서 하나라도 이룰 수 있다면 살아서는 부끄러움이 없고 죽어서도 불후하게 될 것입니다.[83]

또 이렇게 말했다.

세상 사람들이 얻기 어려운 것이 취(趣)이다. (중략) 어리석고 못난 사람들이 '취'에 가까울 수 있는 것은 품(品)이 없어서이다. 품이 낮을수록 추구하는 것도 낮아져서 술과 고기를 추구하고 음악이나 기예를 추구하여 마음대로 행동하면서 거리낌이 없으며 스스로 세간에서는 희망이 없어졌다고 생각하고 온 세상이 비난하고 비웃어도 아랑곳하지 않으니 이것이 또 하나의 '취'이다. 그러나 나이가 들고 관직과 품이 높아지면 몸이 족쇄에 얽매인 것처럼 되고 마음이 가시가 박힌 것처럼 되며 털구멍과 뼈마디까지도 모두 견문과 지식에 구속되게 된다. 리에는 점점 더 깊이 들어가지만 취에서는 점점 더 멀어지게 된다.[84]

---

83 袁宏道, 『袁中郎集』 권20, 「龔惟長先生」. [역자 주] 번역문은 심경호·박용만·유동환이 역주를 단 『(역주) 원중랑집』 2권(소명출판, 2004)과 김홍매·이은주가 번역한 『명청산문강의』(소명출판, 2018)를 참조하고 부분적으로 수정하였다.

84 袁宏道, 『袁中郎集』 권1, 「敍陳正甫會心集」. [역자 주] 번역문은 심경호·박용만·유동환이 역주를 단 『(역주) 원중랑집』 3권(소명출판, 2004)을 참조하고 부분적으로 수정하였다.

송·명 신유학약론

원굉도는 매우 열렬하게 욕망을 긍정했다. 여기에서 보여준 원굉도의 관점은 지극히 현세적이고 개인적이다. 이전도, 이후도 없고 인과의 연속성과 시간의 구속도 없다. 나, 너, 그의 구분도 없으며 인간관계에서 생기는 책임과 구속도 없으며 모든 것을 "마음에 따라 행동하고 거리낌이 없다". 마음에 따르는 행동을 긍정한 것은 개인의 현세와 현재, 지금 가진 욕망의 정당성이다. 거리낌이 없다는 것은 개인이 타인과 사회에 아무런 책임도 없다는 자유를 인정한 것이다.

명대 말기에 원굉도만 현세와 개인을 추구했던 것은 아니다. 도상령(陶爽齡)은 『소시상남남령(小柴桑喃喃靈)』(권하)에서 이렇게 말했다. "사대부의 고질병은 속(俗)이다. 약간 벗어난 자도 있겠지만 그 모두를 우활하다(迂), 서투르다(疏), 썩어빠졌다(腐)고 한다. 그리하여 벼슬길에 들어서면 서로 배우고 모방하여 속되고자 할 뿐이니 이 광천(狂泉)을[85] 함께 마신다면 정말 슬픈 일이다."[86] 이렇게 볼 때 원굉도가 '속'을 통해 드러낸 현세와 개인에 대한 추구는 이미 만명 사인들이 보편적으로 추구한 것이었음을 알 수 있다.[87]

만명의 사풍은 '속'과 '욕', 현세와 현재, 개인을 인정했기 때문에 '리'

---

85 [역자 주] 전설에 나오는 샘물로, 사람이 마시면 미치게 된다고 한다. 잘못된 사상이나 학술을 받아들이는 것을 가리키기도 하고, 백성들이 광기에 가까운 사상을 받아들이는 것을 뜻하기도 한다.

86 夏咸淳,『晚明士風與文學』, 中國社會科學出版社出版, 1994. 35쪽.

87 만명 사풍(士風)의 이런 현세성, 개인성에 대한 추구는 위진(魏晉) 시기의 사풍과 매우 비슷하다. 차이라면 위진 시대의 사풍은 세속적인 사회(이미 도구화된 유가의 윤리가 지탱하는 사회)에 대한 반항에서 나온 것이기 때문에 여전히 일종의 귀족적인 품격을 유지하고 있었으나 만명의 사풍은 세속사회(한창 흥기하던 시민사회)에 대한 인정에서 생겨났기 때문에 이미 근대화의 특징을 지니고 있었다는 점이다.

곧 이성과 이성으로 이루어진 공공예법을 배척했다. 원굉도는 이렇게 말했다.

> 『화엄경』은 사사무애(事事無礙)를 궁극으로 봅니다. 지난번 말한 것은 모두 '리'의 문제였습니다. 한결같이 행하는 것을 고집하면 하나하나가 일이 되니 어찌 작은 도리나마 얻겠습니까. 제가 보기에는 세상에는 '리'는 없고 일만 있을 뿐입니다. 일 하나가 하나의 살아있는 염라입니다. 만약 '사사무애'라고 한다면 사방 천지에 염라가 없을 텐데 무슨 닦아야 할 법이 있고 무슨 갑자기 얻을 깨달음이 있겠습니까? 하지만 지금 사람들에게 장애가 되는 것은 일이 아니라 리입니다. 선과 악이 생겨나고 바름과 음란함이 늘어서 있다고 무슨 장애가 있겠습니까? 학자들이 사악한 짓에 질려 다시 하지 않겠다는 설이 있게 된 뒤에 백성에게 비로소 장애가 생겼습니다. 죽피(竹皮) 하나와 죽비(竹篦) 두 개가 무슨 장애가 되겠습니까? 학자들이 형벌을 설치하여 나쁜 짓을 멈추게 하자 형벌이 비로소 장애가 되었습니다. 노란 것이 금이고 흰 것이 은이라도 무슨 장애가 있겠습니까? 학자들이 청렴과 탐학을 구분하고 정의와 이익을 구분하고 권장하고 비판하면서 재화가 비로소 장애가 되었습니다. 이런 것들은 이루 다 말할 수 없습니다. 영겁의 세월 동안 죄악에 빠져 고해(苦海)를 떠돌아다니게 된 것은 모두 여기에서 시작되었습니다.[88]

화엄종에는 '사법계(四法界)' 곧 '사법계(事法界)', '리법계(理法界)', '리사무애법계(理事無礙法界)', '사사무애법계(事事無礙法界)'가 있다. '사법계'와

---

88 袁宏道, 『袁中郎集』 권21, 「陳志寰」. [역자 주] 번역문은 심경호·박용만·유동환이 역주를 단 『(역주) 원중랑집』 2권(소명출판, 2004)을 참조하고 부분적으로 수정하였다.

송·명 신유학약론

'리법계'는 개별과 일반, 특수성과 보편성의 관계에 가깝다. 화엄경은 '리사무애'와 '사사무애'를 주로 하는데, 그 핵심은 특수성과 보편성 및 특수성 사이의 모든 차이와 경계를 없앰으로써 원융(圓融)의 경지에 드는 것이다.[89] 정이와 주희가 강조한 '리'는 확정적이어서 이런 전제 아래 '리'와 '사'의 통일을 논하게 되면 '사'가 '리'를 방해하기 때문에 '사'를 없애고 '리'에 귀속해야 한다는 것이었다. 원굉도는 화엄론의 주장을 빌려 의론을 전개했는데 그 주장은 정이와 주희, 나아가서는 육구연과 왕수인의 관점에 맞선 것이었다. 원굉도는 세상에는 하나하나의 '사'만 있을 뿐이며 '사'는 본래 의미로 볼 때 모두 본래 모습으로 존재하지만(自在) '리'가 판단한 다음에는 장애가 생겨 본래 모습이 아닌 형태로 존재하게 되었고(他在) '사'는 본래의 모습일 때에만 옳으며 본래의 모습이 아니게 되면 옳지 않다고 여겼다. 그래서 원굉도는 '리'를 부정하고 '사'를 인정했다. 앞에서 왕간이 "눈앞의 일이 도"라고 할 때 '도'가 마땅히 그러함에서 있는 그대로의 의미로 바뀌었기 때문에 옳다고 해석했다. 원굉도는 이 해석에서 한걸음 더 나아간 것이다.

탕현조도 속세 밖에서 속세에 '당위적'인 리를 덧붙이는 것에 반대했다. 탕현조는 「달관에게 부침(寄達觀)」에서 이렇게 말했다.

정에 있는 것은 리에는 반드시 없고 리에 있는 것은 정에는 반드시 없다고 한 것은 확실한 말이라 내가 이 말을 들은 뒤에 정신이 번쩍 들었습니다. 자세히 살펴보니 리 또한 존재하지 않는데 세상의 몸과

---

89   宗密, 『注華嚴法界觀門』, 『中國佛敎思想資料選編』 제2권 제2책, 中華書局, 1983, 194~195쪽.

기물들은 어찌해야 할까요? (중략) 근래의 정과 관련된 일들에 대해 달관 스님은 나를 불쌍히 여겨야 할 것입니다. 백태부(白太傅, 백거이)와 소장공(蘇長公, 소식)은 결국은 정의 부림을 받은 것일 뿐입니다.[90]

불교에서는 속세를 '정식(情識, 정욕)'의 산물로 본다. 그러므로 탕현조의 벗인 달관(達觀) 스님은 탕현조의 주정설에 동의하지 않았다. 달관은 '정'과 '리'(理, 性)'는 대립되며 '리'를 밝혀 '정'을 없애고, '정'을 없애서 '성'을 회복해야 한다고 했다. 탕현조는 '정'과 '리'의 대립성을 인정하였으나 '정'을 고집하였고 뛰어난 사람은 "결국은 정의 부림을 받는다"고 했다.

탕현조는 특히 '리'와 '이성'이 확립한 공공예법을 강하게 배척하였다. 그는 이렇게 말했다.

세상에는 정이 있는 천하도 있고 법이 있는 천하도 있다. 당(唐)대 사람들은 진(陳), 수(隋) 시기의 풍류를 이어받아서 군주와 신하가 함께 유람을 하고 재주와 감정으로 자신을 다스릴 수 있었기 때문에 함께 화청지(華清池)에서 목욕하고 계단을 오르며 광한루에서 노닐 수 있었다. 이백을 지금 세상에 태어나게 한다면 뜻을 펴지 못하고 불우하여 작은 현을 다스리는 일도 맡기 어려웠을 것이다. 그는 실로 정이 있는 천하를 만난 것이다. 지금의 천하는 대저 재주와 정을 말살하고 이법(吏法)만을 높이니 계선(季宣)[91]이 여기에서 머리를 숙이고 있

---

90 湯顯祖,『湯顯祖詩文集』권45.

91 [역자 주] 이름은 이계선(李季宣)이다. 사람들이 그를 이백의 환생이라고 하자 그의 벗인 청원도인(淸远道人)이 그가 시대를 잘못 타고 나서 낮은 위치에 처해 있을 수밖에 없다고 말한 것이다.

는 것이다. 만약 그가 이백의 시대에 태어났더라면 그 재주가 일세를 풍미했을 것이니 당나귀를 거꾸로 타고 군왕의 수건으로 얼굴을 닦는 것이 어찌 말할 거리가 되었겠는가?[92]

탕현조가 여기서 말한 '천하'는 공공의 영역을 가리킨다. 탕현조는 각 개인의 '정'이 가장 높으며 따라서 공공 영역도 계급의 구분 없이 군주와 신하가 "함께 화청지에서 목욕하고 계단을 오르며 광한루에서 노닐"수 있으며 사람마다 "재주와 감정으로 자신을 다스리는", '정이 있는 천하'여야 한다고 주장했다. 그러나 지금 천하는 "재주와 정을 말살하고 이법만을 높이는데", 이법은 이성에 근거하여 만든 것이므로 나라를 다스린다고 해도 그 본질은 인간관계를 삭막하게 하고 등급을 구분하며 도구화하는 것이므로 '법이 있는 천하'에서 사람의 진짜 성정은 가려지게 된다. 이것이 슬픈 것이다.

주정론에 따르면 인간은 감성적(정욕이 포함된) 존재로, 가장 자연적이고 본연적이며 따라서 가장 '참된 본모습'을 가진 존재이다. '리'라는 이성과 이것으로 구축된 관료주의의 법망은 나중에 개인에게 덧붙여진 것이므로 인간이라는 본연의 존재와 비교할 때 실체가 없고 관념적인 존재이다. 탕현조가 「한단몽기제사(邯鄲夢記題詞)」에서 말한 "세법(世法)의 그림자 속에서 태어나 죽을 때까지 깊이 취해 잠꼬대를 하다가 한 번 울고 깨어난다"[93]는 말은 이 점을 짚은 것이었다. 탕현조는 「남가기(南柯記)」에서 개미 왕국의 이야기를 만들어냈는데 그 '제사(題詞)'에서 이렇게 개탄했다.

---

92   湯顯祖, 『湯顯祖詩文集』 권34, 「靑蓮閣記」.

93   湯顯祖, 『湯顯祖詩文集』 권33, 「邯鄲夢記題詞」.

아아, 인간이 개미를 볼 때는 너무 작기 때문에 무엇 때문에 가는
지, 무엇 때문에 하는지 몰라서 먹고 살기 위해서거니 짐작한다. 그
들이 화가 나서 죽을듯이 싸우는 것을 보면 아마도 작은 소리로 "무
엇 때문에 그러느냐?"라고 할 것이다. 만약 하늘에 사람이 있어서 아
래를 내려다 본다면 그도 그렇게 웃을 것이다.[94]

그는 '리'라는 이성으로 만든 '법 있는 천하'가 꿈이라고 보았다. 그러
나 사람들은 '법이 있는 천하'에서 살아야 하며 이성의 지배를 받아야 한
다. 또 법이 있는 천하와 이치를 참이라고 여겨야 한다. 이런 상황에서 감
성이 참모습인 인간이라는 존재와 인간이 추구하는 것은 도리어 꿈이 되
고 만다. 그래서 탕현조의 「모란정(牡丹亭)」이 탄생하게 된 것이다. 그 '제
사'에는 이런 대목이 있다.

천하의 여자들이 정이 있다지만 어찌 두여랑(杜麗郞)만하겠는가. 두
여랑은 꿈에서 님을 만난 뒤 병이 들었고 병이 깊어지자 직접 자기의
모습을 그려 세상에 남기고 죽었다. 죽은 지 삼년 만에 어둠 속에서
꿈에서 만났던 사람을 찾으러 되살아났다. 두여랑 같은 사람이야말
로 정이 있는 사람이다. 정은 어디서 생기는지 알 수 없지만 한번 주
면 깊어지니 정이 있으면 살아있는 사람도 죽을 수 있고 죽은 사람도
살아날 수 있다. 살면서 정 때문에 죽지 못하고 죽어서 정 때문에 다
시 살아나지 못한다면 지극한 정이 아니다. 꿈속의 정이라고 해서 어
찌 진짜 정이 아니겠는가? 세상에 어찌 꿈속의 사람이 없겠는가. (중
략) 이 세상의 일은 이 세상에서 다 끝나는 것이 아닌데 고금에 통하

---

94   湯顯祖,『湯顯祖詩文集』권33,「南柯記」.

지도 않으면서 늘 이치로 따진다. (두여랑의 일을) 이치로 있을 수 없다고만 하니 어찌 그 일이 정으로는 반드시 있을 수 있는 것임을 알겠는가?[95]

여기에서 "정이 어디서 일어났는지 알지 못하고 깊이 빠져들었다"는 것은 '정'이 발원지도 없고 무엇인가에 의지하지도 않는, 절대적인 것이라는 점을 말한 것이다. 그러나 절대적인 의미를 갖는 것은 모두 현실적일 수 없다. 현실 세계는 이성이 인정하고 지배하는 세계이다. '정'은 다른 것과 바꿀 수 없는 절대적인 것이라 현실에서는 '꿈'밖에 될 수 없기 때문에 "정으로 인해 꿈이 생겨났던" 것이다. 그런데 꿈 속 세계와 이성이 만들어내고 지배하는 현실 세계 중에서 어떤 것이 더 진실될까? 사람들은 현실성에 집착하는 경향이 있지만 이것은 이성이 인정하는 참이다. 주정론자에게 현실적이고 이성이 인정하는 세계는 인위적이고 개인에게 강제로 부여되어 개인이 자연적이고 본연적인 성격을 잃어버리게 하는 왜곡되고 변형된 세계이며 완전히 가짜 세계이다. 오직 '정'의 세계만 인간의 자연스럽고 본연의 것을 드러내므로 참된 본모습이라고 할 수 있다. 꿈은 정으로 생겨난 것이므로 꿈만이 참된 본모습을 갖고 있는 것이다.[96]

---

95 湯顯祖, 『湯顯祖詩文集』 권33, 「牡丹亭」. [역자 주] 번역문은 이정재·이창숙이 번역한 『모란정』(소명출판, 2014)을 참조하고 부분적으로 수정하였다.

96 예랑(葉朗)은 『중국미학사대강(中國美學史大綱)』에서 이렇게 말하였다. "탕현조는 '정이 있는 사람'(곧 '진인(眞人)')을 추구하고 '정이 있는 천하'(곧 '봄')를 추구하였다. 하지만 현실 세계는 결코 '정이 있는 천하'가 아니라 '법이 있는 천하'였다. 현실 생활 속에는 봄이 없었다. 봄은 '리', '법'에 의해 죽임을 당했다. 그래서 '정으로 인해 꿈이 이루어진' 것이다. '정'의 개념에서 '꿈'이라는 개념을 이끌어냈다. '꿈' 속에서 정이 없는 사람이 정이 있는 사람으로 변하였기에 '진인'이 되었고 법이 있는 천하는 정이 있는 천하로 변하여 '봄'이 생겨

개체성 추구와 근대 정신

이 단계에 이르러 유학의 지향은 보편적이고 유효한 '리'에서 벗어나 '정'과 개인 등 대응 관계에 들어가기 전의 자연적이고 본연적인 존재 상태로 되돌아가게 되었다. 중국의 전통철학은 줄곧 '본체(本體)'라는 범주를 궁극적인 의미로 삼아왔다. 본체론으로 유학 발전 과정에서의 이 전환을 설명한다면 '리'에서 '사(事)'로의 전환이라고 말할 수 있을 것이고, 서구의 학설을 빌린다면 '본질'에서 '존재'로의 전환과 회귀라고 할 수 있을 것이다.[97] 존재를 핵심으로 하는 본체론이 가능한 것은 인간이 본래부터 자연적이고 본연적인 감정적 존재이며 일단 대응 관계로 들어가 이성적으로 변하게 되면 '인간'으로서의 본질을 상실하고 다른 존재로 변하기 때문이다.

주정론의 비애에는 나름의 이유가 있다. 인간이 대응 관계로 편입될 때 이성을 갖게 되는 첫 번째 단계는 지식을 획득하여 이성적으로 변하는 것이다. 인간은 지식이라는 이성을 통해 존재를 이것과 저것, 체와 용, 원인과 결과, 특수성과 보편성으로 구분하고 그중 하나를 긍정한 뒤에 그것에

났다. 그러므로 '꿈'은 탕현조의 이상이다." 이 말은 매우 일리가 있다.(葉朗, 『中國美學史大綱』, 上海人民出版社, 2005년, 341쪽) 만약 사람의 '진정'이 아직 가장 하층에 있는 세속사회 속에서 남아 있을 수 있다면 '비루하고' '속'될수록 더 참된 본모습을 가지고 있다고 말할 수 있을 것이다!

97 '존재(to on)'라는 개념은 서양의 철학사에서 많은 의미를 가지고 있으며 중국어로도 여러 가지로 번역이 된다. 본서에서 사용한 개념은 단지 사물이 상대적인 관계에 들어가기 전, 지식과 이성의 규정과 제약을 받기 전의 자연-본연적인 존재 상태를 가리키는 의미로 쓰였다. 이는 도가 특히 장자의 학문이 추숭하는 일종의 존재 형태이다. '존재(to on)'라는 개념의 서양 철학에서의 변천과 중국어의 여러 가지 번역에 대해서는 자오둔화(趙敦華)의 글을 참조하기 바란다. 趙敦華, 「'是', '在', '有'的形而上學之辨」, 『學人』 제4기, 江蘇文藝出版社, 1993.

더 근본적인 의미를 부여한다. 선택된 그것은 근본적인 의미를 가지게 되어 물의 '소이연'이 되는데 이것이 바로 '리'이다. 그러므로 '리' 본체론은 '본질'을 중심으로 하는 본체론이다.

그런데 지식으로 획득한 이성에서 나온 이런 구분을 통해 만들어진 본질이 믿을 만한 것일까? 이 점에 대해 선진 시기 도가에서는 이미 회의적이었다. 장자는 이렇게 말했다. "사물은 저것 아닌 것이 없으며 이것 아닌 것도 없다. 저쪽에서 보이지 않던 것도 이쪽에서 보면 깨닫게 된다. 그러므로 저것은 이것에서 나오고 이것 또한 저것에서 비롯된 것이다."[98] 도의 관점에서 보면 사물에는 귀천이 없고, 사물의 관점에서 보면 스스로를 귀하게 여기고 상대를 천하게 여기며, 속세의 관점에서 보면 귀천은 남이 정해 주는 것이지 자신에게 있지 않다. 차이의 관점에서 보면 사물의 큰 것을 중심으로 크게 인식하면 만물은 크지 않은 것이 없으며 작은 것을 중심으로 작게 인식하면 또한 작지 않은 것이 없다."[99] 장자는 대응 관계에서 나오는 지식이나 판단은 신뢰할 수 없다고 보았다. 또 지식을 통한 판단은 언어로 표현되는 것인데 언어의 표현은 사물의 구분을 바탕에 두고 있다. 따라서 지식적 이성이 언어의 도움을 받을수록 사물의 본래 참모습과는 점점 멀어질 수밖에 없다. 사물의 본래 참모습은 '도'이다. 그래서 노자는 "처음 천하를 다스리게 되자 이름이 생겨났고 이름이 생겨난 이상 멈출 줄 알아야 한다"고 했다. 왕필은 이 구절에 대해 "처음 천하를 다스렸다는 것은 질박함이 흩어지고 처음 관리체제를 확립하였던 때를 말한다. 관리체제를

---

98   『莊子』「齊物論」.

99   『莊子』「秋水」.

확립하게 되자 명분을 세워서 높고 낮음을 정하지 않을 수 없었기 때문에 처음 천하를 다스리게 되자 이름이 생겨났다고 말한 것이다. 이렇게 되면 뾰족한 칼 끝에서 다투기 때문에 이름이 있게 되면 장차 그칠 줄을 알아야 한다고 한 것이다. 이름을 붙여서 사물을 부르게 된 것이 다스림을 잃어버린 시초이다. 그러므로 멈출 줄 알면 위태롭지 않게 된다."고[100] 주석을 달았다. '통나무(樸)'가 바로 '진(眞)', 즉 '도'이다. 노자는 "통나무가 잘리거나 깎여 그릇이 생겨난다"[101]라고 하였는데 '그릇'이 있게 되면서 처음으로 '이름'이 생겨났다. '이름'이 '통나무가 잘린' 이후에 생겨난 '그릇'에 의해 제한되는 것이기 때문에 '이름'으로 표현하고 전달하는 것에는 '진'의 의미가 없게 된다. 이는 또한 지식 이성이 부여한 사물의 본질을 확인하는 것으로, 사물의 '소이연'(그렇게 된 까닭)에 대한 판정에는 '진'이라는 의미가 없다는 것이다. 오직 '도'만이 '진'이다. 하지만 '도'는 대응 관계 속에 떨어지지 않았으므로 '소이연'으로는 표현되지 않으며 그러므로 언어로 표현할 수 없는 것이다. '도'는 여기서 대응 관계에 떨어지지 않고 지식을 통해 획득한 이성에 가려지지 않은 자연-본연적인 상태에 대한 긍정이다. '도'가 본체적 의미를 가진다는 것은 '존재'가 본체적 의미를 가지는 것을 의미하므로, '도'는 바로 '있는 그대로'(옳음)가 분명하다.

명대 말기의 주정론 사조의 '도'에 대한 이해는 바로 도가에서 온 것이다. 왕간은 이렇게 말했다.

---

100 王弼, 樓宇烈 校釋, 『王弼集校釋』 상, 『老子指略』, 中華書局, 1980, 82쪽.

101 『老子』 28장.

도는 본래 말이 없다. 말로 인해 해석이 생겨났고, 해석을 도로 삼고 분명하게 전하려고 하였으므로 오히려 미혹한 생각이 되었다.[102]

왕간은 여기에서 언어가 표현하는 경험지식, '리'와 '소이연'으로 드러낸 세계를 '미혹됨(迷)', '허망함(妄)'이라고 하였다. 그리고 언설(言說)의 층위에 떨어지지 않고 '소이연'의 의미를 부여받지 않은 차원에서 '도'를 가리킬 때 '도'는 바로 '있는 그대로'(옳음) 혹은 '존재(在)'가 된다. 바로 주정론이 '도'가 바로 '있는 그대로' 혹은 '존재'라는 것을 인정했기 때문에 '눈앞의 일이 바로 도'이며 "옷을 입고 밥을 먹는 것이 바로 인륜과 물리"라는 것을 인정했던 것이다. 주정파와 선진시기 도가의 차이는 다음과 같다. 선진 시기의 도가는 경험 세계 혹은 '리'가 주재하는 세계를 추방했기 때문에 인간 세상에서 더 이상 이 '도'를 찾을 수 없었다. 그래서 '도'를 멀리 밀어버리고 그것을 하나의 오래된 원천으로 설정하는 수밖에 없었다. '도'는 오직 '존재'라는 오래된 본원이고 인간 세상에서는 아주 오래전부터 존재하지 않았다. 반면에 만명 시기 학자들은 지식으로 획득한 이성의 가림막을 걷어내면서 '도'가 여전히 인간 세상에 '존재'한다는 것을 발견했다. 그것은 사람들이 일상생활에서 만난 모든 '감정과 관련된 일' 속에 존재했다. 사람들이 일상에서 옷을 입고 밥을 먹는 등 이른바 '감정과 관련된 일'이 바로 '도'이며 바로 '있는 그대로'(옳음)인 것이다. '도'는 '소이연'의 '리'를 벗어나서 오로지 '있는 그대로'(옳음)만을 의미하게 되었는데 이는 철학 본체론이 '리'론에서 '사'론으로, 본질론에서 존재론으로 회귀했음을 보여준다.

---

102   黃宗羲, 『明儒學案』 권32.

또 사람들은 상대적 관계 속에서 이성적 존재이기도 했지만 동시에 가치 판단에서 이성적 존재가 되었다. 사람들은 가치 판단에 근거하여 사물을 선과 악, 좋은 것과 나쁜 것, 나은 것과 못한 것으로 구분하며 둘중 하나가 나머지 하나와 비교할 때 취할 만하다고 인정하고 더 근본적인 의미를 부여했다. 가치 판단은 상대적 문제이므로 상대적 관계에 놓인 쌍방을 주(主)와 차(次), 체와 용으로 구분하게 되었는데 그 중심에 여전히 본질이 있었다. 그런데 가치 판단과 지식은 성격이 다르다. 지식은 객체인 사물을 탐구하는 것이지만 가치 판단은 주체 자신의 정신적 추구를 탐구한다. 왕수인이 후자였다. 그는 마음을 '본심'과 '의(意)' 두 개 층위로 구분하고 '본심'이 '의'의 근본적인 요인이고 주재적 역할을 한다고 보았는데 이때 '본심'은 여전히 하나의 '소이연'이며 '본질'이었다. 왕수인의 '마음이 리'는 이점을 인정한 것이다. 그러므로 '심'을 중심에 두는 것은 육구연, 왕수인의 학설에서 일종의 본체론인 동시에 또한 본질론이기도 했다.

그런데 가치 판단에서 만들어낸 이런 구분과 여기에서 나온 '본질' 또는 '리'는 신뢰할 만한 것일까? 선진 시기의 도가 역시 매우 일찍 의구심을 드러냈다. 장자는 이렇게 말했다.

나는 그대에게 물어본 적이 있다. 사람은 습한 데서 자면 허리에 병이 생기고 반신불수가 되는데 미꾸라지도 그러한가? 사람은 나무 위에 있으면 떨면서 두려워하는데 원숭이도 그러한가? 이 셋 중에서 누가 바른 거처를 알고 있는가? 사람은 가축을 먹고 고라니와 사슴은 풀을 먹고 지네는 뱀을 즐겨 먹고 솔개와 까마귀는 쥐를 좋아하는데 이 넷 중에서 누가 제대로 된 맛을 알고 있는가? (중략) 모장(毛嬙)

과 여희(麗姬)는 사람들이 미인이라고 생각하지만 물고기는 이들을 보면 물속 깊이 들어가 버리고 새는 이들을 보면 높이 날아가 버리며 고라니와 사슴은 달아난다. 넷 중 누가 천하의 제대로 된 아름다움을 알고 있는 것인가?[103]

장자는 여기에서 상대적인 가치판단('바른 거처', '제대로 된 맛', '제대로 된 아름다움')이 신뢰할 수 없다는 것을 말하고 있다. 장자는 또 이렇게 말했다.

지덕(至德)의 세상에서는 짐승들과 더불어 거주하고 만물과 더불어 나란히 살았으니 어찌 군자와 소인을 알았겠는가? 무지한 것 같아도 덕에서 멀어지지 않았으며 아무 사욕도 없었는데 이것을 '소박(素樸)'이라고 불렀다. 물들이지 않은 명주(素)와 다듬지 않은 통나무(樸)처럼 자연의 본색을 얻었기에 사람의 본능과 천성을 유지할 수 있었다. 그런데 성인은 억지로 인을 주장하고 온 힘을 다하여 의(義)를 구하여 천하에 처음으로 의혹과 의심이 나타났다. 방종하게 음악을 추구하고 번다하게 예법을 만들자 천하가 쪼개졌다. 그러므로 통나무를 쪼개지 않으면 누가 그것으로 술그릇을 만들 수 있으며 백옥을 훼손하지 않는다면 어떻게 그것으로 옥도장을 만들 수 있으며 도덕이 없어지지 않는다면 어떻게 인의(仁義)를 취할 수 있으며 타고난 성정과 진정을 위배하지 않는다면 어디에서 예약이 나오며, 다섯 가지 색깔을 뒤섞지 않고서 어떻게 아름다운 광채를 내며, 오성(五聲)을 조합하지 않는다면 누가 육율(六律)에 응답할 수 있단 말인가! 통나무를 쪼개어 여러 가지 그릇을 만든 것은 목공의 죄이다. 도덕을 훼손하여

103   『莊子』「齊物論」.

인의를 만든 것은 성인의 잘못이다.[104]

장자는 여기에서 또 군자와 소인의 구분, 인의와 예악이 생기기 전, 곧 가치가 개입하지 않은 자연이자 본연의 존재 상태를 '지덕(至德)'이라고 하였다. '덕'은 '물들이지 않은 명주(素)와 다듬지 않은 통나무(樸)처럼 자연의 본색을 얻었던' 그 '얻음'이며 '있는 그대로'이자 '옳음'이며 '존재'하는 것이다. 장자는 가치판단에서도 본질론을 배척하고 존재론을 주장했다. 왕간은 "백성들의 일상이 도"라고 했고 이지는 "옷을 입고 밥을 먹는 것이 인륜과 물리"라고 했으며 원굉도는 "지금 사람들을 가로막는 것은 일이 아니라 리이다. 좋은 것과 나쁜 것이 생겨나고 정숙한 것과 음란한 것이 늘어서 있다고 무슨 장애가 있겠는가? 학자들이 나쁜 것을 없앤다고 하자 백성들에게 처음으로 장애물이 생긴 것이다. 얇은 대나무껍질 한 장, 그것을 끼우는 막대 두 개가 무슨 장애물이 되겠는가? 학자들이 형벌을 중지하자고 하자 형벌에 처음으로 장애물이 생겼다."고 했다. 그들의 주장이 장자의 판단과 이토록 흡사한 이유는 모두 도덕적 이성이 개입하지 않은 자연이자 본연의 존재를 인정했기 때문이다. 만명 철학에는 존재론적 사조가 있었던 것이다.

이 존재론적 사조는 '리'와 '이성'을 거부하고 '일'을 긍정하였으며 '존재'를 인정하였다. '사(事)'라는 것은 개별적이고 특수하며 우발적인 방식으로 나타난 여러 가지 '사물'을 가리킨다. '사람'으로 보면 감성적 생활 상황과 생활방식을 가리키며, '사람'의 감성적 생활과 그에 대응되는 여러 개

---

104 『莊子』「馬蹄」.

별적이고 특수하며 우연한 일들'이야말로 가장 자유롭고 발랄하다. '존재'를 본체로 보는 관점은 인간에게 발랄함과 자유를 허락했다는 점에서 매우 큰 의미를 가지고 있다.

그런데 짚고 넘어가야 할 것은 여기서 말하는 '존재'는 개별적이고 특수하며 우연한 일들과 사람의 감성적 생활이라는 점이다. 왕수인을 포함한 송명 유학자들은 이것을 '용'이라고 보았고 이성이 '사람'이나 '일'에 부여한 '소이연' 즉 본질이 '체'라고 불렸다는 점이다. 왕수인을 포함한 대다수 유가들은 모두 "체와 용은 다르지 않다", "체가 용이다"라고 강조했지만 실제로는 '용'을 없애고 '체'로 귀속시키거나 혹은 '체'를 '용'으로 삼았다. 그들도 마음의 발랄함을 인정하기는 했지만 긍정할 수는 없었다. 왕수인의 '사구교'는 '선도 없고 악도 없는' 것을 '마음의 체'라고 해서 '마음'을 '리'의 속박에서 풀어주었다. 그런데 '선를 알고 악을 아는 것'이 '양지'라고 하고 '선을 행하고 악을 버리는 것'이 '격물'이라고 함으로써 '체'와 '용'은 분리되고 말았다. 그러므로 '용'을 '체'에 귀속시켜 '용'을 '체'로 삼아야만 "체와 용이 다르지 않다"는 주장을 완성할 수 있게 된다. '용'에 '체'의 의미가 담긴 것은 발랄함과 자유가 본체라는 것의 확실한 근거가 되어주었다.

중국사상사에서 존재를 본체로 삼는 설은 위진과 만명 두 시기에 성행했다. 두 시기 모두 현세, 곧 당시의 감성적 생활을 완전히 긍정하게 했지만 특히 만명 지식인들이 긍정한 감성적 생활에는 시민사회의 색채가 덧입혀졌으므로 만명 시기의 존재론도 이로 인해 근대적인 의미를 얻게 되었다.

문제는 인간이 본질에서 벗어나고 본질이 되는 것을 거부할 수 있는가

하는 것이다. 인간의 존재가 정욕이라면 이 정욕을 만족시키기 위해서는 특정한 사회 관계가 있어야 한다. 그렇지 않다면 인간은 본질에 제어되어 '리'와 '이성'의 제약을 받을 수밖에 없다. 이 점에 대해 황종희는 나여방의 사상을 평가할 때 상당히 적절하게 분석했다. 위에서 이미 언급한 적 있지만 황종희는 나여방의 관점을 이렇게 정리했다.

> 선생의 학문은 어린아이의 양심을 가지고 배우지도, 생각하지 않으면서 하는 것이다. 천지 만물과 일체가 되고 형태를 벗어나 물아(物我)를 잊는 것을 중요하게 본다. 이 이치는 끊임없이 낳고 낳아 제어할 필요도, 이을 필요도 없이 지금 혼연히 하나가 되어 편안한 대로 하면 된다. 모으는 공부가 어렵다면 그렇게 하지 않는 공부를 하고 마음이 경계가 없이 아득하다면 경계가 없는 것을 마음으로 삼으면 된다. 닻줄을 풀고 배를 띄운 뒤 순풍에 따라 노 저어 가면 어디를 가든 다 맞을 것이다.[105]

나여방이 여기서 말한 '갓난아이의 선천적인 착한 마음'은 상대적인 관계에 들어가지 않은, 이성의 여과를 거치지 않고 '본질'의 규정과 제한을 받기 전의 자연적이고 본연적인 존재로, 어떤 형식으로 나타나고 어떤 형태로 드러나든 이 존재가 모두 자신이며 모두 인정할 수 있는 것이다. 그러므로 "아닌 것이 없다"라고 했다. 나여방은 우주의 큰 변화로 논지를 전개했는데 그 의도는 '존재'의 시원(始源)으로서의 의미와 멈추지 않고 변화하는 자유와 발랄함을 확인하는 것이었다.

---

105 黃宗羲, 『明儒學案』 권32, 「泰州學案三」.

송·명 신유학약론

황종희는 나여방의 관점을 이렇게 평가하였다.

생생의 기제는 천지간에 가득 넘치는데 이것이 돌아다니는 '체'이다. 돌아다님으로써 하나가 된다. 물이 흐르면 두텁게 감화시키므로 유자는 물이 흐르는 것을 보고 하나로 수렴하여 성(性)을 안다고 말한다. 만약 기운이 들끓는 것만 보고 갖고 놀기만 한다면 그것은 마치 음양의 변두리에 있는 것과 같으니 선생이 아직 도달하지 못한 부분이 남아있는 것이다.[106]

또 이렇게 말했다.

돌아다니는 '체'는 유자도 깨달을 수 있고 불자도 깨달을 수 있다. 그런데 이것을 깨달은 뒤에 또 중요한 일이 있으니 널리 행할 수 있는 방법을 생각하는 것이다. 지금 흘러가는 것을 보니 어째서 물길이 흩어지지 않고 물줄기를 유지하는가? 어째서 여러 물줄기가 하나로 모아지는가? 주재가 분명해서이다. 불가에서는 더 이상 깊이 탐구하지 않으므로 그 흐름 역시 구름과 먼지처럼 모였다가 흩어질 뿐이다.[107]

황종희는 존재에 시원이 있다는 점에서 나여방에게 동의했지만 존재가 하나의 줄기를 잃고 흩어진다는 점에 대해서는 동의하지 않았다. 황종희는 흩어진 여러 존재가 모여 하나로 수렴되고 이를 주재하는 것이 있기

---

106   黃宗羲, 『明儒學案』 권34, 「泰州學案三」.

107   黃宗羲, 『明儒學案』 권34, 「泰州學案三」.

를 바랐다. 또 하나로 모을 수 있는 궁극적 의미를 탐구했다. 이 주재가 본질이며 궁극적 의미가 이 상태를 만든 '리'이다. 황종희는 인간과 물에는 본질과 이성이 있어야 한다는 것을 강조한 것이다.

정욕을 만족시키려면 특정한 사회적 관계에 의존해야 한다. 그렇다면 이보다 더 중요한 것은 정욕 자체가 어떠해야 하는 것이 아니라 어떤 방법으로 정욕을 구할 것이냐일 것이다. 또 존재가 옳은 게 아니라 어떻게 본질을 탐구해서 '리'에 부합하게 하느냐일 것이다. 그래서 치용학(致用學)이 등장하게 되었다.

6장

치용학(致用學)으로 구현한 경험지식론

천구잉(陳鼓應, 진고응), 신관제(辛冠潔, 신관결), 거룽진(葛榮晉, 갈영진)이 편찬한 『명청실학사상사(明淸實學思想史)』에서는 명청 시기 치용학을 실학으로 규정하고 이 개념을 사용하면 "어쩌면 당시 사회가 '허(虛)에서 실(實)로 돌아간' 역사적 변천을 더 잘 드러낼 수 있을 지도 모른다"라고 했다.[1] 이 주장은 대체로 수긍할 수 있다. '실학'이라는 개념은 본래 정이, 주희, 육구연, 왕수인 등이 노자와 불교 두 학파에서 '허(虛)', '무(無)'를 핵심으로 한 관념을 비판하기 위해 제기하고 강조한 것이다. 하지만 명청 시기 사상가들은 정이, 주희, 육구연, 왕수인 등이 내재적 심성만 이야기하고 외적 사공(事功)에 대해서는 언급하지 않았기 때문에 이들도 '허'와 '무'로 빠져들어 노자와 불교의 학설에 들어가고 말았다고 지적한다. 따라서 정이, 주희, 육구연, 왕수인 등을 '실학'에서 제외시키고 '실학'을 명청 시기 치용학을 가리키는 데 사용하는 것도 무방할 것이다.

이 책에서는 이 사조를 '치용학'이라고 명명할 것이다. '용'은 '체'와 상대되는 개념으로 '체와 연결 관계가 다르며 추구하는 본체도 같지 않다. 따라서 치용학이라는 용어를 쓸 때 이 사조의 본체론적 특징을 더 잘 드러낼

---

1   陳鼓應 · 辛冠潔 · 葛榮晉, 『明淸實學思想史』 상, 「導論」, 齊魯書社, 1989, 1쪽.

수 있을 것이다.

'체'와 '용'의 관계는 심학(주지론과 주정론을 포함)의 범주에서는 주로 인간이라는 주체의 이성적 생활(도덕 의지)과 감성적 생활의 관계를 가리킨다. 육구연과 왕수인의 주지론은 "마음이 리"라는 것을 인정하고 "체이자 용"임을 주장했지만 실제로는 "용을 없애고 체로 돌아갔다". 태주학파와 그 후학들의 주정론은 '마음'이 '정'이라고 생각했고 "체와 용이 다르지 않다"는 주장은 사실상 "체를 용으로 삼은 것"이었다. "체를 용으로 삼은" 본체론은 일상의 감성 생활이 본체가 된다는 뜻이었다.

'체'와 '용'의 관계는 '리학'(정이와 주희의 주지론)의 범주에서는 주로 외재적 객관 사물의 본질(리)과 현상의 관계를 가리킨다. 정이와 주희의 주지론은 '성이 리'라고 주장했고 그들이 주장한 "체와 용의 근원이 하나"라는 것은 사실상 "용을 체로 귀속시키는 것"이라 개별적이고 특수하며 우발적인 존재의 의미를 없애고 '리'에 본질적이고 절대적인 성격을 부여한 것이었다. '체'만 인정하고 '용'을 없애서 '체'에 편입시킨다는 측면에서 정이와 주희, 육구연과 왕수인의 입장은 같다. 그런데 육구연과 왕수인 이후의 태주학파와 그 후학들은 "용을 체로 삼는" 육구연과 왕수인의 본체론을 수용하지 않고 '감성적 생활'을 새롭게 발견했고 매우 자연스럽게 정이와 주희의 견해를 일부 취하면서도 그들을 넘어 "용으로 체를 여는" 본체론 틀을 빌려 새롭게 감성으로 회귀했다.

'용으로 체를 연다'는 이 책에서 '용을 체로 삼는' 본체론과 구별하기 위해서 만들어낸 용어이다. '용을 체로 삼는' 사조는 5장에서 말한 만명의 사풍인데, 그 특징은 사람들의 일상적 감성생활과 그것이 드러낸 모든 개별적이고 특수하며 우발적인 것들을 인정하고 이것을 이성으로 분류하고 틀로 만드는 것을 거부한다. '용'은 경험적 지식이 되지 못하거나 초월한 상태에서 '체'의 의미를 얻었으므로 선험적인 영역에 속하게 되었다. 그런데 '용으로 체를 여는 사조'는 선험적으로 설정한 '리'를 본체로 보지 않고 사물과 현상이라는 '용'으로 되돌아가야 한다고 강조한다. 그러면서도 개별적인 현상의 절대적 정당성을 인정하는 대신 이 현상을 조화롭게 할 수 있는 공공의 질서인 '리'를 찾아내야 한다고 주장한다. 그런데 이런 '리'는 선험적으로 설정하지 않았으므로 절대적이고 신성하지 않다. '리'는 고정되지 않고 변화하는 '용'에서 추출하여 얻어낸 것이며 상호 관계를 조화롭게 하기 위해 만들어진 것이다. 그러므로 '체'로 인정한다고 해도 실제로는 '용'이며 각 현상들과 그 상호 관계를 인정하고 이것을 묶어주는 '리'에 본체의 의미를 부여했기 때문에 만명 시기 사풍과는 확연히 달랐으며, 이것은 만명 사풍을 비판하는 과정에서 발전한 것이라고 할 수 있다. '리'의 선험성은 인정하지 않고 '용'에서 '리'를 도출하고 '리'를 '용'으로 본다는 점에서 정이와 주희의 설과도 다르다. 이런 점에서 '리'는 '용'으로 도구화되므로 도구적 이성의 범주에[2] 넣을 수 있다.

이제 우리는 치용 사조의 특징이자 의미가 있는 지점이 공공의 '리'가 가진 절대적이고 신성함이라는 외피를 벗겨내고 '리'를 상대화하고 도구화하는 과정에서 명청 시기 철학을 또 다른 경로로 근대로 향하게 한 것에 있다는 것을 보게 될 것이다. 다만 필자가 이 사조에 대해 아직 깊이 있는

---

2 [역자 주] 도구적 이성(工具理性, instrumentelle Vernunft)은 호르크하이머(Max Horkheimer) 가 사용한 용어로 목적을 이루기 위해 가장 효율적인 수단을 찾아내는 도구로서의 이성을 가리키며 호르크하이머는 도구적 이성으로 현대 자본주의 사회가 광기와 야만성이 지배하는 사회가 되었다고 보았다.

연구를 진척시키지 못했고 관련 인물들이 이 책의 주제에서 벗어나 있기 때문에 일부 사람들이 제기한 몇몇 문제와 사조만으로 국한해서 분석해볼 것이다. 이것은 또한 주정론에서 야기된 재앙에 대응하는 이론이기도 하다.[3]

사공학파(事功學派)에 대한 역사적 회고

명청 시기의 이 철학 사조를 논의하기에 앞서 간략하게 지난 역사를 되짚고자 한다. 흥미로운 점은 공공의 리 또는 당위성을 의미하는 '도'를 도구로 보고 이것이 보편적으로 인정된 것은 근대 이후의 일이지만 실제로 이 견해가 아주 오래전부터 존재했다는 점이다. 공공 영역에서의 법칙이 도구라는 것을 가장 먼저 지적한 사람은 노자였다. 노자는 "통나무가 잘리거나 깎여 그릇이 생겨난다"고[4] 했고, "처음 천하를 다스리게 되자 이름이 생겨났고 이름이 생겨난 이상 멈출 줄 알아야 한다. 멈출 줄 알면 위태롭지 않게 된다."고[5] 했다. 왕필은 앞 구절에 대해 "질박함은 참(眞)을 말한다. 참이 흩어지자 여러 가지 행위와 다른 종류가 생겨났는데 이를테면 도구가 그런 것이다."라고 하고, 뒷 구절에 대해 "처음 천하를 다스렸다는 것은

---

3   여기서 말한 '이론적 대응'이란 이론적인 시각에서 말한 것이다. 사실 한 사조가 특정된 시대나 특정한 나라에 책임을 져야 하는 것은 아니고 인류와 역사에 대해 책임을 져야 할 것이다. 왕부지는 "한 성씨의 흥망은 사적인 것이다. 하지만 생민(生民)의 생사는 공적인 것이다."(『讀通鑑論』 권17)라고 했는데 적절한 지적이다.

4   『老子』 28장.

5   『老子』 32장.

질박함이 흩어지고 처음 관리체제를 확립하였던 때를 말한다. 관리체제를 확립하게 되자 명분을 세워서 높고 낮음을 정하지 않을 수 없었기 때문에 처음 천하를 다스리게 되자 이름이 생겨났다고 말한 것이다. 이렇게 되면 뾰족한 칼 끝에서 다투기 때문에 이름이 있게 되면 장차 그칠 줄을 알아야 한다고 한 것이다. 이름을 붙여서 사물을 부르게 된 것이 다스림을 잃어버린 시초이다. 그러므로 멈출 줄 알면 위태롭지 않게 된다."고[6] 주석을 달았다. 노자와 왕필이 말한 '기(器)'는 도구이다. 무엇이 도구인가? '처음으로 이름이 생겨났'던 그 '이름'이다. 왕필은 '이름'을 '높고 낮음을 정하는', '명분'이라고 해석했다. 하지만 선진 때의 사람들은 관습적으로 '형명법술(刑名法術)'이라고 했으므로 '이름'은 동시에 예법을 가리킬 때도 썼다. 노자와 왕필은 사람과 사람 사이의 분쟁을 해결하는 공공예법을 '도구'로 삼는 것은 '도'(말할 수 없는 '도')가 흩어진 이후 인위적으로 제정한 것이며, '도'는 외재적이며 궁극적인 기준이라고 했다. 도구가 '도'가 흩어진 이후에 나타났다면 도구에 '참'이라는 의미는 없을 것이다. 노자와 왕필은 후세에 '리'라고 했던 공공예법이 참이 아니라고 생각했는데 여기에서 '리'의 도구적 특징을 볼 수 있다. 아쉽게도 도가 학자들은 공공예법이 참이 아니어서 무시했지만 사회의 공공 생활을 위한 새로운 형태의 운용 규칙을 만들지는 못했다.

노자는 외재적인 궁극점을 설정하여 공공예법인 '리'에 참이 없다는 것을 보여주었고 이를 통해 도구적 특징이 있다는 점을 밝혔다. 그 뒤에 순황(荀況)과 한비(韓非)는 인간의 내재적 본성인 이욕을 인정함으로써 공공예

---

6   王弼, 樓宇烈 校釋,『王弼集校釋』상,『老子指略』, 中華書局, 1980, 82쪽.

법인 리와 선 사이에 필연성이 없다는 것을 드러냈고 이를 통해 조작할 수 있다는 점을 밝혔다. 순자는 이렇게 말했다.

> 사람은 나면서 욕구가 있으며 원하는데 할 수 없으면 구할 수밖에 없게 된다. 구할 때 기준과 한계가 없으면 다투지 않을 수 없다. 다투면 어지러워지고 어지러워지면 궁해진다. 선왕은 어지러움을 싫어하여 예의를 제정하여 경계를 만들었고 사람들의 욕구를 충족시키고 구하는 것을 공급해 주셨다. 바라는 대로 사물을 얻게 하셨고 사물도 욕망에 맞게 공급하여 이 둘이 서로 유지하고 성장하게 하였다. 이를 통해 예가 만들어졌다.[7]

순자는 "사람은 나면서 욕구가 있기" 때문에 인간의 본성이 악하다고 했다. 사람들은 모두 악한 본성이 있는 상태에서 사회의 공공 영역으로 들어가기 때문에 분쟁이 없을 수 없다. 예의는 분쟁을 막기 위해 생겨난 것이고 사회를 통제하는 도구이다. 예의를 만들어 바라는 대로 사물을 얻게 하고 사물도 욕망에 맞게 공급하여 이 둘이 서로 유지하고 성장하게 하면서 처음으로 선이 생겨났다. 이 선은 나중에 외부에서 인간의 본성에 부여한 것이므로 순자는 선을 작위(僞)라고 했던 것이다. 선은 공공예법으로 도출한 인성의 근거가 아닐 뿐만 아니라 공공예법의 일부이므로 조작할 수 있다는 정도의 의미였다.

한비는 순자의 설을 발전시켰다. 순자는 작위를 통해서나마 선을 구하기를 기대했고 유가의 '외왕(外王)' 추구를 남겨두었으나 한비에 와서는 이

---

7   『荀子』「禮論」.

송·명 신유학약론

런 성격은 완전히 사라져 버렸다. 한비는 이렇게 말했다.

> 천하를 다스릴 때는 반드시 인정에 따라야 한다. 인정에는 호불호가 있으므로 상벌을 사용할 수 있다. 상벌을 사용할 수 있으면 금령(禁令)을 세울 수 있으며, 그러면 다스리는 도구가 구비되게 된다.[8]

> 이익을 좋아하고 손해를 싫어하는 마음은 사람들이 모두 가지고 있다. (중략) 이익을 좋아하고 죄를 두려워하지 않는 사람은 없다. 백성을 이끄는 사람은 이러한 방식에서 벗어나지 않는다.[9]

> 현명한 군주가 신하를 인도하고 제어하는 방법은 두 개의 칼자루뿐이다. 두 개의 칼자루란 형(刑)과 덕(德)을 말한다. 무엇이 형과 덕인가? 살육이 형이고 포상이 덕이다. 신하는 형벌을 두려워하고 포상을 이익으로 여긴다. 그러므로 군주가 형과 덕을 사용하면 여러 신하들은 위세를 두려워하고 이로움을 따르게 될 것이다.[10]

한비는 "이익을 좋아하고 손해를 싫어하는 것"을 사람의 본성이라고 보았다. 공공예법은 신하와 백성을 제약하고 인도하는 도구로, 실제로는 일종의 칼자루이다. 이 '칼자루(柄)'라는 어휘는 공공예법의 조작성을 매우 정확하게 보여주고 있다. 한비는 인간의 본성에 근거하여 설정한 '칼자루'에 '형'과 '덕'이 있다고 보았는데 '덕'은 이익을 얻는 것이었다. 한비는 공

---

8 『韓非子』「八經」.

9 『韓非子』「難二」.

10 『韓非子』「二柄」.

공영역과 관련되는 '형'과 '법'도 수단으로 보았지만 '덕' 역시 이익을 도모하는 수단으로 보았다.

노자, 순자, 한비자 같은 선진 시기 사상가들은 공공예법을 수단으로 보았기 때문에 여기에 필연적이거나 당위적인 '리'의 의미를 부여하지 않았다. 그런 의미의 리를 만들지 못하는 한 '성(聖)'이라고 할 수 없고 그런 의미의 '리'가 근거가 되지 않는 한 '왕(王)'이라고 할 수 없기 때문에 노자와 한비도 '내성외왕(內聖外王)'을 논하지 않았다. 심지어 한비는 공공예법을 군주가 신하와 백성을 부리기 위한 개인적 수단으로 보았다. 그래서 이것이 조작하는 성격이 있다고 할 수는 있어도 근대적 의미를 가지지는 못했다.

한대 이후 동중서는 『역전』을 통해 우주생성론의 틀을 만들어 공공예법을 신성화했고 이어서 정이, 주희, 육구연, 왕수인이 필연적 '리' 혹은 그러해야 할 '리'의 본체적 의미를 확립하여 공공예법을 신성화했다. 뒤이어 주정론과 만명 사풍이 형성되자 '내성외왕'론이 신유학 전반을 장악했지만 이 주장을 타파하고 공공예법에 조작적 성격이 있다고 되돌리려는 사람들이 나왔으며 이를 통해 치용학으로 발전시키려고 했다. 송대의 진량(陳亮), 섭적(葉適), 명대 중기의 나흠순(羅欽順), 왕정상(王廷相)과 명대 말기의 동림당 수령 고반룡(高攀龍), 고헌성(顧憲成) 등이 대표적 인물들이다.

진량(陳亮, 1143~1194)은 자가 동보(同甫)인데 주희와 같은 시대에 살았던 사람이다. 의(義)와 리, 왕(王)과 패(覇)의 문제를 가지고 주희와 격렬한 논쟁을 벌이기도 했다. 진량은 이렇게 주장했다.

선비된 자가 문장과 인의에 대해 말하는 것을 부끄러워하면서도

송·명 신유학약론

"성(性)을 알려고 전심한다"고 하고, 관리된 자가 정사와 판결에 대해 말하는 것을 부끄러워하면서도 "도를 배워 남을 사랑한다"고 하면서 서로 속이고 천하의 실질을 모두 없앤다면 결국 만사에 간여할 수 없게 될 것이다.[11]

진량은 "성을 알려고 전심"하고 "도를 배워 남을 사랑한다"는 정이와 주희의 말이 공언이므로 '실질'과 '일'로 돌아가자고 했다. 진량이 말한 '실질'과 '일'에는 '문장과 인의', '정사와 판결문' 등 공리적으로 조작적인 성격의 일이 들어가는데 이것이 치용학이다. 진량은 또 이렇게 말했다.

도는 형기(形氣)의 밖을 벗어난 것이 아니라 늘 사물의 사이에서 행해지는 것이다.[12]

도가 천하에 있으니 어떤 사물인들 도가 아니겠는가! 천만 가지 길이 모두 일로 인해 법칙이 된다.[13]

도는 선재(先在)적거나 선험적이고 정해진 것이 아니라 경험과 사물 속에 있으며 사물 간의 관계 속에서 주어진다는 것이다. '왕도'로는 이렇게 말할 수 있다.

도에 어찌 다른 것이 있겠는가? 희로애락, 애증이 그 바름을 얻은

---

11   陳亮, 『陳亮集』권24, 「送吳允成運干序」.
12   陳亮, 『陳亮集』권29, 「勉强行道大有功」.
13   陳亮, 『陳亮集』권29, 「與應仲實」.

것일 뿐이다. 도를 행하는 것이 어찌 다른 일이겠는가? 희로애락과
사랑, 증오의 단서를 살피는 것일 뿐이다.[14]

정이와 주희에게 '도' 또는 '리'는 희노애락 등 사람의 정욕 추구 밖에
설정된, 사람의 정욕에 지배적 작용을 함으로써 인간의 선험적 본질을 구
성하는 것이었다. 진량은 인간의 정욕 중에서 '바름을 얻은 것'을 '도'라고
했는데 이 주장은 도의 선험성을 부정했을 뿐만 아니라 '도'를 경험과 사
공(事功)의 세계로 끌어내린 것이었다.

섭적(葉適, 1150~1223)은 자가 정칙(正則)인데 역시 주희와 동시대에 살았
던 사람이다. 그는 치용학을 주장했고 정이와 주희의 설을 비판했다.[15] 섭
적은 이렇게 말했다.

"옳은 일을 바르게 하되 이익을 구하지 않고 도를 밝히되 공을 따

---

14   陳亮, 『陳亮集』 권29, 「勉强行道大有功」 권29.

15   『송원학안(宋元學案)』 권54 「수심학안상(水心學案上)」에 따르면 전조망(全祖望)은 자신이 상
       고한 바를 이렇게 서술하였다. "건(乾), 순(淳) 시기(송효종(宋孝宗) 재위 기간인 1162~1189년)
       어르신들이 사망한 이후의 학술은 주희와 육구연 두 학파로 나눌 수 있다. 수심(水心, 섭적)
       은 그 사이에서 쟁론하여 세 학파가 정립하는 국면을 이루었다." 이로부터 섭적(수심)이
       대표하는 영가학파(永嘉學派)가 당시 매우 영향력이 있었다는 것을 알 수 있다. 황종희는
       이렇게 말했다. "영가학파의 학문은 실제 사건에 입각하여 생각하라고 가르쳤으며 실제
       를 중시하여 이야기를 하면 반드시 실행할 수 있었고 여러 가지 일을 다 잘 처리할 수 있
       었다. 눈을 감고 몽롱한 정신으로 스스로 도학에 의탁하는 자들은 고금 사물의 변화가 무
       엇인지를 알지 못한다."(『宋元學案』 권52, 「艮齋學案」.) 이는 영가학파의 전통이 사공을 중시
       하고 치용을 위주로 한다는 것을 말한 것이다. 전조망은 "영가학파의 공리적 학설은 수심
       에 이르러 완전히 사라졌다"라고 했다. 이는 섭가가 이미 영가학파의 원래의 주장을 변화
       시켰음을 말한 것이다. 전조망의 말이 완전히 정확한 것은 아니지만 본서에서 인용한 자
       료들로부터 볼 때 섭적은 그래도 상당히 사공을 중시한 편이다.

지지 않는다"는 말은 얼핏 보기에는 매우 좋은 것 같지만 자세히 보면 매우 엉성하다. 옛사람들은 남에게 이익을 주면서도 스스로 공을 자처하지 않았으므로 그 도의(道義)가 빛났다. 공리가 없다면 도의는 쓸모없는 헛된 말일 뿐이다.[16]

이는 '공리'를 '도의'의 기본 내용으로 보고 공리가 없는 도의를 '헛된' 말이라고 한 것이다. 섭적은 또 이렇게 말했다.

옛 시인들은 사물에 근거하여 뜻을 세우지 않은 사람이 없다. 사물이 있기 때문에 도가 존재하는 것이다. 도를 모르는 사람은 사물을 갖출 수가 없고 사물을 모르는 사람들은 도에 이를 수 없다. 도는 비록 크고 넓지만 리를 구비하고 사건을 충분히 갖추려면 최종적으로는 사물에 귀의해야 하며 흩어져서는 안 된다.[17]

옛날 성인(聖人)이 천하를 다스린 것은 지극한 경지였다. 그 도는 기수(器數, 예기禮器, 예수禮數에 대한 규정)에 있으며 그 변통은 사물에 있다. (중략) 일에서 효과를 보지 않은 사람은 말해도 합리적이지 않고, 기물을 상고한 적이 없는 사람은 도로 변화시킬 수 없으며, 의론만 높고 실제는 맞지 않는다면 더더욱 해서는 안 된다.[18]

섭적은 도는 변통할 수 있는 경험적 사물과 조작할 수 있는 '기수'에 있다고 주장했고 '도'가 경험을 초월한 존재이자 선재적이라는 점을 부정했다.

---

16   『宋元學案』 권54, 「水心學案上」.

17   『宋元學案』 권54, 「水心學案上」.

18   『總義』, 『葉適集』.

명대 중기에 왕수인과 동시대에 살았던 나흠순(羅欽順, 1465~1547)과 왕정상(王廷相, 1474~1544)이 진량과 섭적의 전통을 이어 정이, 주희, 육구연, 왕수인이 오래 동안 제압했던 원기본원론(元氣本源論)을 인정하고 치용론으로 승화시켰다. 나흠순은 이렇게 말했다.

> 부자께서 『역(易)』을 찬양한 뒤 처음으로 궁리(窮理)를 말했다. 리는 대체 무엇인가? 천지를 통하게 하고 고금을 연결시키는 것은 기일 뿐이다. 기는 본래 하나이다. 한번 움직였다가 한번 고요해지고 한번 갔다가 한번 오며 한번 닫았다가 한번 올라가고 한번 올라갔다가 한 번 내려와서 끊임없이 순환함으로써 은미한 것이 모여 드러나고 드러난 것이 다시 은미해지며 사계절의 온도 변화와 만물의 생장과 수확, 사람의 일용과 윤리, 인사(人事)의 성패와 득실 등이 천만 갈래로 복잡하고 뒤엉겨도 끝내는 어지러워지지 않으며 그것이 왜 그런지도 모르고 그렇게 되는, 그것이 바로 리이다. 처음부터 따로 리가 있어 기에 의지하여 확립되고 기에 붙어서 행해지는 것이 아니다. 혹자는 "역에는 태극이 있다"라는 말에 근거하여 음양의 변화를 의심하는데 마치 한 물체가 그 가운데서 주재하고 있는 것 같지만 그렇지 않다. 『역』이란 양의(兩儀), 사상(四象), 팔괘(八卦)를 아우르는 총칭이며 태극은 모든 리를 아우르는 총칭이다.[19]

나흠순은 '기'를 궁극적 본원이라고 한 뒤 '기'의 움직임과 고요함, 오고 감, 열리고 닫힘, 오르고 내림을 만들어내는 원천으로 '리'를 말했다. 따라서 '리'는 궁극적 의미를 상실하게 되었다. 왕정상은 이렇게 말했다.

---

19 『困知記』 권상.

송·명 신유학약론

노자와 장자는 도가 천지에서 생긴다고 했다. 송대 유가들은 천지에 처음엔 '리'가 있었다고 했는데 이것은 『역』을 바꿔서 주장을 전개한 것이니 노자 및 장자와 무엇이 다른가? 나는 천지가 생겨나기 전에는 원기(元氣)가 있었을 뿐이며 원기가 생겨나자 사람과 사물을 변화시키는 도리가 여기에서 생겨나게 되었으므로 원기 위에는 물도, 도도, 리도 없다고 생각한다.[20]

또 이렇게 말했다.

원기라는 것은 천지 만물을 아우르는 것이다. 원기가 있으면 생겨나는 것이 있고 생겨나는 것이 있으면 도가 드러난다. 따라서 기는 도의 체이고 도는 기가 구비된 것이다.[21]

기는 사물의 근원이고 리는 기(氣)가 구비된 것이며, 기(器)는 기가 이루어진 것이다.[22]

왕정상은 '기'를 본원으로 보고 '기'의 생성과 변화 규칙이 있는 지점에서 '리'를 논하면서 '도'라고 했다. '리'와 '도'는 여기에서도 궁극적인 의미가 없다.

나흠순과 왕정상은 궁극적 근원으로서 '기'의 권위를 확립했는데 '형이상학'을 확립하는 측면에서 이들은 정이 및 주희와 차이점이 있었다. 주희

---

20 『雅述』상.

21 『愼言』「五行篇」.

22 『愼言』「五行篇」.

는 "리는 만물을 낳는 근본이고 기는 만물을 낳는 도구"라고 했다. 주희는 '리'가 선재적이고 규정성이 있는, 불변의 본체라고 여겼다. 반면 '기'는 정해진 성격도, 정해진 형태도 없는 잡다하고 흩어진 재료이며, '리'의 작용을 거쳐 사물과 도구를 이룰 수 있지만 이런 개별적인 기물(器物)들이 흩어져도 '리'는 영원히 흩어지지 않는다. '리'는 늘 개별적인 기물을 통해 나타나고 사람들은 언제나 특정한 상황에 처해 있기 때문에 개별적이고 특수한 사물과 존재의 형태에서 '리'를 인지하게 된다. 그래서 주희는 경험적 지식의 중요성을 강조하고 공부론에서는 '지(知)'를 중심에 두었다. 그런데 '리'가 선재적이고 고정불변한 것이라면 그것은 경험지식의 범주에 들어가지 않으므로 궁극적으로는 경험지식을 초월해야 '리'를 체득하여 증명할 수 있다. 이 점에서 정이와 주희의 주지론(主知論)과 육구연과 왕수인의 주지론(主志論)이 상통한다.

그런데 나흠순과 왕정상의 주장은 주희와는 완전히 반대되는 것이었다. 나흠순과 왕정상은 '리'가 '기'와 '사물'보다 선재하고 기와 사물을 규정하는 성격이 있다는 것을 부정했다. 이들은 '기'가 '물'의 움직임과 고요함, 열고 닫음, 모이고 흩어지게 하는 과정에서 '리'를 구했는데 이 때 '리'는 경험적이고 구체적이며 심지어 조작 가능한 것이기도 했다. 왕정상은 '기(器)'를 '물'이라고 했고 '도구'를 '리'라고 했는데 이것은 '리'의 경험성과 구체성, 조작 가능성을 특징으로 삼은 것이었다. 이 지점에서 '리'의 선험성이 사라진 것이다.

유의해야 할 것은 이 점은 나흠순과 왕정상이 정이, 주희, 육구연, 왕수인과 차이를 보이는 부분일 뿐만 아니라 주돈이 및 장재와도 차이를 보이는 부분이라는 것이다. 주돈이와 장재도 우주본원론을 주장했고 심지어

'기'를 본원으로 여겼다. 하지만 나흠순과 왕정상이 우주를 바라보는 목적은 지식 추구였던 반면, 주돈이와 장재의 태도는 시적인 것이었다. 주돈이와 장재는 본원이 물을 낳는 '리'에 그다지 주목하지 않았고 물을 낳는 덕을 특히 중시했던 것 같다. 물을 낳는 '리'에 주목하면 처음에는 지식론을 이루고 그 다음에는 규범적 도덕을 인정하게 된다. 물을 낳는 '덕'에 주목하게 되면 곧바로 가치론을 이루며 신앙적 도덕을 숭상하게 된다. 주돈이와 장재는 본원이 물을 쉬지 않고 낳는 것을 공경함으로써 '성'과 '인'을 체인하였고 그들이 이룬 것은 신앙으로서의 도덕적 가치였다. 이 도덕적 가치는 경험적 지식이 아니라 신앙을 통해 만들어졌다. 그래서 이들은 경험적 지식을 배척했던 것이다. 장재는 "견문을 통한 지식은 사물을 접하면서 알게 된 것이므로 덕성으로 안 것이 아니다. 덕성으로 안 것은 견문에서 생기지 않는다."고 했는데 이런 의미였다.

이와는 달리 나흠순과 왕정상은 본원이 물을 낳는 '리'에 주목했고 그럼으로써 필연적으로 '리'를 구체화하고 조작할 수 있는 것으로 만들어 지식론으로 나아갔다. 왕정상은 이렇게 말했다.

근세의 학자들은 두 가지 폐단이 있다. 하나는 구체적이지 않은 강설(講說)을 하는 것이고, 다른 하나는 허정(虛靜)으로 마음을 지키는 데 힘쓰는 것이다. 이것은 실천이 아닌 곳에서 힘을 쏟는 것이며 인간사 밖에서 체험하는 것이다. 실제 사건을 만나면 헛된 강설만 하는 자들은 적절한 조치를 하지 못한다. 일이 끝없이 변화하는데 그것을 다 강론할 수 없기 때문이다. 헛되이 마음만 지키는 자들은 오묘하게 용을 실현하지 못한다. 실체가 없이 허무하여 일의 기미를 잘 알 수 없

기 때문이다.[23]

왕정상이 "실천이 아닌 곳에서 힘을 쏟는 것이며 인간사 밖에서 체험하는 것이다."라고 한 것은 경험 세계에 상응하는 '사공'을 학문의 핵심에 둔 것이다. '적절한 조치', '오묘하게 용을 실현한다'는 것은 변화하는 개별 사물이 따르는 '리'에 상응하는 것도 구체적이며 조작 가능하며 변화할 수 있는 것이어야 한다는 뜻이다. 왕정상은 이렇게 말했다.

> 사물의 이치는 보이지도, 들리지도 않으므로, 성인(聖人)과 철인(哲人)도 탐색해서 알 수 없다. 어린 아이를 어두운 방에 가둬 놓고 외물을 접하지 못하게 한 채 성장한 뒤 밖으로 내보내면 일상의 물건들도 분별하지 못할 것이다.[24]

왕정상은 경험적 지식이 사물의 이치를 파악하는 데 중요하다는 점을 인정했다. 왕정상은 또 이렇게 말했다.

> 세상의 유자들은 이렇게 말한다. "생각과 견문이 앎이 되지만 지극한 앎으로는 부족하며 이와 별개로 덕성으로 인한 앎은 무지(無知)이자 큰 지식(大知)이다." 아아, 이것은 선(禪)이로구나! 매우 사려깊지 못한 것이다. 생각과 견문이 반드시 내 마음의 정신에서 나오며 이것은 안과 밖으로 서로 필요한 자연적인 것임을 알지 못하는 것이다. 덕성으로 인한 앎은 어두운 방에 갇힌 아이 같아진다. 선학(禪學)은

23　『王氏家藏集』 권27, 『王廷相集』, 「與薛君采」 2.

24　『雅述』 상.

늘 이렇게 사람을 미혹시켰다.[25]

　근세의 유자들은 고담준론을 좋아하여 덕성으로 인한 지식이 지극한 앎이라고 생각하고 널리 배우고 물어보며 생각하고 변론해서 아는 지식을 부족하게 여긴다. 성인이 날 때부터 알기는 하지만 그것은 성이 선하고(性善) 도에 가까움(近道)이라는 두 가지 뿐이며 이를 통해 익히고 깨닫고 실수하고 의문을 가지면서 아는 지식은 다른 사람과 같다는 것을 모른다. 더구나 예악과 명물, 고금의 사건의 변화 등은 반드시 배운 이후에야 알 수 있는 것이다.[26]

왕정상은 견문으로 알게 된 지식을 배척하고 별도로 덕성으로 알게 된 지식을 만드는 것에 동의하지 않았다. 왕정상은 예악과 명물, 고금의 사건의 변화 같은 것들은 군신과 부자, 부부, 장유, 붕유의 절도를[27] 포함하여 이것으로 익히고 깨닫고 실수하고 의문을 가지면서 알아야 한다고 생각했다. 이 주장은 인륜과 물리 일체를 지식론으로 수렴한 것이다. 그런데 지식론의 범주에서 모든 '리'는 도구적 성격을 가지고 '용'에 속했다.

　명말 청초에 치용학은 한층 더 발전하여 매우 큰 철학 사조를 형성했다. 이 사조의 대표인물이 청대 초기의 황종희(黃宗羲)와 왕부지(王夫之)였다. 이 사조가 흥기하게 된 요인에는 명말 동림당(東林党)과 관련이 있다.

　첸무(錢穆, 전목)는 이렇게 말했다.

25　『雅術』상.

26　『雅術』상.

27　「石龍書院學辯」.

동림학파는 왕수인에게서 기원한 것이다. 경양(涇陽)의 스승 설방산(薛方山) 역시 남중(南中)의 왕수인학파[28]이다. 동림당의 강학은 왕수인 후대의 폐단을 바로잡으려고 하다가 오히려 왕수인의 설에서 주희의 설로 회귀하는 경향을 보이게 되었다.[29]

'경양'은 동림학파의 창시자 고헌성(顧憲成, 1550~1621)의 호이다. 설방산은 설응기(薛應旂)로, 왕수인의 제자 구양덕(歐陽德)에게 배운 적이 있고 남중의 왕수인 학파 중에서 주요 학자였다. '왕수인 후대의 폐단'이라는 것은 주정론을 말하는데, 이 학파는 현재와 감성, 개인을 중시했다. 그래서 감성적 개인 이외의 세계를 중시하지 않아서 사회의 공공예법에 무익했는데 이것이 그 폐단 중 하나였다. 수많은 동림당인들이 왕수인 학파 출신이었지만 이러한 폐단을 바로잡기 위해서는 왕수인의 설에서 주희의 설로 회귀하는 수밖에 없었다는 첸무의 지적은 맞다고 볼 수 있다. 동림당의 또 다른 수령인 고반룡(高攀龍, 1562~1626)의 발언도 방증 자료가 된다.

이 '지(知)'라는 글자는 학술의 규모와 방향성을 좌우한다. (중략) 고금의 학술이 여기에서 분기해서 두 갈래로 나뉘었다. 하나는 인륜과 여러 사물, 실질 지식, 실천으로 가는 방향이고, 다른 하나는 영명(靈明), 지각(知覺), 묵식(黙識), 묵성(黙成)으로 가는 방향이다. 이 두 방향의 분기는 공자에 대한 맹자의 태도에서 미세한 조짐이 보였고, 주희에

---

28   [역자 주] 황종희는 『明儒學案』에서 왕수인을 '姚江學案'으로 분류하고 그 이후의 왕학 학파를 '浙中王門', '江右王門', '南中王門', '楚中王門', '北方王門', '粵閩王門' 등으로 분류하였다. 남중은 지금의 雲南省, 貴州省 및 四川城 서남부를 가리킨다.

29   錢穆, 『中國近三百年學術史』상, 中華書局 1984, 14쪽.

대한 육구연의 태도에서 마침내 차이를 갖게 되었다. 명대의 설선(薛瑄)과 왕수인에서 달라진 두 가지 경향을 볼 수 있다. 천하의 학문은 백 년 전에는 전자에 치우쳤다가 백 년 뒤에는 후자에 치우쳤는데 둘 다 후세에 전해진 뒤에는 각자 폐단이 생겨났다. 어쨌든 실체가 있는 문제는 치료하기 쉽지만 실체가 없는 문제는 낫게 하기가 어렵다. 이제 실체가 없는 문제가 드러났으니 우리는 폐단을 살펴 실질적인 것으로 돌아가야 할 것이다.[30]

고반룡은 '지'에 대한 관점을 가지고 사상사를 둘로 분류했는데 이런 구도는 매우 안목이 있는 것이라고 할 수 있다. 고반룡이 말한 인륜, 여러 사물, 실질 지식, 실천으로 가는 방향은 '지'를 인정하는 지식론으로 가는 방향이고, 영명, 지각, 묵식, 묵성으로 가는 방향은 '지'를 배척하는 경지론으로 가는 방향이다. 지식론이 '실'을 추구한다면 경지론은 '허'로 되돌아갔다. 고반룡은 전자는 공자와 주자가, 후자는 맹자와 육구연, 왕수인이 추구하는 것이라고 생각했다. 고반룡 자신은 '실'로 돌아가자고 주장하는 입장이어서 주희를 더 인정했는데, '지'로 이 두 경향을 분류한 이상 고반룡에게 '실'은 경험적 지식 문제였던 것이다.

양명학이 경지로서의 '허'를 추구한 것은 그들이 본체가 '선도 없고 악도 없다'고 주장한 것에서 확인된다. 왕수인이 만년에 제시한 '사구교'에서는 "선도 없고 악도 없는 것이 마음의 체(體)이고, 선도 있고 악도 있는 것은 의(意)의 움직임이며, 선을 알고 악을 아는 것은 양지이고, 선을 행하고 악을 버리는 것은 격물이다"라고 했는데 이때 '마음'과 '의'는 선험적 본체

---

30   『高子遺書』 권4.

와 경험적 사물이라는 기준으로 구분되었다. 선과 악을 구분하는 것은 경험의 범주이며 이것을 초월하기 위해서는 마음으로 선악을 구분해서는 안 된다. 그러므로 왕수인은 선도 없고 악도 없는 것을 마음의 체라고 했던 것이다.[31] 동림당인들은 '실'과 경험적 지식을 중시했는데 이 점은 선도 없고 악도 없다는 설을 배척한 것에서도 볼 수 있다. 고헌성은 이렇게 말했다.

예로부터 성인은 선을 행하고 악을 버리라고 가르쳤을 뿐이다. 선을 행하는 것은 본래 가지고 있는 것을 한결같이 하는 것이며 악을 버리는 것은 본래 없던 것을 없애는 것이다. 본체가 이러하고 공부가 이러하니 하나로 이르게 할 뿐이다. 양명(왕수인)이 어찌 사람들에게 선을 행하고 악을 버리라고 가르치지 않았겠는가? 그런데 선도 없고 악도 없다고 하면서 다시 선을 행하고 악을 버리라고 했으니 배우는 자들은 앞에 한 말만 신경쓰고 뒤에 한 말은 소홀히 하게 되었다. (중략) 뒤에 한 말을 소홀히 하면 앞에 한 말을 지키려고 해도 그렇게 할 수 없다. 나홍선(羅洪先)은 "하루종일 본체만 이야기하고 공부는 말하지 않으며 공부에 손을 대기만 해도 그것을 외도(外道)라고 여기니 왕수인이 다시 태어나더라도 눈썹을 찌푸릴 것이다."라고 했다. 왕시괴(王時槐)는 "마음과 뜻으로 사물을 아는 것에는 선도 없고 악도 없는

---

31 『明儒學案』 권36 「泰州學案五·周汝登傳」에는 이렇게 기록되어 있다. "허경암(許敬庵)은 무선무악의 주장은 본받으면 안 된다고 하면서 「구체(九諦)」를 써서 반론을 제기하였다. 이에 선생은 「구해(九解)」를 써서 그 주장을 이렇게 설명하였다. 선도 없다고 하는데 악이 어떻게 용납될 수 있겠는가? 병이 없으면 병이라고 의심할 필요가 없다. 악이 없다면 선 역시 확립할 필요가 없는데 이는 머리 위에 더 머리를 올릴 수 없는 것과 마찬가지다. 본체에는 아무것도 덧붙일 수 없으며 만약 덧붙인다면 정체되어 변화하지 못하게 될 것이다." 이는 왕수인의 관점을 서술한 것이다. 즉 '마음'은 오직 선과 악의 구분을 초월해서 대해야만 본체적 의미를 구비하게 되어 '심체'라고 부를 수 있다는 것이다.

데 이것이 배우는 자에게 비어 있는 것을 보는 것을 실질적인 깨달음으로 여기게 했다. 이 말을 따르는 것은 반드시 사람을 죽이는 맹독을 먹는 것과 같다."고 했다. (중략) 또 사무(四無)설은 본체를 말한 것으로 왕수인은 뛰어난 사람에게 적용하는 방법이라고 했지만 식견이 있는 사람들은 이것을 맹독처럼 여겼다. 사유(四有)설은 공부론이 중심이다. 왕수인은 평균 이하의 사람들에게 적용되는 방법이라고 했는데 어리석은 사람들은 그것을 외도(外道)처럼 보았다. 왕수인이 다시 태어난다면 이 폐단을 보고 극도로 상심하고 분노하여 하루도 편안하게 지내지 못하게 될 것이다. 어찌 눈썹을 찌푸리는 정도겠는가?[32]

고헌성은 선을 행하는 것은 본래 가지고 있는 것을 한결같이 행한다고 하면서 신앙의 자리를 어느 정도는 남겨 두었다. 하지만 그가 더 관심을 가진 것은 세상에는 피할 수 없는 선악의 구분과 충돌이 있다는 것이었다. 그래서 그는 선도 없고 악도 없다는 주장을 실체 없는 견해라고 부정했고 예로부터 성인이 사람을 가르쳤던 방법은 선을 행하고 악을 버리는 실제 행위와 실제 효과였을 뿐이라고 결론지었다.[33]

선을 행하고 악을 버리는 것은 공부를 통해 실제로 효과가 생겨난다. 그래서 동림당인들은 배우는 자들이 본체가 옳은지보다 어떻게 공부할 것

---

32 『明儒學案』권58,「東林一」.

33 첸무는 동림당의 다른 중요한 인물인 전일본(錢一本)의 말을 인용했다. "무선무악설은 근세에 와서 고숙시(顧叔時), 고계시(顧季時), 풍중호(馮仲好)에 의해 명백하게 배척되었기 때문에 큰 해악으로 발전하지는 않았다." 또 말하기를 "무선무악에 관한 변론은 사실상 동림당의 강학의 요지임을 알 수 있다."라고 하였다. 錢穆,『中國近三百年學術史』상, 中華書局, 1984, 10쪽.

인가를 중시하는 것이 낫다고 주장했다. 고반룡은 이렇게 말했다.

> 본체가 명확하지 않음을 걱정하지 말고 공부가 깊지 못한 것을 걱정하라. 리가 한 곳에 합쳐지지 않는 것을 걱정하지 말고 각기 달라진 곳에서 차이가 있는 것을 걱정하라. 꼭 해야 하는 곳에서 철저하게 힘들어야 확실하게 알게 된다.[34]

'본체'와 '리일(理一)'은 초경험적인 것이다. 고반룡은 이런 측면이 아니라 개인의 특정한 환경과 특정한 상황에서 어떻게 공부를 해야 하는지를 중시했다. '본체'와 '리일'은 초경험적이기 때문에 시간과 무관한 반면, 공부는 특정한 환경과 상황에서 해야 하므로 시간에 따라 변화하는 점진적 과정을 중시한다. 고반룡은 공부를 어떻게 하느냐라는 경험 세계를 더 중시했던 것이다.[35] 고헌성과 고반룡은 공부에서 지식을 전제했으므로 이런 주장은 더욱 의심할 여지가 없다. 고헌성은 이렇게 말했다.

---

34 『明儒學案』권58, 「東林一」.

35 황종희는 『明儒學案』권59 「東林二」에서 전일본의 주장을 논할 때 이렇게 말했다. "선생의 학문은 왕광남(시괴時槐)에게서 얻은 것이 많다. 선생은 그 시기의 학자들이 본체를 논하기 좋아하는 것을 경계하기 위해 공부를 위주로 하였다. 곡식 종자 한 알은 누구나 다 가지고 있지만 그것이 발육하는 단계에까지 이르지 않으면 끝내 죽은 곡식일 뿐이다. 사람들은 누구나 재주가 있고 그 재주에는 훌륭하지 않음이 없지만 그 재능을 다 드러내야 본체를 볼 수 있으므로 전광석화(電光石火)처럼 일순간에 취득하는 것을 밑천으로 삼아서는 안 된다. 이 말은 배우는 자들의 병폐를 정확하게 찔렀다." 이 말에 따르면 전일본 역시 성덕(成德)의 결정적 요소는 공부와 그 과정에 있다고 생각했음을 알 수 있다. 본체를 '선'하다고 미리 설정하는 것을 별로 큰 의미가 없다고 여기고 공부와 과정을 중시하는 것은 바로 깨달음(證悟)의 현시성과 현재성을 부정하기 위한 것이다.

양지는 생각하지 않아도 알고 배우지 않아도 가능하며 원래 있기 때문에 털끝 하나만큼이라도 힘을 사용할 필요가 없다는 이런 헛된 소리가 어찌 사람을 망치지 않겠는가? 이것이 천하의 재앙이 된 지 오래 되었다.[36]

성인은 생각하지 않고도 알지만 천하를 다스릴 때 생각하지 않고 가능했던 적이 없다. 성인은 노력하지 않아도 중정(中正)의 도에 맞지만 천하를 다스릴 때 노력하지 않고도 중정의 도에 맞은 적이 없다. 그러므로 옳고 그름을 가려서 지키라고 하고 널리 배우고 자세히 묻고 신중히 생각하고 밝게 분별하며 독실히 실행하라고 하였으며 남들이 한 번 하면 자신은 백 번 하고, 남들이 열 번 하면 자신은 천 번 하라고 한 것이다. (중략) 그러므로 자고 먹는 것을 잊을 정도로 발분하고 옛것을 좋아하고 민첩하게 구한다고 하였으며 공자보다 배우는 것을 좋아하는 사람이 없다고 한 것이다. 지금 입만 열면 생각하지 않고 노력하지 않는다고 하는데 말로만 하는 것은 얼마나 쉬운가.[37]

고헌성은 양지가 이미 구비된 것이라는 왕수인의 주장을 비판하고 널리 배우고 자세히 묻고 신중하게 생각하고 밝게 분변하라는 『대학』의 구절이 긍정한 지식론의 방향으로 나아갔다. 고반룡은 이렇게 말했다.

성인의 학문이 불교와 다른 것은 격물을 통해 치지에 이르기 때문이다. 유가의 학문이 매번 선(禪)으로 빠지게 되는 것은 격물을 통해

---

36   『小心齋札記』 권11.

37   『小心齋札記』 권2.

치지를 하지 않기 때문이다. 격물을 통해 치지를 하지 않는 자들은 스스로 진짜 앎이라고 생각하지만 이것이 물의 법칙이 아니라는 것은 모른다. 그래서 마음이 규범을 넘어서며 정사를 해칠 마음이 생겨나서 지선(至善)에서 멀어지게 된다.[38]

두 선생(육구연, 왕수인)의 학문은 모두 치지에서 시작하고 성인은 반드시 격물에서 시작해야 한다고 하셨다. 치지를 격물에서 얻지 않으면 허령(虛靈)한 깨달음(知覺)이 비록 오묘하기는 하지만 큰 이치의 정미함을 살필 수 없다.[39]

고반룡은 왕수인의 '치양지(致良知)'설을 비판하면서 "치지는 격물에 있다"는 『대학』의 주장을 다시 전개했다. 고반룡은 격물을 통해 치지를 해야 치국평천하로 귀결되며 그런 다음에야 비로소 유용한 학문이 될 수 있다고 주장했다.[40]

동림당인들도 경험적 지식 측면에서 치용학을 주장했다. 하지만 이 논리를 가장 높은 수준으로 끌어올린 사람이 청대 초기의 명 유민 학자였다.

---

38 『高子遺書』 권9.

39 『東林書院志』 권6, 「東林論學語下」.

40 『東林書院志』 권5, 「東林論學語上」. 하지만 고반룡의 관점은 일관성이 결여된 부분이 있다. 그는 왕수인의 '치양지'설을 비판하고 "치지는 격물에 있다"고 주장하였지만 또 "사람의 마음이 밝아지면 그것이 바로 천리이다"라는 말에 동의했다. 그러므로 황종희는 이렇게 말했던 것이다. "선생은 격물을 하지 않고도 치지에 이를 수 있는 경우가 있다고 했는데 그렇다면 그 이르려고 하는 깨달음은 대체 무엇인가? 외부의 사물의 리를 궁구하는 것을 격물이라고 한다면 왕수인의 치지는 격물에 있지 않다(그렇지 않다)고 할 수 있다. 만약 선생이 말하는 대로 '사람의 마음이 밝아지는 것이 바로 천리'라면 왕수인의 치지는 바로 격(바르게 하는 것)물임에 틀림없다. 선생의 격물은 본래 문제될 것이 없었지만 왕수인과 다르게 하려고 했기 때문에 오히려 모순되는 곳이 많아졌다." 『明儒學案』 권58, 「東林一」.

그 중에서 왕부지(王夫之)는 지식론을 최대한 전개하여 치용학에 이론적 근거를 충분히 제공하는 공헌을 했고, 황종희는 사회공공예법을 도구화했다는 측면에서 후대에 큰 영향을 미쳤다.[41]

왕부지(王夫之):
현실의 관계로 말한 '리', 지성적 마음의 재인정

왕부지는 명청 교체기, 나아가서는 고대의 모든 지식론을 모두 긍정하고 발전시켰다. 왕부지는 지식론의 확립을 위해 몇 가지 기본 전제를 세웠다. 그중 하나가 우리가 사는 세계가 실제로 존재한다는 것이었다. 왕부지는 이렇게 말했다.

성(誠)은 실제로 있는 것이다. 이전에 시작하는 것이 있다면 나중에 끝나는 것이 있다. 실제로 있다는 것은 천하가 공유해서 눈으로 같이 보고 귀로 같이 듣는 것이 있다는 것이다.[42]

천하의 용(用)은 모두 있는 것이다. 용을 통해 체가 있다는 것을 알수 있으니 어찌 의심하겠는가? 용의 존재를 효과로 보고 체의 존재

---

41 펑여우란은 이렇게 말했다. "역사가들은 줄곧 명말 청초에 '세 명의 대유학자', 즉 고염무, 왕부지와 황종희가 있었다고 주장했다. 이 세 사람은 물론 중국문화의 대인물이기는 하지만 그들의 공헌은 같지 않다. 고염무는 기본적으로 학자이며 철학자가 아니므로 그의 공헌은 다른 데 있다. 왕부지의 공헌은 옛 시대에 대한 총화에 있다. 황종희의 공헌은 새 시대의 선구자였다는 점이다." 馮友蘭(b), 앞의 책, 298쪽.

42 『尙書引義』 권3, 「說命上」.

를 성정으로 보는데, 체와 용은 구비되면 실(實)이 필요하다. 그러므로 천하를 채운 모든 것이 따르는 도가 있는 것이다. 따라서 "성(誠)은 물의 시작과 끝이며 성이 없으면 물도 없다"라고 하는 것이다.[43]

기댈 수 있는 것은 존재하기 때문이고 언제나 항상할 수 있는 것은 생성하기 때문이니, 모두가 무망(無妄)하므로 허망하다고 말할 수 없다. (중략) 이미 사람이 된 이상 위로 올라가는 개미도 아니니 땅에 기대 살아야 하고, 굴을 파고 사는 지렁이가 아니니 공기가 있는 곳에 살아야 한다. 온기가 없어도 되는 촉산(蜀山)의 설저(雪蛆)가 아니니 불에 의지해 살아야 하고 마실 물이 필요 없는 화산(火山)의 쥐가 아니니 물가에 살아야 한다. 곡식으로 굶주림을 달래고 마실 것으로 갈증을 해소해야 하는데 이런 것 없이도 굶주리지 않고 목마르지 않다면 사람이 아니다. 곡식은 땅에 의지해서 자라고 마실 것은 물에 의지해서 만들어지며 곡식은 심어야 자라고 물은 그릇이 있어야 떠마실 수 있다. 잡초를 곡식이라고 심으면 곡식이 나지 않고 흙덩이를 물로 보면 그 물은 떠마실 수 없다. 둘이 상보적인 역할을 해야 존재하는 것이고 둘이 그 역할을 하지 않으면 존재하지 않는다. 마치 곡식을 씨앗으로 삼아 심고 그릇으로 물을 뜨며, 단풍나무에는 버드나무 가지가 자라지 않고 곡식에는 대추 열매가 열리지 않는 것과 같은 것이다. 성공하면 물러나고 새로 생긴 것이 나오며 취하고 사용함에 잘못이 없어야 사물이 서로 의지하게 된다. 의지할 때 충분히 의지할 수 없어서 의심과 속임이 전혀 없는 것을 '차망(此妄)'이라고 한다. 그러나 저들이 말하는 참된 비어 있음(眞空)은 한 번 만들어지면 다시는 바뀌지않는형태를 가지고 있다. 어찌하여 영리한 것과 모자란 것, 예

---

43   『周易外傳』권2.

송·명 신유학약론

쁜 것과 추한 것을 취하지 않고 마치 찍어낸 글처럼 차이 없이 똑같게 하는 것인가. 그러므로 음양(陰陽)이 자리를 정한 뒤 한번 양이 안에서 움직여 정을 탐하지 못하게 하고 기미를 멈추지 못하게 하며 흙을 걷어내고 싹을 틔워서 찬연하게 모두 존재하게 하는 것이다.[44]

왕부지는 우리가 사는 세계의 객관적이고 진실한 점을 확실하게 긍정했다. 특히 왕부지가 긍정한 근거가 우리의 경험적 지식이라는 점이 의미가 있다. 눈으로 같이 보고 귀로 같이 듣는 것이나 용을 통해 체를 안다고 한 점, 기댈 수 있는 것이 존재하기 때문이라고 한 것은 모두 우리의 감각을 통해 인지하고 활용하는 범위에서 우리가 사는 세계가 진실한지 판단할 수 있다는 것이다. 왕부지는 확실히 경험적 지식을 통해 세계가 객관적이고 실재한다는 점을 인정했다. 경험적 지식을 바탕으로 했다는 점에서 왕부지는 지식론을 중시했다. 이런 맥락에서 왕부지는 '성(誠)'을 새롭게 해석했다. 주돈이와 장재가 '성'을 신앙적 도덕으로 보았지만 왕부지는 천지 만물이 실재한다고 주장함으로써 실존적 의미를 얻게 했다. 왕부지는 실존에서 지식론을 통해 성덕론을 구축하겠다는 포석이었던 것이다.

왕부지가 고대 지식론을 본격적으로 발전시킨 것은 경험적 지식과 다르면서도 이어진 두 개의 발전 단계, 곧 우리가 사는 세상을 '물'과 '리', '기(器)'와 '도'로 설정한 뒤 이 두 층위를 경험 세계의 개별과 일반, 특수와 보편이라는 관계로 드러낸 점에서 확인할 수 있다. 위에서 언급했듯이 왕부지는 여러 '물'이 존재가 진실이라고 생각했다.

---

44   『周易外傳』 권2.

물과 절연할 수 없는 것은 나에게 물이 있기 때문이며 물과의 절연을 용납할 수 없는 것은 물에 내가 있기 때문이다. 나에게 물이 있는데 물과 절연한다면 내적으로 스스로에게 박한 것이고, 물에 내가 있는데 자신과 절연하는 것은 외적으로 물에 해를 끼치는 것이다. 물과 나에게 해를 끼친다면 피해는 천하에 미친다. 더구나 물을 절연하려는 사람들은 그것을 완전히 끊지 못하고 잠을 자거나 밥을 먹을 때 언제나 물과 함께 하고 행동하거나 말할 때도 언제나 물에 근거하여 시작한다. 완전히 없앨 수 없는데도 절연하려고 하니 물이 나아가고 물러나면서 나를 힘들게 하고 나도 어긋나서 스스로 곤란해지니 이것은 해가 나로 인해 일어나서 다시 나에게 돌아온다는 뜻이다.[45]

도가와 불교에는 자신과 절연하고 물과 절연한다는 주장이 있다. 이 두 사상에서 경험적 세계의 물과 자신, 곧 객체와 주제는 상대적인 관계에 놓여 있다. 또 이런 관계에서 물을 이루고 자신을 이룬다. 이 둘은 상대적 관계이므로 독립적이지 않다. 그러므로 물과 자신은 실체가 없고 환각이며 참이 아니다. 그래서 도가와 불교, 특히 불교에서는 경험적 세계와 경험할 수 있는 물, 자신이라는 존재가 참이 아니라고 생각해서 물과 자신과의 절연을 통해 참을 구하려고 한다. 왕부지의 입장은 이 둘과 전혀 다르다. 왕부지는 일상 생활에서 우리가 잠자고 먹는 것, 행동하고 말하는 것이 모두 물과 단절될 수 없는 상황에서 우리가 물이 존재하는 것이 진실이라는 것을 깨닫는다는 것이다. 반대로 말하면 우리는 일상 생활에서 자신의 행동으로 외물을 변화시킬 수 있을 때만 스스로가 진실하다고 생각할 수 있다.

---

45 『尙書引義』 권1, 「堯典」.

물과 내가 진실하므로 이 둘과 절연할 수 없다. 이렇게 왕부지는 경험적 지식을 통해 물이 실제로 있다는 것을 확인했던 것이다.

그런데 이보다 더 중요한 것은 왕부지가 '물'과 '리', '기(器)'와 '도'의 관계를 설명했다는 점이다. 물과 리의 관계에 대해 왕부지는 이렇게 말했다.

> 만물은 본연의 쓰임이 있으며 만사는 당연한 규칙이 있는데 이것이 '리'이다. 인간만이 반드시 알 수 있고 행할 수 있다. 인간이 알 수 없고 행할 수 없는 별도의 '리'가 있는 것이 아니다.[46]

> 일을 통해 리를 탐구할 수는 있지만 리에 입각해 일을 제한할 수는 없다. 그러므로 이단을 싫어하는 사람은 이것이 리로 삼을 수 없음을 싫어하는 것이 아니라 리를 얻었다고 여기에 입각해 천하에 일률적으로 적용하기 때문이다.[47]

만물이 본연의 쓰임이 있다고 할 때 쓰임은 만물의 고유한 속성과 효능이다. 만사에 당연한 규칙이 있다고 할 때 규칙은 같은 부류의 사물에 중복해서 나타나는 공공법칙이다. 왕부지가 이것을 '리'라고 한 까닭은 리가 공공의 것이기는 하지만 물을 떠나 단독으로 존재하고 외부에서 사물을 지배하는 독립적 실체가 아니라는 점을 강조하기 위해서였다. 왕부지는 '물'(일)과 '리'의 특징과 관계를 논하면서 경험적 지식론의 특수성과 보편성의 특징과 관계에서 자신이 견지한 기본적인 입장을 잘 보여주었다. 왕

---

46 『四書訓義』권8.
47 『續春秋左氏傳博議』권하.

부지는 '기(器)'와 '도'의 관계에서 이런 기본적인 입장을 더 발전시켰다. 왕부지는 이렇게 말했다.

천하는 기(器)일 뿐이다. 도는 기의 도이지만 기는 도의 기라고 할 수 없다. 도가 없다면 기가 있을 수 없다고 사람들은 말할 것이다. 하지만 기가 있다면 어찌 도가 없다고 걱정하겠는가? (중략) 사람들은 도에 가려져서 기를 이루지 못하기도 하는데 기를 이루지 못했다고 해서 기가 없는 것은 아니다. 기가 없으면 도도 없다고 하는 사람은 드물지만 사실상 맞는 말이다. 아주 옛날에는 읍하는 도가 없었고, 요순 시대에는 도탄에 빠진 백성을 위해 정벌한다는 도가 없었으며, 한, 당 시대에는 지금의 도가 없었다. 또 지금은 다른 시대의 도가 없는 경우가 많다. 활과 화살이 없다면 궁술(弓術)의 도가 없을 것이며 수레와 말이 없다면 짐승을 길들여서 타는 도가 없을 것이다. 제사에 사용하는 희생과 술, 옥돌과 폐물, 종경(鐘磬)과 관현(管絃)이 없다면 예악의 도가 없을 것이다. 자식이 없다면 부모의 도가 없을 것이고 동생이 없다면 형의 도가 없을 것이다. 도 중에는 있어도 되고 없어도 되는 경우도 많다. 그러므로 기가 없으면 그 도가 없다는 것은 맞는 말이다. 다만 사람들이 그것을 살피지 못했을 뿐이다.[48]

'기'는 쓸 수 있는 '물'이고,[49] '도'도 쓸 수 있는 '리'이다. 천하는 기(器)

---

48 『周易外傳』 권5.

49 왕부지는 『상서인의(尚書引義)』 권1 「요전(堯典)」에서 이렇게 말했다. "하늘의 바람, 우레, 비와 이슬 또한 사물이며 땅의 산과 언덕, 평원과 습지 역시 사물이다. 그러므로 음양과 부드러운 것, 강한 것이 모두 사물임을 알 수 있다. 날아다니고 물에서 헤엄치는 것, 동물과 식물 역시 사물이다. 백성의 삶을 넉넉하고 윤택하게 하는 것과 이롭거나 쓸모 있게 해주는 것도 사물이다. 백성의 부자, 형제 역시 사물이며 옛 성현의 유익한 말과 고상한 행

일 뿐이라는 것은 물이 우주에서 유일하게 실체가 있는 존재라는 뜻이다. 도가 기의 도라는 것은 '도' 또는 '리'가 '기' 또는 '물'을 조작하게 하는 공공규칙이지만 기나 물을 떠나면 작용하지 못한다는 것이다. 이것은 특수한 개체 안에 보편성이 들어있다는 의미이다.

왕부지는 '리'(도)를 같은 부류의 사물들이 가진 '공공법칙'과 '보편성'으로 보았는데 이 점은 그의 치용학을 정이와 주희의 리학과 구별되게 한다는 점에서 매우 중요하다. 정이와 주희의 주지론도 지식을 중시했고 지식을 공부의 전제와 기초로 삼았는데, 이들은 '리'와 기(氣)', '리'와 '물'을 엄격하게 구분했다. 이들에게 보편적인 '리'는 이미 존재하며 만들어진 것이었다. 독자적으로 존재하지 않는 '기'와 '물'에 이런 '리'가 관통함으로써 '기'와 '물'이 규정되어 자신의 '성'을 이룬다. 이렇게 보면 이 '성'은 실제로는 외부에서 '기'와 '물'을 규정하여 한정시킨 것이었는데, 왕부지가 '리'에 입각해 일을 제한할 수 없다고 한 말은 이것에 대한 것이었다. 정이와 주희의 리학은 '리'의 선재성과 이미 정해져 있다는 점을 강조하여 기본적으로 지식을 추구한다는 점을 보여주었다. 즉 인지는 보편성을 파악하고 보편성을 부여해야 한다. 다시 말하면 '리'는 개별적인 사물의 생성과 소멸에 좌우되지 않고 안정되고 확정적인 것이며 이럴 때 인지할 수 있고 인지하는 것이 의미를 가진다는 것이다.

그런데 정이와 주희의 리학은 지식 추구가 가진 또 다른 특징을 간과했다. 인지로 파악한 '보편성', 곧 '리'는 여러 물의 상위집단의 변화에 따라

동도 사물이다. 그러므로 그들의 인, 인, 예, 악도 역시 사물이다." 이는 모든 경험과 사실(事相)을 모두 '사물'에 포함시킨 것이다. '기'는 사용 가능한 경험 사실이므로 그 역시 '사물'이다.

유연하게 변화하고 변증적으로 처리해야 인지라는 도구는 조작할 수 있고 유효한 것이 된다. 정이와 주희도 주지론의 입장에서 개별 인간이 개별 상황에서 공공의 '리'를 파악하기 위해서는 개별에서 일반으로, 특수에서 보편으로 가는 격물과 치지 과정을 겪어야 한다고 생각했다. 그러나 그 체계에 이미 '리'가 선재하고 만들어져 있다고 설정했고 개인의 마음속에 '리'를 넣어 '성'을 만든다고 했기 때문에 '리'는 개인에게는 선험적인, 일종의 신앙이 되었다. 또 개인의 마음이 '리'가 있다고 했기 때문에 사실상 개인은 개별 현상에 대해 격물과 치지 과정 없이 곧바로 '리'를 체득할 수 있었다. 그런 이유로 정이와 주희는 학문은 '치지'에 있다고 하면서도 동시에 '경(敬)'을 통해 함양해야 한다고 주장했던 것이다. '경'이 미발이면서 선험적 본체의 '선'으로 인식되면 '경'에도 신앙의 의미가 들어가게 되었다. 정이와 주희는 공공의 '리'를 이렇게 규정했으므로 지식론을 끝까지 관철할 수 없었다. 이들과 달리 왕부지는 '리'가 선재하고 이미 만들어져 있다는 것을 부정하고 '리'는 경험적 사물 안에 있다고 하면서 "기(器)가 없으면 도가 없다"고 했다. 또 그는 세상에 공적으로 옳은 것이 있다고 하여 옳다고만 고집하는 것은 잘못이지만, 세상에 공적으로 틀린 것이 있을 때는 틀린 것을 일반화할 수는 있다고[50] 했다. 왕부지가 제시한 판단은 유연하고 변증적이므로 경험 세계의 변화를 따를 때 더 편하며 끊임없이 '리'에 새로운 의미를 넣어 조작할 수 있는 것으로 만들었다. 다시 말하면 왕부지는 '기' 밖에는 '도'가 없고 '일' 밖에는 '리'가 없으며 '개별성' 밖에는 '보편성'이 없다고 단언했는데, 그 때 핵심은 '도'와 '리' 같은 보편성이 '기', '일'과 같

---

50   『周易外傳』권7.

은 개별성처럼 경험 세계에 속한다는 것을 확인한 뒤 경험 세계를 두 가지 층위로 나눈 것이었다. 외재하는 세계에 대한 왕부지의 견해는 확실히 정이와 주희의 리학보다 지식론에 더 기여했다.

왕부지가 지식론을 발전시켰다고 볼 수 있는 세 번째 근거는 그가 경험 세계가 존재한다는 것이 진실하며 경험 세계에 포함된 두 층위의 경험적 성격에 판정을 한 다음에 경험론적 경향을 가진 인지 이론을 만들었다는 것이다. 이것은 이렇게 정리할 수 있다.

첫째, 왕부지는 경험 세계의 범위 내에서 인간은 인지할 수 있으며 경험적 대상이 진실한지 파악할 수 있다고 했다. 왕부지는 "이름은 하늘이 만든 것이 아니라 실제를 따른 것"이며 "말은 실제와 비슷하다"고 했는데 이 의미는 경험 세계 안에서 언어와 명칭으로 대상을 파악하는 것이 가능하고 유효하다는 것이었다. 왕부지는 「지성론(知性論)」에서 이렇게 말했다.

성(性)을 말하는 사람들은 "나는 성을 안다"고 하고 "성은 그렇지 않다"고 반박하면 "성이 왜 그렇지 않겠느냐?"고 한다. 그러니 그에게 제대로 "당신이 말하는 성은 성이 아니며, 나는 지금 성에 대해 묻는 것이 아니라 '안다'고 한 것을 묻는 것이다. 실제는 알지만 이름은 모르거나 이름은 알지만 실제를 모르는 것은 모두 모르는 것이다."라고 말해야 한다. (중략) 눈으로 보고 마주치면서 형상이 있는데도 이름을 붙이지 못한다면 '체'를 모르는 것은 아니지만 '용'을 제공할 수 없다. 이름을 붙이지 못하면 쓸 수가 없다. 견문으로 알면서 이름에는 반드시 실질이 있다고 해도 결국 그 실질을 알 수 없는 것이다. 이렇게 되면 이름으로 쓰려고 해도 '체'에 대해서는 모를 것이다. '용'이 있었다고 해도 체의 용과는 다른 것이니 진정한 '용'이 아니다. 이 두 가지는 차이가 있다. 실질을 알면서 이름을 모르는데 이름을 구하지 않는다면 사용한다고 해도 제대로 사용할 수 없다. 질문으로 살피고 배움으로 증명하고 생각으로 돌이켜 보아야 실질도 있고 결국 이름도 얻을 것이며 체가 정해지고 결국 용을 쓸 수 있을 것이다. (중략) 이름은 알지만 실질을 모르는데 안다고 생각하면 이름의 단계에 머무르게 되어 현상을 어렴풋이 추측하게 될 뿐이다. 그래서 질문을 할수록 의심하게 되고 공부할 수로 치우치고 생각할수록 매우 의혹을 가지게 될 것이다. 이것은 이름을 완전히 다른 체에 붙인 것이라 지엽적인 말만 날로 늘어나 본질과 점점 멀어지기 때문이다."[51]

송, 명 시대의 유자들은 '성(性)'에 대해 논의하는 것을 좋아했고 '성'이 '체(體)'라고 여기면서 '체'를 말함으로써 자신의 지혜를 과시했다. 왕부지는 성에 대해 묻는 것이 아니라 안다는 것을 묻는 것이라고 했는데, 이 말은 이들처럼 '성'의 '체'에 대한 공허한 말을 하는 것보다는 '지'의 '용'을 탐구하는 게 낫다는 뜻이었다. 관심의 대상이 경험 세계와 경험 지식이 된 것이다. 경험 세계에서 경험적 대상은 확실하게 정해져 있고 이것이 '실질(實)'이다. 경험적 지식 중 명사와 개념은 실질을 가리키는 것이며 이름과 실질이 부합한 것은 인지를 구성하는 기본 특징이나 기본 요건이다. 왕부지는 실질을 알지만 이름을 모르거나 이름을 알지만 실질을 모르는 것은 둘다 모르는 것이라고 했는데, 이 말의 뜻은 이름과 실질은 서로 부합하여 이를 통해 이름을 통해 쓰이게 하는 것이 유효하다는 것이다. 왕부지는 쓸수 있게 하는 인지가 유효하다는 점을 특히 강조했으며 실질을 알지만 이

51　『姜齋文集』 권1, 「知性論」.

름을 모를 때에는 생각을 통해 돌이켜 구할 수 있지만 이름을 알지만 실질
을 모르면서 안다고 여길 때에는 지엽적인 말만 늘어나 본질과 멀어지게
되어 이단으로 흐른다고 생각했다. 왕부지의 이런 경향은 경험론자의 인
지적 방향성을 보여주는 것이다.

왕부지는 또 '능(能)'과 '소(所)'에 대해 논의하면서 이렇게 말했다.

하나의 구역(畍)를 만들어 '소(所)'라고 하는 것은 들어본 적이 없으
니 불교에서 비롯된 것이다. 쓰임을 기다리는 경(境)을 '소'라고 하고
'경'에 사용되어 효과가 있는 것을 '능(能)'이라고 한다. '능'과 '소'의
구분은 원래 있었던 것이고 불교에서 각기 이름을 붙였는데 이것도
잘못은 아니다. 쓰임을 기다리는 것이 '소'이므로 반드시 실제로 본
체가 있어야 하며 쓰임을 기다리는 것에 쓰여서 효과가 나타나는 것
이 '능'이므로 반드시 실제로 쓸모가 있어야 한다. 체가 용을 기다리
면 '소'로 '능'을 발휘한다. 용이 체에 쓰이게 되면 '능'은 반드시 '소'
에 알맞게 된다. 체와 용이 모두 실질에 따르고 괴리되지 않기 때문
에 이름과 실질이 서로 부합하는 것이다.

'소'는 인륜과 물리에서 드러나며 '능'은 눈과 귀, 생활의 쓰임에서
취해진다. '소'는 안에 있지 않으므로 마음은 태허(太虛)처럼 감지하
는 것에 모두 응한다. '능'은 밖에 있지 않으므로 자신을 통해 인(仁)
을 이루며 자기에게 돌이켜 반드시 정성스럽게 된다. 군자는 이것을
자세하게 변별하기에 더 변별할 필요가 없다. 마음과 도가 원래 그러
하니 비록 원래 그러하므로 해와 달과 지혜로 환하게 비춘다고 해도

그렇지 않다고 속일 수는 없는 일이다.[52]

'경(境)'은 불교에서는 '심식(心識)' 또는 '정식(情識)'에서 변화하여 나온 경험 세계를 말한다.[53] 왕부지는 불교에서 '경'의 층위에서 '능'과 '소'를 논의하는 것에 동의했는데, '능'은 경험의 주체를, '소'는 경험의 대상을 가리킨다. 왕부지는 경험 세계 밖이나 위에 별도로 선험적인 '마음'이나 '식(識)'을 두고 이것을 경험 세계의 본원이자 주재라고 하는 것에 동의하지 않았는데 이것이 불교와 다른 점이었다. 왕부지는 차라리 경험의 층위에서 문제를 다루는 편을 택했다. 경험의 층위에서 그는 한편으로는 경험의 대상인 '소'가 경험의 주체인 '능'과 양분된다고 강조해서 '소'가 안에 있지 않다거나 '능'이 밖에 있지 않다고 했다. 그는 다른 한편으로 이 두 가지는 통일성을 가진다고 했다. "체가 용을 기다린다"는 것은 경험의 대상이 반드시 경험의 주체에 의해 드러난다는 뜻이고, "용이 체에 쓰이게 된다", "'능'은 반드시 '소'에 알맞게 된다."는 것은 경험적 지식이 경험의 대상과 부합하며 이럴 때 경험 지식은 진실하고 확실하다는 뜻이었다.

둘째, 왕부지는 경험 세계의 두 층위에 맞게 인간의 인지도 두 단계로 나눌 수 있으며 이 두 단계는 모두 유효하다고 보았다.

앎을 인지한다는 것(識知)은 오상(五常)의 성(性)이 천하와 서로 통하

---

52 『尙書引義』 권5, 「召誥無逸」.

53 『成唯識論』 권1에서는 "외부의 경(境)이 정을 따라 설정되므로 여식(如識)이 있는 것이 아니라면 내식(內識)은 반드시 인연을 따라 생기므로 무여경(無如境)이 아니다"라고 하였는데 이것이 바로 '정'에 의하여 '경'이 생겨난다는 것이며 '경'을 경험 세계로 보는 것이다.

여 작용하는 것이다. 사물을 안다는 것은 이름을 안다는 것이며 이름
을 안다는 것은 의미를 안다는 것이다. 사물과 접하지 않으면 마음에
이치를 갖추었다고 해도 이름을 말할 수 없으므로 일을 이룰 수 없
다.[54]

인간은 성(性)이 있는데 마음에 담고 있다가 사물을 감지한 뒤에
통하여 상(象)과 수(數)가 드러나고 이름이 만들어지고 의미가 생겨나
며 그것을 익힘으로써 마음으로 알게 된다. 형(形), 신(神), 물(物) 삼상
(三相)이 만나 지각(知覺)이 생겨난다.[55]

이것은 경험의 주체인 마음 또는 성과 경험의 대상이 만날 때 지식이
만들어진다는 것이다. 또 '인지'가 '격물'의 첫 단계의 공부이고 지식을 구
하는 최초이자 기본적인 단계라고 본 것이다. 왕부지는 방이지(方以智)에
대해 이렇게 논하였다.

밀옹(密翁, 방이지)은 아들과 질측지학(質測之學, 자연과학)을 했는데 성
실하게 배우고 사고까지 겸해서 실질적인 효과를 보려고 한 것이다.
격물은 사물에 나아가서 이치를 탐구하는 것으로 관측으로만 가능
하다. 소옹(邵雍)과 채원정(蔡元定) 같은 사람들은 하나의 리에 입각해
서 물을 탐구하려고 했는데 이것은 격물이 아니다.[56]

방이지는 리를 배울 때 '재리(宰理)', '물리(物理)', '지리(至理)' 세 가지로

---

54 『張子正蒙注』 권1, 「太和篇」.
55 『張子正蒙注』 권1, 「太和篇」.
56 『船山全書』 권12, 「搔首問」, 岳麓書社, 1992, 637쪽.

구분하고 '물리'를 구하는 것을 '질측지학'이라고 했다. 그는 "물에는 까닭이 있으므로 실제로 조사하여 탐구한다. 크게는 원회(元會)[57]에서 작게는 초목과 곤충에 이르기까지 성정에 따라 분류하고 호오(好惡)를 알아보며 규칙과 변화를 예측하는 것이 '질측'이다."라고 했다.[58] 왕부지는 '격물'을 통해 '궁리'에 이르는 방이지의 '질측지학'에 동의하면서 먼저 하나의 '리'를 설정한 다음 이 리를 통해 외부의 사물을 규정하려는 소옹과 채원정의 방법론에 반대하였다. 왕부지는 '격물'의 인지의 기본 방법으로 여겼고 격물을 통해 얻은 지식만 믿을 만한 것이라고 여겼던 것이다.

'치지'는 '격물'이라는 바탕에서 나온 또 하나의 인지 단계이다. 왕부지는 이렇게 말했다.

> 아는 방법에는 두 가지가 있는데 이 둘은 상보적 관계이며 각자의 원천이 있다. 상수(象數)에서 널리 취하고 고금에서 근거를 가지고 이 치를 다 구하려는 것을 '격물'이라고 한다. 빈 것(虛)을 통해 밝음을 만들고 생각을 통해 은미함을 탐구하는 것을 '치지'라고 한다. 치지 없이는 사물을 분별하기 어려워 완물상지(玩物喪志)로 흐른다. 격물이 아니면 아는 것을 사용할 수 없어서 함부로 지혜를 사용해 잘못된 길로 가게 된다. 이 둘이 서로 보완하면 각자 이르게 된다. 지금 잘못된 이단이 생겨난 것은 격물만 정통으로 받든 결과 평균 이하 사람들이

---

57 [역자 주] 북송 시기 학자 소옹(邵雍)이 만들어낸 기년(紀年) 단위이다. 그는 세상이 시작해서 소멸하기까지의 주기를 원(元)이라고 하고 원을 다시 12회(會)로 나누었다. 1회는 30운(運)이고 1운은 12세(世)이며 1세는 30년이다. 그러므로 1원은 햇수로 따지면 12만 7천 6백 년이 된다.

58 『物理小識』「自序」.

거기에 빠져들어 뜻을 잃어버리고 이단으로 그릇된 길에 빠져 잘못
되지 않을 수 없기 때문이다. 만약 치지를 받들어 덕에 들어가는 문
으로 삼아 앎에 이를 때 힘써 행하여 어려움을 스스로 깨닫아 정밀한
이치를 구하지 않게 되면 공허한 것에 기대 어렴풋하게 깨닫는 것만
추구하게 된다. 추구하는 것이 이단의 학문과 다르다고 해도 길이 어
긋나 잘 맞게 쓰일 수 없으므로 이단의 학문과 마찬가지인 것이다.[59]

왕부지의 '격물'은 외재하는 경험 대상과의 접촉으로 그것을 알아가려
는 것이다. 왕부지의 '치지'는 자신의 독자적인 판단을 만들고 이것에 근거
하여 리를 유추한다는 의미이다. 왕부지는 이 둘은 기능이 다르지만 상호
보완적이며 '치지'가 '격물'에 바탕을 두지 않으면 도가와 불교처럼 쓸모
없는 이단의 학문으로 흐르게 된다고 보았다. '격물'에서 발전하여 '치지'
에 이르지 않으면 '완물상지'로 흘러가는데, 왕부지가 말한 인지의 두 단
계는 그가 구분한 두 층위의 경험 세계와 기본적으로는 일치했다. '격물'은
'물'(일)이라는 개별적인 현상을 파악할 대상으로 삼기 때문에 외부에서 구
해야 한다. '치지'는 '리'라는 보편성을 파악할 대상으로 삼기 때문에 마음
이 좌우한다.[60] 이 두 단계는 모두 경험적 지식의 범주에 속해 있다. 왕부지

---

59 『尚書引義』 권3, 「說命中二」.

60 왕부지는 『독사서대전설(讀四書大全說)』 권 상 「대학(大學)·성경(聖經)」에서 이렇게 말했다.
"격물의 공은 심관(心官)과 이목(耳目)을 모두 사용하고 학문을 위주로, 사변(思辨)을 보조
로 해야 하며 생각하고 변별하는 것이 모두 학문이 된다. 치지의 공로는 오로지 심관에 있
으며 사변을 위주로, 학문을 보조로 하여야 그 학문이 사변의 의문을 해결할 수 있다. '치
지는 격물에 있다'는 것은 이목이 마음의 용도가 되게 하여 따르는 바가 있게 하는 것이지
이목이 마음을 조종할 수 있는 권한을 잡게 하여 마음을 폐하게 하려는 것이 아니다." 이
말의 의미도 대체적으로 위의 내용과 같다.

는 이 두 단계가 앎을 추구함으로써 쓰이도록 한다는 점에서는 둘다 유효하다고 생각했다.

셋째, 왕부지는 경험 세계가 진실하며 인간이 경험 세계가 진실한 것을 인식할 수 있다고 생각했다. 인간의 경험적 지식은 유효하며 '지'와 '행'이 서로를 바탕으로 쓰이게 한다는 논의에서 이 점을 볼 수 있다. 왕부지는 이렇게 말했다.

> 지와 행의 차이는 대체적으로 의리를 강구하는 것이 지이고 사물에 나아가서 행동하는 것이 행이다. 의리를 강구하면서 강구하는 일에도 힘을 쓰면 여기에 '행'이 생겨난다. 사물에 나아갈 때 자세하게 생각하는 노력을 계속한다면 여기에 '지'도 있게 된다.
> '응(凝)'은 도가 마음에 있는 것이다. 행은 도를 사물에 두는 것이다. 마음에 있게 된 뒤에 사물에 두게 되므로 행은 '응'의 다음에 있다.[61]

왕부지는 '지'와 '행'을 새롭게 정의했다. 의리를 강구하는 것을 "도가 마음에 있는 것"으로 본 것은 이것이 주관적이고 내재적인 심리 활동이기 때문이다. 사물에 나아가서 행동하는 것을 '도를 사물에 두는 것'으로 본 것도 도에 의거한 주관이 외재하는 사물에 나타나 사물을 변화시키거나 어떤 효과를 일으키는 활동이기 때문이다. 왕부지의 이런 재정의는 경험적 지식론의 기본 특징을 잘 보여주는 것으로, 주관과 객관을 구분하고 경험적 지식으로 객관적인 외부 세계를 파악한 것이 믿을 수 있다는 점을 강

---

61 『讀四書大全記』 권3, 『中庸』, 「第二十七章」.

조했다. 그리고 이런 바탕에서 '행'으로 외부 세계를 인간의 주관적인 필요에 따라 바꿀 수 있고 객관적인 외부 세계가 실제로 존재하고 인간의 지성으로 객관적 외부 세계를 확실하게 파악할 수 있다고 강조했다.

왕부지가 '지'와 '행'의 개념을 이렇게 해석한 것을 보면 정이 및 주희와의 차이점도, 또 왕수인과의 차이점도 잘 알 수 있다. 왕부지는 이렇게 말했다.

> '지'는 '행'으로 효과가 나타나지만 '행'은 '지'로 효과가 나타나지 않는다. 행하면 알 수 있지만 안다고 해서 행위의 효과를 거두지는 못한다. 격물과 궁리의 학문을 하려고 하면 반드시 끊임없이 힘쓰고 정밀하게 고르고 상세하게 말해야 하는데, 이것은 앎이 행위를 통해 효과가 나오기 때문이다. 군주와 백성, 부모와 친구에게 희로애락의 감정을 행하게 될 때 잘 되면 믿음을 얻고 못 하면 의심을 사며 도는 더욱 밝아지니 행동으로 지식의 효과를 볼 수 있기 때문이다. 노력하여 행하면서도 잘된다고 기뻐하지 않고 못된다고 근심하지 않으며, 뜻(志)이 한결같이 기를 움직여서 살피고 걱정함이 없게 된 뒤에야 덕에 근거하는 것은 행한다고 지식의 효과가 드러나는 것이 아니기 때문이다. 마음 깊이 생각하고 물을 관찰하여 분별해도 적절한 때가 이르지 않아 이치가 부합하지 않고 정을 느끼지 못하고 힘이 충분하지 못하다면 훗날을 기다려 실천해야 효과가 나니 이것은 앎이 행위에서 효과가 나오지 않는다는 것이다. 행동에는 앎도 함께 할 수 있지만 앎에 행동이 함께 있지는 않다. 아래에서 배우고 위로 통달하는 것이니 어찌 통달한 뒤에 배우기 시작하겠는가? 군자의 학문은 반드시 행동과 함께하는 앎이어야 한다. 행동이 함께 하지 않는 앎은 낮게는 훈고의 말류가 되니 완물에 몰두하여 비루해지는 사장(詞章)과

다름이 없을 것이며, 높게는 눈을 감고 고수하면서 마음을 죽이고 물과 접하지 않는데 간혹 성취할 수도 있겠지만 실패하면 도를 배반하고 종잡을 수 없는 것에 빠지게 된다. 이단의 학문이 도에 해가 되는 이유가 바로 여기에 있다. 그런데 이단의 학문만 그런 게 아니라 불가에서 참선하여 깨닫는 것(參悟)도 마찬가지이다. 불교뿐만 아니라 도가의 자기 단련과 목욕, 장막에 가린 빛의 추구 모두 마찬가지다. 모두 먼저 안 뒤에 행동하여 행동과 구분해놓고 그것을 앎이라고 한다. 그러면서 '지행합일'이라고 하여 두려운 것이다. 사문에 침잠하는 사람들이 이단의 학문에 비웃음을 당할까 봐 두렵고 종잡을 수 없는 것에 빠진 사람이 이단의 학문에 미혹될까 봐 두렵다. 행동이 어려운데 우선적인 어려움은 여전히 지를 앞에 두기 때문이다.[62]

왕부지는 정이와 주희뿐만 아니라 육구연과 왕수인에 대해서도 비판했다. 주희는 지와 행을 구분하여 '지선행후(知先行後)'에 주안점을 두었다. 이런 주장은 '리'가 선재하고 이미 만들어져 있다는 '리' 본체론과 밀접하게 관련되어 있다. 주희의 '리' 본체론에 따르면 '리'는 선재적이고 이미 만들어진 것이다. 인간과 물은 모두 '리'에 근거하여 '성'을 이루어야 하는데, '리'는 개별 인간의 '성'으로 인간이 형체와 기를 부여받고 태어날 때 이미 각자의 마음 속에는 어떤 선험적인 지식 구조가 가치 원칙이 형성되어 있다는 것이다. 그래서 주희는 '지'를 중심에 두었고 경험 지식이 인지의 초기 단계에서 의미가 있다고 인정했지만 그래도 궁극적인 목표는 사물을 통해 '리'를 추구하는 것이 아니라 개인의 마음 속에 원래 있었던 선험적

---

62   『尙書引義』 권3, 「說命中二」.

송·명 신유학약론

인 지식 구조 또는 가치 원칙을 제시하고 증명하는 것이라고 생각했다. 이렇게 볼 때 주희의 주지론은 유리론(唯理論)적 경향을 가진 지식론으로 볼 수 있다. '리'는 본체의 의미인데 공부를 할 때 '지'는 '리'를 제시하고 증명하는 공부의 일부이기 때문에 '리'를 지키고 실천하는 '행'에 비해 자연스럽게 우선하게 되었다.

왕부지는 '지'는 '행'으로 효과가 나타나지만 '행'은 '지'로 효과가 나타나지 않는다고 했다. 이것은 주희의 설에 대한 비판이다. 왕부지의 관점은 몇 가지로 정리할 수 있다. 첫째, '지'는 '행'을 전제로 한다. 사람들이 격물과 궁리를 하려면 반드시 열심히 공부해야 하는데 이렇게 '지'를 추구하는 공부가 '행'이다. 둘째, '행'의 성패로 '지'의 옳고 그름을 판단할 수 있고 이를 통해 '지'를 진전시킬 수 있다. 즉 '지'는 한 번에 완성되는 것이 아니며 이런 전제 위에서 '리'도 이미 만들어지고 변하지 않는 것이 아니게 된다. 이렇게 볼 때 왕부지는 개별 상황을 본원적 존재로 인식했고 보편성이 특수성에 의존하고 특수성에 따라 변한다고 주장하는 경향성을 띠고 있었다. 셋째, 앎은 반드시 행할 수 있는 것이 아니고 반드시 어떤 조건이 마련된 뒤에 행해야 효과를 본다는 것이다. 주와 객을 둘로 나눴는데 이것은 왕부지가 경험론적 경향을 띤 지식론을 주장한 기본 전제이기도 했다. 넷째, 앎은 반드시 행위를 통해 효과를 나타낸다. 여기에서 강조한 것도 경험 지식을 대상화해야 경험적 사물이 유효하다는 원칙과 이 원칙으로 경험적 지식이 믿을 수 있음을 확증한다는 경험론적 입장이다. 왕부지는 이런 지식론으로 '지'와 '행'을 재해석하고 이를 통해 정이와 주희의 유리론적 경향의 '지'와 '행'을 비판한 것이다.

왕부지는 이런 입장에 따라 왕수인도 비판했다. 왕수인의 '지행합일'에서 '지'는 선험적인 도덕적 신앙이고 '행'은 도덕적 신앙을 지키는 것인데, 이 둘은 모두 주체의 정신적 경지에서 완성되며 동일한 것으로 인식되었다. 도덕은 신앙의 영역에서만 지켜야 하는 것이 된다. 만약 경험적 지식의 문제라면 지켜야 한다는 문제가 없다. 역으로 말하면 도덕은 지켜야만 신앙적 의미를 가질 수 있다. 만약 조작할 수 있다면 도덕성은 신앙이 될 수 없다. 따라서 도덕을 신앙으로 보는 의미에서 왕수인의 '지행합일'은 그 자체로는 합리적이다. '지행합일'을 견지해야만 도덕이 경험적 지식과 조작하는 도구로 전락하지 않게 할 수 있다. 그런데 문제는 왕수인이 경험 지식과 조작한다는 것을 완전히 배제하고 '지'와 '행'을 논의하는 것이 사람들이 경험적 층위에서 '지'와 '행'을 이해하는 상황과 잘 맞지 않는다는 것이다. 왕부지는 경험 지식의 층위에서 '지'와 '행'을 이해하고 왕수인의 지행합일설을 비판했다. 왕부지가 높게는 눈을 감고 고수하면서 마음을 죽이고 물과 접하지 않는데 간혹 성취할 수도 있겠지만 실패하면 도를 배반하고 종잡을 수 없는 것에 빠지게 된다고 한 것은 왕수인의 지행합일설이 갖는 문제점을 지적한 것이다. '행을 떠난 지'는 왕수인이 인간의 주관적 정신의 범주에서 논의한 것을 말한 것이다. 인간의 주관적 정신의 범주에서만 논의하면 성취와 실패가 객관적으로 판단한 결과가 아니므로 설사 도를 배반하고 종잡을 수 없는 것에 빠지게 되어도 스스로 알 수가 없다. 그러므로 객관적 기준을 세워 '지'의 적절함 여부를 판단해야 하는데, 그 기준이 '행'과 그 효과이다. '행'과 그 효과는 지를 외재적이고 객관적으로 판단하는 기준이므로 '행' 자체가 대상화된 활동이 되며 이때 '행'에는 조작한다는 의미가 들어간다. '지'는 내재적이고 주관적인 의식으로 반드시 대상화할 수 있고 조작하여 효과가 있는 기준으로 판단해야 하므로 경험 지식에 속하게 되는 것이다. 왕부지가 왕수인의 지행합일설을 비판한 것은 왕부지의 철학이 경험론적 경향과 지식론적 목표를 가진 것임을 다시 증명하고 있다.

경험론적 지식론에서 다시 '성덕' 문제를 논하면서 왕부지는 두 가지를 강조했다. 하나는 도처에서 인욕(人慾)을 본다는 것은 도처에서 천리를 본다는 것이다. 왕부지는 이렇게 말했다.

> 성인은 욕망이 있으니 욕망이 하늘의 리이다. 하늘은 욕망이 없으니 리는 인간의 욕망이다. 학자는 리도 있고 욕망도 있으니 리를 다하면 인간의 욕망에 부합하고 이것을 확장하면 하늘의 이치에 부합된다. 이를 통해 인간의 욕망이 각자 채워지면 천리가 크게 같게 되며(大同), 천리가 크게 같으면 인욕에 편차가 없음을 알 수 있다. 백성을 다스리는 것에는 방법이 있는데 그것이 이 도이고 윗사람의 신임을 받는 데에 방법이 있는데 그것이 이 도이다. 벗에게 신의를 지키는 것에는 방법이 있는데 그것이 이 도이고 부모의 뜻을 따르는 데에 방법이 있는데 그것이 이 도이며, 자신에게 성실함에도 방법이 있는데 그것이 이 도이다. 그러므로 "나의 도는 하나로 관통한다(吾道一以貫之)"라고 한 것이다.[63]

> 예(禮)는 순수하게 천리의 절문(節文)이라고 해도 반드시 인욕을 통해 나타날 수 있다.(음식, 재물. 남녀, 색) 고요한 곳에 있는 것이 감통하는 원칙이지만 변합(變合)을 통해 '용'을 드러낸다.(음식은 변(變)의 용이고 남녀는 합(合)의 용이다.) 그러므로 결국 인간을 떠나 별도로 하늘이

---

63   『讀四書大全說』권4, 『論語』, 「里仁篇」.

있을 수 없고 욕망을 떠나 별도로 리가 있을 수 없다. 욕망을 떠나 별도로 리가 있다고 하는 것은 불가에서만 인정한다. 사물의 규칙을 버리게 되면 인간의 대륜(大倫)도 버리게 되는 것이다.[64]

맹자는 공자의 학문을 이어받아 도처에서 인욕을 보았으니 도처에서 천리를 본 것이다.[65]

왕부지는 일을 통해 리를 탐구할 수는 있지만 리에 입각해 일을 제한할 수는 없다고 한 본체론적 가치 추구를 사회와 역사 영역으로 확장시켰다. 왕부지가 이를 통해 인간의 욕망이 각자 채워지면 천리가 크게 같게 된다거나 도처에서 인욕을 보았으니 도처에서 천리를 본 것이라고 한 대목은 '리'가 선재하며 이미 만들어져 있다는 것을 부정한 것이었다. 그가 인간의 감성적 욕구에서 천리를 얻는다고 했을 때 이 '천리'는 현실적이고 현재적이며 경험으로 파악할 수 있는 것이었다. 천리가 공공의 것이어서 어떤 범위 내에서 유효하다고 해도 궁극의 의미는 없게 된 것이다.[66]

---

64 『讀四書大全說』 권8, 『孟子』, 「梁惠王下篇」.

65 『讀四書大全說』 권8, 『孟子』, 「梁惠王下篇」.

66 '리'의 '공공성'에 대해 왕부지보다 조금 늦은 시기의 대진은 더 명확한 서술을 한 적이 있다. 대진은 이렇게 말했다. "리라는 것은 정에 잘못이 없는 것이다. 정에 맞지 않고서 리에 맞는 경우는 없다. 무릇 다른 사람들에게 시킬 때는 자신에게 돌이켜서 조용히 생각해야 한다. 다른 사람이 이 일을 나에게 시킨다면 내가 받아들일 수 있을 것인가? 무릇 다른 사람에게 책임을 지울 때는 자신에게 돌이켜서 조용히 생각해야 한다. 다른 사람이 이 일로 나에게 책임을 지운다면 내가 정성을 다할 수 있을 것인가? 자신에게 미루어 다른 사람의 경우를 생각한다면 리가 명확해진다. 천리라는 것은 자연의 명분과 사리(分理)를 이야기하는 것이다. 자연의 명분과 사리라는 것은 나의 정으로 다른 사람의 정을 이끌되 편안하지 않음이 없는 것이다."(『孟子字義疏證』 권상, 「理」) 대진이 말한 "나의 정으로 다른 사람의 정을 이끈다"라는 것은 사람과 사람의 공공관계 중에서 '리'를 인정하고 '리'에 '보편성'의

다른 하나는 성(性)은 생겨나는 것이고 날마다 생겨나면 날마다 이루어 진다는 것이다. 왕부지는 이렇게 말했다.

성(性)은 생겨나는 이치이다. 날마다 생겨나면 날마다 이루어진다. (중략) 두 기(氣)의 운행과 오행의 실체로 처음 잉태하고 그 뒤에 성장 하며 정수를 취해 물로 쓰이게 하니, 이 모두는 한결같이 천지가 만 들어낸 정기를 받는 점에서는 다름이 없다. 형태가 날마다 자라나고 기가 날마다 많아지며 이치가 날마다 이루어진다. 태어나면서 받게 되는데 하루를 살면 하루 동안 받게 된다. 받으면 주는 쪽이 있다는 것인데 그게 어찌 하늘이 아니겠는가. 그래서 하늘이 날마다 인간에 게 명하고 인간은 날마다 하늘에게서 명을 받는 것이므로 그러므로 "'성'은 생겨나는 것이고 날마다 생겨나면 날마다 이루어진다"고 말 하는 것이다.

천명(天命)을 성(性)이라고 하며 매일 받으면 성이 매일 생겨난다. 눈으로는 날마다 보는 것이 생겨나고 귀로는 날마다 듣는 것이 생겨 나며 마음으로는 날마다 생각하는 것이 생겨난다. 형체는 받아서 기 (器)가 되고 기는 받아서 채우며 리는 받아서 덕이 된다. 대체로 많이 받아들이면 크고 웅장하게 나타나고 단일하게 받아들이면 순수하게 선하게 나타나며 이것저것 받아들이면 섞이고 악하게 나타나지만, 이것이 어디에서 생겨나는지 모르는 상태로 생겨나므로 군자는 자 강불식(自强不息)하고 날마다 힘쓰고 삼가며 선택하고 지킴으로써 성 을 기른다.[67]

의미를 부여하는 것을 말한다. 또 오직 '리'만이 사람과 사람, 정과 정의 구체적이고 현실 적인 교제와 비교 중에서 취한 것이므로 조작 가능성과 변동 가능성을 가지고 있다.

67 『尚書引義』 권3, 「太甲二」.

왕부지는 정이와 주희의 '성즉리', 곧 '리'가 선재적이고 이미 만들어져 있으므로 '성' 역시 그러하다는 주장에 동의하지 않았다. 왕부지는 '성'은 날마다 생겨나고 이루어지는 것으로 보았다. 왕부지는 습관으로 성이 형성된다고 했는데, 후천적으로 경험적 지식을 축적하는 것이 '성'을 형성하고 변화하는 데 중요한 역할을 한다는 것이었다. 받아들인 것이 어떠한가에 따라 다르게 나타난다는 왕부지의 주장은 생물적 색채도 있다. 이러한 관점은 장재, 심지어 순황보다도 후퇴한 것인데 이 점은 뒤에서 재론할 것이다. 여기에서 긍정해야 할 점은 왕부지가 날마다 생겨나면 날마다 이루어진다고 한 '성리론(性理論)'이 경험 세계에서의 진취적인 인간의 정신을 만들어냈다는 것이다. 왕부지는 이렇게 말했다.

하늘이 부여한 시각 능력은 최대한 다한 뒤에야 잘 보이게 되고 하늘이 부여한 청각 능력도 최대한 다한 뒤에야 잘 들리게 된다. 하늘이 부여한 사고력도 최대한 다한 뒤에야 통찰이 생기고 하늘이 부여한 정기도 최대한 다한 뒤에야 강하고 곧게 된다. 다할 수 있는 가능성은 하늘의 영역이지만 최대한 다하는 것은 인간의 영역이다. 인간이 최대한 다해야 능력을 가지게 되므로 하늘이 죽게 한 것도 살릴 수 있고 하늘이 어리석게 한 것도 똑똑하게 만들 수 있으며 하늘이 주지 않은 것도 있게 할 수 있고 하늘이 어지럽게 한 것도 다스려지게 할 수 있다. (중략) 하늘에 모든 것을 맡기고 할 수 없다고 한다면 인간이라고 할 수 없다.[68]

68　『續春秋左氏傳博議』 권하.

송·명 신유학약론

'최대한 다한다(竭)'는 인간의 주관적 노력을 말한다. 왕부지는 인간의 덕성을 포함해 세상의 모든 것이 '생성'의 가운데에 있으며 다시 변할 수 있다고 생각했다. 인간이 자신의 노력을 '다한다면' 죽은 것도 살게 할 수 있고 어리석은 것도 똑똑하게 만들며 없는 것도 있게 할 수 있고 어지러운 것도 다스려지게 할 수 있다. 외재하는 세계를 바꿀 수 있다는 점에서 인간이 독특한 것이다. 앞에서 우리는 주돈이와 장재, 육구연, 왕수인 등이 이미 인간의 도덕적 가치 또는 정신적 경지를 추구함에 있어서 자주적이고 자유로운 점을 인간의 독특한 점으로 부각시켰다고 정리했다. 왕부지는 정신적 경지를 추구하는 데 그치지 않고 인간의 주관적 인지를 대상화한다는 현실성을 바탕으로 인간을 논했는데, 이것은 주와 객으로 나누어 인간이 '주'로서 세계를 주재한다는 근대적 정신을 예고한 것이었다.

황종희(黃宗羲):
권력 구조로 논한 '정치(政)'와 공공 예법의 신고찰

치용학의 맥락에서 황종희의 공헌은 『명이대방록(明夷待訪錄)』에서 사회 권력의 균형을 위해 근대적 의미가 있는 운영시스템을 제시했다는 점이다. 이 이 운영시스템을 구축하는 이론적 전제로 황종희는 '성(性)은 악하다'고 했다.[69] 황종희는 「원군(原君)」에서 이렇게 말했다.

---

69 나는 황종희의 관점이 일관적이지 않다고 생각한다. 두 편의 「學案」에서 황종희는 사람의 본성이 선하다는 것을 여러 번 긍정했다. 이를테면『明儒學案』권36「泰州學案 五」「周汝登傳」에서는 주여등의 '무선무악'설을 비판하면서 이렇게 말했다. "리로써 성을 이야기

만물이 새겨날 때 사람들은 각자 자신만 위했고 자신만 이롭게 하려고 했다. 그래서 세상에 공공의 이익이 있어도 아무도 그것을 홍기시키지 않았고 공공의 해로움이 있어도 아무도 그것을 제거하지 않았다. 그런데 어떤 사람이 출현하여 일신의 이익을 이익으로 삼지 않고 세상 사람들이 그 이로움을 누리게 했고, 또 일신의 해로움을 해로움으로 여기지 않고 세상 사람들이 그 해로움에서 벗어날 수 있게 했다. 그 사람은 세상의 다른 사람들보다 천만 배 고생스러웠을 것이다. 천만 배로 고생스러웠으면서도 자신만 그 이익을 누리지 않으려는 것은 세상 사람들의 정서상 하고 싶은 것이 아닐 것이다. 그러므로 옛날의 군주 중에서 군주의 자리에 오르려고 하지 않은 사람으로는 허유(許由)와 무광(務光)이 있고, 군주 자리에 올랐으나 다시 떠난 사람으로는 요임금과 순임금이 있었다. 처음에는 군주가 되려고 하지 않았고 나중에도 떠나지 못한 사람은 우임금이다. 옛사람이라고 어찌 달랐겠는가? 편한 것을 좋아하고 힘든 것을 싫어하는 것은 인지상정이다.[70]

'만물이 생겨날 때'는 아직 사회에 들어가지 못하고 문화적으로 가공되기 전에 있었던 각 개인의 본연의 '자아'이다. 각 개인의 본연의 '자아'를

한다면 리는 선하지 않은 것이 없거늘 어찌 선한 것이 없다고 할 수 있겠는가? 마음을 기로써 이야기하면 기의 움직임은 선한 것도 있고 선하지 않은 것도 있다. (중략) 선은 성에서 발원하므로 뿌리가 있는 것이다. 그러므로 비록 오랫동안 억눌려 왔다고 할지라도 갑자기 발현될 수도 있다. 악은 물들어서 생기는 것이므로 뿌리가 없는 것이다. 그러므로 우세에 처할 때 움직이다가 갑자기 사라지는 것이다. 만약 정말 선이 존재하지 않는다면 요(堯)임금도 존재할 필요가 없었을 것이고 걸(桀) 또한 없어도 되었을 것이다. 유가와 불교의 차이는 여기서 시작된다." 이는 '성'을 '선'하다고 한 것이다.

70 [역자 주] 『명이대방록』 번역은 김덕균이 번역한 『명이대방록』(한길사, 2000)의 번역문을 참조하되 필요에 따라 수정하였다.

송·명 신유학약론

황종희는 각자 자신만 위했고 자신만 이롭게 하려고 했으며 편한 것을 좋아하고 힘든 것을 싫어한다고 했다. 이것은 인간의 본성이 악하다고 본 것이다. 옛사람이라고 어찌 다르겠냐고 한 것도 인간의 본성이 악한 것은 옛날이나 지금이나 마찬가지이며 '악'이 인간의 선험적이고 절대적이며 보편적인 본성이라는 뜻이다. 보편적 본성에 비추어 볼 때 '사사로움'과 '악'은 모두 도덕으로 논할 수 없다.

황종희는 인성으로 사회를 논했다. 인성은 본래 '사사롭고' 본래 '악하다'. 사회의 공공예법은 개인의 '사사로움'에 상대되는 개념이다. 세상의 공공의 이익을 흥기시키고 세상의 공공의 해로움을 제거하기 위해 설정된 것이 '공(公)'이다. 그런데 인성이 본래 사사롭고 악하다는 것은 선험적이고 절대적인 것이므로 나중에 생겨난 사회의 공공예법은 인간 사이의 특정한 이해 관계로 만들어진 것이므로 필연적으로 경험과 반대될 것이다.

황종희는 이런 논의를 바탕으로 군주의 권력을 논했다. 군주의 권력은 사회의 공공예법을 지키기 위해 만들어진 것이다. 그런데 사회의 공공예법은 인간들의 공적 관계를 유지하기 위해 만들어진 것이므로 군주의 권력도 공공성을 원칙으로 해야 한다. 그런데 이 군주의 권력은 세상 사람들의 정서상 하고 싶은 것이 아니다. 다시 말하면 군주가 된 사람은 인성과 상반된 일을 하게 된다. 군주는 인간의 본성상 필요해서 나온 것이 아니기 때문에 신성하지도 않고, 공공의 이해를 조정하는 역할을 하기 때문에 일종의 도구이다. 황종희는 이렇게 말했다.

천하를 다스리는 것은 커다란 나무를 끄는 것과 같다. 앞 사람이
선창을 하면 뒷 사람이 후창을 하는 것이다. 군주와 신하는 함께 나

무를 끄는 사람이다. 손으로 밧줄을 잡지 않고 발로 땅을 딛지 않은 채 나무를 끌어야 할 사람들이 나무를 끄는 사람들 앞에서 웃고 놀기만 하고 뒤에서 밀어주어야 하는 사람이 그것을 좋다고만 하면 나무를 끌 수 없게 될 것이다.[71]

황종희는 큰 나무를 운반하는 일로 사회의 공공시설과 운영을 비유했고 나무를 함께 운반하는 사람으로 군주의 직분을 비유했는데 매우 적절하다. 그런데 황종희가 봤을 때 삼대 이후의 군주들은 자신의 직분을 제대로 지키지 못했다. 황종희는 이렇게 지적했다.

후대의 군주들은 그렇지 않았다. 그들은 세상의 이해관계를 조정하는 권력이 모두 자기에게서 나오며 세상의 이익을 모두 자기가 가지고 세상의 해로움을 모두 다른 사람에게 돌려도 괜찮다고 생각했다. 세상 사람들이 자기만 위하거나 자기만 이롭게 하지 못하게 하고는 자신의 큰 사사로움을 천하의 큰 공적인 것으로 삼았다. 이들은 처음에는 부끄러워했지만 시간이 오래 되자 편안하게 여겼고 세상을 막대한 산업으로 보고 자손에게 물려주어 끝없이 누리게 했다. 한 고조는 "내가 이룬 업적이 중형(仲兄)보다 많다"고 했는데 이것은 이익을 추구하는 마음이 자기도 모르는 사이에 표현된 것이다. 옛사람들은 천하의 백성이 주인이고 군주가 손님이 되었으니 군주는 평생 천하를 위해 경영했으나, 지금은 군주가 주인이고 천하의 백성들이 손님이 되었으니 군주만을 위했기에 세상 어느 곳도 평안하지 못했다. 그래서 천하를 얻기 전에는 세상 사람들의 목숨을 도륙하고 세

---

71   『明夷待訪錄』, 「原臣」.

송·명 신유학약론

상 사람들의 자식들을 뿔뿔이 흩어지게 하면서도 자기 한 사람의 산업을 확장시킨다고 부끄러운 줄도 모르고 "나는 자손들을 위해 창업을 한 것이다"고 한다. 천하를 얻은 뒤에는 천하의 골수를 빼먹고 세상 사람들의 자식을 뿔뿔이 흩어지게 하면서도 자기 한 사람의 향락을 받드는 것을 당연하게 여기면서 "이것은 내 재산에서 나온 이자이다."라고 한다. 그러니 천하에 큰 해로움은 군주일 뿐이다. 군주를 없앤다면 사람들은 모두 자기만 위할 수 있을 것이고 자기만 이롭게할 수 있을 것이다. 아아, 군주 제도를 만든 도가 어찌 이러한 것이었겠는가.[72]

황종희는 인성이 사사롭고 악하다고 생각했다. 그것 자체는 아무 문제도 없지만 일단 누군가가 이런 본성을 가진 채 사회로 들어와서 특히 군주의 권력을 쟁취하게 되면 반드시 천하의 골수를 빼먹고 세상 사람들의 자식을 뿔뿔이 흩어지게 하면서도 자기 한 사람의 향락을 받들게 한다는 것이다. 다시 말하면 사회로 들어가기 전에 군주가 없는 상황에서는 사람들이 그래도 자기만 위할 수 있고 자기만 이롭게 할 수 있었고 이것은 정당했다. 그런데 일단 사회로 들어가게 되면 도덕적인 의미에서 선악의 구분이 생겨난다. 군주는 천하의 큰 해로움이자 거대한 악의 근원이 된다. 황종희는 인성 자체를 비판한 것이 아니라 사회를 비판한 것이다. 만약 인성을 비판하게 된다면 사회를 종적으로 강력하게 통치해야 한다는 주장이 나오게 되는데 군주전제(君主專制)를 주장한 한비가 그런 예였다. 반면 사회를 비판하게 되면 사회가 횡적으로 권력이 균형을 갖추어야 한다는 주장이

---

72   『明夷待訪錄』, 「原君」.

나오는데 황종희가 이런 주장에 가까운 예였다.

황종희의 주장을 보면 인성은 본래 사사롭고 악한 것이므로 군주의 권력이 공정한가는 절대로 군주 개인의 타고난 덕(天德)과 양지(良知)로 보증할 수 없었다. 군주의 권력이 타고난 덕과 양지에 따른 것이 아니기 때문에 군주의 권력에는 '왕(王)'과 '성(聖)'의 의미가 없으며 천하의 큰 해로움은 군주일 뿐이게 되는 것이다. 그런데 사람과 사람이 함께 지내려면 반드시 공공의 이익을 흥기시키는 사람이 있어야 하고 공공의 해로움을 제거하는 사람이 있어야 한다. 이런 상황에서 군주를 없앨 수도 없다면 어떻게 해야 할까? 황종희는 독특하게 권력을 분할하는 구상을 내놓았다. 이 구상은 '군주의 직분을 명확하게 하고', '재상을 두며', '천하를 다스리는 도구가 모두 학교에서 나오게 하는' 세 단계로 이루어져 있었다.

"군주의 직분을 명확히 한다"는 것은 옛사람들은 세상을 '주'로 삼고 군주를 '객'으로 여겼고 군주가 평생 동안 경영하는 것이 천하를 위한다는 것이었다. 그러나 인성이 본래 사사롭고 악한 이상 군주에게만 의지할 수 없기 때문에 두 번째 단계에서 '재상을 두고', 세 번째 단계에서 "천하를 다스리는 도구가 모두 학교에서 나오게 한다"로 한정해서 인도하는 것이다. 재상을 두는 것은 황종희의 말에 따르면 다음과 같다.

본래 군주를 둔 목적은 천하를 다스리기 위해서였다. 한 사람이 천하를 다스릴 수 없으면 관리를 두어서 다스리게 한다. 관리는 군주의 분신이다.[73]

---

73   『明夷待訪錄』, 「置相」.

관직을 설치하고 재상을 두는 것을 '군주의 분신'이라고 한 것은 군주의 권력을 나눠 갖는다는 뜻이다. 황종희가 '재상을 두는 것'을 논의하게 된 직접적인 원인은 명대 주원장이 재상을 폐지함으로써 권력이 지나치게 집중되거나 환관이 전횡하는 사태를 초래했기 때문이다. 그런데 황종희의 주장은 매우 심각한 문제 하나를 건드렸다. 곧 집과 나라는 구조적으로 다르다는 문제이다. 황종희는 「원신(原臣)」에 이렇게 썼다.

혹자는 "신하는 자식과 신자(臣子)라고 병칭할 수 있지 않은가?"라고 한다. 그렇지 않다. 부모와 자식은 같은 기운을 가지며 자식은 부모의 몸에서 갈라져 나와 몸이 된 것이다. 그러므로 효자는 몸이 떨어져 있어도 날마다 기를 가까이해서 오래되어도 통하지 않음이 없다. 그러나 불효자는 몸에서 갈라져 나온 이후 날마다 멀어지고 소원해져서 오래되면 기가 서로 같지 않게 된다. 군주와 신하의 명목은 천하 국가라는 입장에서 생긴 것이다. 나에게 천하에 대한 책임이 없다면 나는 군주에게 길 가는 사람에 불과하다. 나와서 군주를 위해 벼슬을 하면서 천하를 위해 일하지 않는다면 군주의 노복과 첩에 불과하다. 천하를 위해 일한다면 군주의 스승과 벗이다. 그렇기 때문에 신하라고 해도 이름이 여러 차례 변했지만 아버지와 자식은 진실로 변할 수 없는 것이다.

황종희가 부모와 자식이 같은 기운을 가지며 바뀌지 않는다고 한 것은 부모와 자식 관계가 '정(情)'과 '지(志)'의 관계이기 때문이다. 이런 관계는 도구적이지도 않고 '리'나 '이성'의 층위에서 이해할 수 없다. 이런 관계에서 생성된 천덕과 양지는 선험적이다. 반면 군신의 명칭은 천하를 통해 생겨났다는 것은 사람이 가정에서 벗어나 사회의 공공생활에 진입하면서 생겨났다는 뜻이다. 다시 말하면 이 관계는 나중에 생겨난 것이며 변화할 수 있는 것으로, 상황이 바뀌면 다른 방법으로 대응하고 처리해나갈 수 있다. 이 관계는 '리'의 범주에 속하고 도구적인 성격을 가지고 있다. 황종희가 집과 나라를 구분하고 나라의 도구성을 인정한 것은 탁견이라고 할 수 있다.

황종희는 여러 개인 간의 이해관계를 조정하여 균형을 이루게 하는 도구로서의 국가 기능은 재상을 두는 것을 통해서만 실현 가능하다고 보았다. 황종희는 「재상을 두는 것(置相)」편에서 이렇게 말한다.

옛사람들은 아들에게 물려주지 않고 현명한 사람에게 물려 주었는데 이는 천자의 자리가 재상처럼 물러날 수 있다고 보았기 때문이다. 후대에는 천자들은 아들에게 자리를 물려 주었으나 재상은 아들에게 물려주지 않았다. 천자의 아들이 다 어진 것은 아니었지만 그래도 재상의 자리를 현명한 자에게 물려줌으로써 충분히 보완할 수 있었고 천자도 재상을 현명한 사람에게 전한다는 뜻을 잃지 않았다. 재상이 폐지된 이상 천자의 아들이 현명하지 못하면 현명하게 해줄 사람이 없으니 아들에게 전한다는 뜻까지도 없어지는 것이 아니겠는가.

황종희는 재상을 두자고 주장했는데, 이렇게 보면 군주를 없앨 생각은 없었던 것으로 보인다. 그러나 군주는 세습하는 것이므로 아들에게 물려주지 어진 자에게 물려주지 않는다. 이런 상황에서 국가권력을 운영하기 위해 우수한 인재를 뽑는 제도를 어떻게 마련할 것인가? 황종희는 그 답이 재상을 두는 것이라고 생각했다. 황종희의 구상은 다음과 같았다.

송·명 신유학약론

재상은 한 명으로 하고, 참지정사(參知政事)는 인원수를 정하지 않는다. 매일 편전에서 정사를 논의하되, 천자는 남쪽을 향해 앉고 재상, 육경(六卿), 간관(諫官)은 동서를 향해 순서대로 앉는다. 집사(執事)는 모두 사인(士人)을 임용한다. 천자에게 올리는 문서는 육과급사중(六科給事中)이 주관하는데, 급사중이 재상에게 보고하면 재상이 다시 천자에게 보고하여 가부를 논의한다.

인재 선발 제도를 통해 뽑힌 재상과 혈통으로 세습한 천자가 함께 가부를 논의한다는 것은 재상과 천자의 권리가 평등하다는 뜻이다. 황종희는 재상이 군주의 권력을 제한하고 이끌어가는 성격을 가져야 한다고 정했던 것이다. 재상이라는 직책은 예전부터 있었지만 황종희는 실제로 운영할 때 어떻게 해야 권력을 합리적으로 배분할 것인가라는 측면에서 이 제도를 살펴서 재상과 군주의 권력이 동등하도록 했는데 이것은 매우 새로운 발상이었다.

천하를 통치하는 도구가 모두 학교에서 나오게 해야 한다는 것은 황종희가 「학교(學校)」편에서 한 말에 따르면 다음과 같다.

학교는 사인을 양성하는 곳이다. 그러나 옛날 성왕(聖王) 때에는 의미가 이것만이 아니었다. 반드시 천하를 다스리는 방법이 모두 학교에서 나오게 한 이후에야 학교를 설립한 의미가 갖추어지게 되었다. 조정의 의식, 법령 공포, 노인 봉양, 고아 구휼, 승전 보고, 대군이 출정할 때 병사 소집, 큰 재판에서 관리와 백성의 호출, 큰 제사로 시조에 제사지내는 것 등을 학교에서 행하는 것이라고 하는 것이 아니다. 학교는 조정의 높은 관료와 민간의 백성에 이르기까지 점차 젖어 들어 『시경』과 『서경』이 관대한 기풍이 사라지지 않게 하는 것이다. 천자가 옳다고 하는 것이 반드시 옳은 것은 아니다. 천자가 그르다고 하는 것이 반드시 그릇된 것도 아니다. 천자가 스스로 시비를 판단하지 않고 학교에서 시비를 공론한 것이다. 그러므로 사인 양성이 학교의 역할 중 하나이기는 하지만 사인 양성만을 위해 학교가 세워진 것은 아니다.

황종희는 학교에 정책 결정과 법령을 제정하는 직무를 부여했는데 학교는 행정 권력 밖의 독립된 존재였다. 「학교」편에서는 앞의 인용문에 이어 다음의 내용을 제시했다.

군현(郡縣)의 학관(學官)은 그 안에서 선발하는 것이 아니라 군현의 공론으로 고명한 유자에게 청하여 맡게 한다. 포의에서 재상으로 물러난 자에 이르기까지 모두 그 직임을 맡을 수 있으며 벼슬을 했든 못했든 상관이 없다. 그 사람이 조금이라도 공정한 의론에 저촉이 되면 학생들이 함께 일어나 그를 교체하면서 "이 사람은 우리 스승이 될 수 없다"고 한다. 학관 아래 오경(五經)의 스승이 있고 병법과 역산(曆算), 의술, 활쏘기 등에 모두 스승을 두는데 모두 학관이 택한 대로 따른다.

태학의 좨주(祭酒)는 당대 최고의 학자를 추천하여 선발한다. 대우는 재상과 같으며 또는 재상으로 물러난 사람이 맡게 해도 좋다. 매월 초하루에 천자가 태학에 행차할 때에는 재상과 육경, 간의가 모두 수행한다. 좨주는 남쪽을 향해 학문을 강의하고 천자 또한 제자의 반열에 자리한다. 정사에 잘못이 있으면 좨주는 거리낌 없이 직언한다.

명망 있는 유자를 뽑아 제독학정(提督學政)에 임명한다. 하지만 학관은 제학에게 예속되지 않고 학문과 품행, 명성과 연배에 따라 스승과 친구로 대하게 한다.

학관은 행정시스템에서 임명할 수 없으며 현 정부의 현직 관원이 담당할 수도 없고 정부 기구에서 교육을 맡은 관원에게 권한이 있지도 않다. 학관은 명망 있는 유자가 주관하되 학관이 학생들의 논의와 정치 비판에 간섭을 하면 "제생들이 함께 일어나 교체시키면서 '저 사람은 우리의 스승이 될 수 없다.'고 한다". 이렇게 볼 때 학교는 행정 권력의 밖에 있는 독립기구이다. 황종희는 이렇게 해야 학교가 의정활동과 정책 결정, 법령 제정에서 독립적일 수 있고 이를 통해 행정 권력을 제한하고 이끌어가는 역할을 한다고 보았다. 여기에 대해 펑여우란은 이렇게 말했다.

황종희가 구상한 정치제도에는 세 가지 구심점이 있다. 하나는 군주이고 다른 하나는 재상이며 또 다른 하나는 학교이다. 이것은 현대 서구의 자산계급 정치제도인 군주입헌제의 초기 형태이다. 19세기 90년대 중국에서 무술변법(戊戌變法)이 일어날 즈음에 변법운동의 주도자들은 군주입헌제도를 변법의 목표로 삼았다. 그들은 이것이 서구의 선진적인 정치제도라는 것만 알았을 뿐 이미 백여 년 전에 황종희가 이미 이런 제도의 초기 형태를 설계했다는 것은 알지 못했다. 황종희가 말한 '군주'는 영국의 국왕에 해당하고 그가 말한 '재상'은 영국의 내각에 해당하며, 그가 말한 학교는 영국의 의회에 해당한다는 것을 쉽게 알 수 있다.[74]

---

74   馮友蘭(b), 앞의 책(제6책), 24쪽.

황종희가 설계한 '군주'와 '재상'이 정말 영국의 '국왕'과 '내각'에 해당하는 지에 대해서는 더 논의할 여지가 있다. 어쨌든 주목할 만한 점은 황종희가 '학교'에 '의회'에 해당하는 기능을 부여했다는 것이다. 현대국가의 의회는 이익의 배분과 균형의 산물이며 조작할 수 있고 도구적 성격을 가지고 있다. '의회'는 어떤 정신문화를 구현하는 의미를 가지고 있지 않으며 의회의 대표도 정신적 지도자의 역할을 하지 않는다. 그런데 황종희가 신뢰했던 학교는 이와 달랐다. 학교는 정신 문화의 발원지이며 학교는 학관이 정부 관원이 아니라 최고의 학자가 주관하며 정부 권력의 밖에 독립적으로 존재하기 때문에 군주와 재상, 학교의 권력의 균형 잡기와 관련이 있었다. 그런데 더 중요한 것은 학교가 정신문화의 독립성과 초월성을 가짐으로써 도구적 역할을 하는 상황에 이르지 않는다는 것이다. 황종희는 '역사(史)'를 중시했다.[75] 역사 발전 과정에서 나타난 여러 잔혹한 사건으로 인해 그는 인성의 추악한 면을 인정할 수밖에 없었다. 그래서 그는 공공 영역에서 권력의 균형을 실현할 수 있는 기구를 만들고 공공예법을 조작할 수 있고 도구로 만듦으로써 근대 시민사회와 이어지게 했다. 그런데 그는 어쨌든 왕수인의 학맥을 계승했고 평생 정신 문화에 관심을 쏟았다. 그는 학교의 지위를 부각시키고 좨주가 강학을 하면 천자와 군현의 관리가 제자의 반열에 자리하며 조정의 높은 관료와 민간의 백성에 이르기까지 점차

---

75 전조망(全祖望)은 「용상증인서원기(甬上證人書院記)」에서 이렇게 말했다. "선생(황종희)은 처음으로 학문은 반드시 경술을 기본으로 해야 헛된 데로 빠지지 않으며(蹈虛), 반드시 사적(史籍)으로 증명을 해야 족히 실제 사무에 적용할 수 있으며 근본부터 따져서 근거있게 해야 한다고 하셨다."(『鮚埼亭集外編』 권16) 이는 황종희가 '역사'를 중시했다는 것을 말한 것이다. 청대 초기 치용학은 보편적으로 '경'에서 '사'로 회귀할 것을 주장했다. 청대 초기 학술의 이 방향 전환은 선험에서 경험으로, 신앙에서 지식으로의 전환을 의미한다.

송·명 신유학약론

젖어 들어 『시경』과 『서경』이 관대한 기풍이 사라지지 않게 해야 한다고 했다. 인문 정신이 인간 관계 속에 들어가 인문 정신으로 사람들의 정신적 경지를 높이려고 한 것이다. 황종희의 '학교'는 현대의 의회에 비해 중세의 이상주의적 요소가 더 많이 남아 있다. 그러나 이런 이상이 있어야 혼란스럽고 비루한 현대인에게 한 줄기 희망의 빛이 되지 않겠는가?[76]

도구적 이성의 공헌과 한계

명청 교체기에 흥기한 치용학의 가장 큰 의미는 경험적 지식의 권위를 회복했다는 점일 것이다. 이 사조의 핵심 내용은 심학, 특히 주정론을 반성하면서 나왔다. 주정론은 개체를 부각시켰고 개체의 주관적 욕망을 강조했으며 개인이 자연적이고 본연적인 성정을 바탕으로 행동하는 것이 정당하다고 보고 외적 세계에서 제약하고 한정하는 것과 공공생활 및 그에 부

---

76 황종희의 『명이대방록(明夷待訪錄)』에는 「원법(原法)」편도 있다. 이 부분에서 말하는 '법'은 '법률'과 완전히 똑같지는 않으며 '나라를 다스리는 방법'을 말한다. 하지만 "먼저 다스리는 법이 있고 후에 다스리는 사람이 있다"라고 한 말에는 매우 깊은 의미가 있다. 황종희는 이렇게 말한다. "선왕의 법이 존재한다면 법 밖의 의미가 모두 그 안에 존재할 것이다. 그 사람이 옳을 경우 실행되지 않는 뜻이 없을 것이며 그 사람이 틀린 경우에도 심각하게 펼쳐져서 오히려 천하를 해치는 일은 없을 것이다. 그러므로 먼저 다스리는 법이 있은 후에 다스리는 사람이 있는 것이다." 이 말 역시 인간의 본성에 대한 견해와 관련이 있다. 나라를 다스릴 때 단지 성'선'론에만 근거해서는 안 되며 반드시 인간성의 약점까지 고려해야 한다. 이것이 바로 '법'이 있어야 하고 '법'을 객관적 법칙으로 삼아야 하는 이유이다. 그렇게 해야 "그 사람이 옳을 경우 실행되지 않는 뜻이 없을 것이며 그 사람이 틀린 경우에도 심각하게 펼쳐져서 오히려 천하를 해치는 일이 없을 것이다." 황종희의 이 견해는 현대 법치의 관념과도 상통하는 면이 있다.

합하는 이성을 거부했다. 치용학은 주정론의 영향을 받아 어느 정도는 인간의 개별성을 인정했지만, 주정론의 영향권에 있었던 만명 사인(士人)들의 지나치게 현세적이고 자아를 추구하며 사회적 책임을 방기하는 생활 방식은 인정하지 않았다. 치용학은 주관에서 객관으로, 개인에서 공공생활로 나아갈 것을 다시 주장하였고 공공생활의 질서를 탐구하고 공공생활의 운영규칙을 새롭게 논의하고자 했다. 이것은 경험적 지식을 다시 인정하는 것이었는데 치용학의 이런 시도는 건강하고 합리적인 것이었다.

외재적인 형태로 볼 때 치용학은 공공생활과 경험 세계를 중시했는데, 이것은 정이 및 주희의 주지론으로의 회귀로 드러났다. 그러나 내용적으로는 많은 차이가 있었다. 그 중에서 두 가지가 특히 중요했다. 첫째, 정이와 주희는 공공생활의 통일된 규칙 또는 인지대상으로서의 '리'가 확정되어 있으며 개별 경험 사물보다 선재하다는 점을 강조했다. 반면 치용학은 대부분 경험 사물과 구체적으로 관련되고 이를 통해 지향성으로 발전한 '리'를 인정했고,[77] 이 때 '리'는 변경할 수 있고 조작할 수 있는 것이 되어 '리'의 형이상적인 절대적 의미는 사라졌다.[78] 둘째, 정이와 주희는 '리'

---

77 왕부지는 이렇게 말했다. "리세(理勢)란 리의 발전추세를 말한다. 이는 리기(理氣)가 리의 기를 말하는 것과 같다. 리는 본래 한 번에 만들어져 파악할 수 있는 것이 아니며, 눈으로 볼 수 있는 것이 아니다. 기의 두서와 예의 제정은 리의 보이는 부분이다. 그러므로 그 시작에 리가 있으면 기에서 리가 보이며 이미 리를 얻게 되면 자연적으로 추세를 형성하고 또 다만 추세의 필연적인 곳에서 반드시 리가 보이게 된다."(『讀四書大全說』, 『孟子』, 「離婁上」.) 또 말하기를 "추세는 시기를 따르며 리는 추세를 따른다"(『讀通鑑論』 권12.)라고 하였고 "시기가 다르면 추세가 다르고, 추세가 다르면 리 역시 다르다"(『宋論』 권12.)라고 했는데 맞는 말이다.

78 왕부지는 이렇게 말했다. "형이상이라는 것은 무형(無形)을 말하는 것이 아니다. 유형(有形)이므로, 형체가 있은 이후에 형이상이 있는 것이다. 무형의 위에 있는 것은 예로부터 지금까지 만 가지 변화를 통하고 천지, 사람과 사물을 통틀어 모두 없었던 것들이다. (중략) 이

가 확정된 것이고 이것이 개별 사물을 선재적으로 규정한다는 점을 강조했다. 이들은 경험적 지식이 중요하고 지식이 공부론의 전제이자 기본 경로라는 점을 인정했지만 선험적이라는 것을 부정할 수 없었고 직관을 중시하는 직각주의(直覺主義)적 성격을 띤 함양을 주장하지 않을 수 없었다.[79] 반면 치용학은 경험 사물과의 관계에 치중했고 이를 통해 결정된 지향을 '리'라고 봤으므로 '일'이 없으면 '리'도 없고 '기(器)'가 없으면 '도'가 없다고 생각했다. 그래서 원칙적으로 볼 때 지식론만을 기본 방법으로 인정했던 것이다. 왕부지는 언제나 "이름은 하늘이 만든 것이 아니며, 반드시 그 실질에 따라야 한다"[80], "말은 반드시 실질을 본떠야 한다"[81]라고 했다. 왕부지를 대표로 하는 치용학은 이름과 실질의 합치를 추구했고 이름의 대상화 여부를 이름의 적절성을 판단하는 기준으로 삼았다. 따라서 실제 대상이 없거나 경험 사물로 대상화할 수 없는 직각주의적 공부론을 배척하게

를테면 모 사람이 이것('기(器)')을 버리고 기(器)가 생기기 이전을 구한다면 예로부터 지금까지 만가지 변화를 통하고 천지, 사람과 사물을 통틀어도 그것을 위해 이름을 지을 수 없을 것인데 어찌 그 실체를 볼 수 있겠는가?"(『周易外傳』 권5) 이는 경험사물의 밖과 위, 유형의 위에 본체가 독립적으로 존재한다는 것을 부정한 것이다.

79 주희는 이렇게 말했다. "평소에 기본적인 함양을 쌓는 공부를 해야 상황에 이르면 알 수 있다. 만약에 망연하여 아무 계획(主宰)도 없이 있다가 일이 닥친 연후에야 준비를 한다면 이미 늦어서 소용이 없게 될 것이다."(『朱熹集』 권42, 「答胡廣仲」) 또 이렇게 말했다. "평일에 본원(本原)을 함양하면 차심(此心)이 깨끗이 비어 밝고 순정하게 되며 자연히 정신을 재량하게 된다. 이천은 '공경함으로써 마음을 정직하게 하면 의(義)로써 밖을 방정하게 하게 된다. 의를 근본으로 하면 예(禮)로써 대하게 된다'라고 말했다."(『語類』 권37.) 주희가 말한 "본원을 함양한다."에서 '함양'은 '미발'의 상태를 말하는 것으로 경험을 초월한 세계에 대한 직각적인 인식을 말한다.

80 『思問錄』, 「外編」.

81 『尙書引義』, 「召誥無逸」.

되었다. 이 두 가지 점으로 볼 때 치용학은 정이 및 주희의 학설에 비해 지식론을 관철하는 데 더 주안점을 두었다.

치용학은 '리'가 확정적이고 개별 사물보다 선험적으로 존재한다는 정이와 주희의 주장에 반박하기 위해 왕정상과 왕부지가 그랬던 것처럼 장재의 우주본원론을 가져왔다. 그런 이유로 현대의 여러 학자들은 치용학과 우주본원론을 하나의 범주로 귀속해서 '기' 본체론이라고 하기도 한다. 그러나 이 둘 사이에도 명확한 차이가 있다. 장재와 왕부지의 경우 두 사람은 모두 '기' 본체론을 주장했지만 이들이 '기' 본체론을 빌려 성덕론을 구축하는 논리에는 몇 가지 차이가 있었다. 첫째, 장재는 기가 직접 인간에게 덕성을 부여한다고 보지 않았다.[82] 그는 인간이라는 주체가 무한하게 낳고 기르는 본원인 '기'를 경모함으로써 인간의 덕이 이루어진다고 생각했다. 그는 덕을 이루는 것을 인간이라는 주체의 독특한 성격으로 본 것이다. 반면에 왕부지는 기가 직접 인간에게 덕성을 부여하며 덕성은 날마다 생겨나고 이루어지는 기로 인해 만들어진다고 생각했다.[83] 덕을 이룬다는 것이 객관적이고 자연적인 발전 과정이라고 본 것이다.

---

82 장재는 "형태가 구비된 이후에 기질의 성(性)이 있게 되며 선(善)이 돌아옴으로써 천지의 성이 보존된다. 그러므로 기질의 성은 군자가 성으로 삼지 않는다"라는 주장을 했다.(『張載集』, 『正蒙』, 「誠明篇」.) 본서에서 장재의 덕성론에 대해 논할 때는 "군자가 성으로 삼지 않는다"라고 한 '기질의 성'은 논외로 하였고 다면 '천지의 성'만 언급하였다.

83 왕부지는 "천명(天命)을 성(性)이라고 하며 매일 명을 받으면 성은 날마다 태어난다. 눈은 매일 새로운 것을 보고 귀는 매일 새로운 것을 들으며 마음은 날마다 새로운 생각을 한다. 형태를 받아서 그릇이 되고 기를 받아서 가득 차며 리를 받아서 덕이 된다. 취한 것이 많으면 쓰임에 있어서 크고 웅장하며 취한 것이 순수하면 쓰임에 있어서 사사로운 욕심이나 삿된 마음이 없어서 선(善)해지게 된다. 취한 것이 그릇되면 쓰임에 있어서 뒤섞이고 (雜) 악하게 되어 그것이 스스로 생겨나서 태어나는 것임을 알지 못하게 된다."라고 했다. (『尙書引義』 권3, 「太甲二」.) 이는 덕성을 '기'가 자연적으로 부여한 것으로 본 것이다.

둘째, 장재는 인간의 덕성이 인간이라는 주체가 끝없이 낳고 기르는 천지의 본원을 경모함으로써 생겨났다고 생각했기 때문에 이때 덕성은 인간이라는 주체의 선택이며 필연적으로 순수하게 선한 것이었다. 반면에 왕부지는 인간의 덕성은 '기'가 자연적으로 부여한 것이지만 두 기가 함께 행해지지 않아서 인간이 획득한 덕성도 순수하게 선할 수가 없으며 선한 것도 있고 악한 것도 있다고 보았다.[84] 인성의 선악 문제에 대해 왕부지는 장재와는 달리 객관적인 태도를 보였던 것이다.

셋째, 장재는 '기'라는 본원이 천지 만물과 인간을 무한하게 낳고 기르는 것을 경모한다는 것을 통해 인간의 덕성이 선하다는 결론을 이끌어냈다. 인간의 덕과 성(性)이 선하다는 것을 지식으로 판단한 것이 아니었기 때문에 덕을 이루는 문제에서 장재는 견문의 지식이라는 지식론을 배척했다. 반면에 왕부지는 인성에는 선과 악이 있다고 했고 선을 택하고 악을 버리는 공부를 해야만 성을 선하게 할 수 있다고 보았다. 그래서 그는 지식론을 인정했고 인간의 후천적인 노력을 강조했다. 그래서 왕부지는 성이 한 차례 부여되었다고 변화가 없는 것이 아니며 군자가 성을 기를 때 아무 일이 없는 듯이 행동하고 자연에 맡겨두지 않으며 정밀하게 선을 선택하고 확실하게 중용의 도를 지켜 방종하거나 안일하게 있지 않는다고[85] 했던 것이다. 심지어 왕부지는 강제로 수양하는 것을 강조하기도 했다. 장재

---

84 왕부지는 "만약 이기(二氣)의 시행이 일치하지 않으면 오행이 기(器)에 막혀서 잘못 응용하면 흠이 된다. 사람이 날마다 도둑질하여 영합하고 그것을 차지하여 버릴 수 없는 욕망으로 삼는다면 그것에 물젖고 뒤덮여 성(性)과 더불어 서로 영향을 끼치게 되는데 그러면 성 또한 불의(不義)의 것이 되고 만다."라고 말했다.(『尙書引義』 권3, 「太甲二」.) 이는 사람이 '기'를 받아 생긴 덕성에는 선한 것도 있고 악한 것도 있다고 본 것이다.

85 『尙書引義』 권3, 「太甲二」.

의 『정몽(正蒙)』「대심편(大心編)」에서는 '덕성의 지식'과 '견문의 지식'을 대립적으로 보았는데, 왕부지는 장재의 '덕성의 지식'에 대해 "덕성의 지식은 리를 따라 근원에 이르면 천지 만물의 태초(太始)의 리에 원대하게 펼쳐져 있다. 이것은 내가 하늘에서 터득한 것이며 스스로 깨달은 것이다."라고 했다.[86] 왕부지는 리를 유추하여 본원에 이르면 덕성을 이룰 수 있었기 때문에 덕성은 지식을 기반으로 해야 이룰 수 있다고 보았다. 그런 점에서 왕부지는 지식을 강조했고 장재는 지식을 배척했다.

왕부지와 장재를 비교해보면 왕부지가 장재의 '기' 본체론을 계승하고 그것을 자기 진영에 받아들였다는 점을 긍정적으로 평가하는 것보다는 차라리 왕부지가 장재의 원기론을 지나치게 중시한 나머지 자신의 지식론을 더 확장시키지 못했다는 것을 아쉬워해야 할 것이다. '기' 본체론의 틀에서 '기' 본원이 만물을 규정한다고 한다면 만물과 인류가 선험적으로 어떤 품성을 타고나야 한다는 뜻인데 이것은 지식론과는 배치되기 때문이다. 만약 '기' 본원이 만물을 규정하지 않는다면 '기' 본체론은 경험 지식 앞에서 그럴 듯하기만 할 뿐 실체가 없고 조작할 가치도 없는 빈 껍데기가 되고 말 것이다. 왕부지가 장재의 『정몽(正蒙)』「태화편(太和編)」의 "태화를 도라고 한다"라는 부분에 붙인 주석이 이 점을 설명해 준다.

태화(太和)는 화의 지극함이다. 도는 천지와 인물의 공통된 리로, 태극이다. 음양이 서로 구분되지만 태허 속에서 서로 엉겨 있고(絪縕) 합동해서 서로 해를 끼치지 않으면서도 서로 섞여 간극이 없으니 화

---

86   『張子正蒙注』,「大心編」.

의 지극함이다. 형체가 생기기 전에는 조화롭지 않음이 없었고 형체가 생긴 뒤에도 조화로움을 잃지 않았으므로 '태화'라고 한다.

형체가 생기기 전에는 조화롭지 않음이 없었고 형체가 생긴 뒤에도 조화로움을 잃지 않는다는 구절에는 신앙만 있고 지식은 없다. 왕부지는 '태극'을 논할 때도 이렇게 말했다.

"태극이 움직이면 양이 생겨나는데" 이것은 '동'이 움직이는 것이다. "고요하면 음이 생겨나는데" 이것은 '동'의 고요함이다. 아무 움직임이 없는 고요함에서 어떻게 음이 생겨날 수 있겠는가? 한번 움직이고 한번 고요한 것은 열고 닫는 것을 말한다. 닫혀야 열리고 열려야 닫히니 이것은 모두 움직임이다. 움직임이 없는 고요함은 멈추는 것이다.[87]

태극이 움직여 양을 낳고 고요하게 되면 음이 생겨난다는 주돈이의 발언도 일종의 신앙에 불과했다. 왕부지는 이것을 거부하지 않으면서도 경험지식으로 증명하려고 했는데 잘 부합하지 않았다.

왕부지는 장재의 '기' 본체론의 틀을 빌려 세계의 궁극적인 본원을 해석했는데 필연적으로 이것은 그의 지식론의 발전을 제한하고 이것이 신앙의 방향으로 나아가게 하는 결과를 초래했다. '기' 본체론의 틀 안에서 본원에서 만물에 이르는 변증법적 발전을 지나치게 강조하게 되면 필연적으로 지식론의 전제와 기초를 파괴할 수밖에 없는데 이것이 한계가 되는 것

---

87   『思問錄』, 「內編」.

이다. 변증법을 차용한 것은 정이와 주희 계통에서 '리'가 선재하며 정해져 있다는 주장을 배격하기에 유리했다. 다만 문제는 변증법적 관점은 사물이 상대적 관계에서는 확정되지 않았다는 점을 중시하는 반면 지식의 성립은 사물의 확정성에 기대고 있다는 점이다. 지식론을 따를 때 왕부지의 이런 논의는 지식으로 해석한 것이 아니라 직관으로 해석한 것이다.

양단(兩端)은 허와 실, 동과 정, 모임과 흩어짐, 맑은 것과 탁한 것인데 결국엔 하나가 된다.(장재) 실이 허를 막지 않으므로 허가 모두 실임을 알 수 있다. 고요한 것은 고요하게 움직이는 것이지 움직이지 않는 것이 아니다. 여기에서 모이면 저기에서 흩어지게 되고 여기에서 흩어지면 저기에서 모이게 된다. 탁한 것이 맑은 것에 들어가면 그 체(體)가 맑아지며, 맑은 것이 탁한 것에 들어가면 탁해지니 그런 뒤에야 이것이 하나이지 둘을 합쳐 하나로 묶은 것이 아님을 알 수 있다.[88]

대응하는 관계와 시각을 부단히 바꿈으로써 허와 실, 동과 정, 모임과 흩어짐, 맑은 것과 탁한 것, 저쪽과 이쪽이라는 사물의 확정성을 없애고 하나로 귀결하는 변증법은 정신적 경지를 계발할 수는 있지만 경험 지식이 될 수는 없다.[89] 이것이 치용학의 성취와 한계이다. 만약 지식론이나 도구

---

88 『思問錄』, 「內編」.
89 이 점에 대해서는 선진(先秦) 시기의 순자가 상당히 정확한 견해를 내놓았다. '용'의 각도에서 순자는 천지가 어떻게 생성되었고 일월이 어떻게 순차적으로 나타나며 사계절이 어떻게 바뀌는가 하는 것은 의미가 없기 때문에 "성인은 하늘을 알 것을 구하지 않는다"라고 했다. 순자는 그래서 형이상학에 대해 논하지 않는다. 순자는 이렇게 말한다. "하늘에 대해 알고자 하는 바는 그 기상이 드러낸 기후의 변화를 예측할 수 있는 징후이다. 땅에

적 이성의 발달을 근대적 철학의 징표로 본다면, 왕부지와 황종희를 대표로 한 치용학의 특징들을 알아보려고 하는 것은 이 사조가 전통과 근대 사이에 있어서일 것이다.

대해 알고자 하는 바는 그것이 드러낸 적당한 조건 중에서 농사를 짓는데 유리한 것이다. 사계절에 대해 알고자 하는 바는 그 규칙 중에서 농업생산에 유리한 기후이다. 음양에 대해 알고자 하는 것은 그가 드러낸 화(和)에서 사물을 다스리는 규칙이다."(『荀子』「天論」) 이는 이미 드러난 현상만을 파악할 대상으로 삼아 자신에게 유용한 것을 취하려는 것이다. '용'의 관점에서 출발했기 때문에 순자는 사물의 확정불변성을 특히 중시하였다. 이른바 "백대의 임금의 변하지 않는 법칙을 도관(道貫)이라고 한다"라는 말이 바로 이것이다. '변하지 않는 법칙'을 '도'라고 한다는 것은 바로 이 확정성을 강조하는 것이다. 순자의 학문을 참조하면 왕부지가 장재의 '기'본론을 빌려온 것은 사실 그 지식론을 제한하는 결과를 가져왔다는 것을 이해하는 데 도움이 된다. 자세한 내용은 졸저 『中國哲學的探索與困惑·殷商-魏晉』 제4장, 中山大學出版社, 1989를 참조하기 바란다.

결론

신유학과의 결별
-유자의 '내성외왕론(內聖外王論)'에 대한 재평가-

앞에서 서술한 유학의 기본 특징과 사유방식에 대한 반성과 근대 이후 사회 구조와 발전에 대한 인식을 담기 위해 이 책의 결론 제목을 이렇게 달았다. 유학의 기본 특징과 사유방식은 정이 및 주희의 주리론과 육구연 및 왕수인의 심학을 말한다. 이들이 중심이 된 신유학의 특징과 사유는 기본적으로 '내성외왕'이라는 주제를 둘러싸고 전개되었다. 창시자인 공자와 맹자의 단계에서 유학은 원래 '내성'(成德)이 목표였지만 그 이후에 보편성과 유효성을 강조하게 되면서 '외왕'을 추구하게 되었다. '내성'이 당위적인 도덕적 판단으로 경지의 문제라면, '외왕'은 당위적인 도덕적 판단을 외재하는 사회의 필연적 법칙으로 바꾸어 실존적 의미를 갖게 되었다. '내성'에서 '외왕'으로 전환됨으로써 한편으로는 도덕적 이념이 외재하는 객관 법칙으로 인해 보편적인 기준이 되었고, 다른 한편으로는 도덕적 이념을 빌려 구축된 사회제도가 도덕적 측면에서 보편적으로 인정되어 신성화되었다. 이것이 앞에서 서술한 대략적인 내용이다.

우리는 지금 유학의 이런 사유방식 또는 '내성외왕'의 추구가 근대 이후 사회구조에도 적용될 수 있는가 하는 문제에 직면해 있다. 전통 유학이 근대 이후의 사회에서도 받아들여질 수 있을까.

근대 이후 사회는 세속화하는 방향으로 발전해 왔다. 세속화는 사람들의 일상과 사회 활동을 뒤덮고 있던 신성한 빛무리가 걷혔다는 것을 뜻한다. 사람들은 갑자기 나와 타인의 생각과 행위가 거의 비슷하게 비루하고 난잡하며 비논리적이고 부도덕하다는 것을 발견하게 되었다. 사회 전체가 타락하고 있었던 것이다.

이렇게 세속화되는 과정에서 사회가 타락하는 것처럼 보이지만 사람들은 여전히 사회가 정상적으로 발전하고 있다는 것을 인정하지 않을 수 없었다. 사상 문화적으로 본다면 송 왕조와 명 왕조가 지속한 수백 년 동안 중국 전통에서 주도적 위치에 있던 신유학은 도덕적 이상주의의 면모를 보였다. 여기에서 나온 '내성외왕'의 사회적 이상은 문화적 교양을 갖춘 사람들이 도덕적 당위성을 바탕으로 이념의 세계를 설정하고 다시 그 세계를 가지고 현실 세계를 규정하려고 했다는 점에서 숭고한 점이 있었다. 그러나 그 시대에 매우 소수의 사람들만이 이념의 세계를 가졌고 그 이념의 세계를 판단했다. 따라서 도덕적 이상의 절대적 숭고성과 세속 사회의 절대적 비속성의 분열과 대립은 실제로는 귀족과 평민의 분열과 대립을 의미했던 것이다. 도덕 이념이 사회의 여러 영역에서 절대 우위를 가졌다는 것은 귀족이 평민에 대해 절대적인 지배권을 가지고 있었다는 뜻이었다. 이렇게 보면 명청 교체기에 어째서 이지와 원굉도 같은 사상가와 문인들이 이상에서 도피하여 눈으로 세상의 모든 색을 보고 귀로 세상의 모든 소리를 들으며 몸으로 세상의 모든 즐거움을 누리고 입으로는 세상의 모든 일을 이야기하는 감성적인 생활에 빠졌는지, 숭고함을 추구하지 않고 자신을 때려눕혀 세속의 사람과 같이 지내는 것을 편안하게 여겼는지 이해할 수 있다. 그들이 이상에서 도피하고 숭고함을 추구하지 않은 것은 귀족 사회에 대한 평민 사회의 저항을 보여준 것이다. 그런데 근대 이후에 도덕적 이상주의가 몰락하고 사회가 세속화될 때 귀족의 권리가 추락하고 평민의 가치가 상승한 것은 사실상 동시에 이루어졌다. 이렇게 발전하지 않았더라면 노자가 말한 "진수성찬을 즐기듯이, 봄철에 망루에 오르듯이 여러 사람들이 즐겁게 노는[1] 현재의 모습과는 달랐을 것이다. 지금 사회는 경제-정치형 사회라고 할 수 있다. 이런 사회에서는 경제적 이익과 수단이 거의 모든 사회생활을 지배한다. 이것은 분명히 '타락'하는 것이다. 하지만 사회가 정상적으로 발전하고 있는 것도 분명하며 대부분의 사람들은 권력과 부를 독점한 소수가 모든 것을 지배하는 전통사회로 회귀하기를 바라지 않는다. 그런 점에서 사람들은 기꺼이 타락하고 있는 것이다.

만약 사회가 타락하는 세속화 과정이 정상적인 발전이며 종결된 것이 아니라면 이 발전 과정을 직시하고 여기에서 펼쳐진 사회의 여러 국면을 살펴야 할 것이다. 신유학은 이제 공공영역만이 아니라 '내성외왕'이라는 사유 방식에서도 사람들이 보편적으로 받아들이기 어려운 것이 되었다. 이와는 반대로 도가의 여러 관념들, 특히 격조 있는 삶은 훨씬 더 쉽게 받아들여지고 있다. 여기에서는 현대 사회의 생활을 세 측면으로 나누어 각각의 특징과 상호관계를 통해 이 점을 분석해 보겠다.

첫 번째는 '정욕'의 측면이다. 현대사회의 모든 사람들은 '정욕'을 가지고 있다. '정욕'은 이성적이지 않고 이성이 가공한 것이 아니므로 자연스럽

---

1   『老子』 20장.

송·명 신유학약론

고 본연의 것, 즉 '본연의 나'이다. 자연스럽고 본연의 것이기 때문에 내가 본래 가지고 있던 것이며 여기에는 선택의 여지가 없다. 그러므로 원래부터 합리적이다. 우리가 이렇게 생각한다면 근대 이후의 사회에서는 더 이상 신유학의 성선론과 천리를 보존하고 인욕을 버려야 한다는 주장이 설 자리가 없고 오히려 선진 시기의 도가와 만명 시기의 주정론에서 도출된 인성이 자연적이라는 주장을 받아들였다는 뜻이 된다. 정씨 형제와 주희의 '성즉리'와 육구연과 왕수인의 '심즉리'는 모두 '성'이 선하다고 주장한 것이고 인간의 정욕이 정당하다는 것을 부정하기 위한 논리였다. 그래서 주희는 인욕을 제거해야 천리를 회복할 수 있다고 했고 왕수인은 움직일 때도, 조용히 있을 때도 모두 천리를 보존하면서 잠시도 인욕을 제거할 것을 잊지 않는다고 한 것이다. 그런데 도가와 주정론은 이와는 달리 인간의 자연스럽고 본연의 상태를 중시한다. 정욕은 가장 자연스럽고 본연의 것이므로 도가와 주정론에서는 정욕을 받아들였다.

혜강은 "육경(六經)은 정욕을 억제하고 선으로 인도하며 인간의 본성은 정욕에 따르는 것을 즐거워한다. 정욕을 억제하면 원하는 것과 어긋나게 되지만 욕망을 따르면 자연스럽게 된다."고 했다.[2] 혜강도 욕망을 따르는 것을 인간의 자연스럽고 본연의 성정으로 본 것이다. 이지는 "사사로운 것은 인간의 마음이다. (중략) 이는 자연스러운 이치이다."라고 했다. 이지도 사욕이 원래 합리적이라고 보았다. 정욕의 인정은 유가에서는 찾아보기 어렵지만 도가와 근대 이후 관념에서 상통하는 것이었다.

두 번째는 공공예법의 측면이다. 첫 번째 측면은 모든 사람에게는 정욕

---

2   『嵇康集』,「難自然好學論」.

이 있으며 정욕을 가진 상태에서 사회로 진입한다는 점에서 시작되었다. 그런데 타인과 관계를 맺으려면 공공의 예법을 받들어 조정하고 규제해야 한다. 또 이 공공예법에 사회 전체를 포괄할 수 있게 보편적으로 유효하다고 규정해야 한다. 그렇지 않으면 사회가 정상적으로 유지될 수 없다. 사람들은 모두 공공예법을 인식하고 준수해야 하는데 이것이 이성이다.

문제는 공공예법의 보편적인 유효성을 어떻게 만드는가 하는 것이다. 신유학에서는 '천리'나 '양지'에 호소했다. 그러나 누가 천리와 양지를 대표할 수 있는 자격을 가졌다고 할 수 있을까? 그럴 자격이 있는 우선적인 사람이 군주일 것이다. 군주가 이것을 체현할 수 있는지와는 별개로, 군주는 실제 실행과정에서 절대 권력을 빌어 공공예법의 보편성과 유효성을 확보했다.

그런데 근대 이후의 사회에서 공공예법은 더 이상 특정 개인의 의지로 결정하기 어렵게 되었다. 근대 이후의 사회에서 비교적 통용되고 인정받는 방법은 투표라는 다수결이다. 민주적이라고 하는 이런 방법은 사회가 세속화되면서 한 사람이 하나의 표를 가지는 권리 평균화의 산물이다. 그렇다면 투표를 통해 다수결로 공공예법을 정한다는 것의 의미는 무엇일까? 그것은 공공예법이 더 이상 '천리'나 '양지'와 내재적이고 필연적으로 관련되지 않는다는 것이다.[3] 유권자가 투표를 하는 이유가 이익 때문인

---

3   여기에서 "공공예법이 더 이상 '천리', '양지'와 내재적이고 필연적인 관련을 맺지 않는다"고 한 것은 공공예법이 후자와 외재적 혹은 우발적으로 관련을 맺는 것이나 사람들이 '천리'와 '양지'를 공공예법에 부여하려는 소중한 노력까지 부정하는 것은 아니다. 공공예법이 '천리', '양지'와 아직 관련이 있을 가능성이 존재하는 이상 사람들의 노력은 당연히 아직 효과가 있을 것이다. 설령 사람들이 '천리'와 '양지'를 공공예법에 부여하려는 노력이 영원히 실효를 거두지 못하더라도 이상주의적인 가치추구 혹은 '사명'감으로는 여

지 어떤 정의감 때문인지가 관건이 되기 때문이다. 투표의 결과가 객관적인 법칙이나 정의의 승리라고 할 수 있을지도 문제이다. 만약 공공예법을 통과시키거나 부결시킬 때 이해 관계가 달라서 객관적인 법칙을 반영하지 못한다면 어떻게 '천리'를 구현할 수 있겠는가? 정의가 없는데 '양지'가 어떻게 있겠는가? 공공예법이 천리와 무관하다면 보편적이고 유효하다고 해도 절대적인 것이 될 수 없다. 공공예법이 양지와 무관하다면 이성적이라고 해도 외부에서 개인에게 부여한 것이지 스스로 내가 선택한 것이 아니다.

공공예법이 천리와 내재적으로 관련되지 않고 서로 대응되지도 않기 때문에 여기에는 '참(眞)'이 들어가지 않는다. 공공예법이 양지와 내재적으로 관련되지 않고 서로 부합하지도 않으므로 여기에는 '선(善)'이 들어가지 않는다. 근대 사회의 공공예법이 참이나 선과 무관하다는 판단을 신유학 학자들이 받아들이기는 어려울 것이다. 그러나 선진 시기의 도가와 명청 교체기의 황종희는 혜안을 갖고 있었다. 노자가 공공예법을 '기(器)'로 보고 황종희가 공공예법을 권력의 구조로 본 것은 공공예법이 편의를 위해 만든 도구적 성격을 가지고 있다는 것을 보여준다. 공공예법이 도구적이라는 점이 중요한 이유는 이렇게 해야만 공공예법에 드리워진 '외왕'이라는 신성한 베일을 벗겨내고 예로부터 내려온 권력지상주의와 권력중심주의를 타파할 수 있기 때문이다.

전히 긍정할 가치가 있다. 내가 여기서 공공예법이 '천리', '양지'와 '내재적이고 필연적인 관련'을 맺지 않는다고 한 것은 '외재적이고 우발적인 것'을 '내재적이고 필연적인 것'으로 착각하고 현실의 공공예법과 권력구조에 신성한 의미를 부여해서는 안 된다는 의미이다.

세 번째는 삶의 격조라는 측면이다. 공공예법이 이해관계의 문제이지 초월적인 의미가 없다는 것을 판단해야 초월을 추구하자고 할 수 있다. 공공예법은 편의를 위한 만든 도구이지 참과 선이라는 의미가 없다는 것을 판단해야 참과 선을 추구하자고 할 수 있다. 이런 초월이 참과 선을 추구하는 것이고 격조 있는 삶을 추구하는 것이다.

삶의 격조는 공공예법과 그것에 기반한 이해관계의 바깥에서 나온 것이므로 타인과 무관하다. 이것은 자연히 개인이 선택하는 것이다. 개인의 문제이므로 '나'의 것이며, 자각하여 스스로 원한 것이기 때문에 본래의 나보다 윗 단계에 있다. 본래의 나는 '정욕의 나'이기 때문에 선택할 수도 없고 자각도 필요없지만, 삶의 격조는 개인이 선택한 것이고 진정한 자아이다. 자아는 절대적이므로 외재하는 세계가 개입할 수 없다. 이성으로 인정하지 않는다고 해도 원래의 진정성을 가지고 감정이 원하는 대로 가며 이렇게 해야 심적으로 즐거움을 느낀다. 이런 것들은 모두 절대적이라는 뜻이다. 의무적인 도덕 관념과 천리라는 경지의 추구는 개인의 마음에서 절대적인 명령으로 나와 '자아'는 절대적인 것이 된다. 자아가 대응 관계에서 벗어났기 때문에 이런 관계 때문에 자신을 변화시킬 필요가 없다. 그래서 가장 참되며 이해 관계에서 벗어나 있으므로 가장 선하다. 참과 선을 추구하는 것은 '자아'의 영역이며 삶의 격조를 추구하는 것이다.

자아와 삶의 격조는 가장 참되고 선해서 가장 숭고하다고 해도 여기에는 보편성과 유효성이 없다. 보편성과 유효성은 이성의 영역이지만 삶의 격조는 이성으로 설명할 수 없다. 삶의 격조는 개인의 선택이므로 누구도 다른 사람에게 신념이나 생활방식을 강제할 수 없는데 어떻게 보편성과 유효성을 추구할 수 있겠는가? 어떤 신념이 보편적이고 유효하게 하려면

송·명 신유학약론

이 신념을 의식형태로 만들 우려가 있다. 신념이 의식형태가 되면 그것은 도구가 되는 동시에 다른 것을 침범하게 된다. 역사적으로 유학을 포함해 세상을 구하려고 했던 수많은 사조가 처음에는 헌신적이고 장엄한 느낌을 줬지만 일단 통치 사상이 되어 버리면 유희적이고 이익을 도모하는 수단으로 변질된다. 왕수인은 자신이 '천리'와 '양지'를 체현하고 내 마음의 양지와 천지를 모든 사물에 이르게 해야 한다고 강조했다. 모든 일과 물에서 '리'를 얻게 하여 세상을 바로잡으려는 노력을 통해 우리는 왕수인의 설이 유학의 한 지류로 보여준 강렬한 침범성을 발견할 수 있다. 특정한 개인의 신념과 삶의 격조가 보편적이고 유효하다고 강조하지 않아야 참과 선을 추구하는 것이 숭고하고 모든 사람이 독립적인 인격체로서 선택의 자유를 가지고 있다고 말할 수 있다. 이 자유는 현대 사회에서는 특히 중시되기 때문에 현대 신유학을 포함한 유학이 현대 사회 전체를 포괄할 수 없다는 것을 명확하게 인식할 수 있다.

현대 유학이 정말 위잉스가 말한 것처럼 '교주'의 역할을 담당하고 있는지는[4] 일단 논외로 삼겠다. 머우쭝싼은 "유학이 세 번째 단계에서 가지는 문화적 사명은 삼통(三統)을 함께 세우는 것이다. 곧 삶에 관한 학문을 새로 열어 도통(道統)을 널리 빛내고, 민주주의 정치체제를 가진 국가를 건립하여 정통(政統)을 이어나가며, 과학 지식을 발전시켜 학통(學統)을 수립하는 것이다. 유학이 이 세 번째 단계에서 가져야 할 책무는 이 시대가 요구하는 외왕, 곧 새로운 외왕을 개척하는 것이다. (중략) 그 외왕은 과학과

---

4   余英時, 『錢穆與新儒家』 참조.

민주주의이다."라고 했다.[5] 머우쭝싼은 유학이 추구하는 가치가 민주주의 및 과학과 일치한다고 본 뒤 전통 유학을 통해 현대 민주주의 정치체제로 나아가려고 했는데 이것은 매우 부적절하다. 게다가 그는 유학을 의식형태로 만들어 사회의 모든 영역을 포괄하려고 했다. 이것이 개인의 정욕과 신념, 삶의 격조를 침범한다는 점에서 주희나 왕수인과 무엇이 다르겠는가? 이런 점에서 우리는 전통적인 도가에서 자양분을 찾을 수밖에 없다. 도가는 자연과 본연을 중시했고 개인의 정욕을 침범해서는 안 된다는 점을 인정했다. 도가는 사회의 공공예법을 '기(器)', 곧 편의를 위해 만든 도구로 보았고 민주주의 제도를 받아들였으며 이런 제도가 보편적이고 유효하다고 여겼다. 그런데 도가의 관념에 따르면 이 모든 것은 세속 사회의 일이기 때문에 이들은 자기가 책임지고 발전시켜야 한다고 생각하지 않았다. 왜냐하면 자유가 있어야 참과 선이 있을 수 있고 인간이 궁극을 추구할 수 있게 된다. 도가는 자유를 이렇게 생각했기 때문에 다른 것을 거의 침범하지 않았다. 심지어 서한 초기에 도가가 공식 신념이 되었을 때에도 마찬가지였다. 현대인들은 더 강렬한 자아와 자유로운 삶의 격조를 추구하기 때문에 도가의 사상은 더욱 적극적이고 활발한 역할을 하게 될 것이다.

삶의 격조를 한 단계 높인 바탕 위에서 새롭게 구축한 인간관계는 공공예법에서 이성으로 인지한 도구적 관계와는 다를 것이다. 이것을 성령이 서로 통하는 것으로 마련된 '정감 관계'나 탕현조가 말한 '정이 있는 세계'라고 불러도 좋을 것이다.

---

5   牟宗三, 「從儒家的當前使命論中國文化的現代意義」, 鄭家棟 編, 『道德理想主義的重建』, 中國廣播電視出版社, 1992, 10쪽.

도구적인 인간관계는 주객의 관계로, 상대는 내가 인식하고 이용하고 점유하는 대상이므로 나에게는 '내가 아닌 것(非我)'이다. 동시에 나를 외재적으로 한정하여 나를 변하게 하고 나를 왜곡시키므로 나 역시 '진짜 나(眞我)'가 아니게 된다. 정감 관계에서 타인과 나는 주체와 객체로 나뉘지 않는다. 모든 사람이 독립적이고 상대를 향해 열려 있다. 모든 사람이 진짜 성정으로 상대와 교감하고 받아들이지만 상대를 이용하거나 점유하려고 하지 않는다.

이런 정감 관계는 역사적으로 도가와 도가적 성향을 띤 만명(晚明)의 문인들이 동경하고 실천했다. 『장자』「대종사(大宗師)」에는 이런 이야기가 나온다. 자상호(子桑户)가 죽자 맹자반(孟子反)과 자금장(子琴張)이 "한 사람은 가사와 곡조를 짓고 다른 한사람은 거문고를 연주하면서 서로 화답하며 노래했다." 자공(子貢)은 빠른 걸음으로 다가가서 "시신을 앞에 두고 노래하는 것이 예인가요?"라고 물었다. 맹자반과 자금장은 서로 마주 보며 "이 사람이 예의의 본뜻을 어찌 알겠는가?"라고 하면서 웃었다. 곽상(郭象)은 이 대목에 "예의 본뜻을 아는 사람은 반드시 밖에서 노님으로써 안을 경영하고 어미를 지켜 자식을 보존하며, 감정에 따라 그냥 나아간다. 만약 명성을 자랑하고 형식에 구애된다면 효도는 정성에서 나오지 않고 자애로움은 진실하지 않을 것이며 부자와 형제간에 감정을 품은 채 서로 기만하게 되니 어찌 그것이 예의 본뜻이겠는가?"라고 주석을 달았다. 유가적 인물로 예인지를 물었던 자공은 공공예법을 따르는 것을 중시했다. 그러나 도가에서는 인간관계가 공공예법의 층위에만 머문다면 부자와 형제 관계에서도 서로를 기만하게 될 것이다. 감정에 따라 그냥 나아가야 인간관계에 진정성이 있게 된다. 장자와 곽상이 지향했던 인간관계가 정감 관계였다. 이런 정감 관계는 심지어 위진 시기에는 유행하기도 했다. 『세설신어(世說新語)』「혹닉(惑溺)」편에는 이런 기록이 있다. "왕융(王戎)의 부인이 늘 왕융을 '경(卿)'이라고 불렀다. 왕융은 아내가 남편을 '경'이라고 부르는 것은 불경하니 그렇게 부르지 말라고 했다. 아내는 '당신과 친하고 당신을 사랑하기 때문에 '경'이라고 부르는 것인데 제가 '경'이라고 부르지 않으면 누가 '경'이라고 부르겠어요?'라고 했다. 그러자 왕융은 내버려 두었다." 『진서(晉書)』「유애전(庾敳傳)」에는 또 이런 기록이 있다. "왕연(王衍)은 유애와 교제하지 않았으나 유애는 왕연에게 '경'이라고 불렀다. 왕연이 '군(君)'이라고 부르면 안 되냐고 하자 유애는 '경은 나를 군이라고 부르고 나는 경을 경이라고 부르면 된다. 나는 내 방식대로 하고 경은 경의 방식대로 하는 것이다.'라고 했다." '경'은 위진 남북조 시기의 친근한 호칭이다. 왕융은 예에 근거해 부부유별(夫婦有別)을, 왕연은 '예'에 근거하여 지위 고하를 구분하려고 했으나 왕융의 아내와 유애는 이 제안을 거절했다. 왕융의 아내와 유애는 이후에도 줄곧 '경'이라고 불렀는데, 이것이 감정에 따라 그냥 나아간 것이며 감정으로 나와 상대가 같게 만들려고 했다. 서진(西晉) 시기 속석(束晳)의 「근유부(近遊賦)」에서 지향하는 인간관계는 "모든 부인이 남편을 '경'이라고 하고 모든 아들이 아버지를 '자(字)'로 부르는" 관계였다.[6] 얼마나 친밀한 정감 관계인가.

아쉽게도 이런 관계는 유가에서 공인한 고대 종법 사회에서는 만들어질 수 없었다. 종법 사회의 인간관계에서 '사륜(四倫, 군신, 부자, 부부, 형제)'의 관계는 이미 공리적이고 도구화되었기 때문에 명대의 이지는 하심은의

---

6   余英時, 『士與中國文化』, 16쪽.

풍격을 찬양하면서 "인륜에는 다섯 가지가 있는데, 그대는 네 가지를 버리고 사우(師友)와 현성(賢聖) 사이에 자신을 두는 것만 취했다."고 했던 것이다.[7] 인륜 중에서 '사륜'은 선택의 여지가 없지만 오직 친구(사우) 하나만은 자신이 택할 수 있기 때문이다. 친구를 택하는 것이 삶의 격조를 택한 것이다. 친구라는 바탕 위에서 만들어진 상호관계는 하심은이 말한 것처럼 "교제하여 친구가 되어도 벗으로만 머무르지 않고, 교제하여 스승이 되어도 스승으로만 머무르지 않는다."[8] 스승과 친구가 되면서도 '스승'과 '친구'라는 역할을 맡지 않아야 정감 관계가 될 것이다.

지금 사회의 인간관계에는 종법과 계급이 없다. 그러나 상품경제가 지나치게 발전하고 다수결로 결정된 공공예법이 끊임없이 증가하면서 인간관계는 공리적이고 도구로 변해갔다. 사회가 타락한 것이다. 사회의 타락은 한편으로는 사회가 진보한다는 뜻이지만 '타락'은 어쨌든 '타락'이다. 사회의 '타락'을 통해 이룬 발전에 대해 인정한다고 해도 결국 '타락'한 것이라면 그것을 초월할 방법을 찾아야 한다. 초월을 할 때에는 유가 방식만을 고집해서는 안 된다. 삶의 격조를 추구한다는 점에서 유가에서 '세상으로 들어가 구제한다'는 정신이 긍정할 만한 가치가 있지만 강렬한 의식 형태화로 인해 유학을 신봉하는 많은 사람들은 '타락'을 통한 발전을 인정하지 않았다. 그러나 사실상 이런 발전으로 인해 개인에게 선택할 자유가 생긴 것이다. 그에 비해 도가는 더욱 현대적이다. 도가는 '타락'을 인정하는 동시에 사람들에게 삶의 방향을 제시하고 선과 참을 가져다주며 자유

---

7   이 말은 원래 사람들이 하심은을 비판한 것이었는데 이지는 바로 이 비판이 하심은을 긍정적으로 볼 수 있게 하였다고 여겼다. 자세한 내용은 李贄, 『焚書』 권3, 「何心隱論」 참조.

8   「師說」, 『何心隱集』 권2, 27쪽.

를 허락하기 때문이다. 이 점은 대단히 중요한데, 현대 사회가 구원을 받을 수 있는지 여부가 여기에 달려 있다. 근대 사회의 세속화 과정으로 사람들은 외부에서 자신에게 부여한 '신(神)'을 탈피했지만 현대 사회에서는 모든 개인이 자신을 '신'의 위치로 격상시켜야 한다. 그런 의미에서 우리는 다시 신앙을 외쳐야 할 것이다.

1997년 1월 21일 탈고

후기

    이 책은 '송원명청철학(宋元明淸哲學)'이라는 대학원 강좌의 강의 원고를 다듬은 것이다. 시간이 촉박해서 원고를 넘길 때 완정한 형태로 만들지 못했고 누락된 부분도 많았으며 표현도 일관되게 다듬지 못했다. 교정 단계에서 대거 수정하기 어려웠기 때문에 이런 점들이 유감이다. 그래도 나는 완벽한 사람이 되고 싶은 소망도, 이 책을 완벽하다고도 생각하지 않기 때문에 내 부족함을 인정한다. 부족한 만큼 멈추지 않고 계속해서 노력해 나가려고 한다.

    이 책을 다 읽은 독자들은 의아할 수도 있다. 나는 책 전체에서는 유가를 논했지만, 마지막 부분에서는 전통과 현대를 연결하면서 도가를 지향한다고 했다. 이 문제는 이렇게 설명할 수 있다. 유가는 세상에 들어가 구원하고 도가는 세상을 벗어나 소요하는데, 그렇다면 어느 쪽이 더 납득할 만한 가치가 있을까. 이 문제에 모두가 동의할 만한 답안은 없을 것이다. 어떤 의미에서 인문학이라는 것은 어떤 사람이나 집단에게 어떤 삶의 방식을 받아들일 '이유'를 제공하는 것이다. 또 다른 사람 또는 집단이 이런 삶의 방식을 거부할 때 여러 측면에서 이 이유의 결함을 지적할 텐데, 이것은 지적으로 시비를 따질 문제가 아니다. 가치 판단이라는 측면에서 유가는 세상에 들어가 구원하는 것을 중시하지만 여기에는 엄청나게 헌신적인 측면이 있다. 그런데 도가의 입장에서 보면 세상에 들어간다는 것은 자신을 바꾸는 것이고 역할극을 하며 자신을 도구화하는 것이라 자아도, 참모습도 잃어버리는 것이다. 그래서 세상과 거리를 둔 채 비루하고 혼란한 세간을 비판하고 반성하는 정신을 가진다. 이것도 숭고한 것이 아닐까.

펑환전(馮煥珍) 군과 천리성(陳立勝) 군이 교열하면서 창의적인 의견을 내주었고 출판사 편집자의 노고도 컸다. 진심으로 고마운 마음을 전한다.

1997년 4월 28일
저자

지은이

펑다원(馮達文)

中山대학교 철학과 교수, 박사 지도교수이다. 중산대학교 학술위원회 위원, 중산대학교 중국철학연구소와 비교종교연구소 두 곳의 초대 소장을 역임하였고, 중산대학교 선종(禪宗)중국문화연구원 원장, 중국철학사학회 부회장, "마르크스주의 이론연구 및 건설 프로젝트 중점교재·중국철학사(馬克思主義理論研究和建設工程重點教材·中國哲學史)" 집필팀의 수석전문가로 2015년 "광둥성 우수 사회과학자(廣東省優秀社會科學家)" 칭호를 받았다.

옮긴이

지성녀(池聖女)

廣東外語外貿大學南國商學院 한국어학과 교수. 저서로 『초간본 분류두공부시 언해 한자어 의미 연구』, 역서로 『이것이 바로 중국이다. 중국의 일상문화』, 『매력적인 粵港澳大灣區 여행』 등이 있다.

김홍매(金紅梅)

廣東外語外貿大學南國商學院 한국어학과 부교수. 저서로 『소재 변종운 문학연구』, 공역서로 『명청 산문 강의』, 『중국 사회의 이해』, 『중국산문사』, 『고증학의 시대』 등이 있다.

이은주(李恩珠)

한국 서울대학교 기초교육원 강의교수. 저서로 『행복한 상상, 신광수의 <관서악부>』, 역서로 『평양을 담다』, 『관서악부』, 공역서로 『명청 산문 강의』, 『중국산문사』, 『고증학의 시대』 등이 있다.

송·명 신유학약론
宋明新儒學略論

초판1쇄 인쇄 2024년 6월 3일
초판1쇄 발행 2024년 6월 12일

지은이	펑다원馮達文
옮긴이	지성녀池聖女 김홍매金紅梅 이은주李恩珠
펴낸이	이대현
편집	이태곤 권분옥 임애정 강윤경
디자인	안혜진 최선주 이경진
마케팅	박태훈 한주영

펴낸곳	도서출판 역락
출판등록	1999년 4월 19일 제303-2002-000014호
주소	서울시 서초구 동광로 46길 6-6 문창빌딩 2층 (우06589)
전화	02-3409-2060
팩스	02-3409-2059
홈페이지	www.youkrackbooks.com
이메일	youkrack@hanmail.net

ISBN 979-11-6742-673-4 93150